U0617856

BLUE BOOK

智 库 成 果 出 版 与 传 播 平 台

国际禁毒蓝皮书

BLUE BOOK OF INTERNATIONAL DRUG CONTROL

国际禁毒研究报告（2022）

ANNUAL REPORT ON INTERNATIONAL DRUG CONTROL (2022)

主　　编／张勇安

执行主编／朱　虹

社会科学文献出版社

SOCIAL SCIENCES ACADEMIC PRESS（CHINA）

图书在版编目（CIP）数据

国际禁毒研究报告.2022/张勇安主编.--北京：
社会科学文献出版社，2023.3
（国际禁毒蓝皮书）
ISBN 978-7-5228-1527-5

Ⅰ.①国… Ⅱ.①张… Ⅲ.①禁毒-研究报告-世界
-2022 Ⅳ.①D588

中国国家版本馆 CIP 数据核字（2023）第 057857 号

国际禁毒蓝皮书
国际禁毒研究报告（2022）

主　　编／张勇安
执行主编／朱　虹

出 版 人／王利民
组稿编辑／杜文婕
责任编辑／杨　雪
责任印制／王京美

出　　版／社会科学文献出版社 · 人文分社（010）59367215
　　　　　地址：北京市北三环中路甲 29 号院华龙大厦　邮编：100029
　　　　　网址：www.ssap.com.cn
发　　行／社会科学文献出版社（010）59367028
印　　装／天津千鹤文化传播有限公司

规　　格／开　本：787mm×1092mm　1/16
　　　　　印　张：25.75　字　数：386 千字
版　　次／2023 年 3 月第 1 版　2023 年 3 月第 1 次印刷
书　　号／ISBN 978-7-5228-1527-5
定　　价／158.00 元

读者服务电话：4008918866

本书为国家社科基金重大项目"《国际禁毒史》（多卷本）"（18ZDA215）阶段性成果

国际禁毒蓝皮书编委会

主　　编　张勇安

执行主编　朱　虹

编　　委　（按名字首字母音序排序）

David R. Bewley-Taylor, Swansea University

James Mills, University of Strathclyde

James Windle, University College Cork

Khalid Tinasti, Global Commission on Drug Policy

褚宸舸　西北政法大学

郝　伟　中南大学

李文君　中国人民公安大学

李友梅　上海研究院

刘志民　北京大学

梅传强　西南政法大学

莫关耀　云南师范大学

姚建龙　上海社会科学院

张勇安　上海大学

赵克斌　上海研究院

赵　敏　上海交通大学

主要编撰者简介

张勇安　男，上海大学历史学系教授、博士生导师，教育部"长江学者奖励计划"青年学者，中国美国史研究会副理事长兼秘书长、国际酒精和毒品史学会（ADHS）执行委员会委员、*The Social History of Alcohol and Drugs* 杂志编委、国际禁毒政策研究中心主任。曾任美国耶鲁大学医学史系访问学者（2009～2010）、布鲁金斯学会东亚政策研究中心客座研究员（2010）、英国思克莱德大学医疗社会史研究中心客座研究员（2013 年至今）。主要研究领域：国际禁毒政策史、美国史。主持国家社科基金重大项目、英国 Wellcome Trust 重大科研项目等课题 10 余项。在《中国社会科学》、《历史研究》、*International Journal of Drug Policy*（SSCI）、*Medical History*（A&HCI）等杂志发表论文 50 余篇，著有《变动社会中的政策选择：美国大麻政策研究》《科学与政治之间：美国医学会与毒品管制的源起（1847～1973）》，主编《医疗社会史研究》集刊。

朱　虹　女，上海大学历史学系副教授、国际禁毒政策研究中心执行主任、日本同志社大学人文科学研究所特聘研究员（2015 年至今）、上海市禁毒志愿者协会理事。毕业于日本同志社大学，教育学博士。主要研究领域：医疗社会史、日本近现代史、中日关系史。主持教育部人文社科青年基金等省部级课题两项，先后在《世界宗教研究》、《史林》、《教育文化》（日本）等国内外核心期刊上发表论文多篇，主笔的多篇决策咨询报告获得各级政府部门和领导的采纳或批示。曾荣获上海市哲学社会科学优秀成果奖决策咨询与社会服务奖二等奖。

摘　要

《国际禁毒蓝皮书》是由国家禁毒委员会办公室、上海市禁毒委员会共同指导，上海市禁毒委员会办公室、上海研究院、上海大学联合主办，国际禁毒政策研究中心主编，国内唯一聚焦全球毒品问题、追踪最新禁毒动向、服务国家禁毒工作的系列年度研究报告。

当前，全球毒情日趋复杂，毒品生产方式日新月异，合成毒品与新精神活性物质层出不穷，对全球毒情形势构成重大威胁。为有效遏制全球毒品犯罪，对于易制毒化学品进行有效管控，供给侧切断制毒原料供应已是迫在眉睫之事，也是各国禁毒决策共同面临的关键课题。《国际禁毒研究报告（2022）》基于总报告、国际毒情热点、国别研究、专题报告和附录五个组成部分，以"国际易制毒化学品的管控"为主题对全球新出现的各类因易制毒化学品引发的社会危机展开即时性的关注和研讨，深入解析世界各国在易制毒化学品管控领域面临的风险与挑战以及积累的经验与教训。

第一部分是题为《化学品的"异化"与全球易制毒化学品的列管与管控》的总报告。该报告指出，国际麻醉品管制局作为易制毒化学品管制的全球协调中心，基于条约任务授权开展工作，通过不断拓展列管范围、强化过程管控和推行系列专项行动与项目，积极应对表列和非表列国际特别监视清单中的易制毒化学品的转移、非法制造、贩运和滥用问题，逐步构成行之有效、运转良好的全球易制毒化学品管控体系。该体系通过列管、监控易制毒化学品的国际贸易，实现了防止转入非法渠道用于非法制造毒品和保障正常的合法用途间的平衡，并因此成为一个全球打击药物滥用和贩运综合战略

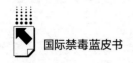

的基本组成部分。鉴于目前地区间有关易制毒化学品的管控仍存在不平衡，该报告呼吁国际社会必须进一步以问题为导向，不断优化全球易制毒化学品管控体系，协同推进全球、区域和国家间的联动机制。

本报告为挖掘时代大势与当前国际禁毒新趋向，解读政策缘起和国际毒情深层次原因，不断推陈出新，第二部分特设"2021年国际禁毒十大热点问题解读"报告，实时追踪国际禁毒工作面临的风险与挑战以及制定的战略与对策，以期为我国借鉴国际先进经验，提升毒品预防教育的国际化水平提供更为广泛的、客观的理论支持，从而推进我国禁毒决策的科学化、精细化、规范化。

第三部分为国别研究，囊括了《中国易制毒化学品管制法治体系的演进和构建》《美国易制毒化学品监管的挑战与应对》《俄罗斯前体管控面临的挑战与应对之策》《伊朗的毒情形势与禁毒实践》《爱沙尼亚的芬太尼危机与治理》五项个案研究成果。来自国内不同领域的专家学者分别聚焦美洲、欧洲、亚洲各国易制毒化学品管控所面临的困境与挑战，评估其已有成果与预期成效，探讨其成功与失败的经验教训，并在全球化背景之下集中探讨国际毒品问题与禁毒政策发展变化对于中国毒情及禁毒战略的可能影响，借助科学的数据分析和实证研究为国内禁毒工作的预警、决策、绩效评估等提供科学的理论依据。

第四部分为专题报告。该部分收录了国内相关领域专家的四篇前瞻性研究成果，基于理论分析和实地调研深入探讨了国内外易制毒化学品的发展态势、政策趋向及管控经验。《易制毒化学品管控的国际经验与中国路径》建议中国的易制毒化学品管控制度应在现行制度的基础上，适当借鉴域外的经验与合理方案，以期在不剧烈改变现存易制毒化学品管控制度与措施的前提下，对易制毒化学品的管控在"合理使用—防止扩散"之间谋求倾向于前者的平衡状态。《欧洲易制毒化学品的新走向与管控的新转向》指出欧盟毒品前体立法的有效实施推动了全球易制毒化学品贸易管控的创新。而欧盟发起与参与的国际管控合作，超越了对外部毒品前体输入欧盟的内在关注，还极为关注欧盟内部易制毒化学品的对外输出。这种基于易制毒化学品全球市场进行综合管控的视角，无疑显示了欧盟毒品前体立法由内部治理决策向全球化发展的全新转向，为国际社会合作管控易制毒化学品提供了一个卓有成效的范例。《新冠肺炎疫情下"金三角"地区的毒情与治理》分析称"金三角"地区毒品生产受新冠肺炎疫情影响不大，毒品产量持续增长，易制毒化学品从区域外非法流入"金三角"地区的量在增加。面对跨境毒品所带来的挑战，"金三角"地区各国只有加强国际禁毒合作，构建人类命运共同体，共同应对毒品问题，才能减轻毒品对各国及世界的危害。《云南边疆地区制毒物品非法流失的现代化防控》则认为由于"金三角"制毒活动对制毒物品需求持续加大，国内大量制毒物品从云南非法出境，给云南边疆地区制毒物品管控工作带来了严峻的挑战，须通过综合化、科技化、国际化的治理模式加以防范与遏制。上述真知灼见为我国有效开展易制毒化学品的管控提供了可行路径。

第五部分为附录，由《2021 年国际禁毒大事记》《2021 年国际禁毒机构研究报告概览》《国际禁毒期刊研究论文辑要》三篇组成，系统梳理了2021 年的国际禁毒动向、国际禁毒报告以及国际禁毒期刊所收录的有关易制毒化学品研究的论文辑要，以期为中国的国际禁毒研究提供更为丰富的学术资源和更具实效的理论借鉴。

关键词：　国际禁毒　易制毒化学品　毒情形势

目 录 ↖

Ⅰ 总报告

B.1 化学品的"异化"与全球易制毒化学品的列管与管控

  ………………………………………………………… 张勇安 / 001

Ⅱ 国际毒情热点

B.2 新疫情、新毒情和国际禁毒新合作：2021年国际禁毒

  十大热点问题解读 ……………………… 国际禁毒政策研究中心 / 060

Ⅲ 国别研究

B.3 中国易制毒化学品管制法治体系的演进和构建

  ………………………………………………… 褚宸舸　安　东 / 078

B.4 美国易制毒化学品监管的挑战与应对 ………… 韩敬梓　高心怡 / 113

B.5 俄罗斯前体管控面临的挑战与应对之策 ……………… 李昕玮 / 142

B.6 伊朗的毒情形势与禁毒实践 ……………… 刘　赛　李福泉 / 157

B.7　爱沙尼亚的芬太尼危机与治理……………………… 韩　飞 / 192

Ⅳ　专题报告

B.8　易制毒化学品管控的国际经验与中国路径……………… 包　涵 / 208

B.9　欧洲易制毒化学品的新走向与管控的新转向………… 徐之凯 / 224

B.10　新冠肺炎疫情下"金三角"地区的毒情与治理 ……… 牛何兰 / 248

B.11　云南边疆地区制毒物品非法流失的现代化防控 ……… 张　洁 / 281

Ⅴ　附　录

B.12　2021年国际禁毒大事记…………………………… 王程琪 / 308

B.13　2021年国际禁毒机构研究报告概览………… 俞　冰　陈梦柯 / 328

B.14　国际禁毒期刊研究论文辑要 ……… 陈　曦　曹雯欣　方乾屹 / 346

Abstract　………………………………………………… / 379

Contents　………………………………………………… / 383

皮书数据库阅读**使用指南**

总 报 告
General Report

B.1
化学品的"异化"与全球
易制毒化学品的列管与管控

张勇安[*]

摘 要： 易制毒化学品的非法转移和转用对全球毒情形势构成重大威胁。1988 年《联合国禁止非法贩运麻醉药品和精神药物公约》的议定和实施，尤其是其中的第十二条，为国际社会就经常用于非法制造麻醉药品和精神药物的易制毒化学品规定了国际合作与管制的原则和机制。国际麻醉品管制局作为易制毒化学品管制的全球协调中心，基于条约任务授权开展工作，通过不断拓展列管范围、强化过程管控和推行系列专项行动与项目，积极应对表列和非表列"国际特别监视清单"中的易制毒化学品的转移、非法制造、贩运和滥用问题，逐步构成了行之有效、运转良好的全球易制毒化学品管控体系。该体系通过列管、监

* 张勇安，复旦大学历史学博士、上海大学历史学系教授、博士生导师、国际禁毒政策研究中心主任，主要研究方向为国际禁毒政策史。

控易制毒化学品的国际贸易，实现了防止这些物质转入非法渠道用于非法制造毒品和保障正常的合法用途间的平衡，并因此成为全球打击药物滥用和非法贩运综合战略的一个基本组成部分。同时，不可否认，不断大规模涌现的特制前体、前前体、中间体和非表列易制毒化学品，易制毒化学品的国内非法转移和转用，易制毒化学品管控的地区间不平衡等正在对全球易制毒化学品管控构成越来越严峻的威胁与挑战，国际社会必须进一步以问题为导向，不断优化全球易制毒化学品管控体系，协同推进全球、区域和国家间的联动机制。

关键词： 易制毒化学品　国际麻醉品管制局　全球易制毒化学品管控体系

易制毒化学品通常是指代经常用于非法制造麻醉药品和精神药物的前体和化学品（Precursors and Chemicals Frequently Used in the Illicit Manufacture of Narcotic Drugs and Psychotropic Substances），这些物质是非法制造可以被滥用的麻醉药品和精神药物的重要而关键的物质，存在被贩毒者和制毒者转入非法渠道并转用的风险，成为加剧全球毒情不断恶化的重要因素之一。①但是，这些易制毒化学品多被合法制造并广泛应用于工业、医药、科研等领域，具有重要的商业、经济甚至科学价值。正因如此，如何既能够有效防止这些"异化"的物质被转移用于非法目的，从而减少麻醉药品和精神药物

---

① 因这些前体化学品易于被制成毒品或是制成毒品的必需化学原料、配剂等，为了打击毒品犯罪，防止毒品对国家和人民的侵害，我国常将其统称为易制毒化学品，并进行严格管理。相关研究参见聂鹏、张黎、李文君《制毒物品与易制毒化学品：禁毒学两个基本概念辨析》，《北京警察学院学报》2013 年 6 期，第 47~51 页；宋鸿绪、包涵《易制毒化学品管制体系的反思与改良》，《广西警察学院学报》2020 年第 5 期，第 94~99 页。此外，国内学者对于易制毒化学品的管控问题已经多有涉及，其中部分学者也关注到了易制毒化学品的国际管制，但相对简略，主要参见张洁编著《易制毒化学品管制的理论与应用研究》第三章，云南大学出版社，2015，第 55~65 页。

供应，又能够确保它们仍可用于合法用途，并实现为必要的供应提供便利，成为国际易制毒化学品管控的基本要求。①

为此，国际社会依托联合国建立的全球禁毒体系，尤其是 1988 年议定和 1990 年生效的《联合国禁止非法贩运麻醉药品和精神药物公约》（以下简称《1988 年公约》），以表一和表二表列方式将部分"易制毒化学品"纳入管控范围，同时根据管控的实际需要适时进行改列增列，进而借助"非表列物质有限国际特别监视清单"（以下简称特别监视清单）的方式对重要的尚无法纳入表列物质的"前体""前前体""特制前体""中间体"等物质进行监管。不仅如此，国际麻醉品管制局（INCB）（以下简称"国际麻管局"）推动各国政府于 1995 年设立"出口前通知"制度，2006 年又借助现代电子信息技术推出"出口前通知电子信息系统"，加之"网上前体事件通信系统"，从而较为有效地强化了过程管控。与此同时，针对非法制造可卡因、海洛因和合成毒品的重点易制毒化学品，国际麻管局同有关国家政府一道发起的侧重于高锰酸钾、醋酸酐和苯丙胺类兴奋剂前体的"紫色行动"（1999~2005 年）、"黄玉色行动"（2001~2005 年）（2005 年合并为"聚合项目"）和"棱晶行动"（2002 年开始）等三项国际行动，有效地打击了这些主要易制毒化学品的非法转移和转用。可以说，正是通过不断因时因势优化管控对象、强化过程管控措施、推动专项管控活动，国际社会逐步建立起了相对完整而有效的全球易制毒化学品管控体系。

一 化学品的"异化"与国际列管的源起

现代化工技术的革新造就了无数的改变或正在改变人类社会生活或自然界的化学品，这些化学品被合法制造出来推向市场，或作为合法的工业领域重要的原料，或作为祛除病痛的药剂，或成为科学研究的试剂溶剂。诸如我

---

① The International Narcotics Control Board (INCB), *Precursors and chemicals frequently used in the illicit manufacture of narcotic drugs and psychotropic substances*, 2020, New York: United Nations, 2021, p. iii.

们日常生活中经常会用到的化妆品、香水、清洁剂、杀菌剂、杀虫剂、化肥、润滑剂等不一而足，均离不开这些物质。然而，作为物质的"一体两面"，这些试剂溶剂、酸和碱及其衍生物和变造物还是古柯叶中提取可卡因、鸦片中提取海洛因、合成毒品加工和制造的各个阶段的必需品，诸如非法制造可卡因所需要的高锰酸钾、制造海洛因所需要的醋酸酐、制造苯丙胺类物质所需要的盐酸伪麻黄碱/盐酸麻黄碱、黄樟脑，以及非法制造甲喹酮、苯环利、麦角酰二乙胺（LSD）和芬太尼等所需要的各类"前体"或"特制前体"。然而，随着这些半合成和合成毒品、新精神活性物质日益成为世界毒品市场的主要"消费品"，这些被列管或非列管的物质需求量日益增多，越来越多物质通过各种方式被转移到非法渠道，流入国际市场或在各国国内的非法之地，制造出更大量的毒品。这些毒品涌入国际市场成为全球毒情进一步恶化的罪魁祸首。

"从合法渠道转移易制毒化学品，几乎毫无例外的是非法制造毒品所需要的前体的唯一来源"。① 这些易制毒化学品尽管在 20 世纪七八十年代就受到国际关注，而且随着战后全球禁毒体系的重构，国际社会依托联合国颁行的国际禁毒公约相继将部分经常用于非法制造麻醉药品和精神药物的物质列入管制范围，从而部分地强化了对这些物质的监管。诸如《经〈修正 1961 年麻醉品单一公约的议定书〉修正的 1961 年麻醉品单一公约》第二条第 8 款规定缔约国应尽最大努力对该公约范围以外可用于非法制造麻醉药品的物质，采取实际可行的监督措施。《1971 年精神药物公约》第二条第 9 款规定对凡属不在该公约范围之内可用以非法制造精神药物的各类物质，各缔约国均应尽其最大努力采取可行的监督措施。②

---

① The International Narcotics Control Board（INCB），*Precursors and chemicals frequently used in the illicit manufacture of narcotic drugs and psychotropic substances*，1995，New York：United Nations，1996，p. 2.

② 相关研究参见张勇安《冷战中的合作：美国与联合国〈1961 年麻醉品单一公约〉的修正（1969~1975）》，《求是学刊》2012 年第 1 期，第 148~154 页；陈旭兰《美国与全球精神药物管制体系的建立：以联合国〈1971 年精神药物公约〉的批准为中心》，《世界历史》2011 年第 2 期，第 29~39 页。

可以注意到，国际社会很早就注意到开展打击非法麻醉药品和精神药物制造及贩运的国际合作的必要性与重要性，也把敦促世界各国政府间合作列入了国际禁毒条约，但无论是《1961 年麻醉品单一公约》还是《1971 年精神药物公约》都并未采取实质性可操作的专门措施来管控易制毒化学品的非法贩运和转用，事实上，只是晚至《1988 年公约》的最终议定，该项工作才真正有了具体的依归。《1988 年公约》与《1961 年麻醉品单一公约》、《1971 年精神药物公约》并称"全球禁毒体系的三大基石"，于 1988 年 12 月 19 日通过。该公约体现了国际社会对日益增加的非法种植、生产、制造和贩运活动的反应，而这些管控措施的推进将会导致非法贩运或非法市场上大多数药物不再是由合法生产地区生产和制造，换言之，该公约将迫使国际化学品、药物的合法生产与非法生产、合法贸易与非法贩运、合法使用与非法消费之间变得更加泾渭分明，国际社会携手共同应对世界毒品问题有了更为重要的法理基础。具体而言，《1988 年公约》规定了一系列禁止和打击非法贩运和药物滥用的措施，其中司法合作、引渡贩运者、控制下交付和打击非法毒品贩运洗钱的行动等多为开创性工作。[①]

特别值得关注是，《1988 年公约》第十二条针对易制毒化学品管制做出了专门的规定，为真正地把这些物质纳入管控范围提供了具体依归，为了推动国际社会共同采取全方位措施打击非法贩运和转用易制毒化学品提供了国际法遵循。其第十二条共计 14 款，按照主题可以概括为以下九个方面，具体指导全球列管易制毒化学品。

一是规定缔约国应采取措施防止《1988 年公约》表一和表二所列物质被挪用并为实现此目的而相互合作的普遍义务（第 1 款）。二是规定了用于修改管制范围的机制（第 2 款至 7 款）。三是要求采取适当措施，监测制造和分销活动，为此目的，缔约国可：控制个人和企业、以执照控制单位和场所、要求取得制造或分销表一和表二所列物质的许可、防止囤积此类物质

---

① The International Narcotics Control Board（INCB），*Report of the International Narcotics Control Board*，*1998*，New York：United Nations，1999，p. 4.

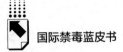

（第 8 款）。四是有义务监测国际贸易，以便查明可疑交易；规定扣押货物；如有可疑交易，应通知有关缔约国的主管机关；要求贴上适当标签并附有单据；以及确保所述单证至少保存两年（第 9 款）。五是按请求提供表一所列物质的出口前通知的机制（第 10 款）。六是情报保密（第 11 款）。七是缔约国应按国际麻管局所规定的形式和方法，并用其所提供的表格，每年向国际麻管局报告（第 12 款）。八是国际麻管局须向麻醉药品委员会报告（第 13 款）。九是第十二条的规定不适用于某些制剂（第 14 款）。

《1988 年公约》第十二条 14 款内容详细规定了缔约国义务、列管范围和措施、国际麻管局的职权，这些条款成为就经常被用于非法制造麻醉药品和精神药物的物质进行国际合作与管制的原则和机制，其中特别明确了国际麻管局对经常用于非法制造麻醉药品和精神药物的物质行使监督和管制的职能。事实上，国际麻管局在准备承担这些新职能时，早在《1988 年公约》刚刚议定不久的 1989 年 1 月就着手分析新公约规定的任务并估计执行这项任务所需要的资源，同时积极外争支持，竭力履行它根据公约第十二条所承担的职能。诸如利用美国政府提供的预算外资金建立一个数据库，以使国际麻管局能够充分利用各国政府就这些物质的非法流动所提供的资料，追查它们的来源并提出防止转入非法渠道的具体措施。不仅如此，1989 年 12 月，国际麻管局还向各国政府发送了一份调查表，请它们提供关于《1988 年公约》表一和表二所列物质的缉获情况、这些物质的来源以及转入非法渠道和非法制造的数据。这是国际麻管局针对该数据调查向各国发出的第一份调查表，国际麻管局认为，根据《1988 年公约》议定全权代表大会的精神，国际麻管局在执行任务过程中将会得到各国政府和国际主管行政部门的充分支持和协助，使它得以在 1991 年向麻醉药品委员会提交第一份关于公约第十二条执行情况的报告。①

除了前述基础性的工作之外，国际麻管局还同其他国际组织合作，召开了一系列工作会议，以建立预防前体非法贩运和转用的"世界性机制"。为

---

① The International Narcotics Control Board（INCB）, *Report of the International Narcotics Control Board*, *1989*, New York: United Nations, 1989, p. 12.

此，国际麻管局促请各国政府立刻确定负责执行第十二条规定的主管部门，并向国际麻管局通报其正式名称、具体职能、主要联络人和地址。国际麻管局还请求各国政府向它通报目前正在实施或准备实施的实际管制措施，以便向其他国家通报这些情况。[①] 通过这种方式，可以建立起由世界各国主管部门组成的信息共享、情报互通、联合行动的快速反应网络，而国际麻管局则可以担负起全球联络中心的角色，来协调推进相关的工作。

截至 1990 年 11 月 1 日，公约正式生效前，已有 94 个国家或地区的政府（占所有国家和地区的 50%），提供了所要求的有关麻醉药品和精神药物非法制造中常用物质的情况。考虑到《1988 年公约》将于 11 月 11 日开始生效，国际麻管局对已提供资料的各国政府的迅速响应表示欢迎，相信其他国家政府也将会在适当的时候提供资料；积极敦促各国负责监视《1988 年公约》表一和表二所列物质流通的行政管理机构之间应有适当的全国范围协调；敦促各国政府之间在立法方面进行可能的沟通，实行切实可行的管制措施，包括《1988 年公约》允许各缔约国自行决定的相关措施。与此同时，国际麻管局呼吁，除对易制毒化学品原料的供应和贸易适用的监测和管制措施外，还需紧急采取措施，防止材料和设备转用于非法制造麻醉药品和精神药物，其中非常重要的一项工作就是确定贸易的真实性、正当性和合法性，这是防止易制毒化学品转入非法渠道的重要前提。正因如此，国际麻管局促请各国政府紧急行动起来，建立适当的机制，就贸易和批准文件的真实性进行迅速的联系，合作促进《1988 年公约》条款的实施。[②] 可以注意到，《1988 年公约》通过之后但尚未生效之前，国际麻管局就开始主动地承担公约赋予的新职能，为其后更好领导和推动公约的执行奠定了比较扎实的基础。

如果可以将批准或加入《1961 年麻醉品单一公约》、《1971 年精神药物

---

① The International Narcotics Control Board（INCB），*Report of the International Narcotics Control Board*，*1991*，New York：United Nations，1991，p. 16.

② The International Narcotics Control Board（INCB），*Report of the International Narcotics Control Board*，*1990*，New York：United Nations，1990，p. 13.

公约》和《1988 年公约》三个主要国际禁毒公约看作是一国政府决心推动落实国际禁毒工作的初步表示，相较而言，国际社会对于《1988 年公约》的偏好尤其明显。《国际麻管局 1998 年年报》就指出，各项国际条约的生效取决于批准的速度，由于一些国家的政府不愿意批准《1971 年精神药物公约》，该公约通过后五年才正式生效；然而，《1988 年公约》1990 年就已经生效了，这种相对短的"等待期"表明了各国政府对公约的大力支持。①而批准和加入该公约的统计数据同样显示类似的趋向。截至 1990 年 11 月 1日，仅有 26 个国家批准或加入《1988 年公约》，十年后的 2000 年 11 月 1日，缔约国数增至 157 个，又十年之后的 2010 年 10 月 31 日，缔约国数继续增加，达到 183 个，到 2021 年 11 月 1 日，缔约国数已经达到 190 个，缔约率达 97%，三大国际禁毒公约中该公约的缔约率最高，基本实现了普遍加入。国际社会的普遍加入便利了公约的更好推行，联合国推进的各种信息交换平台的建设、项目的实施，以及推动各国政府主管部门落实联合国相关的决议变得更加切实可行。

　　诚然，国际麻管局也认识到针对具有重要和普遍合法工业用途的物质确立管制措施并不容易，制定《1988 年公约》的目的是引进一种监测制度，旨在防止有关物质转入非法渠道，而又不会影响合法贸易，国际贸易监测的国际合作应该成为关注重点。与此同时，《1988 年公约》赋予各缔约国以监测本国境内易制毒化学品制造和销售方面的重要酌处权。国际麻管局认为，承诺对易制毒化学品进行管制表明各国政府预防和打击非法药物制造，并最终防止药物滥用的政治意愿，对非法药物制造所用物质的流动情况进行监测也是打击贩运毒品和易制毒化学品强大有组织犯罪的一种有效途径。②

---

①　The International Narcotics Control Board（INCB），*Report of the International Narcotics Control Board*，*1998*，New York：United Nations，1998，p. 5.

②　The International Narcotics Control Board（INCB），*Precursors and chemicals frequently used in the illicit manufacture of narcotic drugs and psychotropic substances*，*2014*，New York：United Nations，2015，p. 2.

二 列管范围和监测对象的拓展

随着易制毒化学品列管工作的推进,通过审查列入《1988 年公约》表一、表二和附表的物质是否充分和合适,评估可能列入表一或表二的物质,或从一个表改列到另一个表的物质,并适时根据形势变化对此进行增列或改列,成为国际麻管局与各国政府协同优化列管范围和对象的重要举措。与此同时,没有纳入表列清单的易制毒化学品、前前体、特制前体或中间体成为表列物质的替代品,越来越多地被发现或查缉,经济及社会理事会、麻醉药品委员会、国际麻管局推进研制出一份供国际社会使用的别监视清单,供国际社会监管"替代品"。正是通过表列物质的增列与改列,配之以特别监视清单,拓展、强化了管制范围和对象,进一步完善了易制毒化学品的列管。

(一)表列物质的增列与改列

《1988 年公约》议定之时,最初仅通过表一和表二列管 12 种易制毒化学品。其中表一列管了麻黄碱(Ephedrine)、麦角新碱(Ergometrine)、麦角胺(Ergotamine)、麦角酸(Lysergic Acid)、1-苯基-2-丙酮(1-Phenyl-2-Propanone)、伪麻黄碱(Pseudoephedrine)6 种物质,表二列管了醋酸酐(Acetic Anhydride)、丙酮(Acetone)、邻氨基苯甲酸(Anthranilici Acid)、乙醚(Ethyl Ether)、苯乙酸(Phenylacetic Acid)、哌啶(Piperidine)6 种物质。然而,公约生效后不久,国际社会就意识到既有表列 12 种物质不足以涵盖实际可能转入非法渠道的易制毒化学品。

1990 年 7 月,西方七国集团首脑与欧洲共同体委员会主席在美国休斯敦举行的第十六届经济首脑年会上,专门设立了一个"化学品行动特别工作组"(the Chemical Action Task Force)。翌年 7 月,即《1988 年公约》生效的第二年,美国政府并"化学品行动特别工作组"的成员国就根据《1988 年公约》第十二条向秘书长提交了一份意见书,建议表一或表二新增

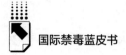
列 10 种物质：N－乙酰邻氨基苯酸（N-acetylanthranllic Acid）、盐酸（Hydrochloric Acid）、异黄樟脑（Isosafrole）、甲基乙基酮［Methyl Ethyl ketone（2－Butanone；MEK）］、3，4－亚甲基二氧苯基－2－丙酮（3，4－Methylenedioxyphenyl－2－Propanone）、胡椒醛（Piperonal）、高锰酸钾（Potassium Permanganate）、黄樟脑（Safrole）、硫酸（Sulphuric Acid）和甲苯（Toluene）。

对此，国际麻管局迅速做出回应，专门召开咨询专家组会议，协助对这些物质进行评估。并且，国际麻管局同步启动相关工作，尤其是鼓励各国政府提供对评估这些物质相关的重要资料。随后，国际麻管局决定于1992 年 1 月召开特别会议进行评估，以便决定是否可能改变该公约的管制范围。① 经过评估，国际麻管局认为这 10 种物质中，五种是甲喹酮或 3，4－亚甲二氧基苯丙胺（MDA）及其各自类似物的前体；而其他五种化学品包括两种溶剂、一种氧化剂和两种酸，可以用于非法制造可卡因和其他毒品。② 显然，这些物质均是可能常用于非法制造麻醉药品和精神药物的重要的易制毒化学品。1992 年 4 月 9 日，麻醉药品委员会根据国际麻管局的评估和建议，同时通过讨论和投票表决，超过三分之二的代表投票同意，将N－乙酰邻氨基苯酸、异黄樟脑、3，4－亚甲基二氧苯基－2－丙酮、胡椒醛和黄樟脑列入表一；而将盐酸（不包括其盐类）、甲基乙基酮、高锰酸钾、硫酸（不包括其盐类）和甲苯列入表二。1992 年 11 月 23 日，该决定正式生效。③ 这次增列令《1988 年公约》表一和表二列管的易制毒化学品的总数达到 22 种。

① The International Narcotics Control Board（INCB），*Report of the International Narcotics Control Board, 1991*，New York：United Nations，1991，pp. 16-17.

② Commission on Narcotic Drugs，Report on the 35th Session（6 to 15 April 1992）（E/1992/25&E/CN. 7/1992/14），New York：United Nations，1993，p. 34.

③ Commission on Narcotic Drugs，Report on the 35th Session（6 to 15 April 1992）（E/1992/25&E/CN. 7/1992/14），New York：United Nations，1993，p. 36；the International Narcotics Control Board（INCB），*Report of the International Narcotics Control Board, 1992*，New York：United Nations，1992，p. 15.

列管物质种类的增加进一步强化了《1988 年公约》管制这些易制毒化学品、更好地服务于全球禁毒工作的可能性。国际麻管局注意到，因为将麦角胺、麦角新碱、麻黄碱和其他物质列入《1988 年公约》表一和通过各国政府同国际麻管局的合作，1990~1997 年防止了数百万街头剂量的迷幻剂、甲基苯丙胺和其他苯丙胺类兴奋剂的非法制造。而对《1988 年公约》表二中一些试剂和溶剂的管制和监测，如醋酸酐和高锰酸钾，则有助侦查到若干从事非法制造海洛因和可卡因的秘密加工点。正因如此，《1988 年公约》管制范围的扩大和各国政府同国际麻管局合作的不断加强将会有力地防止非法药物制造的可能。[①]

与列管范围的拓展同步，为了规避法律风险，贩毒者和制毒者同样在寻求新的非表列易制毒化学品来作为"替代品"，诸如去甲麻黄碱（苯基丙醇胺）（Norephedrine）作为一种易制毒化学品，被发现在非法药物制造中可用于代替麻黄碱或伪麻黄碱。与麻黄碱和伪麻黄碱不同的是，去甲麻黄碱可以用于制造苯丙胺，而不是甲基苯丙胺。正是注意到这一趋向，1997 年 8月，美国政府根据《1988 年公约》第十二条第 2 款的规定，向秘书长提交了一份建议书，建议将去甲麻黄碱列入该公约表一中。国际麻管局于 1998年对去甲麻黄碱进行评估后发现，该物质经常用于非法制造苯丙胺，其非法制造苯丙胺的数量和程度造成了严重的公众健康问题和社会问题，需要对其采取国际行动。为谨慎起见，国际麻管局决定推迟一年对去甲麻黄碱表列问题做出最终结论，以便进一步研究列入《1988 年公约》附表对含有该物质的药品的供应可能产生的影响，特别是要审查以前未曾提供过有关数据的国家所提交的资料。

经过 1998 年和 1999 年两次详细评估，国际麻管局认为，需要对去甲麻黄碱实行国际管制以限制贩运者获得该物质并减少非法制造苯丙胺类毒品的数量，而且这种管制还不会对医疗用途含有该物质的药品的供应产生任何不

---

① The International Narcotics Control Board（INCB），*Report of the International Narcotics Control Board*，*1998*，New York：United Nations，1998，pp. 4-5.

利影响。因此，国际麻管局建议将去甲麻黄碱列入《1988 年公约》的管制范围。同时考虑到《1988 年公约》表一和表二的唯一区别是根据该公约第十二条第 10（a）款的规定是否强制要求提供出口前通知，考虑到评估过程中所查明的去甲麻黄碱的转移方法和路线，以及考虑到出口前通知将有助于防止转用于非法制造苯丙胺，国际麻管局建议将去甲麻黄碱列入《1988 年公约》表一之中。①

正是基于国际麻管局关于去甲麻黄碱的评估和建议，2000 年 3 月 7 日，麻醉药品委员会第四十三届会议以 39 票全票赞同的方式通过了第 43/1 号决定，决定将去甲麻黄碱包括其盐类和旋光异构体列入《1988 年公约》表一中。② 2000 年 5 月 25 日，联合国秘书长在其普通照会中将第 43/1 号决定通报了《1988 年公约》的所有缔约国和非缔约国。2000 年 11 月 20 日，决定正式生效。③

可以发现，国际麻管局对于去甲麻黄碱的评估和列管的程序更为细致而周全，不仅考虑到其列管的可行性和潜在的影响，还特别对纳入新发现的物质到底应该纳入表一或表二进行了合理的区分。这种评估的方式和列管的模式为后续的工作定下了基调。不仅如此，随着"出口前通知"措施的推进，其对于有效遏制易制毒化学品的作用日益显现，但《1988 年公约》第十二条第 10（a）款规定：出口国政府须向进口国政府提供出口前通知的规定仅限于表一所列物质。而对于同样常常有被转用风险的表二中的物质则缺少了强制性的规定，这无疑削弱了管制的效能。醋酸酐是制造海洛因必不可少的化学品，是最初列入《1988 年公约》表二中的 6 种物质之一；而高锰酸钾是制造可卡因的重要化学品，是 1992 年新增列到表二

① The International Narcotics Control Board (INCB), *Precursors and Chemicals Frequently Used in the Illicit Manufacture of Narcotic Drugs and Psychotropic Substances, 1999*, New York: United Nations, 2000, pp. 14-15.

② Commission on Narcotic Drugs, Report on the 43rd Session (6-15 March 2000) (E/2000/28& E/ CN. 7/2000/11), New York: United Nations, 2000, p. 15.

③ The International Narcotics Control Board (INCB), *Report of the International Narcotics Control Board, 1998*, New York: United Nations, 1998, p. 24.

中的 5 种物质之一。这两种重要的易制毒化学品均位列《1988 年公约》表二之中，意味着，两种物质被出口之时，出口国不必提供至少不需要强制提供出口前通知。

然而，越到后来醋酸酐和高锰酸钾位列公约表二的弊端越明显。晚至 1997 年，国际麻管局开始正式考虑加强管制以防止这些物质转作他用。经过与主要的出口国、进口国和制造国主管部门举行工作会议研究之后，国际麻管局建议对醋酸酐和高锰酸钾两种物质均采用某种形式的出口前通知。1998 年各国政府核准了国际麻管局的这项建议，同时联合国世界毒品问题大会第二十届特别会议在其关于管制前体的 S-20/4B 号决议中建议扩大《1988 年公约》第十二条第 10（a）款的规定，以便将醋酸酐和高锰酸钾列入其中。如果说 S-20/4B 号决议是原则性变通办法，那么其经社理事会决议后更多是革命性的调整。

1999 年 7 月 28 日，经社理事会通过 1999/31 号决议，该决议承认《勒克瑙协定》①中提出的关于采取统一措施对用于非法制造麻醉药品和精神药物的前体和其他化学品的国际贸易实行管制的建议，同时要求国际麻管局根据《1988 年公约》第十二条，考虑必要措施，将醋酸酐和高锰酸钾从公约的表二转列到表一。②这是国际社会第一次正式提出易制毒化学品附表改列的问题。对此，国际麻管局迅速做出响应，以确定是否认为已有资料可以要求将所审查中的一种物质或者两种物质根据第十二条第 2 款的要求从《1988 年公约》的表二转列到表一。

综合评估既有管制的有效性、对于打击非法制造的潜在作用和改列对两

---

① 1999 年 2 月 1 日至 5 日，近东和中东非法药物贩运及有关事项小组委员会在印度勒克瑙举行第三十四届会议，通过了《关于采取统一措施控制用于非法制造麻醉药品和精神药物的前体和其他化学品的国际贸易的勒克瑙协定》，以加强该地区打击非法毒品贩运的斗争。该协定由麻醉委员会审核，并由经济及社会理事会 1999 年 7 月 28 日第 1999/31 号决议通过。

② E/RES/1999/31 Lucknow accord on the adoption of uniform measures to control international trade in precursors and other chemicals used in the illicit manufacture of narcotic drugs and psychotropic substances. 28 July 1999.

种物质的合法贸易，以及商业和工业用途可能产生的影响三个主要因素之后，国际麻管局认为：第一，两种物质在非法药物制造中的重要角色已经充分证实，两种物质均被认为在各自的非法药物制造过程中不可或缺，是贩卖者试图选用的化学品，而且海洛因和可卡因对公众健康的伤害和造成的社会问题同样须采取国际行动；第二，目前为响应国际麻管局和联大会议提出的建议所采取的自愿主动行动对于防止醋酸酐和高锰酸钾转用于非法制造药物是有效的，不过，如果这两种物质的出口前通知能如《1988 年公约》第十二条第 l0（a）款所规定成为一项条约义务，转作他用的现象会进一步减少；第三，出口前通知对于防止进行大量贸易的普通化学品转入非法用途的效用已在各国政府目前正在开展的自愿主动行动中得到证实；第四，出口前通知适用这些化学品，同时又不对各国主管部门或工业界造成负担。国际麻管局因此得出结论：可以要求将醋酸酐和高锰酸钾从《1988 年公约》表二改列到表一。①

2001 年 3 月，国际麻管局向麻醉药品委员会第四十四届会议通报了其对醋酸酐和高锰酸钾的评估意见，并建议将两种物质从《1988 年公约》表二改列到表一。对此，麻醉药品委员会通过第 44/5 号决定②和第 44/6 号决定③，将两种物质改列到《1988 年公约》表一。2001 年 12 月 8 日，两项决定对缔约各方正式生效。国际麻管局提醒各国政府，按第十二条第 10 款（a）项的规定，改列之后，进口国要求出口国提供两种物质的出口前通知将成为一项条约义务。④

① The International Narcotics Control Board (INCB), *Precursors and Chemicals Frequently Used in the Illicit Manufacture of Narcotic Drugs and Psychotropic Substances*, 1999, New York: United Nations, 2000, pp. 15-16.
② CND Dec. 44/5. Transfer of acetic anhydride from Table II to Table I of the United Nations Convention against Illicit Traffic in Narcotic Drugs and Psychotropic Substances of 1988, Distr. GENERAL, 1195th Meeting, 20 March 2001.
③ CND Dec. 44/6. Transfer of potassium permanganate from Table II to Table I of the United Nations Convention against Illicit Traffic in Narcotic Drugs and Psychotropic Substances of 1988, Distr. GENERAL, 1195th Meeting, 20 March 2001.
④ The International Narcotics Control Board (INCB), *Report of the International Narcotics Control Board*, 2001, New York: United Nations, 2001, pp. 28-29.

醋酸酐和高锰酸钾的改列进一步强化了出口国的条约义务，同时推动了其他表二中重要的易制毒化学品改列进程。考虑到苯丙胺类兴奋剂问题的日趋严重，尤其是执法机关不断缴获大量亚甲二氧基甲基苯丙胺（MDMA），且有证据表明该物质的制造量在增加，威胁了公众健康，并成为其他社会问题的根源，引起国际社会对其易制毒化学品的关注。[①] 其中纳入《1988年公约》表二中的苯乙酸（Phenylacetic Acid）是表一中的1-苯基-2-丙酮的直接前体，而1-苯基-2-丙酮是用于制造苯丙胺和甲基苯丙胺的前体。国际麻管局经过审查发现，按照规定对《1988年公约》表二中物质进行的管制不足以防止苯乙酸的转用。而如果苯乙酸的出口前通知成为《1988年公约》第十二条第10（a）款规定的一项条约义务，将会进一步减少苯乙酸的转移，况且出口前通知对于防止大量交易的普通易制毒化学品转移的有效性，此前已在醋酸酐和高锰酸钾等化学品的改列方面得到了证明。[②] 在进一步征询了各国意见的基础上，2007年1月，国际麻管局向联合国秘书长提交了报告，正式启动将苯乙酸从《1988年公约》表二转至表一的程序。[③] 经过系列的评估和各方征询意见之后，2010年3月8日，麻醉药品委员会第五十三届会议一致决定将苯乙酸从《1988年公约》的表二转至表一（第53/1号决定）。该项决定于2011年1月17日生效。[④]

---

① CND Resolution 49/7 Promoting a Consistent Approach to the Treatment of Safrole-rich Oils, March 2006.

② The International Narcotics Control Board (INCB), *Precursors and Chemicals Frequently Used in the Illicit Manufacture of Narcotic Drugs and Psychotropic Substances*, 2006, New York: United Nations, 2007, p. 2.

③ The International Narcotics Control Board (INCB), *Precursors and Chemicals Frequently Used in the Illicit Manufacture of Narcotic Drugs and Psychotropic Substances*, 2007, New York: United Nations, 2008, p. 1.

④ The International Narcotics Control Board (INCB), *Precursors and Chemicals Frequently Used in the Illicit Manufacture of Narcotic Drugs and Psychotropic Substances*, 2010, New York: United Nations, 2011, p. 1; the International Narcotics Control Board (INCB), *Precursors and Chemicals Frequently Used in the Illicit Manufacture of Narcotic Drugs and Psychotropic Substances*, 2011, New York: United Nations, 2012, p. 1; Commission on Narcotic Drugs, Report on the 53rd Session (2 December 2009 and 8-12 March 2010), E/2010/28& E/CN. 7/2010/18, New York: United Nations, 2010, p. 42.

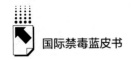

新出现的用于非法制造苯丙胺类兴奋剂的去甲麻黄碱增列表一，分别常用于非法制造海洛因、可卡因、苯丙胺类兴奋剂的易制毒化学品或前前体醋酸酐、高锰酸钾以及苯乙酸由表二改列表一，进一步拓展了列管的范围和强化了列管的力度，尤其是通过列入表一可以强制要求其进行"出口前通知"，从而更好地应对易制毒化学品的非法贩运和转用。这种增列或改列因此成为国际麻管局加强易制毒化学品列管的重要做法。

随着国际禁毒合作联合打击易制毒化学品工作的强化，贩毒者和制毒者越来越多地转向非表列的物质、前前体、特制前体和中间体。其中最先引起关注的是一种名为 α-苯乙酰乙腈（Alpha-Phenylacetoacetonitrile）的前体，它是 1-苯基-2-丙酮的一种直接前体，因此，它既是苯丙胺也是甲基苯丙胺的"前前体"。随着该物质在国际贸易中大量被发现，2013 年 3 月，国际麻管局致函联合国秘书长，正式启动将 α-苯乙酰乙腈列入附表的程序。秘书长请各国政府通过麻醉药品委员会分发的一份问卷就拟议的列表之事发表意见。随后，42 个国家的政府给予回复，提供了该物质在其境内的合法制造和使用、用于非法制造毒品以及将此种物质列入附表可能对合法工业和贸易产生的任何影响的信息。经过评估，国际麻管局向麻醉药品委员会建议，请求将 α-苯乙酰乙腈列入《1988 年公约》表一。[①] 2014 年 3 月 19 日，麻醉药品委员会第五十七届会议召开，经过讨论，全体一致决定采纳国际麻管局的建议，将 α-苯乙酰乙腈及其旋光异构体列入《1988 年公约》表一。该决定于 2014 年 10 月 9 日正式生效。[②]

α-苯乙酰乙腈的增列进一步完善了《1988 年公约》对前前体化学品的

① The International Narcotics Control Board (INCB), *Precursors and Chemicals Frequently Used in the Illicit Manufacture of Narcotic Drugs and Psychotropic Substances*, 2013, New York: United Nations, 2014, pp. 1-2.

② The International Narcotics Control Board (INCB), *Precursors and Chemicals Frequently Used in the Illicit Manufacture of Narcotic Drugs and Psychotropic Substances*, 2014, New York: United Nations, 2015, p. 6; Commission on Narcotic Drugs, Report on the 57th Session (13 December 2013 and 13 - 21 March 2014), E/2014/28&E/CN. 7/2014/16, New York: United Nations, 2014, p. 49.

列管，同时也揭开了对日益增多的新精神活性物质及其前体列管的序幕。2016年3月14日至22日，麻醉药品委员会第五十九届会议通过了名为"促进各种措施，重点处理新精神活性物质和苯丙胺类兴奋剂问题"的第59/8号决议。麻醉药品委员会对新精神活性物质的多样性及各种物质出现和传播速度相叠加问题深表关切，强调非表列易制毒化学品正在用于制造毒品，可能用于制造新精神活性物质，并作为国际表列易制毒化学品的替代物，鼓励会员国考虑易制毒化学品在所有合成毒品特别是新精神活性物质和苯丙胺类兴奋剂（包括甲基苯丙胺）的非法生产中的中心作用；邀请国际麻管局在联合国毒品和犯罪问题办公室、相关区域组织和会员国的支持下，系统地收集有关信息，并在必要时对用于制造毒品和新精神活性物质的非表列易制毒化学品展开评估。[①]

作为对麻醉药品委员会第59/8号决议的回应，《1961年麻醉品单一公约》和《1971年精神药物公约》均通过表列的方式增列了部分新的物质，[②]将芬太尼和其他阿片类合成物质的前体纳入《1988年公约》进行列管的呼声也日高。2016年10月，美国政府向联合国秘书长提议拟将芬太尼的两种前体4-苯胺-N-苯乙基哌啶（ANPP）和N-苯乙基-4-哌啶酮（NPP）及一些"特制"芬太尼列入《1988年公约》表一。根据《1988年公约》第十二条第3款的规定，秘书长随后邀请各国政府送交其对该提议的意见以及可能有助于国际麻管局做出评价和有助于麻醉药品委员会做出决定的补充信息。[③]

随后，国际麻管局向麻醉药品委员会提交报告：4-苯胺-N-苯乙基哌啶

---

① CND Resolution 59/8 Promotion of measures to target new psychoactive substances and amphetamine-type stimulants, March 2016; Commission on Narcotic Drugs, Report on the 59th Session (11 December 2015 and 14—22 March 2016) E/2016/28&E/CN. 7/2016/16New York：United Nations, 2016, pp. 47-52.

② 相关研究可参见张勇安《新精神活性物质：全球新威胁与新全球治理》，《国际禁毒研究报告（2020）》，社会科学文献出版社，2020，第31~34页。

③ The International Narcotics Control Board (INCB), *Precursors and Chemicals Frequently Used in the Illicit Manufacture of Narcotic Drugs and Psychotropic Substances, 2016*, New York：United Nations, 2017, p. 1.

是目前不受国际管制的芬太尼类似物的直接前体。N-苯乙基-4-哌啶酮是 4-苯胺-N-苯乙基哌啶的前体，因而其与 4-苯胺-N-苯乙基哌啶一样，可被转化为相同的芬太尼，还可被直接转化为更多的芬太尼类似物。这些类似物目前可能受国际管制，也可能不受国际管制。考虑到芬太尼之类制成品的毒性很强，少量的 N-苯乙基-4-哌啶酮和 4-苯胺-N-苯乙基哌啶（在公斤限度内）即足以制造几百万剂芬太尼，以及两种物质非法使用规模、重要影响及其多样性，且拟议管制将不会对任何公认的合法用途的供应产生任何不利影响。国际麻管局建议将 4-苯胺-N-苯乙基哌啶和 N-苯乙基-4-哌啶酮列入《1988 年公约》表一，进而通过强制性出口前通知机制来加强监管。①

正是根据国际麻管局的建议，2017 年 3 月 16 日，麻醉药品委员会第六十届会议通过第 60/12 号决定和第 60/13 号决定，② 一致同意将芬太尼的前体或前前体 4-苯胺-N-苯乙基哌啶（ANPP）和 N-苯乙基-4-哌啶酮（NPP）列入《1988 年公约》表一。2017 年 10 月 18 日，决定正式生效。③ 可以注意到，从美国政府向联合国秘书长提议增列两种前体到麻醉药品委员会投票通过决定间隔仅耗时四个月，这是此前公约的附表增列或改列过程中前所未有的，这既表明新精神活性物质问题威胁之大之紧迫，又是国际社会对该问题高度重视的结果。美国代表对此颇感满意，祝贺国际麻管局取得这项成绩之时，希望这成为处理新精神活性物质问题的一个"先例"。④

---

① Commission on Narcotic Drugs: Report on the 60th Session (2 December 2016 and 13-17 March 2017) E/2017/28&E/CN.7/2017/11, New York: United Nations, 2017, pp. 60-61.

② CND Decision 60/12 Inclusion of 4-anilino-N-phenethylpiperidine (ANPP) in Table I of the United Nations Convention against Illicit Traffic in Narcotic Drugs and Psychotropic Substances of 1988, 7th meeting, 16 March 2017; CND Decision 60/13 Inclusion of N-phenethyl-4-piperidone (NPP) in Table I of the United Nations Convention against Illicit Traffic in Narcotic Drugs and Psychotropic Substances of 1988, 7th meeting, 16 March 2017.

③ The International Narcotics Control Board (INCB), *Precursors and Chemicals Frequently Used in the Illicit Manufacture of Narcotic Drugs and Psychotropic Substances*, *2017*, New York: United Nations, 2018, p. 1.

④ Commission on Narcotic Drugs, Report on the 60th Session (2 December 2016 and 13-17 March 2017) E/2017/28&E/CN.7/2017/11, p. 64.

确实，这一时期，与新精神活性物质大量涌现同步，新的易制毒化学品层出不穷，增加了管控的难度，而缉获数量的大幅度增加迫使国际社会必须采取措施及时止损。2017 年 12 月，阿根廷政府提议将 α-乙酰乙酰苯胺（APAA）、3，4-亚甲基二氧苯基-2-丙酮甲基缩水甘油和氢碘酸三种苯丙胺类兴奋剂前体列入《1988 年公约》附表。根据《1988 年公约》第十二条第 3 款，联合国秘书长随后邀请各国政府就该建议提交评论。国际麻管局相继收到了 50 国政府的答复，并根据既有资料评估了这三种易制毒化学品。

经过评估，国际麻管局一方面不建议将氢碘酸纳入列管范围，另一方面又意识到单纯地列管 3，4-亚甲基二氧苯基-2-丙酮甲基缩水甘油很可能是不充分的，因为这可能只会导致制贩者转换使用钠盐以及其他盐的情况增加。故国际麻管局认为，酸的形式，即 3，4-亚甲基二氧苯基-2-丙酮甲基缩水甘油酸，也应列入《1988 年公约》附表。2018 年 8 月，国际麻管局向秘书长发出补充通知，正式启动酸及盐类的列管程序。[①]

正是在国际麻管局前期仔细调研的基础上，2019 年 3 月 19 日，麻醉药品委员会决定将 3，4-亚甲基二氧苯基-2-丙酮甲基缩水甘油（所有立体异构体）、3，4-亚甲基二氧苯基-2-丙酮甲基缩水甘油酸（所有立体异构体）和 α-乙酰乙酰苯胺（包括其光学异构体）三种苯丙胺类兴奋剂前体列入《1988 年公约》表一，但不将氢碘酸列入该《1988 年公约》附表。[②] 列管决

---

① The International Narcotics Control Board（INCB），*Precursors and Chemicals Frequently Used in the Illicit Manufacture of Narcotic Drugs and Psychotropic Substances*，*2018*，New York：United Nations，2019，pp. 1-2.

② CND Decision 62/10 Inclusion of "3，4-MDP-2-P methyl glycidate"（"PMK glycidate"）（all stereoisomers）in Table I of the United Nations Convention against Illicit Traffic in Narcotic Drugs and Psychotropic Substances of 1988，9th meeting，19 March 2019；CND Decision 62/11 Inclusion of 3，4-MDP-2-P methyl glycidic acid（"PMK glycidicacid"）（all stereoisomers）in Table I of the United Nations Convention against Illicit Traffic in Narcotic Drugs and Psychotropic Substances of 1988，9th meeting，19 March 2019；CND Decision 62/12 Inclusion of alpha-phenylacetoacetamide（APAA）（including its optical isomers）in Table I of the United Nations Convention against Illicit Traffic in Narcotic Drugs and Psychotropic Substances of 1988，9th meeting，19 March 2019；CND Decision 62/13 Consideration of hydriodic acid for inclusion in the tables of United Nations Convention against Illicit Traffic in Narcotic Drugs and Psychotropic Substances of 1988，9th meeting，19 March 2019.

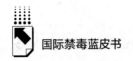

定在秘书长通报各缔约国 180 天后于 2019 年 11 月 19 日正式生效。国际麻管局敦促各国政府尽快采取必要的管制措施,并提醒各国政府出口前通知现适用于这三种化学品国际贸易中的任何交易。[①]

而随着 α-乙酰乙酰苯胺列管程序的启动,一种非表列特制前体替代品——α-苯乙酰乙酸甲酯(MAPA)出现了。α-苯乙酰乙酸甲酯与 α-乙酰乙酰苯胺在化学性质上相关,与 α-乙酰乙酰苯胺、α-苯乙酰乙腈和其他特制前体类似,但与此前增列的物质最大的不同在于,作为一种"特制前体",α-苯乙酰乙酸甲酯没有任何已知合法用途,也没有广泛和定期的交易,但它常被用于非法制造 1-苯基-2-丙酮以及随后制造苯丙胺和甲基苯丙胺。2019 年 5 月,国际麻管局完成评估之后向秘书长提交了一份意见书,建议将 α-苯乙酰乙酸甲酯列入《1988 年公约》表一或表二。[②] 2020 年 3 月 4 日,麻醉药品委员会一致同意决定将 α-苯乙酰乙酸甲酯及其旋光异构体一并列入《1988 年公约》表一。2020 年 11 月 3 日,该决定正式生效实施。[③]

随着 α-苯乙酰乙酸甲酯的增列,《1988 年公约》表一所列物质总数增至 22 种。非常值得注意的是,这 22 种物质中有 6 种是新近几年增列的,其中一些完全是为了规避管控而变造的"特制前体"。[④] 这些特制前体是受管制前体的近亲化学品,是专门制造且没有合法用途的易制毒化学品,很容易转化为受管制前体。国际麻管局希望,随着 α-苯乙酰乙酸甲酯被列入附表,

① The International Narcotics Control Board (INCB), *Precursors and Chemicals Frequently Used in the Illicit Manufacture of Narcotic Drugs and Psychotropic Substances, 2019*, New York: United Nations, 2020, p. 1.

② The International Narcotics Control Board (INCB), *Precursors and Chemicals Frequently Used in the Illicit Manufacture of Narcotic Drugs and Psychotropic Substances, 2019*, New York: United Nations, 2020, p. 2; Commission on Narcotic Drugs: Report on the 63rd Session (13 December 2019 and 2-6 March 2020), E/2020/28&E/CN. 7/2020/15, New York: United Nations, 2020, p. 33.

③ CND Decision 63/1 Inclusion of methyl alpha-phenylacetoacetate (MAPA), including its optical isomers, in Table I of the United Nations Convention against Illicit Traffic in Narcotic Drugs and Psychotropic Substances of 1988, 6th meeting, 4 March 2020.

④ The International Narcotics Control Board (INCB), *Precursors and Chemicals Frequently Used in the Illicit Manufacture of Narcotic Drugs and Psychotropic Substances, 2020*, New York: United Nations, 2021, p. 1.

该物质用于非法药物制造的供应受到影响，并朝着处理"特制前体"的"全面解决办法迈出第一步"。①可以说，表一22种物质和表二8种物质，合计表列30种物质是《1988年公约》列管易制毒化学品的"基本盘"，这些物质也必然成为最受全球易制毒化学品管控体系关注的对象。

表1　《1988年公约》表一和表二物质列管时间

表一	
易制毒化学品	列管时间
麻黄碱（Ephedrine）	1988
麦角新碱（Ergometrine）	1988
麦角胺（Ergotamine）	1988
麦角酸（Lysergic Acid）	1988
1-苯基-2-丙酮（1-Phenyl-2-Propanone）	1988
伪麻黄碱（Pseudoephedrine）	1988
N-乙酰邻氨基苯酸（N-acetylanthranllic Acid）	1992年11月23日
异黄樟脑（Isosafrole）	1992年11月23日
3,4-亚甲基二氧苯基-2-丙酮（3,4-Methylenedioxyphenyl-2-Propanone）	1992年11月23日
胡椒醛（Piperonal）	1992年11月23日
黄樟脑（Safrole）	1992年11月23日
去甲麻黄碱（苯基丙醇胺）（Norephedrine）	2000年11月20日
醋酸酐（Acetic Anhydride）	2001年12月8日*
高锰酸钾（Potassium Permanganate）	2001年12月8日*
苯乙酸（Phenylacetic Acid）	2011年1月17日*
α-苯乙酰乙腈（Alpha-Phenylacetoacetonitrile）	2014年10月9日
4-苯胺-N-苯乙基哌啶（ANPP）	2017年10月18日
N-苯乙基-4-哌啶酮（NPP）	2017年10月18日
3,4-亚甲基二氧苯基-2-丙酮甲基缩水甘油（3,4-MDP-2-P methyl Glycidate）	2019年11月19日
3,4-亚甲基二氧苯基-2-丙酮甲基缩水甘油酸（3,4-MDP-2-P methyl Glycidic Acid）	2019年11月19日

① 2021年10月，美国政府提议将芬太尼和一些相关物质的三种前体列入《1988年公约》的附表。这些物质是4-AP、boc-4-AP和去甲芬太尼。但尚没有完成最终的论证和列管工作。The International Narcotics Control Board（INCB），*Precursors and Chemicals Frequently Used in the Illicit Manufacture of Narcotic Drugs and Psychotropic Substances*，2021，New York：United Nations，2022，p. 1.

续表

表一	
易制毒化学品	列管时间
α-乙酰乙酰苯胺(APAA)	2019 年 11 月 19 日
α-苯乙酰乙酸甲酯(MAPA)	2020 年 11 月 3 日

表二	
易制毒化学品	列管时间
丙酮(Acetone)	1988
邻氨基苯甲酸(Anthranilici Acid)	1988
乙醚(Ethyl Ether)	1988
哌啶(Piperidine)	1988
盐酸(不包括其盐类)(Hydrochloric Acid)	1992 年 11 月 23 日
甲基乙基酮[Methyl Ethyl Ketone(2-Butanone;MEK)]	1992 年 11 月 23 日
硫酸(不包括其盐类)(Sulphuric Acid)	1992 年 11 月 23 日
甲苯(Toluene)	1992 年 11 月 23 日

＊醋酸酐（Acetic Anhydride）和高锰酸钾（Potassium Permanganate）分别于 1988 年和 1992 年 11 月 23 日列入《1988 年公约》表二，2001 年 11 月 8 日改列表一。

资料来源：The International Narcotics Control Board（INCB），*Precursors and Chemicals Frequently Used in the Illicit Manufacture of Narcotic Drugs and Psychotropic Substances*，*1993 - 2021*，New York：United Nations，1994-2022；the International Narcotics Control Board（INCB），*Report of the International Narcotics Control Board*，*1990-2021*，New York：United Nations，1991-2022。

（二）非表列物质有限国际特别监视清单的设立

《1988 年公约》表一和表二列管的物质虽在公约生效之后有所增列或改列，然而截至 2021 年 11 月，表列物质的数量仍仅 30 种，表列的 30 种"前体"实则无法涵盖数量庞杂而且不断增多的化学品，这些目前并未列入《1988 年公约》表一和表二之内但存在潜在用于非法制造麻醉药品和精神药物的物质被称为非表列易制毒化学品。它们中的一些物质因同表列易制毒化学品在化学性质上相似，而存在被贩毒者和制毒者作为替代品，用以替代目前受到更严格监管的易制毒化学品的潜在威胁。与此同时，贩毒者和制毒者发现和使用了新的加工方法或制造方法，还制造出所谓的类似于受管制药物的药物，其中许多类似药物所需要的起始物质均为目前未列入表一和表二之内的物质，其中未列入《1988 年公约》表中的物质缴获数量日益增多就是明证。[1]

正因如此，1996 年 7 月 24 日，经社理事会通过第 1996/29 号决议吁请联合国国际药物管制规划署和国际麻管局在必要时借鉴各国主管部门的专业知识，制定一份种类有限的国际特别监视物品名单，列出已掌握大量信息表明常用于非法药物贩运的非表列物品，以便根据每种产品的性质和贸易状况采取适当的措施，防止贩毒者使用这些物品；促请《1988 年公约》的所有缔约国形成自愿、行政或立法安排，规定本国出口商、进口商和经销商在经营任何受特别监视的化学品和物品时，必须报告这类化学品的可疑订货或失窃情况，并与本国执法和管制部门合作。[2]

按照经济及社会理事会第 1996/29 号决议的要求，国际麻管局开始着手编制特别监视清单，目的是识别最有可能从合法贸易转用于非法药物制造的非表列物质，并拟订适当的监视措施。"这已变得必要了，因为在最近几年中，国际毒品贩运集团日益企图避开侦查，把列入《1988 年公约》表列化学品改为非表列替代品"。同时强调，特别监视清单不是列入附表的先决条件，也不是能够据以绕过表列程序的手段。[3] 随后，国际麻管局在综合考虑利用这些物质非法制造的麻醉药品和精神药物的数目和种类，向国际麻管局报告这些物质的实际缉获量，以及这些物质在国家或区域一级是否受到监测等因素的基础之上，初步确定适于考虑可列入清单中的物

[1] The International Narcotics Control Board (INCB), *Precursors and Chemicals Frequently Used in the Illicit Manufacture of Narcotic Drugs and Psychotropic Substances*, *1998*, New York: United Nations, 1999, p. 15

[2] E/RES/1996/29 Action to strengthen international cooperation to control precursors and their substitutes used in the illicit manufacture of controlled substances, in particular amphetamine-type stimulants, and to prevent their diversion, 48th plenary meeting, 24 July 1996.

[3] The International Narcotics Control Board (INCB), *Precursors and Chemicals Frequently Used in the Illicit Manufacture of Narcotic Drugs and Psychotropic Substances*, *1997*, New York: United Nations, 1998, p. 13

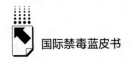

质 74 种。①

随后，安理会于 1997 年 7 月 21 日通过的第 1997/41 号决议 "敦请各国政府向国际麻管局提供经常用于苯丙胺类兴奋剂非法制造的化学品的数据和证据，并请国际麻管局评估该资料以便将之列入拟定的有限的国际特别监视清单供国际社会使用"。② 而1998 年 6 月 10 日联大第二十届特别会议上通过的关于管制前体的 S-20/4 B 号决议，更是围绕 "替代化学品" 问题，敦促各国应与有关国际和区域机构合作，必要时尽可能与各国私营部门合作：（a）定期向国际麻管局通报从合法渠道转入非法贩运的非表列物品，促进对非表列物品潜在用途的研究，以便及时发现可用于药物非法制造的任何物品；（b）与化工界合作实行各种监测措施，无论是自愿的、行政的还是立法的，防止特别监视物品名单上的物品从合法渠道转入非法贩运，包括对属于国家或区域一级监测范围的物品采用具体监测措施；（c）各国应考虑对明知一些未列入表的化学品将用于非法制造麻醉药品或精神药物仍然把这些化学品转入非法渠道的行为依据《1988 年公约》第三条规定的刑事犯罪行为加以处罚，并给予相应的刑事、民事处罚及行政制裁。③

可以注意到，非表列物质的监视不但受到国际麻管局的关注，而且经社理事会、安理会和联大特别会议对此项工作也高度重视。与此同时，国际麻管局为了推进此项工作，借助咨询专家组，通过调查表的方式征询了所有主要的制造国、出口国和进口国的意见。经过初步筛选，1998 年，国际麻管局确立了一份包括 26 种物质在内的特别监视清单，并就各国政府对该清单

---

① The International Narcotics Control Board（INCB），*Precursors and Chemicals Frequently Used in the Illicit Manufacture of Narcotic Drugs and Psychotropic Substances，1997*，New York：United Nations，1998，p. 13.

② E/RES/1997/41 Implementation of comprehensive measures to counter the illicit manufacture, trafficking and abuse of amphetamine-types stimulants and their precursors. 36th Plenary Meeting, 21 July 1997.

③ A/RES/S-20/4 Measures to Enhance International Cooperation to Counter the World Drug Problem, 9th plenary meeting, 10 June 1998.

所列物质应采取的行动提出建议。①

具体而言，为了能够指导和帮助各国政府根据《1988 年公约》第十二条采取行动防止贩毒者转移和使用清单上所列的物质，国际麻管局建议该清单的使用和相应行动的执行应着眼于：（a）帮助管理当局、执法当局和企业方面对非表列物质用于非法制造药物问题给予更多注意并提高认识，使它们更加意识到有必要采取措施防止将此种物质转入非法渠道，同时在此过程中实现更密切的合作；（b）有利于建立适当制度来发现涉及非表列物质的可疑案件以及调查此种物质的转移和图谋转移，补充和更好地使用目前已经由企业方面自愿地而且非正式地执行的办法；（c）有利于发展及在国家和区域一级协调拟定非表列物质的补充清单，比特别监视清单更为全面，并为迅速颁布和执行与之相关的监测措施而拟定适当的法律或行政框架；（d）有助于促进形成由企业实行自我管制的风气以及企业与主管当局之间积极合作的文化，一旦出现可疑交易和逃避管制的行为，立即进行调查。②

与此同时，国际麻管局特别强调，特别监视清单应与《1988 年公约》表一和表二分开对待，不应把它看作是该公约的"表三"；清单上列入的物质并不是国际管制物质。因此，各政府就该清单所采取的行动应是补充对公约表列前体的管制。国际麻管局指出，某一物质被列入清单不应看作是列入表内的前提或过渡步骤。然而，不得不承认，通过某种与清单有关的实际监测制度而获得的增补资料有可能促使启动将之列入表内的程序。国际麻管局希望各国政府能够注意到，尽管为特别监视清单而提议的措施应作为《1988 年公约》规定的管制表列物质的措施的补充，尽管为此而实行的制度不应与现有管制制度重叠，但所建议的许多行动也会有利于执行对目前已列

---

① The International Narcotics Control Board (INCB), *Report of the International Narcotics Control Board*, *1998*, New York: United Nations, 1998, p. 20.

② The International Narcotics Control Board (INCB), *Precursors and Chemicals Frequently Used in the Illicit Manufacture of Narcotic Drugs and Psychotropic Substances*, *1998*, New York: United Nations, 1999, pp. 16–17.

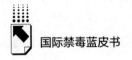

入《1988 年公约》附表内的物质的管控。①

确立了这些行动指南和指导性原则之后，1999 年，国际麻管局相继将特别监视清单，以及敦促各国政府要求行业为预防清单中所列物质转移他用应采取的行动建议，并就使用该清单向化学界建议可以采取的行动，分发给各国的主管部门。进一步强调，该清单旨在成为一种"前摄性辅助工具"，帮助主管当局确定目前非法药物制造中使用的非表列物质，并且预防这些物质转移他用或查出非法制造药厂的活动。但同时指出，为了防止可能被误用，国际麻管局决定不对外公布该清单。②

毫无疑问，特别监视清单与《1988 年公约》表一和表二可以形成互补和犄角之势，为监测和管控潜在的易制毒化学品的非法走私提供了行动的准绳。但与此同时，实际执行过程中发现，各国缉获的非表列物质的数量远超清单列出的 26 种，诸如，2003 年，22 个国家的政府报告缉获的未受管制的化学品就多达 65 种。因此，国际麻管局鼓励各国政府确保设立各种机制，记录被发现用于非法制造药物的所有化学品资料，而不只是记录《1988 年公约》附表所列的化学品的资料;③ 提请各国注意，虽然许多"前前体"未受到管制，但国际麻管局已确定了特别监视清单，其中包括该清单的使用准则，这将对查明这种非法活动有所帮助。④

---

① The International Narcotics Control Board（INCB），*Precursors and Chemicals Frequently Used in the Illicit Manufacture of Narcotic Drugs and Psychotropic Substances*，1998，New York：United Nations，1999，p. 17

② The International Narcotics Control Board（INCB），*Report of the International Narcotics Control Board*，*1999*，New York：United Nations，1999，p. 20.

③ The International Narcotics Control Board（INCB），*Precursors and Chemicals Frequently Used in the Illicit Manufacture of Narcotic Drugs and Psychotropic Substances*，*2004*，New York：United Nations，2005，p. 13.

④ The International Narcotics Control Board（INCB），*Precursors and Chemicals Frequently Used in the Illicit Manufacture of Narcotic Drugs and Psychotropic Substances*，*2004*，New York：United Nations，2005，p. 18.

　　随着该清单的使用和监测的强化，越来越多的物质被发现。为了能够评估和改进特别监视清单，2006 年，国际麻管局咨询专家组审查了 2000 ~ 2004 年五年期间的缉获数据，结果发现，在这一期间，44 个国家报告缉获的非表列物质共计 165 吨，其中有 23 种是已经列入特别监视清单的物质，35 种是列入预备清单的物质，还有 29 种物质符合国际麻管局制定的挑选物质列入该清单的标准。对这 87 种物质进行审查之后，国际麻管局决定将列入特别监视清单的物质扩充到 36 种。① 事实上，这是特别监视清单制订以来第一次扩充，其后又经历多次扩充。

　　因为随着特制前体大规模涌现，与先前看到的非表列化学品范围不同，特制前体往往有特定用途，并且可以很容易转化为受管制物质。如何监管这些不断涌现的物质成了一个难题，统统将查明的物质纳入《1988 年公约》表一或表二，显然难度系数太大，既不可行也不可取，而放手不管显然有违全球禁毒体系建立的初衷，唯一可行的办法是进一步扩充特别监视清单。这样，一定程度上既可以缓解对替代化学品使用的担忧，又能够在更好地平衡业界合法需要量的同时帮助各国政府灵活锁定最有可能从合法贸易中转移的非表列物质。到 2011 年，该清单将监测物质扩展至 52 种，比 1998 年最初提出的 26 种正好增加了一倍。②

　　与此同时，国际麻管局还以"通用方式"扩大了清单。换句话说，国际麻管局不是仅列出单个物质，而是引入了涵盖共同衍生物和其他物质的扩展定义，这些衍生物和物质具有与《1988 年公约》表一或表二所列物质相关的化学结构，并可以通过随时适用的方式转化为受管制前体。特别监视清单及类似的国家和区域监视清单原则上提供了主动应对系列化学相关物质和"特制"前体所必需的灵活性。但必须指出的是，这些清单的使用没有法律

---

① The International Narcotics Control Board (INCB), *Precursors and Chemicals Frequently Used in the Illicit Manufacture of Narcotic Drugs and Psychotropic Substances, 2006*, New York：United Nations, 2007, p. 3.

② The International Narcotics Control Board (INCB), *Precursors and Chemicals Frequently Used in the Illicit Manufacture of Narcotic Drugs and Psychotropic Substances, 2011*, New York：United Nations, 2012, p. 31.

约束力，相反，它的执行程度和效果主要取决于主管机关和各行业之间自愿合作的程度和范围。①

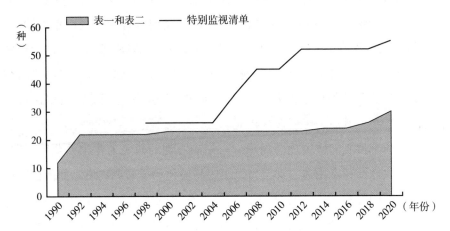

图 1 《1988 年公约》表一和表二以及非表列特别监视清单所列化学品数量

资料来源：The International Narcotics Control Board（INCB），*Precursors and Chemicals Frequently Used in the Illicit Manufacture of Narcotic Drugs and Psychotropic Substances*，1993-2021，New York：United Nations，1993-2021；尤其参见 the International Narcotics Control Board（INCB），*Precursors and Chemicals Frequently Used in the Illicit Manufacture of Narcotic Drugs and Psychotropic Substances*，2018，Vienna：United Nations，2019，p. 41。

国际麻管局通过不断扩大特别监视清单，弥补了部分管制的缺位，进而以将化学衍生物纳入进来的方式，进一步扩大监视范围。这样，到2021 年，该清单涵盖的物质数量增至 56 种，而且还包括了常见衍生物的扩展定义，以及其他密切相关的可以通过随时可用的手段转化为某种受管制前体的化学品。同时，国际麻管局建议各国政府能够发挥能动作用，更多地利用特别监视清单和不受国际管制但在一些国家受国内管制

① The International Narcotics Control Board（INCB），*Precursors and Chemicals Frequently Used in the Illicit Manufacture of Narcotic Drugs and Psychotropic Substances*，2018，New York：United Nations，2019，pp. 38-39.

的物质清单,以防止化学品的转移。[1] 这些信息将有助于进出口国主管部门监控此类化学品的合法国际贸易,还将协助来源国向相关过境国和目的地国通报贩运这些化学品的案件,从而促进后者的执法行动。[2] 特别监视清单与表列清单共同定义了全球易制毒化学品管控的对象与范围,为《1988年公约》的具体落地和专项行动的实施指明了"靶向"。

三 进出口机制的完善与过程管控的强化

通过协调易制毒化学品的出口国、进口国、过境国之间的活动,建立切实可行的过程管控工作机制和程序,对于防止转移和转用《1988年公约》表列易制毒化学品意义重大。为此,国际麻管局与各国政府相继推出"出口前通知"机制和"出口前网上通知系统",作为强化信息交流和过程管理的重要工具,通过精准、快捷的方式掌握易制毒化学品国际贸易信息,以确定货运的合法性和调查已发现的可疑货运,从而为中止、拦截或缉获易制毒化学品的非法转移与转用提供技术支持和科学证据。而作为过程管理的延伸,2012年3月,国际麻管局启用"前体事件通信系统",通过交流前体事件实时信息,有效地促进了实时情报共享,并为启动联合侦查提供便利。三者互为补充,互相支撑,通过完善进出口机制,强化了易制毒化学品国际贸易的过程管理。

(一)出口前通知机制的建立

易制毒化学品被非法转移和转用作为一个国际问题,非单一国家或区域

---

[1] The International Narcotics Control Board (INCB), *Precursors and Chemicals Frequently Used in the Illicit Manufacture of Narcotic Drugs and Psychotropic Substances*, 2020, New York: United Nations, 2021, pp. 34-35; the International Narcotics Control Board (INCB), *Precursors and Chemicals Frequently Used in the Illicit Manufacture of Narcotic Drugs and Psychotropic Substances*, 2021, New York: United Nations, 2022, pp. 39-40.

[2] The International Narcotics Control Board (INCB), *Precursors and Chemicals Frequently Used in the Illicit Manufacture of Narcotic Drugs and Psychotropic Substances*, 2020, New York: United Nations, 2021, p. 5.

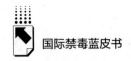

性的管控能够完成。正是意识到这一点，1991 年 5 月 9 日，麻醉药品委员会通过第 5（XXXIV）号决议，促请各国联合行动，根据《1988 年公约》尤其是第十二条的要求，采取坚定和积极的措施来管制化学品用于麻醉药品和精神药物非法制造，"促请各来源国、过境国和接受国采取共同行动，同时，特别要对源自本国领土的某些活动采取独立行动，制定措施借以确定化学品货运的合法性和调查已发现的可疑货运，互相通报关于此类货运的情况，在有充分证据证明此类货运会转入非法贩运时，则应采取必要行动加以禁止"；"促请参与常用于麻醉药品和精神药物非法生产的化学品，特别是《1988 年公约》表一和表二所列的化学品，国际贸易的所有国家支持制定各种可靠而有效的联络手段，使各国可借以迅速收发关于某些交易的合法性的有关信息"。①

经社理事会随之做出积极回应，1992 年 7 月 30 日，通过了一项题为"防止将前体和基本化学品转用于非法制造麻醉药品和精神药物的措施"第 1992/29 号决议，"请所有化学品生产国定期监测前体和基本化学品的出口贸易，以便能够从出口规律的变化中查出把此种化学品转移到非法渠道的迹象"；"请生产前体和基本化学品的国家及处于非法生产麻醉药品和精神药物的区域的国家建立密切合作关系，以防止前体和基本化学品转入非法渠道，并在必要时在区域范围内考虑达成适当的双边协定或安排"。② 1993 年 7 月 27 日，经社理事会在第 43 次全体会议通过第 1993/40 号决议中：吁请各国政府按照经济及社会理事会第 1992/29 号决议提出的请求为执行《1988 年公约》第十二条而采取有效措施。③ 国际麻管局亦借此吁请各国政府提高警

---

① CND Resolution 5（XXXIV）. Diversion of Chemicals Used in the Illicit Production of Narcotic Drugs and Psychotropic Substances，9 May 1991.

② E/RES/1992/29 Measures to Prevent the Diversion of Precursor and Essential Chemicals to the Illicit Manufacture of Narcotic Drugs and Psychotropic Substance，41st Plenary Meeting，30 July 1992.

③ E/RES/1993/40 Implementation of Measures to Prevent the Diversion of Precursor and Essential Chemicals to Illicit Manufacture of Narcotic Drugs and Psychotropic Substances，43rd Plenary Meeting，27 July 1993.

惕，密切留意可疑的交易，并采取一切必要措施，防止前体转入非法贩运。①

需要注意的是，《1988 年公约》第十二条的目的是防止经常用于非法制造麻醉药品和精神药物表列易制毒化学品转入非法渠道。为此，该条除其他事项外，还规定了对表列物质的制造和国内分销及国际贸易实行管制的措施。然而与《1961 年麻醉品单一公约》和《1971 年精神药物公约》不同，《1988 年公约》第十二条的规定则是一般性的管制措施，因此，各国政府将这些原则转化为具体的管制活动就显得非常重要。② 而面对日益严峻的易制毒化学品大规模非法转移和转用屡禁不止的情况，转移前体的贩运路线可能将变得更为复杂、多样。越来越多的国家和地区必将受到非法转移、图谋转移或非法贩运前体之害。③

1994 年 6 月，国际麻管局邀请捷克、德国、墨西哥、瑞士和美国的代表，参加在维也纳举行的非正式、非公开会议，就过去或未来的转移企图交流信息，安排防止进一步发生转移而需遵行的工作机制和程序，并讨论应由有关各方或国际麻管局采取的进一步行动。正是在这次会议上，出口前通知的机制受到关注。与会者一致认为，建立一种良好的工作机制，用以协调出口国、进口国与过境国的活动，对于防止非法转移至关重要。其中关键的问题是双边联系和经常相互通报本国的管制要求，尤其是有关国家建立的制度、相互通报信息、核实订单的合法性等，确保切实遵行商定的程序。具体而言，会上商定，制造国和出口国（捷克）应在有关交易完成之前，将拟出口麻黄碱的交易详情告知进口国（墨西哥）或过境国（德国、瑞士）；在进口国（墨西哥）或过境国（瑞士、德国）做出不反对此种出口的明确表示之前，出口国（捷克、德国、瑞士）不应批准出口（或再出口）；与会者

---

① The International Narcotics Control Board (INCB), *Report of the International Narcotics Control Board*, *1993*, New York: United Nations, 1993, p. 22.

② The International Narcotics Control Board (INCB), *Report of the International Narcotics Control Board*, *1994*, New York: United Nations, 1994, p. 7.

③ The International Narcotics Control Board (INCB), *Precursors and Chemicals Frequently Used in the Illicit Manufacture of Narcotic Drugs and Psychotropic Substances*, *1994*, New York: United Nations, 1995, p. 1.

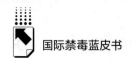

商定，过境国（德国、瑞士）将做到：根据事前得到的拟运经该国的货物信息，监测货物在其国内的运输动向，如果货物要再出口到墨西哥，还应与墨西哥政府有关当局共同查明此种转口货物的合法性。①

这些前期的尝试和实践对于推动全球层面的行动无疑具有重要的指导意义，"出口前通知"的机制呼之欲出。"国际麻管局和有关国家政府一致认为，上述非正式及非公开会议上安排的机制和程序应予加强，将其推广到其他国家。"如若不然，麻黄碱（和伪麻黄碱）的其他主要制造国和出口国或者过境点，今后将被贩毒者选中作为取得麻黄碱的替代来源。所有制造国和出口国至少应将前体出口的趋势告知进口国。凡有可能，它们应考虑发出出口前通知，提前向进口国政府通报有关的麻黄碱货运，否则，往往无法进一步跟踪各批货物的发运情况。出口前通知尤其应提到进口公司的名称和发货日期。国际麻管局建议，即使得不到进口国根据《1988 年公约》第十二条第 10 款提出的正式请求，出口国政府也应发出出口前通知。②

出口国、进口国和过境国之间交换情报，以便直接接收前体货运的国家提高警惕，这种做法很快证明是查明可疑交易的一种有效手段。③ 国际麻管局进而呼吁出口国政府在装运前定期提供出口前通知，即使进口国没有根据《1988 年公约》第十二条正式要求此种通知，唯有如此，才能使《1988 年公约》规定的监测机制可以有效地防止前体转入非法渠道。随后，国际麻管局积极与拥有大量合法前体商业转口贸易的国家和地区接洽，要求各国政府向国际麻管局提供监测前体动态的必要资料。这些要求具体体现于经社理

---

① The International Narcotics Control Board（INCB），*Precursors and Chemicals Frequently Used in the Illicit Manufacture of Narcotic Drugs and Psychotropic Substances，1994*，New York：United Nations，1995，pp. 4-5.

② The International Narcotics Control Board（INCB），*Precursors and Chemicals Frequently Used in the Illicit Manufacture of Narcotic Drugs and Psychotropic Substances，1994*，New York：United Nations，1995，pp. 5.

③ The International Narcotics Control Board（INCB），*Report of the International Narcotics Control Board，1994*，New York：United Nations，1994，p. 7.

事会 1995 年 7 月 24 日通过的第 1995/20 号决议中。该决议促请各国政府在遵守本国关于保密和数据保护法规的情况下，根据国际麻管局的要求，按照规定的方法和形式定期向麻管局通报它们进口、出口或转运的《1988 年公约》表一所列物质的数量，并鼓励它们估算其年度合法需求量，同时敦请进口国政府在从出口国收到任何形式的出口前通知后查核交易的合法性，并在国际麻管局的可能协助下将有关情况转告出口国。① 国际麻管局特别提醒，进口国政府并不是总能知道正有表中所列物质货物运往其领土，因此不管是否有可能转移用途的嫌疑，出口前体的国家政府向进口国主管当局提供所有涉及前体交易的某种形式的出口前通知就显得非常重要。②

随后经社理事会第 1996/29 号决议、安理会第 1997/41 号决议等都进一步强调了出口前通知的重要性，提请国际麻醉品管制局具体负责收集并汇编数据。国际麻管局欣喜地注意到，越来越多的政府在实际装运前就向进口国发出涉及前体出口的通知，或交易合法性的查询。③ 出口前通知或有关个别交易的查询甚至正在成为"迅速核查个别交易的合法性从而防止转移的最有效手段"。④ 提交国际麻管局的转移和转移图谋案件的审查也证明，正式要求提供出口前通知，至少要求提供某些物质出口前通知的政府数目在继续增长，1995～1998 年，援引《1988 年公约》第十二条第 10（a）款要求得到出口前通知的国家或地区数仅有 9 个，截至 2003 年 11 月 1 日，援引

---

① E/RES/1995/20 Measures to strengthen international cooperation to prevent diversion of substances listed in table I of the United Nations Convention against Illicit Traffic in Narcotic Drugs and Psychotropic Substances of 1988 and used in the illicit manufacture of stimulants and other psychotropic substances.

② The International Narcotics Control Board (INCB), *Precursors and Chemicals Frequently Used in the Illicit Manufacture of Narcotic Drugs and Psychotropic Substances*, 1995, New York: United Nations, 1996, pp. 6-7.

③ The International Narcotics Control Board (INCB), *Precursors and Chemicals Frequently Used in the Illicit Manufacture of Narcotic Drugs and Psychotropic Substances*, 1997, New York: United Nations, 1998, pp. 5-6.

④ The International Narcotics Control Board (INCB), *Precursors and Chemicals Frequently Used in the Illicit Manufacture of Narcotic Drugs and Psychotropic Substances*, 2003, New York: United Nations, 2004, p. 7.

《1988 年公约》第十二条第 10（a）款请求得到出口前通知的国家或地区总数已达 60 个，其中有 32 个国家或地区还额外请求得到《1988 年公约》表二目前所列物质的出口前通知。[1] 截至 2014 年 11 月 1 日，正式要求提供出口前通知的国家和地区首次超过 100 个，增至 107 个。[2] 到 2021 年 11 月 1 日，该数字又增加到 116 个。[3]

随着越来越多的国家或地区的政府按照《1988 年公约》第十二条第 10（a）款规定正式请求得到出口前通知，其成效越来越显著。就制造可卡因所需要的高锰酸钾而言，根据出口前通知制度向进口国政府实时介绍以进口国领土为目的地的出口情况，这些国家才得以核查这些交易的合法性并查明可疑的货运。1999~2005 年，共有 30 个出口国政府提供了涉及 136560 多吨高锰酸钾的 4380 份出口前通知，拦截或缉获了涉及 14316 多吨高锰酸钾的 233 起货运并查明转移情况，其中：拦截了 175 起涉及 12685 吨高锰酸钾的货运，其中 58 起货运随后被放行，未提供进一步信息；还发现 21 起涉及 1528 吨高锰酸钾可能被转移用途；37 份关于缉获共计 143 吨高锰酸钾的报告。[4] 这些数字均显示出口前通知制度的设立对管控和监视易制毒化学品的国际贸易意义重大。

（二）网上出口前通知系统

随着苯丙胺类兴奋剂尤其是甲基苯丙胺的非法制造在北美和东南亚的蔓

---

[1] The International Narcotics Control Board (INCB), *Precursors and Chemicals Frequently Used in the Illicit Manufacture of Narcotic Drugs and Psychotropic Substances, 2003*, New York：United Nations, 2004, p. 8.

[2] The International Narcotics Control Board (INCB), *Precursors and Chemicals Frequently Used in the Illicit Manufacture of Narcotic Drugs and Psychotropic Substances, 2014*, New York：United Nations, 2015, p. 10.

[3] The International Narcotics Control Board (INCB), *Precursors and Chemicals Frequently Used in the Illicit Manufacture of Narcotic Drugs and Psychotropic Substances, 2021*, New York：United Nations, 2022, p. 9.

[4] The International Narcotics Control Board (INCB), *Precursors and Chemicals Frequently Used in the Illicit Manufacture of Narcotic Drugs and Psychotropic Substances, 2005*, New York：United Nations, 2006, p. 19.

延，而且有日益向非洲、东欧和大洋洲等其他地区扩散的趋向，国际麻管局和各国政府注意到必须采取更加便利和快捷的方式来推进前体交易迅速核查机制。为了能够更加实时和快捷地发挥出口前通知机制的效能，2006 年 3 月，麻醉药品委员会第四十九届会议期间，国际麻管局正式启用了一个交换出口前通知的新的网上自动化系统，即"网上出口前通知系统"（PEN Online）。与此前的出口前通知机制相较，该系统主要有三大优势：一是实时操作，促进了对各国政府所提交的资料的处理，特别是通过确保适当人员能够看到出口前通知，有助于对这些通知进行更好的监督，从而减少合法贸易中不必要的迟延；二是它可以与现有的数据管理方案，如全世界许多国家的政府目前使用的国家数据系统直接合并；三是兼容性，诸如在现阶段尚无法访问网络门户和没有电子邮件账户的国家或地区可以继续通过传真接收网上出口前通知系统自动生成的出口前通知。①

可以说，该系统是在发送出口前通知和对其做出答复方面取得的一个重大进展，大大有助于确定化学品贩运的新格局和新趋势。由于及时提交出口前通知和向出口国提供必要反馈对于防止国际贸易中的前体转移非常重要。同时考虑到每日提供的通知数量，以及目前通过传真和传统邮件接收出口前通知的方式终将被这种更快和更有效的系统代替，国际麻管局敦促各国政府利用新的网上出口前通知系统。截至 2006 年 11 月 1 日，即该系统启用的当年度就已有 71 个国家和地区注册使用，其中 24 个国家和地区共向进口国和国际麻管局通报了 2800 多起交易。②

时任国际麻管局主席的菲利普·埃马福（Philip O. Emafo）在给 2007 年前体报告撰写的前言中就指出，过去一年中，国际麻管局于 2006 年开始实施的网上出口前通知系统被证实是核查易制毒化学品货物合法性的有效途

① The International Narcotics Control Board（INCB）, *Precursors and Chemicals Frequently Used in the Illicit Manufacture of Narcotic Drugs and Psychotropic Substances*, 2006, New York: United Nations, 2007, p. 8.
② The International Narcotics Control Board（INCB）, *Precursors and Chemicals Frequently Used in the Illicit Manufacture of Narcotic Drugs and Psychotropic Substances*, 2006, New York: United Nations, 2007, p. 8.

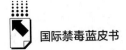
径，92 个国家和地区使用了网上出口前通知系统，对防止若干吨《1988 年公约》中所列易制毒化学品的转用发挥了重大作用。① 经过详细地分析这些数据发现，92 个国家和地区中，有 56 个国家和地区，即 61% 的国家和地区，每天都积极地使用该系统，前后已有 11000 多个出口前通知通过网上出口前通知系统门户发送到 164 个国家和地区，平均每个月提交出口前通知600 份。可以发现，网上出口前通知系统已经成为快速交流货物信息的主要沟通渠道，出口前通知交流信息方面有了重大进展，因此国际麻管局敦促所有尚未注册或使用网上出口前通知系统的进出口国家政府尽快注册和使用该系统。②

2009 年，注册和使用网上出口前通知系统的国家和地区数量已达 111个，其中有 76 个国家和地区每天都在积极使用该系统（占 69%），约有29500 份出口前通知通过该系统发送至 181 个国家和地区。③ 2011 年 10 月31 日，注册和使用该系统的国家和地区增至 126 个，平均每月通过该系统发出的出口前通知数量达 1800 多份，与四年前的每月约 600 份相比，增长显著。④ 到 2014 年 11 月 1 日，注册和使用该系统的国家和地区更是增加到了 150 个，平均每月通过该系统发出的出口前通知数量达 2100 多份（见图 2）。⑤

---

① The International Narcotics Control Board（INCB），*Precursors and Chemicals Frequently Used in the Illicit Manufacture of Narcotic Drugs and Psychotropic Substances*，*2007*，New York：United Nations，2008，p. iii.

② The International Narcotics Control Board（INCB），*Precursors and Chemicals Frequently Used in the Illicit Manufacture of Narcotic Drugs and Psychotropic Substances*，*2007*，New York：United Nations，2008，p. 5.

③ The International Narcotics Control Board（INCB），*Precursors and Chemicals Frequently Used in the Illicit Manufacture of Narcotic Drugs and Psychotropic Substances*，*2009*，New York：United Nations，2010，pp. 5.

④ The International Narcotics Control Board（INCB），*Precursors and Chemicals Frequently Used in the Illicit Manufacture of Narcotic Drugs and Psychotropic Substances*，*2011*，New York：United Nations，2012，p. 7.

⑤ The International Narcotics Control Board（INCB），*Precursors and Chemicals Frequently Used in the Illicit Manufacture of Narcotic Drugs and Psychotropic Substances*，*2014*，New York：United Nations，2015，p. 12.

图2　授权使用出口前网上通知系统的国家和地区数及每月发出出口前通知数

资料来源：The International Narcotics Control Board（INCB），*Precursors and Chemicals Frequently Used in the Illicit Manufacture of Narcotic Drugs and Psychotropic Substances*，2015，New York：United Nations，2016，p. 7。

出口前网上通知系统在成功运行 8 年多之后，2014 年，该系统全面彻底检修，经过整体更新，发展成了一个现代技术平台，即"出口前网上通知系统 2.0"。与此前相较，新系统主要特征包括：

（1）通过所有普通浏览器访问；

（2）改进主管当局之间答复出口前通知、实现正在进行和后续交流的机制；

（3）用户全面管理公司数据；

（4）通过直接链接访问方便出口前网上通知系统用户工作的各种工具。①

可以注意到，这些改进和完善，让出口前网上通知系统 2.0 能够更加便捷和

---

① The International Narcotics Control Board（INCB），*Precursors and Chemicals Frequently Used in the Illicit Manufacture of Narcotic Drugs and Psychotropic Substances*，2014，New York：United Nations，2015，p. 11.

及时服务于防止易制毒化学品非法转移的功能。2015 年 10 月新系统正式发布，在国际麻管局的积极敦促之下，世界各国注册和使用该系统在逐年增多，截至 2021 年 11 月 1 日，已经增至 166 个。[①] 与此同时，通过出口前网上通知系统共发出的出口前通知数量也呈上升趋势，2018 年 11 月 1 日至 2019 年 11 月 1 日，通过新系统共发送了 35549 份出口前通知，虽然受到新冠肺炎疫情影响，2020 年 11 月 1 日至 2021 年 11 月 1 日，仍有 67 个出口国家和地区通过新系统提交了 34200 多份出口前通知（见图 3）。[②]

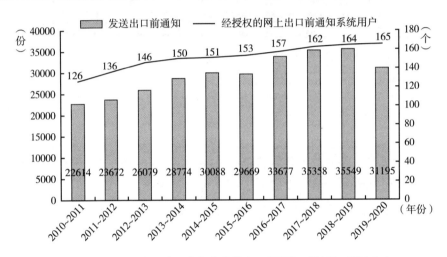

图 3　网上出口前系统用户和发送的出口前通知（2011~2021 年）

注：报告期为第一年的 11 月 1 日至次年的 11 月 1 日。

资料来源：The International Narcotics Control Board（INCB），*Precursors and Chemicals Frequently Used in the Illicit Manufacture of Narcotic Drugs and Psychotropic Substances*，*2019*，Vienna：United Nations，2020，p. 9；the International Narcotics Control Board（INCB），*Precursors and Chemicals Frequently Used in the Illicit Manufacture of Narcotic Drugs and Psychotropic Substances*，*2021*，Vienna：United Nations，2022，p. 9。

---

① The International Narcotics Control Board（INCB），*Precursors and Chemicals Frequently Used in the Illicit Manufacture of Narcotic Drugs and Psychotropic Substances*，*2021*，New York：United Nations，2022，p. 9.

② The International Narcotics Control Board（INCB），*Precursors and Chemicals Frequently Used in the Illicit Manufacture of Narcotic Drugs and Psychotropic Substances*，*2019*，New York：United Nations，2020，p. 9；the International Narcotics Control Board（INCB），*Precursors and Chemicals Frequently Used in the Illicit Manufacture of Narcotic Drugs and Psychotropic Substances*，*2021*，New York：United Nations，2022，p. 9.

无论是注册和使用网上出口前通知系统的国家和地区数，还是每年通过该系统发出的出口前通知数，均呈现出稳步上升的趋势，而在具体的实践中，该系统更是发挥着重要的作用。国际麻管局毫不吝啬对其赞誉：该系统已经成为国际麻管局用于处理非法制造海洛因、可卡因和苯丙胺类兴奋剂的表列易制毒化学品的国际行动和项目的"关键工具"，"监测表列化学品国际贸易、查明可疑交易和防止转移的全球机制的基石"。不过，国际麻管局也注意到，尽管该系统的注册用户数量仍在增长，但存在比较明显的地区不平衡，加之并非每一笔交易都会录入系统，致使并非所有随后的交易都能通过网上出口前通知系统来跟踪。因此，国际麻管局除继续要求尚未在网上出口前通知系统注册的各国政府进行注册外，还提醒各国政府，无论作为出口国还是进口国，所有交易都应积极、系统地使用网上出口前通知系统，包括及时向出口国提供反馈并对单笔交易发出信函表示拒绝或接受。[①] 唯有如此，国际社会才可能尽量地减少漏洞，防范风险。

（三）网上前体事件通信系统

作为过程管理的延伸，2012 年 3 月，国际麻管局启用了一个新平台即前体事件通信系统（PICS），用于交流涉及《1988 年公约》表一和表二所列物质及不受国际管制物质的事件的实时信息。该系统提供了一个安全通信平台，各国相关执法部门和监管机构可以借助这个平台迅速共享关于前体可疑运货，缉获、转用和企图转用前体，在中转途中被拦截的前体运货以及缉获非法加工点和设备的信息，旨在相互提醒注意有关前体贩运的新趋势和前体转移的作案手法，该系统有效地促进了实时情报共享，并为启动联合侦查提供便利。前体事件通信系统注册完全免费，而且政府主管部门很容易访问和使用该系统。为了方便使用，前体事件通信系统网络工具提供了四种语言

---

① The International Narcotics Control Board（INCB），*Precursors and Chemicals Frequently Used in the Illicit Manufacture of Narcotic Drugs and Psychotropic Substances*，2011，New York：United Nations，2012，p. 32.

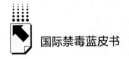

版本：英文、法文、俄文和西班牙文。①

自启用以来，前体事件通信系统迅速成为发送可据以采取行动的情报和加强国际前体管制制度的一个重要工具。截至 2013 年 11 月 1 日，前体事件通信系统已有注册用户 350 个，涉及 80 个国家政府和 8 个国际及区域机构的用户。已经使用前体事件通信系统发送了涉及 84 个不同国家和地区的 850 多起事件。国际麻管局进而鼓励所有国家的政府在前体事件通信系统为本国参与前体管制工作的有关部门（如国家监管机构、执法机构、海关和禁毒机构）的联络人进行注册，并积极利用这一系统通报涉及易制毒化学品的所有事件，以期加强情报共享。②

随着其效能日益显现，注册用户数日益增加，通报的事件量也在逐年增多。统计数据显示，截至 2014 年 11 月 1 日，该系统共有约 400 个注册用户，代表来自 90 个国家的近 200 个部门以及 8 个国际和区域机构。自前体事件通信系统启用以来，已经通报过约 1200 起事件，涉及 84 个不同国家和地区。其中许多事件涉及特别监视清单上所列的化学品以及其他非表列化学品，使前体事件通信系统成为提醒执法官员注意新趋势不可或缺的工具。③到 2021 年 11 月 1 日，前体事件通信系统注册用户已经达到 600 多个，代表了来自全球 127 个国家和地区的 300 多个机构（见图 4）。④

2012~2021 年，国际社会通过该系统已经通报了 3400 多起事件，其中，2020 年 11 月 1 日至 2021 年 11 月 1 日，就有近 300 起，涉及近 800 份物质

---

① The International Narcotics Control Board (INCB), *Precursors and Chemicals Frequently Used in the Illicit Manufacture of Narcotic Drugs and Psychotropic Substances*, 2017, New York: United Nations, 2018, p. 11.

② The International Narcotics Control Board (INCB), *Precursors and Chemicals Frequently Used in the Illicit Manufacture of Narcotic Drugs and Psychotropic Substances*, 2013, New York: United Nations, 2014, p. 7.

③ The International Narcotics Control Board (INCB), *Precursors and Chemicals Frequently Used in the Illicit Manufacture of Narcotic Drugs and Psychotropic Substances*, 2014, New York: United Nations, 2015, p. 16.

④ The International Narcotics Control Board (INCB), *Precursors and Chemicals Frequently Used in the Illicit Manufacture of Narcotic Drugs and Psychotropic Substances*, 2021, New York: United Nations, 2022, p. 11.

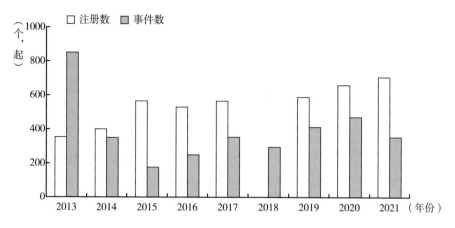

图 4   前体事件通信系统注册用户数和通报事件数（2013～2021 年）

资料来源：The International Narcotics Control Board（INCB），*Precursors and Chemicals Frequently Used in the Illicit Manufacture of Narcotic Drugs and Psychotropic Substances*，2013-2021，New York：United Nations，2014-2022。

相关单件通信。世界上各个地区均有涉事的案件发生，涵盖了《1988 年公约》表一中的 13 种物质、表二中的 7 种物质和列入特别监视清单的 32 种物质，值得关注的是，这些事件中还通报了涉及 40 多种未列入表一和表二或特别监视清单的其他非列管物质。其中有些事件涉及多种物质，特别是在涉及秘密制备点的案件当中。[1] 2020 年初，国际麻管局与保加利亚、伊朗、荷兰和土耳其主管部门以及欧警署合作，根据贩运者用来隐藏违禁醋酸酐的便携罐和标签之间的相似性，以及运输路线和所涉国家的部分重叠，找出了 2017 年和 2018 年 6 次醋酸酐缉获案件之间的疑似联系，总共涉及近 22000 升醋酸酐。这 6 起案件正是借助对前体事件通信系统传达的情报进行分析，迄今为止查明缉获的最大数量的相互关联的前体。[2]

---

[1]　The International Narcotics Control Board（INCB），*Precursors and Chemicals Frequently Used in the Illicit Manufacture of Narcotic Drugs and Psychotropic Substances*，2021，New York：United Nations，2022，p. 11.

[2]　The International Narcotics Control Board（INCB），*Precursors and Chemicals Frequently Used in the Illicit Manufacture of Narcotic Drugs and Psychotropic Substances*，2020，New York：United Nations，2021，p. 10.

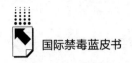
可以说，前体事件通信系统在促进前体相关事项的全球业务合作中，为注册用户提供平台，用于安全交换与受国际管制物质和不受国际管制物质以及毒品制造设备的贩运有关的可采取行动的实时信息，在国际麻管局推进的打击全球易制毒化学品非法贩运的业务活动中，发挥了重要、甚至不可替代的作用，它与出口前通知机制和网上出口通知系统一道，共同成为强化全球易制毒化学品管制过程的重要机制。

四　国际打击行动与全球管控体系的确立

与列管范围的调整和过程管理的强化同步，国际麻管局还支持发起多个有时限的国际行动。1999～2005 年实施的"紫色行动"（Operation Purple）和 2001～2005 年实施的"黄玉色行动"（Operation Topaz），是分别针对高锰酸钾和醋酸酐两种秘密制造可卡因和海洛因的重要易制毒化学品的国际贸易采取的严密国际跟踪方案。2005 年，两个行动合并为"聚合项目"（Project Cohesion），为各国政府提供关于高锰酸钾和醋酸酐贩运情况的战略信息。与此同步，2002 年，"棱晶行动"（Project Prism）启动，目的是防止转移苯丙胺类兴奋剂的主要前体。主要针对醋酸酐、高锰酸钾和苯丙胺类兴奋剂前体的三项国际行动，充分利用"出口前通知"、"网上出口前通知系统"和"前体事件通信系统"提供的技术支撑和科学证据，能够获取这些易制毒化学品的合法国际贸易格局、种类和范围的资料，更好地中止、拦截或缉获潜在非法转移或转用的易制毒化学品，进而通过反向追踪执法查明这些物质被非法转移和转用的"缺失环节"，全球易制毒化学品管控也因此完成了从"基础设施建设"到具体实践的转型。

（一）"紫色行动"与"黄玉色行动"

"紫色行动"最初是为了解决安第斯山地区的高锰酸钾转用于非法制造可卡因问题而提出的。1998 年 12 月，在德国威斯巴登举行的关于高锰酸钾的主管部门工作会议上，德国政府建议从制造国到最终目的地国持续跟踪涉及高锰酸钾的各项交易。1999 年 2 月，德国和美国的主管部门在马德里举行的会议上进一步探讨了这一建议。这次会议由美国组织，由西班牙政府主办，主要的高锰酸钾制造、出口、转运国家和地区及存在大量制造可卡因的国家出席了这次会议。该会议最后还专门召开了工作级别会议，参会国的主管部门和国际机构正是在这次会议上确定了"紫色行动"的技术细节。"紫色行动"最终定位为旨在查明可疑货运和防止高锰酸钾被转移的强化跟踪方案，它要求从制造国、经所有转运地点一直到最终用户严格监测和跟踪所有 100 公斤以上的货物，以及监督所有经手这些交易的经营者并将可疑交易或被制止的货运通知所有有关的对应方。①

"紫色行动"第一阶段于 1999 年 4 月 15 日开始，持续到 1999 年 12 月 31 日结束。德国和美国的主管部门充当流向所有参与国信息的联络点并负责提供警报。1999 年 10 月 19 日至 22 日，美国政府组织、中国香港特别行政区政府主办的国际紫色行动评估会议召开，讨论实施"紫色行动"取得的经验，并规划防止高锰酸钾被转移的未来行动。第一阶段评估的初步结果已经表明，该行动超过了原来的预期目的，参与的各国政府均认为这是迄今为止在国际前体管制框架内最成功的行动。②统计数据显示，1999 年 4 月 15 日到 12 月 31 日，"紫色行动"共跟踪监测了 284 批总量约 8000 吨的涉及高锰酸钾的国际交易，其中可疑货运 13 批涉及约 1190 吨高锰酸钾。与此相较，"紫色行动"启动之前的 1996 年和 1997 年都仅中止过 1 批可疑货运，分别涉及 4 吨和 9 吨高锰酸钾，1998 年制止过 4 批 314 吨的可疑货运。③

---

① The International Narcotics Control Board (INCB), *Precursors and Chemicals Frequently Used in the Illicit Manufacture of Narcotic Drugs and Psychotropic Substances*, *1999*, New York: United Nations, 2000, pp. 8-9.

② The International Narcotics Control Board (INCB), *Precursors and Chemicals Frequently Used in the Illicit Manufacture of Narcotic Drugs and Psychotropic Substances*, *1999*, New York: United Nations, 2000, p. 9.

③ The International Narcotics Control Board (INCB), *Precursors and Chemicals Frequently Used in the Illicit Manufacture of Narcotic Drugs and Psychotropic Substances*, *1999*, New York: United Nations, 2000, pp. 8-9; the International Narcotics Control Board (INCB), *Precursors and Chemicals Frequently Used in the Illicit Manufacture of Narcotic Drugs and Psychotropic Substances*, 2001, New York: United Nations, 2002, pp. 8-9.

"紫色行动"实施前后的差距之大,恰恰说明第一阶段成效之显著。

该行动的第二阶段于 2000 年 1 月 1 日正式开始,国际麻管局邀请了更多的国家参与协作。随着行动的推进,该行动的工作机制和作业程序日益标准化,参与国越来越多,国际麻管局秘书处充当各参与国之间进行必要资料交换的国际联络中心。第二阶段的工作持续到 2005 年,通过"紫色行动"的监测,向国际麻管局报告的高锰酸钾货运数量增长迅速。与第一阶段相比,2000 年 1 月 1 日至 11 月 1 日监测到的货运数量增至 467 批,增长了 64%。该行动下监测的贸易总量增至约 11100 吨,增幅为 38%。2001 年同期货运数量增至 542 批,贸易总量增至近 19000 吨,增长了 70%。到 2004 年,货运数量已经增至 789 批,贸易总量超过了 20000 吨(见图 5)。而通过监测制止的可疑货运更是非常喜人。诸如通过应用"紫色行动"的工作机制和标准作业程序,2002 年,30 个参与国和地区阻止了 14 批货物,涉及 1184 吨企图非法转用的高锰酸钾,如果改用,这些高锰酸钾的量将足以帮助加工出 6000 吨可卡因。[1]

监测高锰酸钾国际贸易和打击其非法转运的专项行动取得的一系列实实在在的成果,推动了国际社会新的行动。2000 年 10 月,针对用于非法制造海洛因的关键化学品醋酸酐问题的国际会议在安塔利亚举行,会议由土耳其政府主办,与会对象包括了海洛因主要制造和出口国、中转国和发生非法制造情况的国家的执法官员和监管官员。会议一致同意发起名为"黄玉色行动"的国际方案,以便制止醋酸酐的非法转移,拦截走私活动和调查缉获案件,以认定缉获醋酸酐的源头和防止从事非法制造和国内经销渠道的转移。[2]

2001 年 3 月 1 日"黄玉色行动"正式启动,计划年底结束。它的工作机制和标准作业程序要求参与国政府采取措施,既要对醋酸酐的合法国际货

---

① The International Narcotics Control Board(INCB),*Precursors and Chemicals Frequently Used in the Illicit Manufacture of Narcotic Drugs and Psychotropic Substances*,2002,New York:United Nations,2003,pp. ix-x.

② The International Narcotics Control Board(INCB),*Report of the International Narcotics Control Board*,2000,New York:United Nations,2000,p. 20.

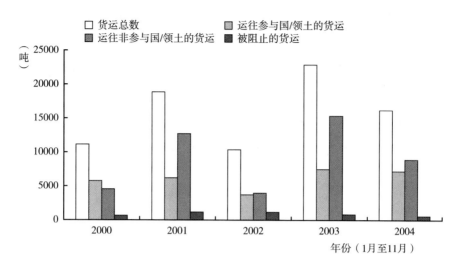

图 5 "紫色行动"中追踪的高锰酸钾货运情况（2000~2004 年）

资料来源：The International Narcotics Control Board（INCB），*Precursors and Chemicals Frequently Used in the Illicit Manufacture of Narcotic Drugs and Psychotropic Substances*，2004，New York：United Nations，2005，p.10。

运进行严密跟踪；又要开展执法调查，对所缉获或截获的化学品进行反向追踪，直至其最初来源。活动启动的最初六个月就阻止了涉及约 170 吨醋酸酐的 10 批货物的转移，几个国家缉获了另外 51 吨货物。如果用于非法制造，这些数量足以帮助制造超过 55 吨海洛因。[1] 截至 2001 年 11 月 1 日，共有 36 个国家和地区的政府参与了这项行动。[2]

随着行动的推进，参与国家和地区数量逐年增加，监测和跟踪到的国际贸易数量连年攀升。2002 年 1 月 1 日至 11 月 1 日，监测到 17 个国家和地区出口的 2800 批货物，涉及近 300000 吨醋酸酐，其中 2400 批或 92% 的监测

---

[1] The International Narcotics Control Board（INCB），*Precursors and Chemicals Frequently Used in the Illicit Manufacture of Narcotic Drugs and Psychotropic Substances*，2001，New York：United Nations，2002，p.x.

[2] The International Narcotics Control Board（INCB），*Precursors and Chemicals Frequently Used in the Illicit Manufacture of Narcotic Drugs and Psychotropic Substances*，2001，New York：United Nations，2002，p.9.

货物是由欧盟成员国报告的，其中只有 260 批或约 10% 是运往非欧盟成员国的。① 截至 2003 年 11 月 1 日，参与此项行动的国家和地区数增至 44 个，2004 年同期，增加到 46 个国家和地区。② 尤其值得关注是，2003 年期间，阿富汗、哈萨克斯坦、吉尔吉斯斯坦和塔吉克斯坦加入了此项行动。正如国际麻管局指出的那样，随着阿富汗非法鸦片产量的增长，"黄玉色行动"的实施对于防止向该区域并通过该区域向阿富汗外转移和/或走私醋酸酐的重要性自不待言。③

"黄玉色行动" 2001 年启动到 2005 年与"紫色行动"合并，通过"黄玉色行动"共监测到涉及 22 个国家 7684 批总量超过 135 万吨醋酸酐。其中向国际麻管局报告了 149 批 3857 吨醋酸酐的案件，发现其中 4 批 52 吨醋酸酐被转移；16 个国家阻止了共 51 批运往 23 个国家和/或地区的涉及 3186 吨醋酸酐；报告了 94 起缉获案件，涉及 615 吨醋酸酐。④ "黄玉色行动"的成功证明它已经成为参与国政府监测醋酸酐这一非法制造海洛因所用关键化学品非法国际贸易的有效工具，也是迅速追踪被缉获或拦截的该物质货运情况的基本网络。

（二）聚合项目

2005 年 10 月，"紫色行动"和"黄玉色行动"指导委员会联席会议在墨西哥城举行，联席会议就两个项目开展的活动进行审查和评估，随后会议

① The International Narcotics Control Board（INCB），*Precursors and Chemicals Frequently Used in the Illicit Manufacture of Narcotic Drugs and Psychotropic Substances*，*2002*，New York：United Nations，2003，p. 12.

② The International Narcotics Control Board（INCB），*Precursors and Chemicals Frequently Used in the Illicit Manufacture of Narcotic Drugs and Psychotropic Substances*，*2004*，New York：United Nations，2005，p. 11.

③ The International Narcotics Control Board（INCB），*Precursors and Chemicals Frequently Used in the Illicit Manufacture of Narcotic Drugs and Psychotropic Substances*，*2003*，New York：United Nations，2004，pp. 13-14.

④ The International Narcotics Control Board（INCB），*Precursors and Chemicals Frequently Used in the Illicit Manufacture of Narcotic Drugs and Psychotropic Substances*，*2005*，New York：United Nations，2006，p. 19.

决定将两个行动合并为"聚合项目"。① 该项目作为新阶段的全球范围的综合行动，旨在协助各国解决醋酸酐和高锰酸钾转移问题，开展有时限的区域活动、协调对缉获案件和被阻止货运的反向追踪侦查以及监测合法贸易。该项目具体由"聚合项目"特别工作组指导，其成员最初由中国、哥伦比亚、德国、印度、墨西哥、俄国、土耳其和美国的代表组成，该特别工作组得到了国际刑警组织、世界海关组织和欧洲联盟委员会的支持。

在"聚合项目"之下，国际麻管局与各国政府合作推出了一系列区域性、专题性、针对性强的专项行动。诸如为了查明和缉获通过中亚向阿富汗走私的醋酸酐货物，2006 年 7 月间，"聚合项目"特别工作组发起了"打击转运行动"，重点是公路运输，但对里海海港及中国和俄国进出境铁路道口也予以了关注。"打击转运行动"是在该区域开展的同类活动中的第一项活动，共有哈萨克斯坦、吉尔吉斯斯坦、塔吉克斯坦、土库曼斯坦和乌兹别克斯坦中亚五国参加。此外，法国、德国、俄国、土耳其、英国和美国政府提供了培训人员，以协助在该区域具有战略意义的边界过境点所开展的活动顺利进行。历时 10 多天的业务活动，在哈萨克斯坦、吉尔吉斯斯坦和塔吉克斯坦缉获了部分硫酸、鸦片、大麻脂和海洛因，出乎意料的是这次行动并没有缉获醋酸酐。但是，国际麻管局认为，这次行动的经验将被用于今后在可能情况下开展的由包括阿富汗在内的其他西亚国家参加的类似活动，进而促请"聚合项目"特别工作组的其他成员考虑在其他区域也开展类似活动。特别是，鉴于报告的高锰酸钾缉获量较大，美洲各国当局应考虑制定解决该物质贩运的类似战略。②

正因如此，2007 年，国际麻管局促请参与"聚合项目"的各国政府，特别是南北美洲各国政府，发起类似的活动以解决用于在南美洲非法制造可

---

① The International Narcotics Control Board (INCB), *Precursors and Chemicals Frequently Used in the Illicit Manufacture of Narcotic Drugs and Psychotropic Substances*, *2005*, New York：United Nations, 2006, p. 20.

② The International Narcotics Control Board (INCB), *Precursors and Chemicals Frequently Used in the Illicit Manufacture of Narcotic Drugs and Psychotropic Substances*, *2006*, New York：United Nations, 2007, pp. 10–11.

卡因的高锰酸钾转用问题。国际麻管局提出愿意与国际组织合作以便该区域各国政府项目中发起的举措顺利进行，"聚合项目"特别工作组必须拟订解决这一问题的各种战略，查明在可卡因非法制造地区缉获的化学品特别是高锰酸钾的来源。同时考虑到阿富汗非法制造海洛因现象增多，国际麻管局建议聚合项目特别工作组采取紧急措施，截获偷运至阿富汗的醋酸酐货物，并查明该化学品的来源，促请阿富汗政府及其邻国与特别工作组在这项工作中进行全面合作。①

正是在国际麻管局的推动之下，2008年3月6日和7日，"聚合项目"特别工作组在维也纳举行会议，审查已完成及计划开展的业务活动，并制订一项合理对策，以解决先前醋酸酐缉获率较低的问题。工作组审查了既有信息后，决定启动具体针对性的"方块行动"，这是一个由信息驱动的举措，侧重于交流用于或疑似用于非法制造海洛因的醋酸酐及其他化学品的缉获、查明转用企图和可疑装运的数据。"方块行动"的实施期限为2008年4月1日至9月30日。其间，共查明了5批可疑交易，向国际麻管局通报了20起缉获和疑似转用海洛因前体的案例，其中包括缉获醋酸酐、硫酸烟雾、乙酸和乙酰氯。②

2013年7月，国际麻管局前体工作队又针对醋酸酐问题启动了"鹰眼行动"，行动的重点就是核查醋酸酐国内贸易和终端使用的合法性。该行动前后分两个阶段展开：第一阶段收集关于醋酸酐国内动向的信息和审查该物质国内贸易和最终用途的合法性，以及所涉公司的诚意，以期编制专门的风险简介；第二个阶段包括通过利用第一阶段编制的风险简介等途径查明和拦截贩运到阿富汗的醋酸酐。该行动查明了挪威和沙特阿拉伯对欧洲和亚洲国家的大量醋酸酐出口，这些出口都未按规定发送出口前通知。

① The International Narcotics Control Board (INCB), *Report of the International Narcotics Control Board*, *2007*, New York: United Nations, 2007, pp. 29, 112.

② The International Narcotics Control Board (INCB), *Precursors and Chemicals Frequently Used in the Illicit Manufacture of Narcotic Drugs and Psychotropic Substances*, *2008*, New York: United Nations, 2009, p. 6.

未经出口前通知系统发送通知的醋酸酐货物出口意味着更高的转移风险，如果目的地国无基于单项进口许可的管制制度，则尤为如此。国际麻管局在评价"鹰眼行动"时就指出，该行动对于查明和醋酸酐、冰醋酸有关的情报起到了重要的作用，有助于揭露在非法药物制造中使用的许多非表列化学品。①

国际麻管局作为"聚合项目"下活动的全球联络点，越来越多地得到世界各国的支持，截至 2016 年 11 月 1 日，已经有 92 个国家指定了本国聚合项目下的活动联络点。欧洲联盟委员会、国际刑警组织、美洲国家组织美洲药物滥用管制委员会、联合国毒品和犯罪问题办公室以及世界海关组织等国际和区域机构也参与其中。② 到 2019 年，超过 75 个国家政府审查并更新了协调人提名，聚合项目中至少提名一位业务协调人的国家和地区数量达到了 112 个。与此同时，在聚合项目框架内，围绕贩运醋酸酐和其他海洛因前体问题举行了若干次业务会议和非正式磋商，讨论进展情况并规划未来的活动，积极地推动全球协作打击这些物质的非法转用。③

（三）棱晶项目

1990 年代中期以来，国际麻管局与各国政府协作推进的国际行动已经较为有效地防止了甲基苯丙胺前体转入非法贩运，然而随着其他苯丙胺类兴奋剂特别是亚甲基二氧甲基苯丙胺（MDMA）及其类似物等前体越来越多地被转入非法渠道，采取必要的一致行动成为国际麻管局必须要考虑的议

---

① The International Narcotics Control Board（INCB），*Precursors and Chemicals Frequently Used in the Illicit Manufacture of Narcotic Drugs and Psychotropic Substances*，*2014*，New York：United Nations，2015，p. 14；the International Narcotics Control Board（INCB），*Precursors and Chemicals Frequently Used in the Illicit Manufacture of Narcotic Drugs and Psychotropic Substances*，*2016*，New York：United Nations，2017，pp. 33-34.

② The International Narcotics Control Board（INCB），*Precursors and Chemicals Frequently Used in the Illicit Manufacture of Narcotic Drugs and Psychotropic Substances*，*2016*，New York：United Nations，2017，p. 8

③ The International Narcotics Control Board（INCB），*Precursors and Chemicals Frequently Used in the Illicit Manufacture of Narcotic Drugs and Psychotropic Substances*，*2019*，New York：United Nations，2020，p. 11.

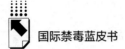

题。到 2001 年，国际麻管局进一步认识到解决该问题的紧迫性，并正式启动方案的研究。①

为了制定工作机制，2002 年 6 月，国际麻管局与美国政府和欧盟委员会合作，在华盛顿特区召开苯丙胺类兴奋剂前体问题国际会议，邀请了来自苯丙胺类兴奋剂前体的主要制造商和出口商、过境点和进口商的所有国家的监管和执法部门的代表，以及这些物质被转移或非法制造的国家的代表，共39 个国家或地区、欧盟委员会、欧洲刑警组织、国际刑警组织、美洲国家组织美洲药物滥用管制委员会和联合国药物管制规划署的代表出席了会议。会议同意启动一项名为"棱晶项目"的国际行动，旨在解决苯丙胺类兴奋剂前体的转移问题。具体而言，国际麻管局将协助各国政府：一是制定实施工作机制和标准作业程序，更有效地控制和监测苯丙胺类兴奋剂前体的国际贸易和国内分销，防止从这些来源转移；二是制定实施有效机制，便利执法当局对苯丙胺类兴奋剂前体的缉获、转移和走私进行国际后续调查，追查这些货物的来源。②

考虑到苯丙胺类兴奋剂前体问题的多样性和复杂性，该项目专门组建了工作队，主要由中国、荷兰、南非和美国 4 国，以及欧盟委员会、国际刑警组织和世界海关组织的代表组成。国际麻管局通过其秘书处全面指导工作队。工作队随后设立了两个工作组：一是化学品工作组，主要处理苯丙胺类兴奋剂前体问题；二是设备工作组，负责处理设备、材料和互联网销售化学品等问题。③

前期的顶层设计完成之后，2002 年 12 月，两个工作组在荷兰海牙举行

① The International Narcotics Control Board（INCB）, *Precursors and Chemicals Frequently Used in the Illicit Manufacture of Narcotic Drugs and Psychotropic Substances*, 2002, New York：United Nations, 2003, pp. 1-2.

② The International Narcotics Control Board（INCB）, *Precursors and Chemicals Frequently Used in the Illicit Manufacture of Narcotic Drugs and Psychotropic Substances*, 2002, New York：United Nations, 2003, pp. 16-17.

③ The International Narcotics Control Board（INCB）, *Precursors and Chemicals Frequently Used in the Illicit Manufacture of Narcotic Drugs and Psychotropic Substances*, 2002, New York：United Nations, 2003, pp. 16-17.

了第一次会议，细化了业务活动范围。其中化学品工作组将主要开展下列业务活动：（a）对所缉获的麻黄碱、3，4－亚甲基二氧苯基－2－丙酮、1－苯基－2－丙酮和伪麻黄碱进行反向追踪执法调查；（b）对黄樟脑的合法货运实施国际跟踪方案；（c）对麻黄碱、3，4－亚甲基二氧苯基－2－丙酮、1－苯基－2－丙酮和伪麻黄碱的货运提供出口前通知并对此做出反应；（d）逐案评估采用管制交货的可行性。设备工作组则聚焦两项工作：（a）就缉获的制片机进行反向追踪执法调查；（b）对使用因特网转移或图谋转移苯丙胺类兴奋剂前体的案件进行适当调查。①

2003 年 1 月，这些活动正式启动，最初计划进行三个月。为期三个月的行动侦破了一系列案件，特别值得关注的是转移麻黄碱和伪麻黄碱的案件全部涉及药物制剂。这些转移活动之所以得逞，是因为主管部门和业界普遍不知道非法制造苯丙胺类兴奋剂时需使用药物制剂，而且对药物制剂的合法国际贸易量和范围缺乏了解。国际麻管局认为，"棱晶项目"中开展的活动会防止将来发生这种转移，而且各国政府在必要时将以与监测原材料相同的方式监测含有这些物质的药物制剂货运，鼓励有关政府充分适用为黄樟脑和富含黄樟脑油类所制定的工作机制，以便确定香精油的含量和这种油类的来源。2003 年 6 月，工作组在泰国曼谷召开的第二次会议，对第一阶段的工作给予充分肯定，认为业务活动应该使用海牙会议期间拟订的工作机制和标准作业程序继续开展下去。②

正是在国际麻管局的敦促之下，"棱晶项目"围绕黄樟脑或异黄樟脑以及富含黄樟脑油脂的贸易进行了一系列的研究和跟踪调查。2006 年，针对涉及麻黄碱和伪麻黄碱的 2100 多批贸易，国际麻管局多次发布了有关转移趋势的特别警告。"棱晶项目"下的各项活动有助于各国政府和国际麻管局

① The International Narcotics Control Board（INCB），*Precursors and Chemicals Frequently Used in the Illicit Manufacture of Narcotic Drugs and Psychotropic Substances*，*2003*，New York：United Nations，2004，pp. 9-10.

② The International Narcotics Control Board（INCB），*Precursors and Chemicals Frequently Used in the Illicit Manufacture of Narcotic Drugs and Psychotropic Substances*，*2003*，New York：United Nations，2004，p. 10.

发现新的趋势，比如原材料从南亚、非洲、中美洲和西亚转移，麻黄从东亚转移到加拿大和欧洲各国以及医药制剂走私到非洲、中美洲、南美洲和西亚并在这些地区继续走私。未经加工的麻黄碱和伪麻黄碱转移到北美洲各国，特别是墨西哥的情况似乎有所减少，而 2006 年全年，中美洲和南美洲仍有企图转移的案件，美洲几个国家的政府已查明有人试图大量转移医药制剂。令国际麻管局特别担忧的是，非洲和西亚正开始成为有组织犯罪网络运送麻黄碱和伪麻黄碱的转运点。①

可以注意到"棱晶项目"的推进已经发现了此前关注不够的贩运路线和趋势。为了能够针对性地应对这些问题，国际麻管局又协同各国政府在"棱晶项目"之下推出了多个专项行动。诸如，2007 年 1 月 1 日至 6 月 30 日开展的"水晶流行动"（Operation Crystal Flow），通过对国际贸易监测，发现了可疑货物，并协助防止了 53 吨麻黄碱和伪麻黄碱的转用。同时"水晶流行动"确认非洲和西亚已成为进行苯丙胺类兴奋剂前体转用的主要转运区。国际麻管局建议对这两个区域的国家和地区采取专门的紧急行动。② 2008 年 1 月 2 日至 9 月 30 日，"棱晶项目"工作队又推出名为"冰块行动"的新举措，主要侧重于麻黄碱和伪麻黄碱贸易，包括药剂和麻黄属植物，以及进一步查明非洲、美洲、西亚和大洋洲国家的 1-苯基-2-丙酮和苯乙酸装运和贸易情况。"冰块行动"得到了所有主要出口国和过境国的支持，审查了 2057 批货物的信息，包括 201 吨麻黄碱和超过 1056 吨的伪麻黄碱，查明了 49 起可疑交易，拦截或缉获 49 吨麻黄碱和伪麻黄碱货物转用，相当于阻止了约 37 吨至 44 吨的甲基苯丙胺。③

---

① The International Narcotics Control Board（INCB），*Report of the International Narcotics Control Board*，*2006*，New York：United Nations，2006，p. 22.

② The International Narcotics Control Board（INCB），*Precursors and Chemicals Frequently Used in the Illicit Manufacture of Narcotic Drugs and Psychotropic Substances*，*2007*，New York：United Nations，2008，p. 6.

③ The International Narcotics Control Board（INCB），*Precursors and Chemicals Frequently Used in the Illicit Manufacture of Narcotic Drugs and Psychotropic Substances*，*2008*，New York：United Nations，2009，pp. 5-6.

作为"水晶流行动"和"冰块行动"的后续行动，2009年7月1日至2010年3月31日，国际麻管局又推出了"皮拉行动"，重点针对麻黄碱和伪麻黄碱，特别是药物制剂的全球贸易以及1-苯基-2-丙酮和苯乙酸的贸易展开行动。该行动中止、阻止或收缴的可疑货物共计40批，数量超过12.8吨，计有19900万颗麻黄碱和伪麻黄碱，防止非法制造去氧麻黄碱多达11.5吨。同时还查获了大量的1-苯基-2-丙酮和苯乙酸。到2010年3月31日"皮拉行动"正式结束，所涉可疑货物的缉获量和查明的企图转移量达到66.5吨。[①]

多个专项行动的成功，尤其是非表列物质苯乙酸被大量查获，推动了国际麻管局发起新的国际倡议。2011年3月1日至8月31日，国际麻管局又启动了"苯乙酸及其衍生物行动"（PAAD），该行动重点关注不受国际管制的苯乙酸及其衍生物的国际贸易情况。它是"棱晶项目"下第一个系统针对新出现的非表列物质的项目，有63个国家参与，通过该行动获取了用于制造甲基苯丙胺的苯乙酸衍生物的空前数量和具体类型、其来源国和目的地国、贩运路线和做法的重要战略性和操作性信息。统计数据显示，该行动共缉获了610吨货物，拦截了1.4吨。行动期间，在大型非法仓库和秘密加工点还缉获了大量的苯乙酸及其衍生物化学品。诸如2011年5月，在墨西哥南部捣毁的一家工业规模非法加工点内缉获了140000升化学品，其中11000升是苯乙酸乙酯。[②]

其后，在"棱晶项目"的统合之下，国际麻管局还与世界各国协作，推出了一系列针对性非常强的行动，诸如2012年6月1日至8月31日启动的"非洲麻黄碱和伪麻黄碱情报空白弥补行动"（EPIG），这是第一次专门针对非洲麻黄

① The International Narcotics Control Board (INCB), *Precursors and Chemicals Frequently Used in the Illicit Manufacture of Narcotic Drugs and Psychotropic Substances*, *2010*, New York: United Nations, 2011, pp. 4-5.

② The International Narcotics Control Board (INCB), *Precursors and Chemicals Frequently Used in the Illicit Manufacture of Narcotic Drugs and Psychotropic Substances*, *2011*, New York: United Nations, 2012, pp. 17-18.

碱和伪麻黄碱贸易及转用情况的情报搜集行动;① 2012 年 9 月 10 日至 10 月 28
日，世界海关组织与中国海关密切合作开展的"天网行动"，是针对邮包和快
递采取的打击行动；2012 年 9 月至 12 月，世界海关组织和国际麻管局合作开
展的"破冰行动"，则主要针对跨美洲甲基苯丙胺非法制造和贩运活动。② 而
为了打击非洲与亚洲之间经由欧洲和中东的甲基苯丙胺空中非法贩运，世界
海关组织和国际麻管局于 2013 年 12 月 6 日至 15 日举行了为期 10 天的"西
风带行动 2";③ 2015 年国际麻管局前体工作队还开展了"一甲胺行动"，重
点关注一甲胺的可疑订单、货运和盗窃问题。④

　　正是因为前期的专项行动的成功，2016~2017 年，国际麻管局前体工作
队又在"棱晶项目"之下协调了两项行动：一是"缺失环节"行动，该行
动旨在解决出口国主管部门和国际麻管局对运往或经过冲突地区，特别是北
非和中东冲突地区的苯丙胺和甲基苯丙胺前体最终目的地的关切，并弥合用
于非法制造假"芬乃他林"片剂的化学品类型和来源方面的情报空白；二
是与国际麻管局新精神活性物质工作队联合开展的全球调查，目的是查明非
法制造的芬太尼、芬太尼类似物、其他阿片类新精神活性物质和相关前体的
来源及贩运者为获得这些物质所用的作案手法。⑤ 最近的一次行动则是 2021
年 2 月，国际麻管局启动的"缩略语行动"，旨在打击互联网（表层网）上

① The International Narcotics Control Board (INCB), *Precursors and Chemicals Frequently Used in the
Illicit Manufacture of Narcotic Drugs and Psychotropic Substances, 2012*, New York: United
Nations, 2013, p. 7.

② The International Narcotics Control Board (INCB), *Precursors and Chemicals Frequently Used in the
Illicit Manufacture of Narcotic Drugs and Psychotropic Substances, 2013*, New York: United
Nations, 2014, p. 7.

③ The International Narcotics Control Board (INCB), *Precursors and Chemicals Frequently Used in the
Illicit Manufacture of Narcotic Drugs and Psychotropic Substances, 2014*, New York: United
Nations, 2015, p. 15.

④ The International Narcotics Control Board (INCB), *Precursors and Chemicals Frequently Used in the
Illicit Manufacture of Narcotic Drugs and Psychotropic Substances, 2015*, New York: United
Nations, 2016, p. 9.

⑤ The International Narcotics Control Board (INCB), *Precursors and Chemicals Frequently Used in the
Illicit Manufacture of Narcotic Drugs and Psychotropic Substances, 2017*, New York: United
Nations, 2018, p. 10.

的前体贩运活动。①

可以注意到，“棱晶项目”通过确立工作机制和标准作业程序，以问题为导向，针对关键易制毒化学品和重点区域，持续地采取系列限时专项行动，有效地打击了易制毒化学品的非法转用。而“棱晶项目”与“紫色行动”“黄玉色行动”以及合并后的“聚合项目”，共同构成了打击主要表列易制毒化学品和监控非表列化学品的关键而有效的工具。

结　语

《1988 年公约》的议定和生效，特别是第十二条，规定了国际社会关于经常用于非法制造麻醉药品和精神药物的易制毒化学品的国际合作与管制的原则和机制，为国际社会联合防止和打击易制毒化学品转入非法药物制造提供了国际法支持，因此也成为全球禁止药物滥用和非法贩运综合战略的一个基本组成部分。国际麻管局作为表列易制毒化学品的全球协调中心和非表列易制毒化学品国际监控的主要机构和全球联络点，通过表列物质的改列和增列、设立特别监视清单，不断拓展列管范围和监测对象，为各国执法部门和监管部门的行动奠定了扎实的基础；而出口前通知机制和出口前网上通知系统的推行，加之前体事件通信系统的使用，则通过强化过程管理的方式让共享信息和交流情报直接服务于列管和监控易制毒化学品的行动，通过核查和识别合法用途，制止、拦截或缉获非法易制毒化学品的贩运。如果说列管范围和监控对象的拓展、过程管理的强化，两者更多是致力于技术层面的支撑，那么与此相较，无论是单一的“紫色行动”和“黄玉色行动”，还是综合的“棱晶项目”和“聚合项目”，都更多是依托技术支撑和科学证据来推进的实际执法行动，针对表列和非表列的易制毒化学品，有效打击和监控这些物质的非法贩运和转用。可以说，国际

---

① The International Narcotics Control Board（INCB），*Precursors and Chemicals Frequently Used in the Illicit Manufacture of Narcotic Drugs and Psychotropic Substances*，2021，New York：United Nations，2022，pp. 10-11.

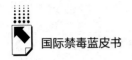

法的议定加之规范化的机制建设和制度化推进，共同构成了全球打击和监控易制毒化学品非法转用的体系。

作为全球禁毒体系的重要组成部分，易制毒化学品管控体系通过关口前移的方式，试图通过列管和监控易制毒化学品的全球流动，防范这些物质流入非法渠道或进入非法市场，通过这些工作，一定程度上可以在不妨碍这些物质正常的合法需求的前提之下，最大限度地阻止这些物质被用于非法制造毒品，从而能够更好地服务于全球的禁毒事业。事实上，国际麻管局主导推动下的全球易制毒化学品管制体系确实对于打击易制毒化学品非法转移和转用贡献卓著。

尽管如此，在过去三十年里，国际社会不得不面对这样一个事实，即用于非法制造麻醉药品和精神药物的化学品层出不穷，被非法转用的数量仍难以估量，虽然遏制其制造的关键可以用一个简单的等式来概括："没有化学品"等于"没有毒品"，但是这种理想模型显然无法适合现实世界的需求，这种按下"停止键"的做法无疑将对化工行业、医药行业甚至日常生活造成诸多不便甚至沉重打击。答案在于保持平衡——这是国际药物管制条约的基本原则，换言之，既要防止这些物质被转移用于非法目的，又要确保它们仍可用于合法用途。① 这一看似充满悖论的平衡策略必然为全球易制毒化学品管控体系的贯彻实施制造诸多难题，也必然令其面临诸多重大的挑战。事实上，全球易制毒化学品国际贸易的列管和监控正在而且在比较长时期都将面临诸多威胁，需要积极采取应变措施。

第一，不断大规模涌现的"特制"前体、前前体、中间体、非表列易制毒化学品对全球易制毒化学品管控体系构成重大且长期的威胁。这些物质多是制造者为了规避管制而特意制造的没有正规或必需合法用途的易制毒化学品，这些物质数量多、易转化、难识别，它们多为某些易制毒化学品的近亲，并且可以很容易转化、变造为受管制物质。国际麻管局多次提醒，"时

---

① The International Narcotics Control Board（INCB），*Precursors and Chemicals Frequently Used in the Illicit Manufacture of Narcotic Drugs and Psychotropic Substances*，2020，New York：United Nations，2021，p. iii.

任麻管局主席的威罗·苏眉（Viroj Sumyai）就注意到，现有的国际前体管制框架未能充分应对某些挑战。最重要的是，我指的是非表列化学品的出现，包括最近为规避管制而特意制造的'特制'前体"。① "不受国际管制的替代前体的出现，包括前前体、化学中间体以及最近出现的'特制'前体和'伪装'前体，是药物管制领域的一项重大挑战"。② 事实上，《1988年公约》表一近年来增列数量的迅速增加，一定程度上也说明新物质出现得更快了。而且随着这些易制毒化学品制造技术的改进和优化，这些物质的来源更趋多元和更多样化，任何一种物质被纳入表列或特别监视清单，无一例外均会迅速出现非表列化学品、特制前体和前前体，作为受管制前体的替代品。虽然国际麻管局一再吁请各国政府积极行动并在国际一级采取了一系列的措施，然而并没有能够破解这个难题。因为，可以用来替代受管制前体的非表列物质的数量几乎是无限的，而单个物质的评估制度和逐个物质的列管肯定是被动的，落后于贩运者的创新速度。面对这一困局，国际麻管局也建议国际社会将努力的重点放在建立一个共同的法律基础上，会员国可以确定在《1988年公约》各附表中引入更积极主动内容的方式方法，以应对系列化学品近亲问题，必要时可以支持刑事案件的起诉。同时，也可以考虑另立一个易制毒化学品类别，收录目前没有任何公认合法用途的易制毒化学品。③

第二，易制毒化学品国内转移和转用的增加成为全球易制毒化学品管控新的薄弱环节。国际麻管局主导的易制毒化学品的列管和贸易的监控，更多是致力于监管易制毒化学品在国际贸易层级的非法转移和转用。我们注意

---

① The International Narcotics Control Board (INCB), *Precursors and Chemicals Frequently Used in the Illicit Manufacture of Narcotic Drugs and Psychotropic Substances*, *2018*, New York：United Nations, 2019, p. iii.

② The International Narcotics Control Board (INCB), *Precursors and Chemicals Frequently Used in the Illicit Manufacture of Narcotic Drugs and Psychotropic Substances*, *2020*, New York：United Nations, 2021, p. iii.

③ The International Narcotics Control Board (INCB), *Precursors and Chemicals Frequently Used in the Illicit Manufacture of Narcotic Drugs and Psychotropic Substances*, *2018*, New York：United Nations, 2019, p. 41.

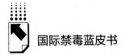

到，无论是出口前通知，还是出口前网上通知系统、前体事件通信系统均更多着眼于易制毒化学品的国际贸易，而且"紫色行动""黄玉色行动""棱晶项目""聚合项目"，以及其下一系列专项行动，同样更多关注的是易制毒化学品的全球非法流动，这些措施和行动在打击和遏制通过国际贸易渠道交易的前体转移方面继续发挥重要作用。作为回应，制贩毒集团正在努力规避法律风险，越来越多地将这些物质的转用放在国内进行。国际麻管局主席科内利斯·德琼契尔（Cornelis P. de Joncheere）就呼吁"各国政府考虑利用《1988 年公约》的规定，管制公约表一和表二所列物质的国内制造和销售"。① 因此，各国政府主管部门需要借鉴全球易制毒化学品管控机制和体制，建立国家层面的监控体系，更加科学而全面地规范易制毒化学品的制造、贸易和消费，同时要关注越来越多的"特制"前体、前前体、中间体和其他未列入附表的化学品的国内制造和流动。对此，国际麻管局也已经关注到，敦促各国政府更加重视在国家一级建立和运行全面的前体监测系统，鼓励各国政府提高各种前体年度合法需求估计数的准确性，以确保这些估计数始终反映实际市场状况，进而可以更好地利用"棱晶项目"和聚合项目下的国际麻管局联络点网络，有效打击和防控这些物质的非法流动和转用。

第三，易制毒化学品管控的地区间的不平衡威胁着全球易制毒化学品管控的有效运作。对于易制毒化学品国际贸易的监管而言，最致命的伤害无疑是监管薄弱的国家或地区，事实已经证明，全球易制毒化学品贸易商总会趋利避害，想方设法绕过管控严格的国家或地区，甚至绕道多次的出口再出口，最终到达终极的目的地，而没有严格的执行进出口许可证制度。因而没有充分地利用出口前网上通信系统等平台的国家和地区常常成为易制毒化学品非法转移的过境国或出口国。国际麻管局就注意到，截至 2020 年 11 月 1日，全球已有 115 个国家和地区正式要求得到出口前通知之时，非洲和美洲

---

① The International Narcotics Control Board（INCB），*Precursors and Chemicals Frequently Used in the Illicit Manufacture of Narcotic Drugs and Psychotropic Substances*，2020，New York：United Nations，2021，p. iii.

要求得到出口前通知的国家的比例较低，分别为 33% 和 71%。① 而这些地区，尤其是非洲和大洋洲，因此成为全球易制毒化学品管控的"缺失环节"。如何能够进一步强化更具有针对性的区域专项行动，同时加强各区域之间的联动机制，从而能够内外结合，织密织细全球管制网络，尚需要国际社会的共同努力。

参考文献

1. Commission on Narcotic Drugs, Report on the 35th Session (6 to 15 April 1992) (E/1992/25&E/CN. 7/1992/14), New York: United Nations, 1993.
2. Commission on Narcotic Drugs, Report on the 43rd Session (6–15 March 2000) (E/2000/28& E/CN. 7/2000/11), New York: United Nations, 2000.
3. Commission on Narcotic Drugs, Report on the 53rd Session (2 December 2009 and 8–12 March 2010), E/2010/28& E/CN. 7/2010/18, New York: United Nations, 2010.
4. Commission on Narcotic Drugs, Report on the 59th Session (11 December 2015 and 14–22 March 2016) E/2016/28&E/CN. 7/2016/16New York: United Nations, 2016.
5. Commission on Narcotic Drugs: Report on the 60th Session (2 December 2016 and 13–17 March 2017) E/2017/28&E/CN. 7/2017/11, New York: United Nations, 2017.
6. Commission on Narcotic Drugs: Report on the 63rd Session (13 December 2019 and 2–6 March 2020), E/2020/28&E/CN. 7/2020/15, New York: United Nations, 2020.
7. The International Narcotics Control Board (INCB), *Precursors and Chemicals Frequently Used in the Illicit Manufacture of Narcotic Drugs and Psychotropic Substances, 1993–2021*, New York: United Nations, 1994–2022.
8. The International Narcotics Control Board (INCB), *Report of the International Narcotics Control Board, 1990–2021*, New York: United Nations, 1989–2022.

① The International Narcotics Control Board (INCB), *Precursors and Chemicals Frequently Used in the Illicit Manufacture of Narcotic Drugs and Psychotropic Substances, 2020*, New York: United Nations, 2021, pp. 7.

国际毒情热点
New Trend of International Drug Control

B.2

新疫情、新毒情和国际禁毒新合作：
2021年国际禁毒十大热点问题解读

国际禁毒政策研究中心 *

摘　要： 2021 年，新冠肺炎疫情持续在全球蔓延，并呈现出新的态势，病毒变种迭出，传染性不断增强。受疫情和国际政治经济局势变动的影响，全球毒情也表现出新形势。芬太尼等阿片类物质及新精神活性物质滥用日益增多，且有牢固出现于弱势群体的趋势。苯丙胺类兴奋剂等合成毒品的市场也有所扩张。与此同时，一些低收入国家却面临阿片类止痛剂短缺的窘境。为应对全球毒情新挑战，国际社会以联合国毒品和犯罪问题办公室与国际麻醉品管制局为中心，展开了一系列国际禁毒新合作，为缓解严峻的全球毒情提供了一定程度上的制度保障。

---

* 执笔者：黄运，英国思克莱德大学医疗社会史中心博士，上海大学历史学系博士后，主要研究方向为国际禁毒政策史、20 世纪英国毒品史、中国近代毒品史。

关键词：　阿片类物质　国际麻醉品管制局　联合国毒品和犯罪问题办公室
　　　　　　国际禁毒

2021 年，全球范围内持续的新冠肺炎疫情给世界各国带来巨大冲击，加之城市化的进一步加速和全球人口的增长，全球毒品消费市场有所扩张。全球毒情也变得更为复杂，制毒者为规避各国对前体化学品的管制和解决新冠肺炎疫情引起的原料获取困难，不断寻求新的制毒方法。从毒品类别上看，芬太尼等类阿片新精神活性物质的使用明显增多。从区域上看，非洲毒情堪忧并且可能进一步恶化。长期的鸦片种植国阿富汗在 2021 年发生了政权更迭，夺取政权后的塔利班随即宣布禁绝鸦片种植，其效果尚不明晰。此外，在全球毒品滥用增多的同时，一些低收入国家和地区却面临止痛药物短缺的困境，毒品问题也因此表征了全球资源的不均分配和南北发展水平的巨大差距。

为应对全球毒品问题，联合国毒品和犯罪问题办公室（United Nations Office on Drugs and Crime，UNODC）等国际组织和多国政府在 2021 年采取了新行动。2021 年是联合国大会第三次世界毒品问题特别会议（UNGASS 2016）召开五周年，联合国等国际组织和一些学术团体就 2016 年特别联大召开以来国际禁毒的成就和困境做了讨论和总结。此外，联合国毒品和犯罪问题办公室发布了《五年禁毒战略（2021~2025）》，欧盟启动了《欧盟五年禁毒战略（2021~2025）》。中国政府长期坚持严厉禁毒的政策，早在 2017 年，即已宣布列管卡芬太尼等 4 种芬太尼类物质。[①] 2021 年 5 月，中国宣布正式列管大麻素类新精神活性物质。同月，国家禁毒委员会办公室批准设立了上海大学国际禁毒政策研究中心，让高校科研助力国家禁毒大计。本报告盘点了 2021 年国际禁毒工作面临的风险与挑战以及制定的战略与对策，梳理形成了本报告。

---

①　李施霆：《我国对卡芬太尼等 4 种芬太尼类物质进行列管》，《中国禁毒报》2017 年 2 月 17 日。

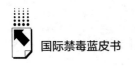

一　新冠肺炎疫情对全球毒情影响明显

自 2020 年春持续至今的新冠肺炎疫情给世界各国带来重大挑战,许多国家的医疗卫生体系穷于应付。世界毒情也受其影响发生了一些变化。整体而言,自新冠肺炎疫情开始在全球规模暴发后,世界范围内的毒品供应和消费在短期内有所减少,但是欧洲多国在 2020 年夏季放松疫情管控后,毒品消费水平很快反弹。[①] 各国政府实施的疫情防控措施不仅对全球经济发展产生了一定程度上的影响,还使全球毒品的生产、运销和消费情况发生了一些变化。

从毒品的生产来看,新冠肺炎疫情暴发后,毒品供应在多国出现短缺,同时价格上涨、纯度下降。有些地区的情况则表明,毒品的短缺和纯度下降在疫情暴发之后并未显现出来,只是在 2020 年夏季疫情管控措施有所松动后才出现。[②] 疫情管控政策限制了毒品生产者获取制毒前体和基本化学品,一些生产者被迫寻找新的方法来制造毒品。例如,新冠肺炎疫情暴发后甲基苯丙胺前体短缺引起了墨西哥和美国甲基苯丙胺价格的上涨。[③] 此外,在有些地区,新冠肺炎疫情导致更多的农民增加或者从事非法作物的种植,加之有些地区政府主管机关的控制力因疫情有所降低,疫情导致的经济衰退迫使有些人不得不铤而走险。[④]

从毒品的运销来看,疫情防控措施对毒品运销的影响因毒品种类和国家不同而存在差异。新冠肺炎疫情期间的人员流动限制、边境封闭和世界整体贸易的下降对毒品市场的供应链有所破坏,对个人活动异常严格的限制使毒品和易

① Europe Monitoring Centre for Drugs Addiction, *Impact of COVID-19 on Drug Market, Use, Harms and Drug Services in the Community and Prisons: Results from an EMCDDA Trendspotter Study*, Luxembourg: Publications Office of the European Union, 2021, pp. 2-3.
② Judith Aldridge, Laura Garius, Jack Spicer, Magdalena Harris, Karenza Moore, and Niamh Eastwood, *Drugs in the Time of COVID: the UK Drug Market Responses to Lockdown Restrictions*, London: Release, 2021.
③ United Nations Office on Drugs and Crime, *World Drug Report 2020 Part 1 Executive Summary Impact of Covid-19*, Vienna: United Nations, 2020, p. 11.
④ Ibid. p. 10.

制毒化学品的跨境贩运比以前更加困难，但毒品贩运方式和路线变得多样化。联合国毒品和犯罪问题办公室的研究显示，新冠肺炎疫情使得全球毒品贩运出现了一些新趋向。通过海路和其他水路的贩运增多，这可能是因为疫情暴发后各国严格的边境控制和交通管制。① 欧洲毒品和毒瘾监测中心（EMCDDA）的数据显示，在疫情的影响下，欧洲毒品市场出现了数字化的趋势。信息加密技术、社交软件平台、在线邮件等"数字化毒品交易"方式日益流行。

从毒品的消费来看，为应对新冠肺炎疫情而实行的防控措施对街头零售毒品的买卖、戒毒药物治疗和其他卫生服务都产生了影响，毒品的使用模式也因此发生一些变化。例如，大麻、苯二氮卓类和药用类阿片的使用有所增加，而苯丙胺、氯胺酮和迷幻剂使用则有所下降。另外，欧洲毒品和毒瘾监测中心的数据显示，疫情期间欧洲新出现的新精神活性物质持续增多，并出现了大麻和合成大麻素类物质混用的现象。联合国毒品和犯罪问题办公室的研究也表明，新冠肺炎防控措施造成的类阿片物质短缺可能导致使用者代之以酒精或苯二氮卓类药物等更容易获取的物质，或者将类阿片与合成药物混合。随着一些使用者改用注射或者增加注射频次，相应的风险也因此增高。②

欧洲毒品和毒瘾监测中心等机构认为，为应对新冠肺炎疫情给全球事业带来的挑战，首先要密切关注新冠肺炎疫情给民众心理、经济社会和长时段内毒品使用模式所带来的影响。此外，疫情期间毒品交易和毒品戒治日益通过线上进行的趋势使得各国有必要改进当前的毒情监测体系。只有创新禁毒领域的监测和研究方法，及时收集和准确分析信息，才能实时捕捉毒情动态，帮助决策者跟上发展趋势，确定需要迅速采取行动的领域，从而积极有效应对新冠肺炎疫情对国际禁毒事业的冲击。③

---

① United Nations Office on Drugs and Crime, *World Drug Report 2021 Part 5 Covid-19 and Drugs Impact Outlook*, Vienna: United Nations, 2021, p. 11.

② United Nations Office on Drugs and Crime, *World Drug Report 2020 Part 1 Executive Summary Impact of Covid-19*, Vienna: United Nations, 2020, p. 18.

③ Europe Monitoring Centre for Drugs Addiction, *Impact of COVID-19 on Drug Market, Use, Harms and Drug Services in the Community and Prisons: Results from an EMCDDA Trendspotter Study*, Luxembourg: Publications Office of the European Union, 2021, p. 31.

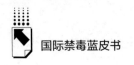

二　联合国毒品和犯罪问题办公室启动《五年禁毒战略（2021~2025）》

联合国毒品和犯罪问题办公室于 2021 年 2 月发布了《五年禁毒战略（2021~2025）》。该战略对毒品和犯罪问题办公室将如何在下一个五年内改进服务水平做了规划，强调了联合国毒品和犯罪问题办公室在人权、性别平等、增强妇女权能、保护儿童和利用青年变革力量等方面的承诺。该战略还提出了以人为本的方法，以实现对包括残疾人在内的弱势群体的生活改善。成功实施这一战略的关键之一是扩大利用与更广泛的利益攸关方的伙伴关系。有效的沟通，在内部改善主题领域之间的相互影响，在外部展示联合国毒品和犯罪问题办公室工作的影响，至关重要。为了执行和实施五年禁毒战略，联合国毒品和犯罪问题办公室将审查和调整其内部结构、系统和流程，以便使其能够充分利用其工作人员的潜力来满足会员国迅速变化的需求。此外，联合国毒品和犯罪问题办公室还将运用创新，利用新技术，建立以信任、尊重和问责为基础的组织文化。①

该五年禁毒战略的具体内容包括：研究毒品问题与可持续发展、和平与安全以及人权的各个方面之间的相互联系；支持会员国履行国际毒品政策承诺；加强获得吸毒病症治疗、康复、恢复和重返社会的机会，以及艾滋病毒/艾滋病和肝炎的预防、治疗和护理；处理相关的人权和性别因素，特别是这些因素对弱势人群的影响；重点了解毒品问题和跨国有组织犯罪之间的相互联系，包括网络犯罪、腐败、非法贩运、资金流动和恐怖主义；扩大毒品和犯罪问题办公室实验室的作用和能力，以支持会员国在打击毒品贩运和提供相关卫生服务方面的方案和政策；加强国家执法能力，以可持续的方式处理毒品造成的问题。②

---

① United Nations Office on Drugs and Crime, *UNODC Strategy 2021-2025*, p. 3.
② United Nations Office on Drugs and Crime, *UNODC Strategy 2021-2025*, pp. 8-17.

联合国毒品和犯罪问题办公室预计在 2024 年审查五年禁毒战略的进展，支持会员国切实履行国际禁毒政策承诺以及麻醉药品委员会领导的后续进程。此外，联合国毒品和犯罪问题办公室将与联合国实体、学术界以及相关国家机构和区域机构结成伙伴关系，以促进形成协调一致的立场，从而加强国家数据收集以及对世界毒品问题的监测和分析能力。这将有助于制定符合人权和对性别问题有敏感认识的政策和方案。在类阿片物质贩运和滥用严重的地区，联合国毒品和犯罪问题办公室将加紧实施其《类阿片战略》。①

三 联合国毒品和犯罪问题办公室发布严禁合成毒品新战略

2021 年 11 月 19 日，为应对国际合成毒品滥用问题，联合国毒品和犯罪问题办公室发布了严禁合成毒品新战略，以协助成员国打击合成毒品犯罪问题。它之所以被称为新战略，是因为联合国毒品和犯罪问题办公室曾发布过应对国际合成毒品问题的战略。国际禁毒合作的历史，是与层出不穷的合成毒品不断斗争的历史，包括 20 世纪 20 年代的吗啡泛滥、80 年代的芬太尼类物质泛滥和 90 年代安非他命类兴奋剂物质泛滥。进入二十一世纪后，尤其是二十一世纪第二个十年内，成百上千的合成毒品涌现出来，既给人们的健康带来危害，又对既有的国际禁毒体系构成巨大挑战。

日益严重的合成毒品问题使得新政策的出台成为必然。在此之前，联合国毒品和犯罪问题办公室曾出台相关应对之策。2009 年，联合国毒品和犯罪问题办公室在其《政治宣言和行动计划》（*Political Declaration and Plan of Action*）中指出安非他明类兴奋剂滥用问题，并随后发布了《全球 SMART 计划》。② 2016

---

① United Nations Office on Drugs and Crime，*UNODC Strategy 2021-2025*，p. 8. 联合国毒品和犯罪问题办公室《类阿片战略》的内容，参见 https：//www. unodc. org/unodc/en/opioid - crisis/the - strategy. html。

② SMART 为联合国毒品和犯罪问题办公室 Synthetics Monitoring：Analyses，Reporting and Trends 项目首字母缩写。

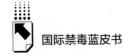
年联合国大会禁毒特别会议召开后，联合国毒品和犯罪问题办公室还首次建立了"新精神活性物质全球法医早期预警咨询机制"。2018 年，联合国毒品和犯罪问题办公室发布了《阿片类物质战略》，协助成员国应对阿片类物质危机。①

也正是在过去应对阿片类物质等合成毒品问题的经验和教训的基础上，联合国毒品和犯罪问题办公室发布了此次严禁合成毒品新战略。该战略主要包含四个维度的行动：多边主义和国际合作、对合成毒品威胁的早期预警、以科学为基础的卫生应对，以及禁毒干预。它将提供一个以科学为基础、均衡全面的政策框架。整体而论，这一新战略将通过基于科学的程序、证据和知识，帮助政策制定者引入有效的政策和战略来阻断合成毒品的生产和走私，并为世界不同地区戒毒者提供治疗。联合国毒品和犯罪问题办公室执行主任加黛·瓦利（Ghada Waly）在麻醉品管理委员会的一次会议上也称，我们现在要以事实为基础采取行动，应对合成毒品危机。她还认为，通过关注科学和投资早期预警，我们可以拯救生命，实现社会的健康和可持续发展，并阻止下一次毒品危机的发生。②

四 欧盟启动《欧盟禁毒五年战略（2021~2025）》

欧盟从 2021 年开始实施其五年禁毒战略。2020 年 12 月 18 日，欧盟理事会批准了欧洲毒品和毒瘾监测中心发布的《欧盟五年禁毒战略（2021~2025）》（EU Drugs Strategy，2021-2025）。③《欧盟五年禁毒战略（2021~

---

① "UNODC Synthetic Drug Strategy," https：//idpc. net/publications/2021/12/unodc‐synthetic‐drug‐strategy？ msclkid＝28eb6abfc11c11ec9d03c401b74da728.

② "UNODC Release Synthetic Drug Strategy to Prevent Global Crisis", https：//www. unodc. org/unodc/en/press/releases/2021/November/unodc‐launches‐synthetic‐strategy‐to‐prevent‐global‐crisis. html.

③ Council of the EU, "Council Approves the EU Drugs Strategy for 2021 - 2025," https：//www. consilium. europa. eu/en/press/press‐releases/2020/12/18/council‐approves‐the‐eu‐drugs‐strategy‐for‐2021‐2025/.

2025）》旨在确保高水准的健康促进计划，促进社会稳定和安全，并提高禁毒意识。未来五年，欧盟将以该战略为基础，出台具体实施计划。

《欧盟五年禁毒战略（2021~2025）》的内容显示，欧盟及其成员国再次确认将采取以事实为基础，全面、平衡需求和供应，以保护人权为核心的禁毒政策。与此同时，《欧盟五年禁毒战略（2021~2025）》吸取了新冠肺炎疫情危机的教训，将放眼未来，推进相关研究和创新，从而更为有效地应对日益增加的禁毒挑战。该战略主要从三部分内容规划了欧盟未来五年的禁毒策略：一是减少毒品供应，二是减少毒品需求，三是减少毒品相关的危害。

"减少毒品供应"部分从各个方面对非法毒品市场进行了分析，如通过边境管理等司法和执法合作来预防和减少毒品相关的犯罪，尤其是有组织犯罪。较之欧盟前一个禁毒战略（2013~2020），新禁毒战略做了相应强调。这也是欧盟对欧洲日具挑战性的毒情的一种应对。这些挑战体现在：毒品种类多样、缴获量巨大、暴力事件增多、利润高，并出现利用社交平台、手机应用（App）和暗网走私毒品。这些挑战在新冠肺炎疫情暴发后不减反增。

"减少毒品需求"的政策部分包含一系列互相强化的禁毒措施，包括预防、咨询、治疗、康复和重返社会。《欧盟五年禁毒战略（2021~2025）》强调，这些措施需要从当地社会背景和目标群体的情况出发，以科学证据为基础，通过一系列卫生和社会服务来实施。新冠肺炎疫情带来的危机表明继续采取这些行动对于缓解欧洲毒情是极为必要的。

除了这两个方面，《欧盟五年禁毒战略（2021~2025）》还专辟篇幅，讨论如何应对毒品相关的危害。其内容包括预防和减少对毒品使用者和社会产生危害的措施和政策，减少和毒品相关的传染病的暴发和流行情况的发生，防止毒品过量使用及其引发的死亡，以及寻找替代强制性惩罚措施的方法。

为了更好地实施上述政策，《欧盟五年禁毒战略（2021~2025）》还规划了欧盟为缓解毒情将要着力的三个方向：（1）国际合作：增强欧盟和其他国家、地区以及国际组织的合作来实施以人为本和人权导向的毒品政策，同时强化欧盟采取以发展为导向的毒品政策和替代发展措施；（2）研究、创新和前景：为欧盟及其成员国提供必要全面的研究和能力，使其能够以更为灵活且主动的方式应对毒品问题的挑战，以及将来可能出现的其他挑战；（3）协调、管理和实施：确保《欧盟禁毒五年战略（2021～2025）》得到最优实施，包括通过欧洲毒品和成瘾监测中心及欧洲警察局的关键行动、民众团体（的力量），在欧盟和成员国的层面提供充足的资源以实现这一目标。

五　中国政府宣布全面列管合成大麻素

2021年5月11日，公安部、国家卫生健康委员会和国家药品监督管理局联合发布公告，决定正式列管合成大麻素类新精神活性物质，并新增列管氟胺酮等18种新精神活性物质。公告自2021年7月1日起施行。我国成为全球第一个对合成大麻素类物质进行列管的国家。[①] 这也是我国自2021年5月将α-苯乙酰乙酸甲酯等6种物质列入易制毒化学品品种目录之后严厉禁毒的一个重要举措，是继整类列管芬太尼类物质后的又一次监管创新实践，对遏制合成大麻素类物质等新型毒品犯罪具有重要意义。

合成大麻素一般被称为"草本兴奋剂"，具有类似天然大麻素作用的人工合成物质，属于新精神活性物质第三代毒品。合成大麻素吸食以后能产生比天然大麻更为强烈的快感，这导致合成大麻素快速蔓延，已成为新精神活性物质中涵盖物质种类最多、滥用也最为严重的毒品类别。自2009年以来，各国相继出台政策管制合成大麻素类物质的滥用。对于新精神活性物质，我国一直保持高压态势，在立法和司法上均采取了严厉的打击策略。2020年12月30日，国家禁毒办组织召开列管合成大麻素类物质等新精神活性物质专家论证会，对合成大麻素类物质及18种新精神活性物质的成瘾性、危害

[①]　罗沙、熊丰：《中国成全球首个整类列管合成大麻素国家》，《光明网》，2021年5月12日，https://m.gmw.cn/baijia/2021-05/12/1302287819.html。

性和滥用情况进行了评估论证。会议认为，可采取我国独创的整类列管方式，在现有列管合成大麻类物质的基础上，将合成大麻素类物质及其他相关重点新精神活性物质列入《非药用类麻醉药品和精神药品管制品种增补目录》进行列管。此次我国政府宣布全面列管合成大麻素，是在实证基础上的科学决策，将有利于新时期禁毒事业的开展。

六 联合国大会世界毒品问题特别会议（UNGASS）五周年

2016年4月，联合国大会召开世界毒品问题特别会议（UNGASS），这也是联合国大会第三次召开世界毒品问题特别会议。1990年2月，联合国召开了第一次世界毒品问题特别会议，因为20世纪80年代全球毒情显著恶化，联合国认为有必要重申国际禁毒目标，更好地落实国际禁毒体系。大会以"国际合作取缔麻醉药品和精神活性药物的非法生产、供应、需求、贩运和分销问题"为主题，宣布1991~2000年为"联合国禁毒十年"，通过了《政治宣言》和《全球行动纲领》两个成果文件。联合国大会第一次世界毒品问题特别会议主张各缔约国采取强硬措施禁绝非法麻醉药品需求，消灭毒品非法生产、贩卖、运输和走私。然而，第一次世界毒品问题特别会议的满满信心并未转化为可喜的国际禁毒成绩，"联合国禁毒十年"取得的成就也很有限。①

在此背景下，联合国于1998年6月召开了第二次世界毒品问题特别会议，对全球禁毒政策的改革起了导向性的作用。其背景是国际社会在联合国的主导下已经实行了约六十年的以控制供应为解决途径的毒品政策，而全球愈加恶化的毒情证明这一路径并不能有效解决毒品问题。1998年联合国召开的世界毒品问题特别会议，强调有必要改革以供应维度为核心的国际禁毒

---

① 袁家韵：《国际毒品政策变革：以三次毒品问题特别联大为视角》，《北京警察学院学报》2017年第4期，第48~55页。

体系。以联合国大会的形式讨论国际毒品政策，可以扩大国际禁毒体系改革影响的范围。联合国麻醉品委员会只有53个成员国，采取联大的方式则可以让联合国近两百个成员国都参与到国际禁毒政策的改革中。2016年的世界毒品问题特别会议形成了一份呼吁各国进行禁毒政策改革的文件，题为《2016年联合国大会世界毒品问题特别会议成果文件：我们对有效处理和应对世界毒品问题的共同承诺》，包含七个主题的百余条倡议。七个主题分别是：（1）减少需求；（2）确保仅为医疗和科研目的提供管制药物，同时防止其转移；（3）减少供应；（4）通过与刑事司法程序和司法部门有关的法律保障解决跨领域问题（如毒品与人权、青年、儿童、妇女和社区）；（5）根据三项国际禁毒公约和其他相关国际文书处理和应对世界毒品问题中的跨领域问题；（6）根据共同和分担责任原则加强国际合作；（7）采取以发展为导向的禁毒政策，平衡区域内、区域间和国际合作，并处理相关的社会经济问题。

2021年4月，是联合国世界毒品问题第三次特别联大召开五周年。联合国毒品和犯罪问题办公室召开专家会议，评估了2016年特别联大的倡议在过去五年的实行效果。与会专家认为，过去五年的成就包括：（1）联合国在讨论毒品问题时更多地关照到它与人权、卫生、性别和发展等问题的关系；（2）南非等国和美国的几个州采取了更多的去刑事化政策；（3）更多的国家实施了药用大麻方案（去年12月联合国毒品和犯罪问题办公室降低了大麻的列管级别）；（4）更多的撒哈拉以南非洲国家施行了减少伤害政策（Harm Reduction）。但是，与会专家也认为有些方面的进展并不尽如人意，表现在：一是近五十亿人口仍然无法获得必需的止痛药品；二是世界近85%的国家仍然采取刑事化的政策处理吸毒人群，这一过程中对吸毒者的污名和歧视成为推行减少伤害和治疗服务的障碍；三是各国减少伤害服务在过去五年内取得的进步很小，有些国家甚至取消了原本存在的这一政策，如巴西和菲律宾；四是这一情况的结果是有更多的吸毒者涉毒身亡，而且非暴力涉毒犯罪者仍被投入拥挤的监狱；五是女性群体受这些政策的影响尤为明显，全球女性囚犯中约35%为涉毒罪犯；六是种族歧视依然存在，例如，美国黑人占总人口的13%，但是涉毒罪犯中黑人占比为40%；七是不管在国家层面还是国际层面，民间组织的生存空间都继续被压缩。① 落实 2016 年联合国大会世界毒品问题特别会议的倡议，全面改革现行国际禁毒政策，仍任重道远。

七　非洲毒情堪忧或将进一步恶化

据《2021 年世界毒品问题报告》，非洲毒情堪忧，大麻和可卡因等传统毒品以及新精神活性物质在非洲的滥用都有所扩散。② 2010~2014 年，除非洲之外的世界其他地区，大麻使用者是成瘾治疗的主要对象。可是从 2014 年到 2019 年，非洲也出现了类似的情况。这一时期，非洲有半数接受治疗的成瘾者是大麻成瘾。2009~2012 年，非洲国家没有关于缴获新精神活性物质的报告，但是 2016~2019 年，已经有四个国家（埃及、肯尼亚、毛里求斯和南非）在其国内发现并缴获了新精神活性物质。③ 2015~2019 年，非洲国家缴获的新精神活性物质数量从不到 1 千克猛增到 828 千克。④ 曲马多等阿片类物质的滥用也成为西非和北非国家主要担心的问题之一。⑤ 早在 2018 年，非洲联盟的报告既已显示，大麻滥用在非洲颇为普遍。与此同时，可卡因、海洛因、曲马多、安非他命类兴奋剂和新精神活性物质的使用也呈上升态势。其中，海洛因注射在东非和南非一些国家逐渐增多。在注射毒品的人群中，尤其是女性和年轻群体中，艾滋病和肝炎的传染率比较高。鉴于非洲严峻的毒情，非洲联盟提出了《非洲 2019~2023 禁毒

---

① "Side Event：Celebrating the Five-year Anniversary of the UNGASS：Progress Made, Ongoing Challenges," http：//cndblog.org/2021/04/side-event-celebrating-the-five-year-anniversary-of-the-ungass-progress-made-ongoing-challenges/.

② United Nations Office on Drugs and Crime, *World Drug Report 2021*, *Part 2*, *Overview Drug Demand and Drug Supply*, Vienna：United Nations, 2021, p. 24.

③ United Nations Office on Drugs and Crime, *World Drug Report 2021*, *Part 2*, *Overview Drug Demand and Drug Supply*, Vienna：United Nations, 2021, p. 58.

④ United Nations Office on Drugs and Crime, *World Drug Report 2021*, *Part 2*, *Overview Drug Demand and Drug Supply*, Vienna：United Nations, 2021, p. 58.

⑤ United Nations Office on Drugs and Crime, *World Drug Report 2021*, *Part 2*, *Overview Drug Demand and Drug Supply*, Vienna：United Nations, 2021, p. 22.

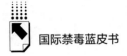

和犯罪预防行动计划》。该计划的整体目标是通过应对毒品走私和各种形式的毒品滥用，预防毒品使用，来提高非洲人民的卫生、安全和社会经济水平。①

《2021年世界毒品问题报告》不仅描述了非洲毒情严峻的现状，还对非洲未来十年的毒情做了预测，到2030年，全球的毒品使用或将增加11%，而非洲则增加40%。这一情况的影响因素包括以下几个方面。第一，非洲人口比较年轻，而年轻人吸毒率高于较年长人群。此外，非洲的人口增速预计高于其他区域，如果现有总人口中毒品使用比率不变，非洲毒品使用人数会因总人数的增加而增加。第二，整体上看，世界各国城市中的毒品使用比在乡村地区更为普遍，而接下来的十年内非洲的城市化进程预计会比较迅速。这也将拉动毒品使用的总人数。第三，人口性别比例也将是一个影响因素。目前整体上看，发达国家人口的男女人数差额小于中低收入国家。在下一个十年内，预计非洲人口中男女人数差额会逐渐缩小，如果现有女性吸毒人口比率不变，女性吸毒者人数的上升或将影响非洲吸毒者总数。②

不过，《2021年世界毒品问题报告》认为，如果措施得当，非洲吸毒人数可能激增的情况仍然是可以避免的。值得采取的措施包括：大规模卫生投资以及扩大循证预防方案，特别是扩大那些侧重家庭技能、学校的生活技能传授和社区一级年轻人参与的方案；高质量的药物和社会心理服务；向吸毒人员提供重新融入社会计划，包括提供继续教育、职业技能发展和就业支持；家庭治疗等循证服务以罹患吸毒病症的年轻人为对象；为狱中和封闭环境中的吸毒人员提供全面的艾滋病毒预防、治疗和护理服务。此外，非洲毒品市场持续变动，因此需要定期监测当地的毒品形势。有关吸毒及其危害以

---

① "African Union Plan of Action on Drug Control and Crime Prevention (2019-2023)," https://idpc.net/publications/2020/08/african-union-plan-of-action-on-drug-control-and-crime-prevention-2019-2023.

② United Nations Office on Drugs and Crime, *World Drug Report 2021, Part 2, Overview Drug Demand and Drug Supply*, Vienna: United Nations, 2021, p. 13.

及供应和市场指标的数据仍然有限。各国需要进行大规模动员，以便帮助各国确定和应用具体有效成本效益的创新性监测和评估系统。这将使各国能够编制和使用毒品供需相关数据，并确保国家机关掌握所需的信息，以便查明正在形成的趋势，从而防微杜渐。强有力的伙伴关系也将发挥关键作用，支持非洲防止预计出现的吸毒人数增多及其可能对健康和安全产生的负面影响。非洲会员国可以与联合国伙伴紧密合作，发挥联合国发展系统改革所提升的效率，通过联合国联合方案开展更多工作。①

八　阿富汗塔利班政权宣布禁绝罂粟种植

2021 年 8 月，阿富汗塔利班攻下喀布尔，夺取政权宣布将在阿富汗禁绝罂粟种植。近年阿富汗的毒品问题颇为严重，除了多年的鸦片种植问题，安非他命等毒品的生产也日益扩大。据《2021 年世界毒品问题报告》，阿富汗 2020 年的罂粟种植面积比 2019 年增加了 40%，占 2020 年全球罂粟种植总面积的 85%。2015 年，伊朗缴获的安非他命中阿富汗生产的占比为 10%，但是到 2019 年这一数值迅速攀升至 90%。② 2020 年，欧洲毒品和毒瘾监测中心的相关研究也表明阿富汗已经成为麻黄碱和安非他命生产国和供应国。③ 严重的毒情对阿富汗的社会和经济造成了巨大破坏，世界毒品产地的名声也不利于新政权获得国际支持和投资以重建经济。此外，获得政权不久的塔利班也希望借此获得新的国际形象。

此次宣布禁绝罂粟种植并非塔利班政权首次对毒品宣战。1994 年底至 1995 年初，塔利班从其发源地坎大哈西部地区迁移到赫尔曼德河谷地带，后者是当时阿富汗主要的罂粟种植区域。迁移后的塔利班政权实行了严格的

---

① United Nations Office on Drugs and Crime, *World Drug Report 2021*, *Part 1*, *Executive Summary*, Vienna：United Nations，2021，p. 26.

② United Nations Office on Drugs and Crime, *World Drug Report 2021*, *Part 1 Executive Summary Policy Implications*, Vienna：United Nations，2021，p. 40.

③ EU4MD Special Report, *Emerging Evidence of Afghanistan's Role as A Producer and Supplier of Ephedrine and Methamphetamine*, Luxembourg：Publications of the European Union，2020.

毒品管制政策，当年，塔利班控制的区域内罂粟种植减少了一半。除了严禁鸦片种植，塔里班政权对大麻成瘾者也采取了极为严厉的强制戒毒措施。但是这些政策只是短暂实行，到1996年，塔利班已经取消了鸦片种植禁令，并征税10%，禁止种植大麻、使用鸦片类毒品和生产海路因。到20世纪90年代末期，塔利班政权还开始对海洛因加工厂征税，并对农民种植罂粟大加扶持。在这些政策的影响下，阿富汗的罂粟产量连年增长，到1999年高达4600吨。1999年，塔利班再颁禁令，禁止罂粟种植，引起了随后两年内阿富汗鸦片产量的下降和价格的上涨。一方面禁种鸦片，另一方面却对罂粟和鸦片的运售听之任之。有研究者认为塔利班此举是为抬高阿富汗所产鸦片和海洛因的价格。禁种罂粟对农民的打击颇大，到2001年夏季，虽然禁种政策仍在，部分阿富汗农民已经开始铤而走险，复种罂粟了。到9月，塔利班政权又解除了禁种令。有研究者认为这和9·11事件后美国发动反恐战争有关。塔利班政权为获得经费，又重走种植罂粟生产鸦片换取物质的老路。2002年，美国推翻了塔利班政权，转入游击战和流亡政府的塔利班政权，毒品经济成为其收入的主要来源之一。

此次塔利班重掌政权，并再次宣布禁绝鸦片，是否能收其效，目前尚难以预料，其困难和挑战也显而易见。塔利班夺取政权后，国际货币组织和世界银行等机构之前提供给阿富汗的援助也宣告停止，新政权面临巨大的经济压力。塔利班稳定政权恢复经济的任务仍颇为艰难。

九　上海大学国际禁毒政策研究中心成立

2021年5月9日，由国家禁毒委员会办公室批准设立，国家禁毒委员会办公室、上海市禁毒委员会、上海大学合作共建的国际禁毒政策研究中心揭牌仪式在上海大学举行。① 上海市副市长、市公安局党委书记、局长舒

---

① 《"国际禁毒政策研究中心"在沪揭牌》，《中国禁毒网》，2021年5月10日，http://www.nncc626.com/2021-05/10/c_1211149061.htm。

庆，国家禁毒办常务副主任、公安部禁毒局局长梁云，中共上海市委政法委常务副书记、市禁毒委副主任李余涛，国家禁毒办副主任于海斌，上海大学党委书记成旦红，上海市教委总督学、市禁毒委副主任平辉，上海市禁毒办主任王石平，上海市公安局副局长周海健等100余位来自全国各地的嘉宾学者出席了会议。同时，来自美国、英国、加拿大、奥地利、瑞士、荷兰、波兰、南非、中国台湾、中国澳门等地30余家国际学术组织、研究机构和高校的专家学者发来祝贺视频和贺信，向新中心的揭牌暨国际禁毒研讨会论文征集活动的启动表示祝贺。

国际禁毒政策研究中心的前身是成立于2010年的戴维·马斯托禁毒政策研究中心，以中心首任荣誉主任、已故的美国毒品政策专家、耶鲁大学医学院戴维·马斯托教授的名字命名。中心现为国家禁毒委员会办公室、上海市禁毒委员会、上海大学共建的禁毒政策研究高端智库，是首批中国智库索引来源库（CTTI）平台，上海市禁毒委员会——上海大学共建协同创新战略合作平台，上海市自强社会服务总社理事长单位，"上海市人民政府发展研究中心——上海大学'文化繁荣与社会发展决策咨询研究基地'"的重要成员单位。中心始终致力于禁毒领域的理论研究和科学实践，努力为国家毒品治理体系和治理能力现代化提供理论支撑和决策参考。中心得到了来自中国教育部、全国哲学社会科学工作办公室、上海禁毒委员会办公室、上海大学以及英国惠康基金会（Wellcome Trust）、英国艺术与人文研究理事会（AHRC）等机构的项目资助和支持。

自2010年至今，中心积极拓展国际合作渠道，与英国格拉斯哥医疗社会史研究中心（CSHHH）、英国约克大学全球史研究中心（CGHH）、伦敦卫生与热带病学院公共卫生史研究中心（LSHTM）、伦敦政治经济学院、耶鲁大学、布鲁金斯学会、澳门大学、肯塔基大学、佛罗里达大学、北佛罗里达大学以及惠康基金会、国际酒精和毒品史学会（ADHS）、亚洲药物滥用研究学会（AASAR）等高校或研究机构通过召开国际会议、工作坊、学术讲座和学术报告等形式开展广泛的交流与合作。2014年，中心先后与思克莱德大学、曼彻斯特大学、约克大学联合设立交换生、双硕士、博士学位项

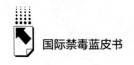

目。2016 年起，近 30 名硕、博士生受惠康基金会的资助赴英国学习。

作为学术平台，中心建设和发展得到各级领导的关心和支持，受到社会各界的关爱和帮助，相关学术成果得到全社会的广泛关注。研究成果多次刊于人民网、光明网、《解放日报》、中国新闻网、《中国禁毒报》、澎湃新闻、凤凰卫视、《中国日报》、《华盛顿邮报》等媒体，产生良好的社会影响。国家禁毒委员会办公室批准在上海大学共建国际禁毒政策研究中心，是国家禁毒办和地方政府、高校共建的国家级禁毒领域的高端智库和基地，这既是对上海大学长期聚焦学术前沿、积极服务国家战略和地方经济社会发展需求的褒奖和肯定，也是对上海大学禁毒理论和实践研究团队的认可和鼓励。

十 多项国际禁毒公约的周年纪念年

2021 年是国际禁毒体系重要的周年纪念年，它是《1931 年限制制造及调节分配麻醉品公约》签署九十周年、《1961 年麻醉品单一公约》签署六十周年和《1971 年精神药物公约》签署五十周年。1909 年上海万国禁烟会揭开了国际合作禁毒的序幕，两年后召开的海牙国际鸦片会议使上海万国禁烟会的协议条约化。第一次世界大战战后和约的签署，使国际联盟承续了原本属于荷兰政府监督实施的 1912 年《海牙国际鸦片公约》的责任。1931 年，国际联盟召开大会并缔结了《限制制造及调节分配麻醉品公约》。第二次世界大战后，联合国接续了国际联盟监督国际禁毒体系的责任，并于 1961 年缔结《麻醉品单一公约》，于 1971 年缔结《精神药物公约》。这三个公约和其他国际禁毒公约一起构成了 20 世纪国际禁毒体系的重要支柱。

国际联盟 1931 年《限制制造及调节分配麻醉品公约》的主要内容是由缔约国建立一个全球麻醉品配额机制，各缔约国把预计的麻醉品需求量报给国际联盟常设中央鸦片局（中央鸦片常设委员会）（PCOB），然后由常设中央鸦片局决定各国可以生产的麻醉品数量。联合国《1961 年麻醉品单一公约》的缔结，主要目的是在巩固既有国际毒品管制体系的同时，把 1931～1961 年内出现的美沙酮等一系列新鸦片类物质列入国际管制。在此之前的国际禁毒条约已经把鸦片和古柯及其衍生物吗啡、海洛因和可卡因纳入管制，《1961 年麻醉品单一公约》将管制扩展到更多的毒品。此外，该条约规定联合国将成立国际麻醉品管制局（INCB）负责麻醉品的生产和贸易，将建立毒品和犯罪问题办公室（UNODC）以确保各缔约国履行职责。联合国《1971 年精神药物公约》的缔结目的在于把《1961 年麻醉品单一公约》未包含的一些拟精神药物（Psychotropic），如安非他命类兴奋剂和巴比妥盐类，纳入国际管制。此外，该公约关于打击麻醉品非法走私的条款构成了联合国 1988 年《禁止非法贩运麻醉药品和精神药物公约》的基础。

百余年来，国际禁毒取得了一系列重要成果，包括在国际联盟和联合国框架内缔结和实施国际禁毒公约，以及添设国际麻醉品管制局等国际禁毒常设机构。但是当前全球毒情形势依然严峻，毒品问题治理面临诸多挑战。联合国《2021 年世界毒品问题报告》显示，各国政府的禁毒预算在过去二十年内整体上呈持续下滑状态，参与联合禁毒行动的国家减少。[①] 自 2020 年初开始的新冠肺炎疫情，也给国际禁毒工作的开展带来很多挑战。国际合作禁毒仍任重道远。

---

① United Nations Office on Drugs and Crime, *World Drug Report 2020*, *Part 1 Executive Summary Impact of Covid-19*, Vienna: United Nations, 2020, p. 20.

国 别 研 究

Regional Reports

B.3

中国易制毒化学品管制法治
体系的演进和构建[*]

褚宸舸 安 东[**]

摘　要： 中国易制毒化学品管制法治发端于《联合国禁止非法贩运麻醉
药品和精神药品公约》制定之前，其刑事法律规范经历了从
《关于禁毒的决定》到97《刑法》的过程并初步定型，行政法
律规范以部门规章、地方性法规、地方政府规章为主，重视进出
口环节，加强对麻黄素管制。1999~2013年，中国通过专项行动
进行重点整治，建立多部门、跨区域协作的机制，建设全国易制
毒化学品信息管理系统，参与国际统一行动并履行国际义务。以
《禁毒法》《刑法》为基础，《易制毒化学品管理条例》为核心，
部门规章和其他规范性文件为主体，"两高"司法解释和司法政

---

   * 本文为国家社会科学基金重大项目《国家毒品问题治理的实践困境与模式创新研究》（编号：
　20&ZD196）的阶段性成果。
　** 褚宸舸，法学博士，西北政法大学行政法学院教授、博士生导师，枫桥经验与社会治理研究
　院执行院长；安东，西北政法大学硕士研究生，枫桥经验与社会治理研究院研究助理。

策、地方的规范性文件和国际条约为补充的法律规范体系基本形成，同时也形塑了"易制毒化学品"和"制毒物品"并用的概念体系。2014 年至今，以"全要素监管制毒物品"为核心，建立"4·14"打击制毒专案工作机制、人民法院统一司法适用的标准，弥补相关工作漏洞。中国不断修改立法：新增罪名、增列种类、创设新制度。未来在推进社会法治和市域社会治理现代化的背景下，应当加强"自治"与"智治"，提升对易制毒化学品的管制效能。

关键词： 中国　易制毒化学品　制毒物品　法治体系

易制毒化学品管制处于禁毒工作源头性、基础性位置。经过三十余年的探索，国家禁毒委提出"全要素监管制毒物品"的策略，并逐渐形成完备的易制毒化学品管制法治体系和行之有效的管制措施。本文聚焦我国的管制易制毒化学品的政策、立法与相关规范性文件，归纳总结实践经验，为未来相关政策和立法的完善提出建议。

一　中国易制毒化学品管制法治的发轫
（1988~1998）

（一）改革开放以后中国易制毒化学品管制法治的发端

1982 年 7 月 16 日中共中央、国务院出台的《关于禁绝鸦片烟毒问题的紧急指示》与 1981 年 8 月 27 日国务院出台的《关于重申严禁鸦片烟毒的通知》均将禁止毒品生产环节的重点放在铲除罂粟等"禁种"领域。1991 年 6 月 25 日，改革开放后的首次全国禁毒工作会议在北京召开。会议提出"三禁并举（禁吸、禁贩、禁种）、堵源截流、严格执法、标本兼治"的禁毒方针。"三禁并举"虽然未涵盖易制毒化学品管制，但是该方针所确立的打击毒品供给的禁毒思路为日后易制毒化学品管制奠定了政策基础。在"打击"成为禁毒政策关键词的时代，以刑事为主、行政为辅的中国易制毒化学品管制法治模式逐渐形成。

1988年12月20日，联合国通过并开放给各国签字、批准和加入的《联合国禁止非法贩运麻醉药品和精神药品公约》（以下简称"八八公约"）于1990年11月11日正式生效。"八八公约"认为有必要采取措施，监测某些用于制造麻醉药品和精神药物的物质，包括前体、化学品和溶剂。因为这些物质的方便获取，已导致更为大量地秘密制造此类药品和药物，故"八八公约"将醋酸酐、乙醚等22种化学品列入管制目录。[①]

为防止化学品出口后流入制毒渠道，我国对易制毒化学品的管制最初是从打击走私出口开始的。1988年10月，由卫生部、对外经济贸易部、公安部、海关总署联合下发《关于对三种特殊化学品实行出口准许证管理的通知》，对醋酸酐、乙醚、三氯甲烷三种特殊化学品实行出口准许证管理。该《通知》用"特殊化学品"来指称"制备'海洛因'等毒品的重要原料"。《通知》早于"八八公约"，不但是中国积极承担国际义务的体现，而且是中国易制毒化学品管制法治的开端。[②]

1991年之后，中国逐渐加大对走私易制毒化学品的打击力度。1991~1998

①　"八八公约"第12条规定："缔约国应采取其认为适当的措施，防止表一和表二所列物质被挪用于非法制造麻醉药品或精神药物，并应为此目的相互合作。"第13条规定："缔约国应采取其认为适当的措施，防止为非法生产或制造麻醉药品和精神药物而买卖和挪用材料和设备，并应为此目的进行合作。"公约在附表中最初列管12种易制毒化学品，1992年联合国通过决议列增10种易制毒化学品，使列管易制毒化学品增加到22种。2001年11月，甲麻黄碱增列，目前公约列管的易制毒化学品共计23种。中国作为公约缔约国将上述种类同时作为国内法管制对象。

②　该《通知》"前言"规定，"醋酸酐、乙醚和三氯甲烷既是化工生产和医药用的原料，又是制备'海洛因'等毒品的重要原料。据反映，近年来我国按合法贸易渠道出口的一些上述产品有被国际贩毒集团转入非法用途的迹象。这种情况已引起联合国禁毒机构和一些国家的关注。将于今年11月签署的联合国禁毒新公约（"八八公约"——引者注）中，已将这3种化学品列入国际管制。为此，必须醋酸酐、乙醚和三氯甲烷3种化学品的出口加强管理，实行出口准许。""罚则"第4条规定："对于违反上述规定擅自出口和有走私违法行为的，由海关按《中华人民共和国海关法》和《中华人民共和国海关法行政处罚实施细则》处理。对触犯刑律的由公安部门查处并移交司法部门依法追究刑事责任。"

年中国共缴获企图走私出境的易制毒化学品 1267.5 吨，其中 1991~1995 年缴
获走私出境的易制毒化学品稳定在较低数量级。1997 年经国家禁毒委统一部
署，全国范围内开展禁毒专项斗争。在禁毒专项斗争和 97《刑法》的共同推动
下，当年缴获企图走私出境的易制毒化学品数量达到该时期的高峰（见图 1）。

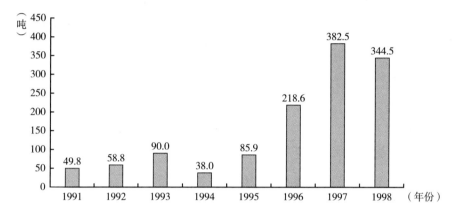

图 1　中国缴获的企图走私出境的易制毒化学品数量（1991~1998）

资料来源：中国国家禁毒委员会办公室：《1998 年中国禁毒年度报告》，https：//
fxshxy. ynnu. edu. cn/info/1117/4352. htm。

（二）管制易制毒化学品的刑事法律规范

管制易制毒化学品的刑事法律规范经历从无到有、从被单行刑法规定到
被刑法典吸收的过程。

1.《全国人民代表大会常务委员会关于禁毒的决定》将走私用于制造麻
醉药品和精神药品的物品的行为入罪

1990 年 12 月 28 日生效的《全国人民代表大会常务委员会关于禁毒的
决定》（以下简称《决定》）首次将非法携带、运输"用于制造麻醉药品
和精神药品的物品"出入境的行为入罪。将易制毒化学品和毒品分别规制
符合刑法罪责刑相适应原则。《决定》是中国首部关于易制毒化学品管制的
单行刑法，在以下四个方面做了探索性的规定。

第一，将犯罪行为从走私"出口"扩充到"进出口"。第二，将犯罪主

体从个人扩展到单位。第三,《决定》对"用于制造麻醉药品和精神药品的物品"的定义采取"列举+概括"的方式,即先列举醋酸酐、乙醚、三氯甲烷三种典型制毒物品,然后再以概括的方式指明"其他"。这种定义方式明确了醋酸酐、乙醚、三氯甲烷三种物质受刑事规制,但对于其他经常用于制造麻醉药品和精神药品的物质未直接释明品种。第四,该罪以行为人对物品将被他人用于制造毒品缺乏明知为必要条件。如果是明知用于制造毒品仍予以出售的,则视为制造毒品罪的共犯。也就是说,该罪弥补了对破坏国家易制毒化学品对外管制、但非用于制毒目的行为处罚的空白。

2. "制毒物品"这个概念源于最高人民法院出台的司法解释

1994 年 12 月 20 日,最高人民法院发布《关于执行〈全国人民代表大会常务委员会关于禁毒的决定〉的若干问题的解释》首次将"制毒物品"定义为"经常用于制造麻醉药品、精神药品的化学物品"。1997 年 12 月 11 日,最高人民法院《关于执行〈中华人民共和国刑法〉确定罪名的规定》将《刑法》第三百五十条第一款的罪名规定为走私制毒物品罪和非法买卖制毒物品罪,将"制毒物品"概念首次引入刑法典。其实制毒物品这一概念并不准确,因为从语义上将"化学品"解释为"物品",有扩大解释之嫌。但实际上,在司法实践中,还是将制毒物品理解为易制毒化学品。这是因为《决定》《刑法》正文中并没有"制毒物品"这个概念,最高人民法院只是在通过司法解释拟定罪名时确定了"制毒物品"概念。

3. 97《刑法》标志着管制易制毒化学品刑事法律规范的初步定型

经修订后的《刑法》于 1997 年 10 月 1 日起开始实施。相较于《决定》,97《刑法》中关于管控易制毒化学品的规定有以下四个方面的改动。

第一,《刑法》将制毒物品犯罪明确为行政犯罪,即前提是"违反国家规定"。按照刑法第 96 条规定,所谓"违反国家规定",是指"违反全国人民代表大会及其常务委员会制定的法律和决定,国务院制定的行政法规、规定的行政措施、发布的决定和命令。"违反部门规章和地方性法规并不构成此条件。有学者指出,本条的两个行为前均有"非法"两字,同时用"违反国家规定"和"非法"两字,除了给司法实践造成不便,从语法上来看,还犯了同义反复的错误。我国易制毒化学品规定多属部门规章，若按照此标准，很多关于新型制毒物品的规定将不能成为认定构成非法买卖制毒物品罪的法律依据，造成刑法面对新型毒品犯罪无能为力的尴尬处境。所以，建议用"非法"取代"国家规定"，以容纳较低层次法源。[①]

第二，在《决定》对走私制毒物品行为进行处罚基础上，沿用对走私制毒物品进出境行为的规定，《刑法》加入了对制毒物品境内交易环节的规制，将"非法买卖制毒物品"的行为入罪，确立"非法买卖制毒物品罪"，以期加大对境内制毒犯罪的打击力度，遏制制毒犯罪的发展。

第三，《刑法》对制毒物品犯罪构成要件不再有数量上的要求。《决定》认为构成该罪必须"数量较大"，《刑法》则删除了该规定，被认为是立场更趋坚定。2000年6月6日最高人民法院发布的《关于审理毒品案件定罪量刑标准有关问题的解释》和2009年6月23日最高人民法院、最高人民检察院、公安部联合发布的《关于办理制毒物品犯罪案件适用法律若干问题的意见》都规定了构成犯罪要达到一定的"数量标准"。对此，有学者指出《刑法》本条不设制毒物品的数量下限是极不合理的。制毒物品毕竟不是毒品。毒品可以强调"无论数量多少，都应当追究刑事责任"，但对于制毒物品，如果同样如此强调，未免失之过苛。即使不设法定下限，在司法实践中也可以引用《刑法》第13条的"情节显著轻微"来设定事实上的下限，这只会造成标准不一的混乱局面。同时，通过司法解释设定制毒物品数量下限，是逾越权限的。《刑法》条文中根本没有"数量较大"的含义，司法解释就不能凭空给《刑法》条文添加这层含义。立法缺陷应当通过修改立法来弥补，不能采取司法解释的方式来越俎代庖，从而损害立法的权威。[②]

第四，《刑法》对制毒物品的定义从《决定》中"经常用于制造麻醉药品和精神药品的物品"修改为"用于制造毒品的原料、配剂"。在《刑法》中，制毒物品就是指"用于制造毒品的原料、配剂"，并不包括制毒设备。

---

① 郑伟：《毒品罪三疏两议》，法律出版社，2011，第171~173页。
② 郑伟：《毒品罪三疏两议》，法律出版社，2011，第179页。

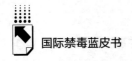

有学者建议，我国可借鉴其他国家或地区，将制毒设备，甚至吸毒器具也纳入制毒物品范畴。[①]

（三）管制易制毒化学品的行政法律规范

1. 以部门规章、地方性法规和地方政府规章为主要法律渊源

对易制毒化学品管制的规范性文件，其制定主体主要是公安部、卫计委、对外经济贸易部、国家中医药管理局、海关总署等国务院行政主管部门，法律位阶较低。除上述部门规章外，云南及部分环滇省份也针对易制毒化学品的生产、运输、经营和使用制定地方性法规与地方政府规章。例如1990 年云南省人民政府发布的《严格管理四种特殊化学品的规定》、1995年 5 月四川省人民政府发布的《可供制毒特殊化学物品管理办法》等。

2. 进出口的管制

1988 年 10 月，《关于对三种特殊化学品实行出口准许证管理的通知》将从事醋酸酐、乙醚和三氯甲烷出口贸易的企业限定为两家：中国化工进出口公司和中国医药保健品进出口公司。1997 年 1 月，原外经贸部发布的《易制毒化学品进出口管理暂行规定》首次确立"易制毒化学品"这个重要概念，用来概括"《公约》（即《联合国禁止非法贩运麻醉药品和精神药品公约》——引者注）中管制的易制毒化学品以及经常或容易用于非法制造麻醉药品及精神药物的物质。"1999 年 12 月，原外经贸部《易制毒化学品进出口管理规定》规定"易制毒化学品"为"可用于制造加工海洛因、冰毒等毒品的原料和化学配剂"，这一定义后被 2005 年的《易制毒化学品管理条例》承继。同时，《易制毒化学品进出口管理规定》还将从事易制毒化学品进出口贸易的经营主体扩大至私营企业，对易制毒化学品进出口的申报程序做出规定。

3. 对麻黄素的管制

尽管 1990 年代我国列管的易制毒化学品有 22 种，但囿于制毒技术，当

---

① 郑伟：《毒品罪三疏两议》，法律出版社，2011，第 167 页。

时制毒犯罪还未能大规模使用苯基丙酮替代麻黄素类化学品生产冰毒，这就使对麻黄素的管制成为重点。针对麻黄素进行管制的部门规章包括《关于加强对甲基安非他命和麻黄素管理的通知》《麻黄素管理规定》等。全国禁毒工作领导小组（国家禁毒委）1995 年 12 月发布的规范性文件《关于进一步加强麻黄素管理的通知》，强化对麻黄素生产、经营与进出口环节进行管理。1998 年 4 月，国务院就麻黄素的管理问题下发《关于进一步加强麻黄素管理的通知》，针对麻黄素的生产、经营、仓储、运输、使用、进出口环节做了详细规定，其内容大都被 2005 年的《易制毒化学品管理条例》吸收。

二 中国易制毒化学品管制法治体系的初步建立（1999~2013）

20 世纪 90 年代中后期，中国合成毒品问题愈发严峻，缴获冰毒的数量屡创新高，1991 年国家缴获冰毒 351 公斤，1999 年缴获冰毒 16 吨。[①] 利用化学方法合成毒品的技术也逐渐成熟。毒情倒逼中国禁毒政策和法治体系做出相关应对。1999 年 8 月全国禁毒工作会议将原先的禁毒工作方针调整为"四禁并举、堵源截流、严格执法、标本兼治"，增加"禁制"，提升了易制毒化学品管制工作在禁毒中的地位，以适应制造合成毒品问题的严峻形势。2004 年 4 月 15 日，中共中央政治局常委会听取全国禁毒工作汇报，会后国家禁毒委员会根据中央领导讲话精神制定《2004~2008 年禁毒工作规划》，把禁毒工作方针调整为"四禁并举、预防为本、严格执法、综合治理"。新增的"预防为本、综合治理"明确了禁毒工作（特别是易制毒化学品管制工作）需秉持前端预防理念，综合运用法律、行政、经济、文化、宣传和教育等手段开展工作。

---

① 资料来源于《1998 年中国禁毒报告》和《1999 年中国禁毒报告》。

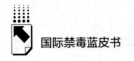

（一）易制毒化学品管制的执法司法实践

1. 通过专项行动进行重点整治

从国家缴获的易制毒化学品数量上来看，2005年之前维持在一个稳定的数量区间。2005年4月14日，国家禁毒委部署在全国范围内开展为期三年的禁毒人民战争。在此背景下，我国通过开展禁毒严管战役对易制毒化学品违法犯罪活动予以严厉打击。故2006年缴获易制毒化学品数量较2005年激增了近十倍。2009年之后，缴获的易制毒化学品数量逐年递增，尤其是2012年的缴获数量超过5000吨。数量的增加一方面说明了中国政府对涉易制毒化学品犯罪加大了打击力度，另一方面也反映出过去易制毒化学品巨大的犯罪黑数（见图2）。

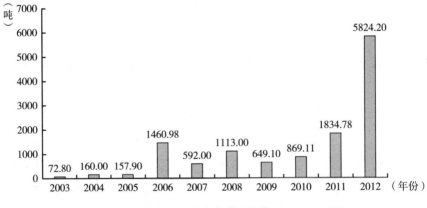

图2　中国缴获的易制毒化学品数量（2003~2012）

资料来源：依据中国国家禁毒委员会办公室发布的2003~2012年《中国禁毒报告》绘制而成，http://www.nncc626.com/index/ndbg.htm。

2. 建立多部门、跨区域协作的机制，建设全国易制毒化学品信息管理系统

第一，多部门协作机制的建立。2004年，由云南省禁毒办牵头，公安、边防、商务、药监等部门首次建立了易制毒化学品管理联席会议制度，成立了易制毒化学品管理联合办公室。至2006年，各省普遍建立了多部门联席会议制度，形成了责任明确的协作管理长效机制。通过各部门

的协作摸清易制毒化学品企业数量、易制毒化学品生产体量及主要流向等基本情况，为管制易制毒化学品提供基础数据。国家禁毒委员会下设易制毒化学品管制工作小组，从 2009 年起，建立易制毒化学品管制工作小组联席会议机制，通过定期、不定期召开联席会议，通报工作进展，发现实践中的问题和阻力，交流经验，商讨对策，分析形势，及时调整工作重点。国家禁毒委相关成员单位组成联合行动小组，定期、不定期开展易制毒化学品专项整治行动。

第二，跨区域协作机制的建立。易制毒化学品管制往往涉及多个地区。为有效解决跨区域管制问题，2003 年公安部在云南省昆明市建立了缉毒联络办公室，初步建立了国内缉毒协作机制。驻滇联络办公室在收集和传递涉毒情报方面卓有建树，阻止了大量易制毒化学品从内地流出到"金三角"地区。

第三，全国易制毒化学品信息管理系统的建设为数据交流提供了技术支持。中国是化工大国，易制毒化学品产业处于高速发展期，2007 年全国易制毒化学品企业有 11 多万家，2012 年增长至 16 多万家。依靠传统的人工监管无法应对易制毒化学品产业生产数量巨大、活动贸易频繁带来的监管难度。江苏、浙江、上海等地先行先试，2007 年左右通过建设易制毒化学品信息系统提高了易制毒化学品的管理效率。2010 年公安部在各省建立易制毒化学品信息系统的基础上建立全国易制毒化学品信息管理系统，以实现全国范围内易制毒化学品数据的交换。易制毒化学品管理信息系统完成对原有各部门管理信息系统（如药监部门的药品管理系统和安监部门的危险化学品管理系统）的对接。各地区、各部门通过数据联结成一体，相关数据资源的整合与分析为研判、破获涉易制毒化学品犯罪提供了新方法。

3. 参与国际统一行动履行国际义务

中国积极参与国际管制易制毒化学品统一行动，履行管制易制毒化学品的国际义务。例如，通过参加国际麻醉品管制局组织的、以向易制毒化学品进口国发出出口前通知书为主要内容的"紫色行动""黄宝石行动""棱柱行动"。发放易制毒化学品出口前通知书与出口前核查的组合实现了对易制毒化学品出口贸易的闭环管理，以防止出口的易制毒化学品通过国际贸易流入制毒渠道。

中国政府持续开展易制毒化学品进出口核查工作，通过出口核查阻止了大量易制毒化学品非法出口，逐渐解决易制毒化学品的境外流失问题。数据显示，2005年之前中国阻止非法出口的易制毒化学品数量长期处于高位。2006年阻止非法出口的易制毒化学品数量较2005年同比下降了82.2%。2006年是中国阻止非法出口易制毒化学品数量骤减的拐点，也是国内缴获易制毒化学品数量激增的拐点。中国通过加大对易制毒化学品犯罪的打击力度，有效降低了易制毒化学品境外流失的风险。自此之后，该项数据长期稳定于一个较低的数量区间（见图3）。

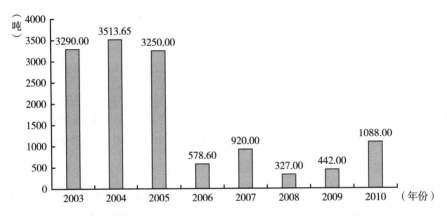

图3　中国阻止非法出口的易制毒化学品数量（2003～2010）

资料来源：依据中国国家禁毒委员会办公室发布的2003～2010年《中国禁毒报告》绘制而成，http://www.nncc626.com/index/ndbg.htm。

（二）易制毒化学品管制法律规范体系的形成

1999年之后，中国在原有的立法基础上继续完善易制毒化学品管制法律规范体系。通过《易制毒化学品管理条例》和《禁毒法》，加大了对易制毒化学品管制力度，出台了大量司法解释与规章，单一分散的部门立法逐步体系化。最终形成以《刑法》《禁毒法》为基础，《易制毒化学品管理条例》为核心，部门规章和其他规范性文件为主体，"两高"司法解释和司法政策、地方的规范性文件和国际条约为补充的易制毒化学品管制法律规范体系。

1. 以《禁毒法》作为法律基础

2008 年 6 月起实施的《禁毒法》作为禁毒领域的重要法律，首次以法律的形式将包括禁制在内的"四禁并举"禁毒工作方针确定下来，并原则规定了中国易制毒化学品管制法律制度的体系，把管制易制毒化学品作为遏制毒品非法供给的预防措施和重要内容之一。

第一，《禁毒法》在结构上将"宣传教育"与"毒品管制"置于总纲之后的第二、三章，且将"四禁"的顺序进行调整，把"禁种、禁制"置于"禁贩、禁吸"之前，从而凸显前端预防工作的重要意义。

第二，《禁毒法》第三章对易制毒化学品管制做出了原则规定（第二十一条至第二十六条）。其中，第二十一、二十二条明确了易制毒化学品生产、经营、运输、进出口等环节的许可制度;① 第二十三条规定了易制毒化学品流失的处置措施;② 第二十四条规定了公安机关查处传授易制毒化学品制造方法行为的职责;③ 第二十五条对国务院制定易制毒化学品管理办法进

---

① 《禁毒法》第二十一条第一款规定："国家对麻醉药品和精神药品实行管制，对麻醉药品和精神药品的实验研究、生产、经营、使用、储存、运输实行许可和查验制度。"第二款规定："国家对易制毒化学品的生产、经营、购买、运输实行许可制度。第三款规定："禁止非法生产、买卖、运输、储存、提供、持有、使用麻醉药品、精神药品和易制毒化学品。"第二十二条规定："国家对麻醉药品、精神药品和易制毒化学品的进口、出口实行许可制度。国务院有关部门应当按照规定的职责，对进口、出口麻醉药品、精神药品和易制毒化学品依法进行管理。禁止走私麻醉药品、精神药品和易制毒化学品。"

② 《禁毒法》第二十三条规定："发生麻醉药品、精神药品和易制毒化学品被盗、被抢、丢失或者其他流入非法渠道的情形，案发单位应当立即采取必要的控制措施，并立即向公安机关报告，同时依照规定向有关主管部门报告。"第二款规定："公安机关接到报告后，或者有证据证明麻醉药品、精神药品和易制毒化学品可能流入非法渠道的，应当及时开展调查，并可以对相关单位采取必要的控制措施。药品监督管理部门、卫生行政部门以及其他有关部门应当配合公安机关开展工作。"

③ 《禁毒法》第二十四条规定："禁止非法传授麻醉药品、精神药品和易制毒化学品的制造方法。公安机关接到举报或者发现非法传授麻醉药品、精神药品和易制毒化学品制造方法的，应当及时依法查处。"

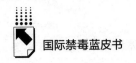

行授权,通过授权行政法规保证相关管理工作的灵活性和及时性;^①第二十六条明确了公安、海关、邮政部门作为易制毒化学品的主管部门,在其职责范围内对易制毒化学品进行管理。^②

2.《易制毒化学品管理条例》确立了四项核心管理制度

国务院制定的《易制毒化学品管理条例》（以下简称《条例》）共8章45条,2005年11月1日施行。《条例》对易制毒化学品的生产、经营、购买、运输、进出口等环节的管理做出规定,明确易制毒化学品的监督检查主体和法律责任,并在附表上载明易制毒化学品的分类和品种。

《条例》确立了以下四项易制毒化学品管理制度。

第一,分类管理制度。中国对易制毒化学品实行的分类管理制度来源于"八八公约"的规定。1999年12月《易制毒化学品进出口管理规定》借鉴了公约的做法。"八八公约"根据其所列管的22种易制毒化学品在制毒过程中的作用不同,将用于制毒的主要原料列入表一,将用于制毒的配剂列入表二。《条例》第2条明确了对易制毒化学品的分类管理制度。^③

相较于"八八公约",《条例》综合考虑易制毒化学品在制毒过程中的作用与易制毒化学品在日常生产生活中应用的广泛程度,将列管的23种易制毒化学品分为三类进行管理:第一类与"八八公约"表一所载易制毒化学品种类基本保持一致,包括麻黄素、黄樟素等13种易制毒化学品,因为其是制造冰毒、"摇头丸"的主要原料,故采取最严格管制;第二类与第三类为制毒的化学配剂,相较之下包含醋酸酐、三氯甲烷、乙醚在内的5种第

---

① 《禁毒法》第二十五条规定:"麻醉药品、精神药品和易制毒化学品管理的具体办法,由国务院规定。"

② 《禁毒法》第二十六条第一款规定:"公安机关根据查缉毒品的需要,可以在边境地区、交通要道、口岸以及飞机场、火车站、长途汽车站、码头对来往人员、物品、货物以及交通工具进行毒品和易制毒化学品检查,民航、铁路、交通部门应当予以配合。"第二款规定:"海关应当依法加强对进出口岸的人员、物品、货物和运输工具的检查,防止走私毒品和易制毒化学品。第三款规定:"邮政企业应当依法加强对邮件的检查,防止邮寄毒品和非法邮寄易制毒化学品。"

③ 《易制毒化学品管理条例》第二条第一款规定:"国家对易制毒化学品的生产、经营、购买、运输和进口、出口实行分类管理和许可制度。"

二类易制毒化学品是更为重要的制毒配剂；第三类6种易制毒化学品，如高锰酸钾、盐酸、硫酸等常见于日常的生产生活之中。

第二，许可和备案制度。许可制度与分类管理制度共同规定在《条例》第2条，备案制度散见于对具体情形的规定中。通过采取许可制度或备案制度，对三类易制毒化学品采取不同强度管理措施。较之于提前审批的行政许可，事后备案制度对易制毒化学品的管制力度较弱。因此《条例》规定对危害性较大的第一类易制毒化学品的全部环节实行许可制度，而对第二、三类易制毒化学品的部分环节使用备案制度，例如对第二、三类易制毒化学品的生产、经营、购买环节使用备案制度。在易制毒化学品流通的各环节中，中国最先对易制毒化学品的进出口环节采取许可制度。1989年1月对醋酸酐、乙醚和三氯甲烷的出口实行许可制度，1993年1月建立了22种易制毒化学品的出口许可制度，1996年6月对上述易制毒化学品实行进口许可管理。为加大对易制毒化学品的管制力度，1999年6月26日，国家药品监督管理局发布《麻黄素管理办法（实行）》规定麻黄素由国家药品监督管理局制定企业定点生产；2000年5月9日公安部发布《麻黄素运输许可证管理规定》对需办理麻黄素运输许可的情形做出了规定。易制毒化学品在经营、运输环节的许可制度通过各部门的规章得以确立。

第三，部门共管制度。《条例》实施之前，易制毒化学品的各流通环节主要以公安部、食品药品监督管理局、国家安全生产监督管理局等相关主管部门制定的零散的部门规章为主要法律规范依据。为贯彻"综合治理"的方针和齐抓共管的精神，《条例》第3条对各个部门管理易制毒化学品的权限予以规定。① 根据易制毒化学品的种类及所处环节不同，由公安、食品药品监督管理、商务、安全生产、海关、工商等部门在其管理权限内对易制毒

---

① 《易制毒化学品管理条例》第三条第一款规定："国务院公安部门、食品药品监督管理部门、安全生产监督管理部门、商务主管部门、卫生主管部门、海关总署、价格主管部门、铁路主管部门、交通主管部门、工商行政管理部门、环境保护主管部门在各自的职责范围内，负责全国的易制毒化学品有关管理工作；县级以上地方各级人民政府有关行政主管部门在各自的职责范围内，负责本行政区域内的易制毒化学品有关管理工作。"

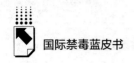

化学品进行监督检查，对违法行为予以查处。

第四，进出口国际核查制度。20 世纪 90 年代中国开始对易制毒化学品进行国际核查。我国通过与进出口易制毒化学品的目标国家进行合作，对易制毒化学品经营者的真实性、资质及易制毒化学品的用途进行核查，并以相互通报核查结果的方式阻止了大量易制毒化学品的流失。《条例》在对易制毒化学品进出口管理进行规定时采纳了国际核查制度，在第 29 条中对核查办法做出了授权性规定。① 商务部会同公安部据此授权，2006 年 9 月颁布《易制毒化学品进出口国际核查管理规定》。该规定明确了国际核查的主体、程序与易制毒化学品经营者违反国际核查规定时所需承担的法律责任，为实际开展国际核查提供了操作依据。同时《条例》授权可对《条例》规定的易制毒化学品以外的品种进行国际核查②，因此《易制毒化学品进出口国际核查管理规定》在附件中列明的需进行国际核查的易制毒化学品为两类33 种。

值得一提的是，由于易制毒化学品具有双重属性，既是制毒原料，又是重要的工业原材料。为保障企业和个人生产生活的便利，《条例》在严管易制毒化学品的同时也规定了一些便民利民的措施。例如，个人可使用现金购买部分易制毒化学品，无须备案即可购买少量高锰酸钾，承运人为教学科研需要运输少量麻黄素无须申请运输易制毒化学品许可等。

3. 以部门规章和其他规范性文件为主体

《条例》实施后，各易制毒化学品主管部门通过制定大量部门规章对《条例》规定予以细化以具体指导易制毒化学品各环节的管控实践。例如，2006 年 9 月商务部会同公安部根据《条例》第 29 条制定《易制毒化学品进

---

① 《易制毒化学品管理条例》第二十九条第一款规定："国家对易制毒化学品的进口、出口实行国际核查制度。易制毒化学品国际核查目录及核查的具体办法，由国务院商务主管部门会同国务院公安部门规定、公布。"

② 《易制毒化学品管理条例》第二十九条第三款规定："对向毒品制造、贩运情形严重的国家或者地区出口易制毒化学品以及本条例规定品种以外的化学品的，可以在国际核查措施以外实施其他管制措施，具体办法由国务院商务主管部门会同国务院公安部门、海关总署等有关部门规定、公布。"

出口国际核查管理规定》，加强对易制毒化学品进出口环节的管控①；2006年8月22日公安部公布《易制毒化学品购销和运输管理办法》详细规定不同种类易制毒化学品销售、购买和运输规则；2006年4月15日起施行的《非药品类易制毒化学品生产、经营许可办法》和2010年5月1日起施行的《药品类易制毒化学品管理办法》分别对安全生产监督管理部门和卫生部门日常监督管理易制毒化学品提出了具体操作要求。

国务院各主管部门还出台部门规章对毒情的变化进行回应。2010年9月21日，公安部、工业和信息化部等部门联合发布《关于加强互联网易制毒化学品销售信息管理的公告》，设定网络发布易制毒化学品销售信息的准入制度。② 鉴于大量羟亚胺用于制造氯胺酮，2008年7月8日，公安部、商务部、卫生部等部门发布《关于将羟亚胺列入〈易制毒化学品管理条例〉的公告》，将羟亚胺列为第一类易制毒化学品予以管控。

国务院各主管部门发布的规范性文件也规定了一些具有前瞻性的内容。例如，2009年6月公安部等六部委联合制定的《关于进一步加强易制毒化学品管制工作的指导意见》规定了等级化管理制度，通过对易制毒化学品企业进行评级，对长期守法的企业在办理证明等方面予以便利，对有违法经历的企业加强监督检查。《意见》对易制毒化学品企业进行等级化管理的思路对目前易制毒化学品管制工作仍有重要价值。

4．"两高"司法解释和司法政策作为司法审判依据或参考

最高人民法院、最高人民检察院的司法解释和司法政策文件主要有两类。

第一，规范制毒物品犯罪的认定和量刑标准。例如，2000年最高人民法院出台的《关于审理毒品案件定罪量刑标准有关问题的解释》对走私、

---

① 《规定》中需要国际核查的33种易制毒化学品与《条例》确定的目录范围有所不同。
② 《公告》第一条规定："严格互联网易制毒化学品销售信息发布的准入制度。任何单位在互联网上发布非药品类易制毒化学品销售信息，应当具有工商营业执照、非药品类易制毒化学品生产、经营许可证或备案证明等资质材料；禁止个人在互联网上发布非药品类易制毒化学品销售信息；禁止任何单位和个人在互联网上发布药品类易制毒化学品销售信息。"

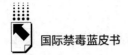

非法买卖制毒物品的入罪数量门槛进行规定，统一裁判标准。① 2009 年最高人民法院、最高人民检察院、公安部联合发布的《关于办理制毒物品犯罪案件适用法律若干问题的意见》采用引证罪状的方式规定制毒物品的种类为《易制毒化学品管理条例》中列举的三类易制毒化学品②；列举了非法买卖制毒物品的行为，为审判提供依据。③

第二，对制毒物品犯罪中化学品的种类的解释。例如，2012 年最高人民法院、最高人民检察院和公安部联合发布的《关于办理走私、非法买卖麻黄碱类复方制剂等刑事案件适用法律若干问题的意见》中将麻黄碱类复方制剂纳入制毒物品的范畴中。

5. 地方的规范性文件进行的制度创新

部分地区出台规范性文件对易制毒化学品管制工作进行详细规定。1998年云南省制定的《易制毒特殊化学品管制工作考核暂行办法》对易制毒化学品主管部门在组织、管理、打击等方面的工作设立了详细的考核标准。浙江省温州市公安局 2009 年 6 月制定的《易制毒化学品管理工作规范（试行）》着重规定易制毒化学品生产企业台账管理与信息系统维护，通过保留原始资料，建立查询易制毒化学品流向的信息基础。

---

① 《解释》第四条规定："违反国家规定，非法运输、携带进出境或在境内非法买卖醋酸酐、乙醚、三氯甲烷或者其他用于制造毒品的原料或者配剂达到下列数量标准的，依照刑法第三百五十条第一款的规定定罪处罚：（一）麻黄碱、伪麻黄碱及其盐类和单方制剂五千克以上不满五十千克；麻黄浸膏、麻黄浸膏粉一百千克以上不满一千千克；（二）醋酸酐、三氯甲烷二百千克以上不满二千千克；（三）乙醚四百千克以上不满三千千克；（四）上述原料或者配剂以外其他相当数量的用于制造毒品的原料或者配剂。"

② 《意见》第一条第（一）项规定："本意见中的'制毒物品'，是指刑法第三百五十条第一款规定的醋酸酐、乙醚、三氯甲烷或者其他用于制造毒品的原料或者配剂，具体品种范围按照国家关于易制毒化学品管理的规定确定。"

③ 《意见》第一条第（二）项规定："违反国家规定，实施下列行为之一的，认定为刑法第三百五十条规定的非法买卖制毒物品行为：未经许可或者备案，擅自购买、销售易制毒化学品的；超出许可证明或者备案证明的品种、数量范围购买、销售易制毒化学品的；使用他人的或者伪造、变造、失效的许可证明或者备案证明购买、销售易制毒化学品的；经营单位违反规定，向无购买许可证明、备案证明的单位个人销售易制毒化学品的，或者明知购买者使用他人的或者伪造、变造、失效的购买许可证明、备案证明，仍向其销售易制毒化学品的；以其他方式非法买卖易制毒化学品的。"

6. 双边多边条约促进相关领域国际禁毒合作

中国与制毒问题严重的国家签署了多份双边和多边合作协议以期加强在易制毒化学品管制领域的合作，并将阻止易制毒化学品流入制毒渠道作为区域国际禁毒合作重点解决的问题，主要包括：2001 年 8 月与"金三角"国家签署的《北京宣言》、2003 年 7 月与泰国、老挝、缅甸和印度签署的《清莱宣言》及 2009 年 1 月与欧盟签署的《中华人民共和国政府与欧洲共同体易制毒化学品管制合作协议》等。

（三）形塑"易制毒化学品"和"制毒物品"并用的话语体系

有学者认为："易制毒化学品"这个名称，同"制毒物品"相比，其高明之处更胜一筹，《刑法》应该吸纳《易制毒化学品管理条例》的成果同步修改。这是因为，首先，"制毒物品"在逻辑上确实包含"非制毒"的可能性，就此而言，"易"字非蛇足，乃系龙睛。从措辞的角度来看，在"制毒物品"前加个"易"还是必要的。其次，从逻辑角度来看，"物品"和"化学品"是种属关系，圈定的范围越小，指代的明确性就越大。"物品"的内涵本应当包括设备、器皿，但根据《刑法》本条的规定实际"物品"范围很小，仅限于"原料或者配剂"而已，用"化学品"一词足够囊括。[1]

也有学者指出，易制毒化学品的列管是个法律行为，法律意义上的易制毒化学品不等同于制毒物品。并不是所有用于制造毒品的化学物质都属于易制毒化学品。[2] 实践中被视作常见制毒物品的麻黄草并非《条例》列管的易制毒化学品。因为麻黄草不能完全归类为化学品。所以，建议用 Precursor chemicals 的直译"制毒前体化学品"这个概念取代易制毒化学品这个概念，从而与刑法称谓的制毒物品对接，动态调整管制目录。出台司

---

① 郑伟：《毒品罪三疏两议》，法律出版社，2011，第 175 页。

② 例如，高锰酸钾是生产毒品海洛因的添加剂，属于制毒过程中具有氧化和漂白作用的化学助剂。氯化铵用于提炼海洛因，属于制毒过程中具有提纯作用的化学配剂。然而，高锰酸钾属于目前受管制 23 种易制毒化学品之一，而氯化铵却并未纳入易制毒化学品的管制范畴。参见聂鹏、张黎、李文君《制毒物品与易制毒化学品：禁毒学两个基本概念辨析》，《北京警察学院学报》2013 年第 6 期，第 48 页。

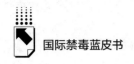

法解释，进一步明确制毒物品的确切含义及其与易制毒化学品的密切关系。①

制毒物品与易制毒化学品均指代用于制造毒品的化学品，其实是对同一对象的两种称谓。有学者指出，"两高一部"《关于办理制毒物品犯罪案件适用法律若干问题的意见》规定："制毒物品是指……，具体品种范围按照国家关于易制毒化学品管理的规定确定。""实际上在刑法层面完成了制毒物品和易制毒化学品两个概念的对接。"②

因为语用不同，我们认为这两个概念又有所细微区别。

第一，两者适用的场合不同。"易制毒化学品"这一概念首先是由国务院组成部门提出的，定型于行政法规，故易制毒化学品用于行政管理和行政法领域。"制毒物品"这一概念最早由最高人民法院提出，用于刑法司法领域。因"物品"的语义外延较"化学品"更宽泛，更易于适应毒情的变化，做出刑事司法应对。

第二，具体依据和外延有差别。首先，易制毒化学品依据《易制毒化学品管理条例》，先指列管的 23 种易制毒化学品，后又经国务院批准新增 12 种易制毒化学品。国务院将易制毒化学品严格限定在制毒原料和配剂的化学品范畴内，具有规范性。制毒物品则依据《刑法》和司法解释。其次，《关于办理制毒物品犯罪案件适用法律若干问题的意见》将制毒物品范围限定于 24 种国家管制的化学品。但是，司法机关在解释制毒物品内容时，有时会突破立法对制毒物品是化学品的定义。例如，"两高一部"2012 年 6 月颁布的司法解释《关于办理走私、非法买卖麻黄碱类复方制剂等刑事案件适用法律若干问题的意见》就将不属于化学品的麻黄碱类复方制剂规定为制毒物品，这实际变相对立法做了扩大解释，并由此造成麻黄碱类复方制剂被认定为制毒物品，而并不属于易制毒化学品，使两者外延存在差异。

---

① 聂鹏、张黎、李文君：《制毒物品与易制毒化学品：禁毒学两个基本概念辨析》，《北京警察学院学报》2013 年第 6 期，第 49~50 页。
② 吴美满、刘琛：《有合成毒品中间体犯罪的定性与规制》，《华东政法大学学报》2018 年第 2 期，第 184 页。

第三，两者在毒品管制中的地位和性质不同。易制毒化学品这个概念强调前端和源头治理。制毒物品这个概念则强调末端惩罚。易制毒化学品和制毒物品两个概念的法律评价不同，前者基本属于中性词，后者则具有强烈的否定性评价色彩。

三　中国易制毒化学品管制法治体系的完善（2014年至今）

2014年中共中央、国务院出台的《关于加强禁毒工作的意见》是目前我国毒品问题治理的纲领性文件，2018年国家禁毒委提出"六全"毒品治理体系。毒品问题治理体系和治理能力的现代化更需要法治保障。按照"全要素监管制毒物品体系"的要求，确立适应具体毒情的易制毒化学品管制政策、完善管制易制毒化学品执法司法实践和易制毒化学品管制法律规范体系。总体来讲，易制毒化学品管制法治体系适应形势需要日臻成熟。

（一）中国当前易制毒化学品管制政策的确立

2014年中共中央、国务院印发《关于加强禁毒工作的意见》，针对中国制毒物品流入制毒渠道屡禁不止的问题，《意见》强调持续加大对易制毒化学品的管制力度。《意见》在对我国禁毒工作做出宏观规划的同时对我国毒情出现的新变化规定了具体细致的应对措施。例如针对我国出现非列管易制毒化学品流入制毒渠道以逃避监管的新毒情，《意见》规定了非列管易制毒化学品临时列管机制，即在紧急情况下加快对非列管易制毒化学品评估论证程序。

将"四种要素"融入"八个环节"监管中，构建对易制毒化学品监管的"四梁八柱"。2018年6月26日，国家禁毒委主任赵克志同志在《人民日报》发表文章，提出"六全"毒品治理体系。作为"六全"毒品治理体系重要组成部分的"全要素监管制毒物品体系"为扭转易制毒化学品非法流失问题日趋严重的局面提供了政策指引。2018年6月的全国易制毒化学品管制工作会议提出构建监管体系，防控流失风险，全面提升易制毒化学管制能力水平，围绕"补短板、堵漏洞、防流失"目标，紧盯"四种要素"，抓住"八个环节"，落实"四项措施"，始终坚持"三个必查"，切实做到"三个绝不允许"。①

近年来，中国呈现出传统毒品、合成毒品和新精神活性物质叠加滥用的态势，毒品滥用发生结构性变化。冰毒等合成毒品滥用超过海洛因等传统毒品。联合国大会2016年4月19日至21日召开第三十届特别会议，通过决议建议采取措施处理新精神活性物质、苯丙胺类兴奋剂（包括甲基苯丙胺）、前体（Precursors）和前前体（Pre-precursors）转移以及含有麻醉药品和精神药物的药剂的非医疗使用和滥用等问题。② 所谓新精神活性物质是指具有药物滥用潜力、尚未被列入管制的物质。新精神活性物质规避了法律，所以需对制造新精神活性物质的前体进行控制，即通过管制易制毒化学品来遏制新精神活性物质生产。这是全球各国应对新精神活性物质滥用的通常措施之一。

（二）管制易制毒化学品执法司法实践的完善

据最高人民法院发布的《人民法院禁毒工作白皮书（2012~2017）》：

---

① "四种要素"指人员、原料、设备、场地；"八个环节"指生产、经营、购买、运输、仓储、使用、进口、出口，"四项措施"指严管、严打、严查、严整；"三个必查"指逢进出口必查化学品用户用途，逢毒品案件必查化学品来源，逢疑似流失必查化学品去向，"三个绝不允许"指绝不允许违规生产销售，绝不允许无证购买运输，绝不允许任意变更用户用途，坚决遏制易制毒化学品非法流失。

② "继续查明并监测新精神活性物质的构成、生产、流行和分销等方面的趋势，以及使用方式和不良后果，评估对个人和整个社会的健康和安全构成的风险，以及新兴精神活性物质在医疗和科研方面的潜在用途，以此为依据制定和加强国内和国家立法、执法、司法、社会和福利、教育和卫生等机关在国内和国家立法、监管、行政和行动等方面的对策和做法；承诺在国家立法和行政系统中采取及时、以科学证据为基础的管制或监管措施，处理并管理新精神活性物质的挑战，并考虑在对物质进行审查期间采取临时步骤，如临时管制措施，或发布公共卫生通告，并共享关于这些措施的信息和专门知识；……在有效预防和治疗及相关立法措施方面，加强国内信息共享并促进区域和国际层面的信息交流，以协助制定以科学证据为基础的有效对策，应对新精神活性物质对社会和健康造成不良后果这一新出现的挑战。"联合国大会：《我们对有效处理和应对世界毒品问题的共同承诺》，2016年4月19日，https：//www.un.org/zh/documents/treaty/files/A-RES-S-30-1.shtml。

"麻黄碱、羟亚胺、邻氯苯基环戊酮等制毒物品流入非法渠道的形势严峻，全国法院一审审结制毒物品犯罪案件数从 2012 年的 145 件增至 2015 年的 288 件，增长近 1 倍，2016 年案件量虽有所回落，但制毒物品缴获量大幅增长，且新的制毒原料、制毒方法不断出现。"[①] 2014 年以来，中国破获制毒物品案件数呈现稳中有降的态势，除了 2018 年破获制毒物品案件数量与缴获制毒物品数量有反弹，中国国内制毒活动总体上呈现萎缩。2020 年实现规模化制毒活动减少、制毒物品流失减少的"双减"[②]（见图 4、图 5）。

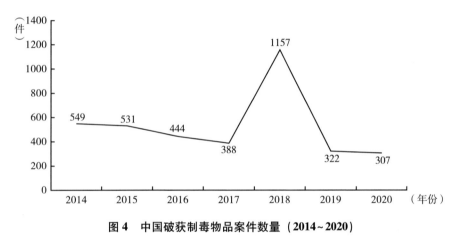

图 4　中国破获制毒物品案件数量（2014~2020）

资料来源：依据中国国家禁毒委员会办公室发布的 2014~2020 年《中国毒品形势报告》绘制而成。2014~2018 年《中国毒品形势报告》，http://www.nncc626.com/zk.htm；2019~2020 年《中国毒品形势报告》，https://www.mps.gov.cn。

世界进出口贸易的持续繁荣加大了中国对易制毒化学品进出口环节的管制难度。易制毒化学品犯罪呈现出新的特点：中国国内出现专营易制毒化学品的犯罪团伙，其代理采购制毒原料、按需定制非列管化学品、供应制毒原料与制毒设备，形成一体化的制毒物品产业链条。为了规避法律制裁，犯罪

[①]　最高人民法院：《人民法院禁毒工作白皮书》（2012~2017），https://www.court.gov.cn/zixun-xiangqing-81372.html，2017 年 6 月。

[②]　中国国家禁毒委员会办公室：《2020 年中国毒情形势报告》，2021 年 6 月。

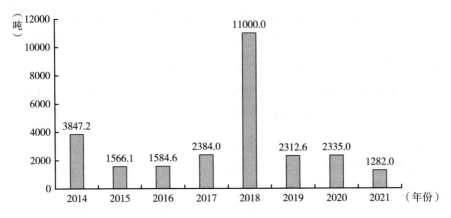

图5 中国缴获的易制毒化学品数量（2014~2021）

资料来源：依据中国国家禁毒委员会办公室发布的2014~2020年《中国毒品形势报告》及公安部发布的《公安部通报2021年禁毒成果》绘制而成。2014~2018年《中国毒品形势报告》，http：//www.nncc626.com/zk.htm；2019~2020年《中国毒品形势报告》，https：//www.mps.gov.cn；公安部：《公安部通报2021年禁毒成果》，2022年1月19日，https：//mp.weixin.qq.com/s/oC7alEBhG5_Na4VPAAQtnw。

团伙往往成立"皮包公司"以躲避监管视线。国内制毒人员利用从日本、意大利等国进口非列管化学品制造制毒物品现象屡有发生。"互联网+物流"，即通过互联网发布销售、订购易制毒化学品的信息，租用仓库对制毒物品进行包装再通过物流发往各地，成为一种较为普遍且隐蔽性极强的涉易制毒化学品犯罪模式。当下易制毒化学品的生产呈现出规模小型化、分布零散化特点，易制毒化学品犯罪呈现出"互联网+虚拟货币+物流寄递+人货分离"的新常态。

1.建立"4·14"打击制毒专案工作机制进行全链条、系统化打击

"4·14"机制改变以往的点状打击模式。在工作人员构成上，通过指挥协调对不同警种人员进行整合，形成打击合力；在案件侦办中，按照"联合经营、共同打击、证据共享、整体起诉"的要求，将上游的制毒物品、中游的毒品及下游的毒资一并列入工作对象，避免各地区各部门各自为战。2015年4月，在公安部的统一部署下，16个省级公安机关开展"4·14"专案工作集中打击制毒犯罪。2017年2月和7月公安部再次部署

推进"4·14"专项行动。通过"4·14"打击制毒专案工作机制增强了对易制毒化学品犯罪的整体打击效能,制毒物品流入制毒渠道猖獗势头得到一定程度遏制,"断炊效应"明显。①

2. 人民法院统一司法适用的标准,弥补工作漏洞

人民法院对制毒物品犯罪的审判贯彻了从严惩处的指导思想。2015年5月18日,最高人民法院印发《全国法院毒品犯罪审判工作座谈会纪要》(即武汉会议纪要)规定对制毒物品犯罪的被告人限制缓刑适用以加大对制毒物品犯罪的处罚力度。对制毒物品犯罪的定罪量刑标准做出新规定,体现了对制毒物品犯罪的严厉打击,强化了对毒品犯罪的源头惩治。"2015年11月,针对个别地区办理涉麻黄碱类制毒物品犯罪案件在法律适用方面存在的问题,最高人民法院向有关高院下发了《关于进一步做好制毒物品犯罪案件审判工作的通知》,要求准确认定犯罪性质,依法适用刑罚,确保对同类案件的处理做到标准统一、量刑平衡。2017年以来,最高人民法院又针对实践中反映较为突出的涉氯代麻黄碱犯罪的法律适用问题开展调研,通过召开座谈会等方式进行专项指导。"② 从2017年起,制毒物品犯罪的案例开始出现在最高人民法院每年发布的毒品犯罪典型案例中,为各级人民法院审理制毒物品犯罪提供了司法适用的标准。

各级人民法院在审理具体案件时,针对案件暴露出的制度缺陷与管理漏洞,向相关主管部门发出司法建议,建议其健全管理机制、强化日常管制。"提出司法建议,是人民法院延伸审判职能,促进完善社会管理的重要方式。各级人民法院针对毒品犯罪审判中发现的治安隐患和社会管理漏洞,注重及时向有关职能部门提出健全工作机制、加强源头治理、强化日常管控的意见和建议。例如,广东省有关法院针对毒品犯罪审判中发现的易制毒化学品流入非法渠道的问题,向相关职能部门提出了清

① 中国国家禁毒委员会办公室:《2017年中国毒品形势报告》,2018年6月,http://news.cctv.com/2018/06/26/ARTIvG8nLKreuh3Gw7cT51HD180626.shtml。

② 最高人民法院:《人民法院禁毒工作白皮书》(2012~2017)https://www.court.gov.cn/zixun-xiangqing-81372.html,2017年6月。

查整顿化工门市、加强麻黄碱类复方制剂市场监管、实行来源倒查责任追究等司法建议。安徽省有关法院针对利用物流寄递渠道贩卖、运输毒品犯罪日益突出的情况，向有关职能部门提出了严格落实物流寄递实名制，强化物流寄递行业禁毒管理，加强从业人员禁毒培训的工作建议。"[①]北京市朝阳区人民法院在审判的过程中发现毒品犯罪向"快递化"趋势发展，通过无人收递设备与代收代发点掩饰真实个人信息以逃避打击。针对寄递物流行业出现的新问题，人民法院向国家邮政局发送司法建议函，督导快递行业创新监管手段，研究无人化、智能化背景下如何落实实名制与验视安检的新措施。

（三）易制毒化学品管制法律规范体系的完善

1. 通过《刑法修正案（九）》新增非法生产、运输制毒物品罪

2015 年 11 月 1 日实施的《刑法修正案（九）》增加"非法生产、运输制毒物品罪"。[②] 我国晚近司法实践中破获的易制毒化学品违法犯罪案件，多发生在制造或运输环节，尚未实施走私或非法买卖行为。《刑法修正案（九）》增设罪名之前，对于该种行为定罪，有不同的观点，有人认为应该定非法经营罪。2009 年《关于办理制毒物品犯罪案件适用法律若干问题的意见》第 1 条第 4 款规定，按照其制造易制毒化学品的不同目的，对非法制造或运输制毒物品的行为，分别以制造毒品、走私制毒物品、非法买卖制毒物品的预备行为论处。《刑法修正案（九）》在原有对非法买卖、走私制毒物品的行为进行刑事处罚的基础上将非法生产、运输制毒物品的行为入罪，

[①] 最高人民法院：《人民法院禁毒工作白皮书》（2012~2017），2017 年 6 月，https：//www. court. gov. cn/zixun-xiangqing-81372. html。

[②] 《刑法》第三百五十条第一款规定：违反国家规定，非法生产、买卖、运输醋酸酐、乙醚、三氯甲烷或者其他用于制造毒品的原料、配剂，或者携带上述物品进出境，情节较重的，处三年以下有期徒刑、拘役或者管制，并处罚金；情节严重的，处三年以上七年以下有期徒刑，并处罚金；情节特别严重的，处七年以上有期徒刑，并处罚金或者没收财产。第二款规定：明知他人制造毒品而为其生产、买卖、运输前款规定的物品的，以制造毒品罪的共犯论处。

实现了易制毒化学品全部流通环节的管制，同时针对生产环节进行管制，这体现出源头治理的思维。具体到刑法学上就是"预备行为实行化"，即制造毒品犯罪的预备行为被立法者独立评价为实行犯，将惩罚时点提前，旨在预防少数侵犯重大法益犯罪的发生。同时，在量刑上将原先两档法定刑调整为三档法定刑，并将最高法定刑提高至七年以上有期徒刑，加大了对制毒物品犯罪的打击力度。

2016 年 4 月 6 日，最高人民法院发布《关于审理毒品犯罪案件适用法律若干问题的解释》通过下调 33 种制毒物品定罪量刑数量标准的方式，整体加大了对制毒物品犯罪的惩治力度。同时"情节较重"是区分罪与非罪的标准，《解释》规定制毒物品犯罪中"情节较重""情节严重""情节特别严重"的认定标准是以数量规定为主，以行为情节、结果规定为辅，综合认定制毒物品犯罪情节严重程度。

2. 通过修改《易制毒化学品管理条例》附表增列易制毒化学品的种类

2014 年、2016 年和 2018 年国务院对《易制毒化学品管理条例》进行了三次非实质性的修订，主要是各主管部门名称的修改，其中 2018 年国家机构改革后对《易制毒化学品管理条例》中涉及的主管部门名称有了较大改动。2017 年 12 月和 2021 年 8 月，因非列管化学品流入制毒渠道问题日益突出，经国务院同意，在《易制毒化学品管理条例》的附表《易制毒化学品的分类和品种目录》中分别增列 5 种和 6 种易制毒化学品（见表 1）。

表 1　中国管制的易制毒化学品名称及其列管依据

种类	名称	列管依据
第一类	1-苯基-2-丙酮	2005 年 8 月 26 日《易制毒化学品管理条例》
	3,4-亚甲基二氧苯基-2-丙酮	
	胡椒醛	
	黄樟素	
	黄樟油	

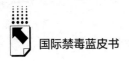

续表

种类	名称	列管依据
第一类	异黄樟素	2005 年 8 月 26 日《易制毒化学品管理条例》
	N-乙酰邻氨基苯酸	
	邻氨基苯甲酸	
	麦角酸	
	麦角胺	
	麦角新碱	
	麻黄素、伪麻黄素、消旋麻黄素、去甲麻黄素、甲基麻黄素、麻黄浸膏、麻黄浸膏粉等麻黄素类物质	
	羟亚胺	2008 年 7 月 8 日 公安部、商务部、卫生部、海关总署、国家安全生产监督管理总局、国家食品药品监督管理总局《关于将羟亚胺列入〈易制毒化学品管理条例〉的公告》
	N-苯乙基-4-哌啶酮	2017 年 12 月 22 日 公安部、商务部、卫生计生委、海关总署、国家安全监管总局、国家食品药品监管总局《关于将 N-苯乙基-4-哌啶酮、4-苯胺基-N-苯乙基哌啶、N-甲基-1-苯基-1-氯-2-丙胺、溴素、1-苯基-1-丙酮 5 种物质列入易制毒化学品管理的公告》
	4-苯胺基-N-苯乙基哌啶	
	N-甲基-1-苯基-1-氯-2-丙胺	
第二类	苯乙酸	2005 年 8 月 26 日 《易制毒化学品管理条例》
	醋酸酐	
	三氯甲烷	
	乙醚	
	哌啶	
	溴素	2017 年 12 月 22 日 公安部、商务部、卫生计生委、海关总署、国家安全监管总局、国家食品药品监管总局《关于将 N-苯乙基-4-哌啶酮、4-苯胺基-N-苯乙基哌啶、N-甲基-1-苯基-1-氯-2-丙胺、溴素、1-苯基-1-丙酮 5 种物质列入易制毒化学品管理的公告》
	1-苯基-1-丙酮	

种类	名称	列管依据
第二类	α-乙酰基苯乙酸甲酯	2021 年 8 月 16 日 公安部、商务部、国家卫生健康委员会、应急管理部、海关总署、国家药品监督管理局《关于将 3-氧-2-苯基丁酸甲酯、3-氧-2-苯基丁酰胺、2-甲基-3-[3,4-(亚甲二氧基)苯基]缩水甘油酸、2-甲基-3-[3,4-(亚甲二氧基)苯基]缩水甘油酸甲酯、苯乙腈和 γ-丁内酯 6 种物质列入易制毒化学品管理的公告》
	α-乙酰基苯乙酰胺	
	3,4-亚甲基二氧苯基-2-丙酮缩水甘油酸	
	3,4-亚甲基二氧苯基-2-丙酮缩水甘油酯	
第三类	甲苯	2005 年 8 月 26 日 《易制毒化学品管理条例》
	丙酮	
	甲基乙基酮	
	高锰酸钾	
	硫酸	
	盐酸	
	苯乙腈	2021 年 8 月 16 日 公安部、商务部、国家卫生健康委员会、应急管理部、海关总署、国家药品监督管理局《关于将 3-氧-2-苯基丁酸甲酯、3-氧-2-苯基丁酰胺、2-甲基-3-[3,4-(亚甲二氧基)苯基]缩水甘油酸、2-甲基-3-[3,4-(亚甲二氧基)苯基]缩水甘油酸甲酯、苯乙腈和 γ-丁内酯 6 种物质列入易制毒化学品管理的公告》
	γ-丁内酯	

资料来源：根据列管所依据的规范性文件制作而成。

3. 通过地方立法创设新的制度

2014~2021 年，中国有 18 个省、自治区、直辖市陆续颁布或修订新的禁毒领域的地方性法规，继 20 世纪 90 年代之后地方禁毒立法再次迎来高峰期。地方性法规进一步明确易制毒化学品各主管部门的管理范围、责任内容等，为易制毒化学品管制提供了法律保障。针对易制毒化学品通过快递物流途径流通的新趋势，各地地方性法规对寄递物流行业在信息登记、物品验视、资料备案、网点管理方面提出详细要求。

部分地方性禁毒法规对易制毒化学品管制有一些创新性的规定。例如，四川、山西等地禁毒条例规定易制毒化学品的临时列管机制，授权省级政府或省级政府组成部门制定易用作制毒原料、但未纳入《易制毒化学品的分类和品种目录》化学品的管理办法。通过临时列管机制，四川省将硫酸钡、氯化铵纳入管制。《广东省禁毒条例》规定实施易制毒化学品经营单位的信用评价制度，以信用评价等级为依据确定重点管控企业，加大监管力度以督促易制毒化学品企业加强内部管理。通过对易制毒化学品企业进行区分，有的放矢开展强度不同的管控工作在保证管控效果的同时缓解了易制毒化学品企业数量多与管控人力资源有限的矛盾。

四　社会治理理念下的中国易制毒化学品管制法治之展望

易制毒化学品管制和非列管可制毒化学品、新精神活性物质的治理具有关联性、同源性，要纳入社会治理工作中，融入党委领导、政府负责、社会协同、公众参与、法治保障、科技支撑的社会治理格局，发挥预防性法律制度的作用，防控其引发的风险。易制毒化学品管制不仅要发挥政策法律的作用，还要创新管控模式和方式方法。

（一）发挥自治强基作用

1. 依法加强易制毒化学品行业的自律和自治

第一，推动企事业单位及工业园区等开展平安创建工作，建立企业社会责任评估和激励奖励机制，鼓励引导企业更多地参与社会治理、承担社会责任。依法构建以信用为基础的监管机制，通过对不同信用等级的企业采取不同待遇，倒逼相关企业加强内部治理，将信用红利转化为企业可利用的发展资源。易制毒化学品相关企业既是易制毒化学品治理的源头，也是易制毒化学品治理的依靠力量。在过去，由于这些企业基数大、从业人员人数多，单纯依靠传统监管模式，使监管流于形式或难以实现监管全覆盖。推动企业内部治理可以弥补政府在管制资源方面投入的不足。企业建立严格的内部管理制度，在从业人员背景、卖方资质审查、出入库登记等重要环节严格按照流程的需要，就能从源头上杜绝易制毒化学品流入制毒渠道。易制毒化学品企业信用评级制度是政府引导易制毒化学品企业自我约束、自我管理、自我规范的重要机制之一。为完善毒品源头治理机制，构建以信用为基础的全要素防范制毒体系，2020 年 11 月 1 日浙江省公安厅根据《浙江省公共信用信息管理条例》制定实施《浙江省禁毒信用评价管理办法（试行）》。

第二，国家或省级禁毒委、民政部门依法对易制毒化学品行业协会参与易制毒化学品管理给予激励，增强其参与管控易制毒化学品的意愿，提升易制毒化学品行业协会的管理水平。行业协会作为政府与易制毒化学品企业的桥梁，在完善行业治理体系、提高行业治理能力方面起着重要作用。2005年 8 月，为提升行业管理水平，苏州市在中国率先成立易制毒化学品行业协会。苏州市有大量易制毒化学品的企业，是中国较早将行业协会引入易制毒化学品治理工作中的城市。协会以普法为重点，对易制毒化学品从业人员进行全面的毒品预防教育，变灌输为沟通交流，重视预防教育的实效性。行业协会还组织网格员对企业巡防，促进企业完善内部管理制度。目前，中国大部分城市成立了易制毒化学品行业协会。

2. 依法引导人民群众参与易制毒化学品治理

人民的参与和支持是禁毒人民战争取得成功的关键。应当坚持"新时代枫桥经验"，将"专群结合、群防群治"这种行之有效的有中国特色的毒品问题治理模式贯穿到易制毒化学品治理全过程。

提高人民群众参与易制毒化学品治理的积极性，落实相关行政奖励。《禁毒法》总则对公民举报毒品违法犯罪的奖励有原则性规定。有学者较早指出，"易制毒化学品犯罪案件缴获毒资少，而要查证的中间环节较多，办案单位需要大量地投入人力物力，与侦办毒品案件相比收益少。所以办案部门缴获易制毒化学品后，能够延伸办理，深查来源，查清全案的很少。为了充分调动基层公安机关和社会广大群众参与禁毒管理工作的积极性，有效防止易制毒化学品流入非法渠道，很有必要在各地举报毒品犯罪有功人员奖励办法中增加对易制毒化学品违法犯罪行为的举报奖励，同时将各级公安机关打击整治易制毒化学品犯罪活动取得的重大战果，纳入缉毒破案奖励的范畴内，逐步形成长效工作机制。通过法规的形式对举报易制毒化学品违法犯罪的人员进行奖励，广泛发动群众积极举报易制毒化学品违法犯罪线索，并对有关证人予以保护，对揭发、举报、破案有功的人员给予奖励，充分调动公民与易制毒化学品违法犯罪做斗争的积极性。"① 2018 年 8 月，国家禁毒办、公安部、财政部联合制定实施的《毒品违法犯罪举报奖励办法》明确了奖励金额，并将奖励金额与缴获易制毒化学品的数量相挂钩。目前，各省的禁毒地方立法也大都对奖励做了具体规定，未来要切实落实奖励措施。

发挥村（居）委会作用，落实网格化治理。提升村（居）委会和易制毒化学品违法犯罪的斗争意识，加强村（居）委会的治保委员会的作用，配齐人员、加大投入，开展培训。"网格化"最早是党的十八届三中全会提出的②，是将管理和服务对象按照一定标准分为若干网格单元，把社区人、地、物、事、组织纳入某个网格。利用现代信息技术（信息化平台），全面负责网格内的信息采集、治理、保障、服务、管理等，建立起事件巡查、监督和处置的资源共享、集成联动，从而实现基层社会精准化的治理方式。在禁毒领域，2015 年 9 月，中央综治办、国家禁毒办选择吉林、湖北、广东、云南 4 省 3 个市州和 7 个县市区开展吸毒人员网格化服务管理试点工作。在试点基础上，2017 年开始全国推广并实现吸毒人员网格化服务管理全覆盖，逐步走上制度化、规范化、常态化轨道。在易制毒化学品管制方面，未来应当在人民群众参与的体制化、制度化方面进一步创新，凭借网格化治理的平台、机制，有效组织基层群众和工作人员参与易制毒化学品监管。这方面，有些地方已经有一些探索。例如，为了解决易制毒化学品在高等学校内领

---

① 秦总根：《完善我国易制毒化学品管制立法的思考》，《贵州警官职业学院学报》2009 年第 2 期。

② 《中共中央关于全面深化改革若干重大问题的决定》指出："坚持源头治理，标本兼治、重在治本，以网格化管理、社会化服务为方向，健全基层综合服务管理平台，及时反映和协调人民群众各方面各层次利益诉求。"

用、使用、监管等方面的难点和问题，兰州大学将网格化管理方式应用于高等学校易制毒品管理，以实验室作为基础网格单元，建立危化品管理中心，将"易制毒化学品网格员"、责任教师、易制毒品管理主体和管理对象都纳入网格内，建立起易制毒化学品网格系统，创新高校实验室管理。[1] 贵阳市公安局制定规范性文件，提出"要对易制毒化学品从业单位开展网格化基础排查。"[2]

（二）发挥智治支撑作用

2020 年 5 月 16 日，中共中央、国务院《关于加快推进社会治理现代化开创平安中国建设新局面的意见》把智能化作为社会治理现代化的目标，把信息化作为手段，把智治支撑作为重要工作。2020 年 2 月 10 日，中央政法委印发的《关于推进市域社会治理现代化的意见（试行）》把强化政府社会管理、公共服务职能，社会治理相关部门之间信息互通、资源共享、工作联动的协调机制，作为建设联动融合、集约高效的政府负责体制的重要内容。

需要指出的是，网络化、信息化、数字化、大数据和智能化五个相互关联的概念经常被混用。"网络化"强调终端设备之间的互联互通，"信息化"强调人类对于信息/数据的利用。自然信息、表述信息、数字化信息是信息的三种形态。"数字化"强调机器对于信息的可识别，把信息转化为机器语言，计算机里的芯片和软件就可以识别和计算、可以控制和存储这些数据，进而形成要素、业务及运营管理。数据源头如果实现自动化采集，利用物联网感知技术，实现感知（采集）—呈现—分析同时完成，就产生了大数据。"智能化"强调在计算机网络、大数据、物联网和人工智能等技术的支持

---

[1] 网格化管理模式依靠互联网信息化技术的发展和通信技术，网格内实行目标导向，不再区分职能。网格外职能部门与网格员的对接。实现量化管理空域、细化管理责任、实现流程再造、提高管理效能，增强执行力。参见俞娥、李斌等《高校易制毒化学品网格化管理模式》，《实验室研究与探索》2021 年第 4 期。

[2] 贵阳市公安局：《关于进一步加强易制毒化学品管制工作的意见》，2018 年 10 月 19 日，http://gaj.guiyang.gov.cn/zx/rdzt/jddsc/flfg1/202010/t20201009_63937425.html。

下，系统具有状态感知、实时分析、科学决策、精准执行的能力，即在数字化产生的大数据基础上，由机器系统做决策与执行，就可实现智能化。

近年来，易制毒化学品管制的"智治"方面，主要做了以下工作。

1. 通过网络化提升易制毒化学品审批的效率

早在 2004 年，江苏、浙江就开始推进"互联网+"易制毒化学品管制工作，建成易制毒化学品管理系统并实现与基层公安部门的网络互通，实现了易制毒化学品在省内联网办证、查询。目前，全国易制毒化学品管理信息系统已经实现对易制毒化学品日常经营进行线上审批，此举提升政府部门行政效率与服务水平的同时有效降低企业运营的成本。

近年来，在政府简政放权的背景下，既要简化审批流程又要确保易制毒化学品不流失，中国各地创设了对易制毒化学品企业进行事前评估的做法。对易制毒化学品企业进行评估的基础是要掌握企业的大数据。提升评估准确度就要求全面收集信息，打破部门间的数据壁垒。所以易制毒化学品管制工作对智治的要求从网络化开始迈向信息化。中国公安、商务、食药监等部门各自建立易制毒化学品管理系统，由于管理体制、保密性要求，各部门数据信息未能实现共享，这也导致数据资源的浪费。未来应当力争实现部门间数据整合，"建设全国互容互通的易制毒化学品信息管理系统，并普及应用到基层派出所"[1]，并规范数据采集、使用与交流，为大数据、智能化提供基础条件。

2. 运用信息化加强监管易制毒化学品的力度

易制毒化学品管制是一项综合性工作和系统工程，涉及易制毒化学品生产、储存、运输、使用各环节，需要对其全流程进行管制。四川什邡市一方面通过信息化的方式，建立大数据；[2] 另一方面，先后投入了 50 余万元，

① 秦总根：《当前制造新型毒品犯罪的特点及发展趋势——以广东省为例》，《中国人民公安大学学报（社会科学版）》2011 年第 6 期，第 129 页。

② "各镇（街道、经开区）按规定每月至少一次将辖区内易制毒企业、场所录入《四川省易制毒要素管控平台》，建立台账，并于每月 25 日前结合管控平台信息填报《易制毒企业巡查登记表》《易制毒场所巡查登记表》，结合生产许可证是否与产品相符，相关重点场所是否用电量剧增等情况进行模型化和数据化分析研判。"参见任惠华《易制毒化学品的基层治理——以什邡经验为借鉴》，《四川警察学院学报》2021 年第 2 期，第 62 页。

2020 年 4 月完成了易制毒化学品监管中心的建设并投入运行。建立易制毒化学品监管中心对各易制毒化学品企业进行线上管控。该监管中心配备了 1 名专管民警和 2 名辅警负责日常运行和网上审批易制毒化学品,实现视频辅助网上审批、视频辅助查问易制毒化学品储存和使用情况,并通过视频辅助进行易制毒化学品运输管理。"易制毒化学品监管中心使传统的实地常规检查和巡查变成了线上检查,传统的设卡检查变成了利用视频监控和 GPS 技术的全程监控,易制毒化学品的购买审批运输备案也实现了网上的无纸化处理。"① 还有些地方在物流企业网点、菜鸟驿站等寄递点和丰巢快递柜等智能无人收递设备处安装视频监控。

目前,从全国整体来看,易制毒化学品管制尚处于网络化、信息化的阶段,只有部分省、市、区(县)实现了部分工作环节的数字化和大数据、智能化。"智治"建设成本投入比较高,可以利用已有系统,如"天网工程""雪亮工程"②,对现有系统数据加强共享、更新升级,减少重复建设。完善现有易制毒化学品管理信息系统,拓宽系统功能,提高系统自动分析数

---

① 通过视频监控辅助对易制毒化学品使用、储存环节的管理,克服了传统实地检查监管滞后的缺陷;利用 GPS 对易制毒化学品流通环节进行追踪,改变了以往设卡检查的模式;二维码标签实现了对易制毒化学品全流程的标记,为流失溯源提供了依据。易制毒化学品治理平台可综合运用视频监控、GPS 追踪、二维码标签识别等技术实现对易制毒化学品流通各环节的识别、追溯与监管。"监管中心利用视频监控和 GPS 等手段,将人和物品监管相联结,形成了网络式的易制毒化学品监管模式,实现了视频辅助网上审批和查阅易制毒化学品存储和使用情况并对运输全程实施实时监管,弥补了传统监管模式可能存在的漏洞,真正实现了科技管理易制毒企业。"参见任惠华《易制毒化学品的基层治理——以什邡经验为借鉴》,《四川警察学院学报》2021 年第 2 期,第 62 页。
② "天网工程"是公安部联合工信部建设的,为满足城市治安防控和城市管理需要,利用图像采集、传输、控制、显示等设备和控制软件,对固定区域(如治安复杂场所等)进行实时监控和信息记录的视频监控系统。"雪亮工程"是党委政法委(综治办)牵头、公安负责、部门协作的社会治安防控体系工程,也是国家安全保障能力建设的重要工程,以公共安全视频监控联网应用为重点的,实现城乡治安防控建设一体化、立体化、信息化。其目标是"全域覆盖、全网共享、全时可用、全程可控",推动重点公共区域、重点行业、领域的视频监控系统建设,指导、监督治安保卫重点单位公共安全视频监控系统建设,推动公共安全视频监控系统联网,整合各类视频图像资源,开展视频图像信息在治安防控、城乡社会治理、智能交通、服务民生、生态建设与保护等领域应用。天网工程主要利用政府资源,雪亮工程强调警民结合、资源互补。

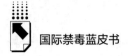

据能力。例如，自动完成企业分类、分级，动态监控易制毒化学品的静态与动态分析，有失控与异常情况自动预警。依据数量、流向，实现分级预警，强化信息化手段对情报的梳理分析、综合研判，确定流失的重点品种、环节、区域，分析流失的新方式、方法，掌握最新犯罪动态，预测工作重点。在智治领域，未来如何依法有序地管好、用好大数据，提高智能化程度，尚需继续努力。

综上所述，"十四五"期间，要构建完善的中国管制易制毒化学品法治体系，必须立足于社情、毒情，融合自治、智治的要求，将"全要素监管制毒物品体系"融入社会治理格局，进一步加快推进法律规范的修改与制度机制的创新，形成具有中国特色的易制毒化学品管制模式。

参考文献

郑伟：《毒品罪三疏两议》，法律出版社，2011。

齐磊、胡金野：《中国共产党禁烟禁毒史资料》，上海社会科学院出版社，2020。

秦总根主编《易制毒化学品管理实务》，中国人民公安大学出版社，2012。

聂鹏、张黎、李文君：《制毒物品与易制毒化学品：禁毒学两个基本概念辨析》，《北京警察学院学报》2013 年第 6 期。

吴美满、刘琛：《有合成毒品中间体犯罪的定性与规制》，《华东政法大学学报》2018 年第 2 期。

任惠华：《易制毒化学品的基层治理——以什邡经验为借鉴》，《四川警察学院学报》2021 年第 2 期。

B.4
美国易制毒化学品监管的挑战与应对[*]

韩敬梓　高心怡[**]

摘　要： 美国的易制毒化学品在很长时期内不是执法的重点，随着20世纪50年代至80年代甲基苯丙胺的流行及滥用，对甲基苯丙胺前体的监管被提上日程。甲基苯丙胺前体的监管之争，使美国对易制毒化学品的处置逐渐走上执法与监管的平衡。本报告以甲基苯丙胺前体监管为切入点，通过爬梳易制毒化学品监管的立法、范围、技术、国际合作，并结合当下的新冠肺炎疫情与芬太尼危机双重作用，研究在全球化时代如何通过加强国际合作、研发技术、立法执法等监管易制毒化学品的生产、营销、消费、存储以及进出口，进而使其得到有效监管，控制毒情形势在全球的蔓延。

关键词： 美国　甲基苯丙胺　易制毒化学品

就合成和半合成毒品而言，在理想世界中，遏制其制造的关键可以用一个简单的等式来概括："没有化学品"等于"没有毒品"。然而，在现实世界中，在过去三十年里，国际社会不得不面对的一个事实是，用于非法制造麻醉药品和精神药物的化学品也有无数种可用于制造重要产品的合法用途，因此不能简单地加以禁止。答案在于保持执法和监管的平衡组合——这是国

　* 本文为2017年教育部人文社会科学青年基金项目《西北少数民族毒品受灾地区戒毒人群社会融入问题研究》（17YJC850004）的阶段性成果。
　** 韩敬梓，兰州大学民族社会学博士，加拿大麦吉尔大学人类学博士后，兰州财经大学马克思主义学院副教授，硕士生导师，主要研究领域为毒品问题和禁毒研究、医学人类学。高心怡，中国药科大学药学院药物分析专业本科生。

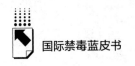

际药物管制条约的基本原则——既要防止这些物质被转移用于非法目的，又要确保它们仍可用于合法用途，故对易制毒化学品的有效监管成为世界各国在全球化时代的禁毒事业中必须积极应对的挑战。

一　甲基苯丙胺前体的监管之争

甲基苯丙胺于19世纪被首次合成之后，经历了由药物到被滥用的演变过程，进而使对甲基苯丙胺前体的监管提上日程。值得注意的是，加利福尼亚州的甲基苯丙胺大流行及其严格的州级禁令，为美国监管甲基苯丙胺前体提供了较为成功的经验。尽管对甲基苯丙胺前体的监管存在着控制抑或转移毒品问题的质疑，然而，对甲基苯丙胺前体监管的举措同样适用于可卡因前体的监管，进而为美国进一步制定和实施监管易制毒化学品相关法规奠定了比较坚实的实践基础。

（一）作为药物的苯丙胺及其演化

"毒药同源"是国际学术界对毒品与药品关系的一个共识，甲基苯丙胺在美国曾经一度作为药物被大量使用。甲基苯丙胺，又称冰毒，是一种中枢神经兴奋剂，可注射、吸食、鼻吸或口服；长期高浓度使用会导致依赖性。甲基苯丙胺是苯丙胺（又称"安非他命"）的衍生物，由德国化学家于1887年合成，并在20世纪30年代初首次广泛研究。在结构上与麻黄碱相似，苯丙胺是一种拟交感神经药物，可刺激自主神经系统的交感神经分支。苯丙胺的作用之一是扩张支气管，所以第一个医疗用途是在1932年作为治疗哮喘的鼻喷雾剂。随后的研究表明，该药物还有助于缓解嗜睡症，减少多动儿童的活动，抑制食欲，并使一些个体（如学生和卡车司机）能够长时间保持清醒。在20世纪30年代和40年代，苯丙胺被用于治疗各种其他病痛和疾病，包括精神分裂症、吗啡成瘾、吸烟、低血压、放射病，甚至持续打嗝。

1893年，日本药理学家首次合成麻黄碱，直到第一次世界大战期间，当日本、德国和美国向军事人员提供这种药物以提高耐力和战斗力时，甲基苯丙胺才被广泛使用。甲基苯丙胺在日本还被用于提高军工厂工人的生产力。从 1941 年开始，甲基苯丙胺在日本以希洛苯（Philopon）和雪津（Sedrin）的名义在柜台上销售，标榜为"对抗嗜睡和增强活力"的产品。仅在二战后，当甲基苯丙胺作为剩余军用股票充斥市场时，其才被广泛滥用，导致了所谓的"第一次流行病"（1945～1957 年）。到 1948 年，大约5%的 16～25 岁的日本人滥用了甲基苯丙胺。1954 年日本滥用甲基苯丙胺的人数估计为 550000 人，其中约 10%有甲基苯丙胺引起的精神病症状。[1]

在美国，1951 年，苯丙胺片剂无须处方即可买到，直到 1959 年，含苯丙胺的吸入器可以在柜台买到。在 20 世纪 60 年代，苯丙胺被广泛用作一种表面上用于治疗抑郁症和肥胖症的药物，并在 1967 年达到顶峰，仅在那一年就开出了 3100 万张处方。液体形式的甲基苯丙胺在 20 世纪 60 年代作为海洛因成瘾的治疗方法越来越受欢迎，并迅速促成了一种新的滥用模式，包括单独或与海洛因一起静脉注射甲基苯丙胺。苯丙胺黑市主要包括从制药公司、分销商和医生非法转移的供应品。[2]

在诺罗丁（Desoxyn）和梅太德林（Methedrine）从药品市场撤出后，非法甲基苯丙胺实验室于 1962 年底在旧金山出现。该药物是使用苯基-2-丙酮（P-2-P）和甲胺作为前体合成的，所得产物（称为"曲柄"）是两种异构体（左旋和右旋甲基苯丙胺）的混合物，其产生的效力不如药物产品。非法制造的甲基苯丙胺粉末主导了"嗨药"市场，因为湾区摩托车团伙在 20 世纪 60 年代中期接管了甲基苯丙胺的制造和分销，沿太平洋海岸向北向南推广甲基苯丙胺的使用。[3]

到 20 世纪 70 年代，人们更好地理解了有关使用苯丙胺的危险，并对可以合法生产的数量和分配方式施加了额外的限制。随之而来的是非法生产水平的提

---

[1] M. Douglas Anglin, "History of the Methamphetamine Problem," *Journal of Psychoactive Drugs*, Vol. 32, No. 2, Apr. 2000, pp. 137-141.

[2] M. Douglas Anglin, "History of the Methamphetamine Problem," *Journal of Psychoactive Drugs*, Vol. 32, No. 2, Apr. 2000, pp. 137-141.

[3] M. Douglas Anglin, "History of the Methamphetamine Problem," *Journal of Psychoactive Drugs*, Vol. 32, No. 2, Apr. 2000, pp. 137-141.

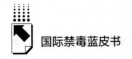

高, 最初仅限于摩托车团伙和其他独立团体。[①] 与此同时, 典型的用户群体从白领、蓝领工人转变为大学生、年轻专业人士、少数族裔和女性。[②]

20世纪80年代, 针对骑自行车者群体的执法力度加大, 再加上更简单、基于麻黄碱减少的生产方法 (在南加州流行), 生产中心、分销中心和新一波甲基苯丙胺使用转移到圣地亚哥地区, 墨西哥贩运者的参与度更大。[③] 大量非法生产的甲基苯丙胺 ("冰毒") 以及前体化学品从墨西哥走私到加利福尼亚州, 不仅在传统地区滥用, 也越来越多地向西南和中西部各州分销。

当20世纪80年代从远东地区的菲律宾、日本、韩国和中国台湾进口的大量可抽吸的高纯度的 d-甲基苯丙胺盐酸盐 ("冰") 出现时, 夏威夷出现了甲基苯丙胺使用的再次激增。在20世纪90年代, "冰毒" 的使用在夏威夷群岛十分猖獗, 毒品的分销逐渐由位于墨西哥和加利福尼亚的贩运组织主导。这些跨国有组织的犯罪集团在夏威夷得到了扩展的亲属网络的补充, 这些网络在发起和传播甲基苯丙胺使用方面发挥着重要作用, 这些亲属关系网络可能包括整个家庭、同事和邻里。[④]

尽管在加利福尼亚和墨西哥运营的秘密实验室仍然是美国甲基苯丙胺的主要来源, 但越来越多的甲基苯丙胺实验室在中西部各州运营。1996年, 甲基苯丙胺实验室的缉获量比1995年的缉获量增加了169%, 其中密苏里州缉获235个实验室, 加利福尼亚州155个, 亚利桑那州83个, 阿肯色州74个, 俄克拉荷马州71个。[⑤]

---

① M. Douglas Anglin, "History of the Methamphetamine Problem," *Journal of Psychoactive Drugs*, Vol. 32, No. 2, Apr. 2000, pp. 137-141.

② M. Douglas Anglin, "History of the Methamphetamine Problem," *Journal of Psychoactive Drugs*, Vol. 32, No. 2, Apr. 2000, pp. 137-141.

③ M. Douglas Anglin, "History of the Methamphetamine Problem," *Journal of Psychoactive Drugs*, Vol. 32, No. 2, Apr. 2000, pp. 137-141.

④ M. Douglas Anglin, "History of the Methamphetamine Problem," *Journal of Psychoactive Drugs*, Vol. 32, No. 2, Apr. 2000, pp. 137-141.

⑤ Office of National Drug Control Policy, *Pulse Check: National Trends in Drug Abuse*, Washington D. C.: Office of National Drug Control Policy, 1997.

（二）监管甲基苯丙胺前体对甲基苯丙胺大流行的影响

为了应对甲基苯丙胺使用的急剧增加及其相关负担，美国逐步通过广泛的立法来解决这个问题。1970 年，甲基苯丙胺根据《受控物质法》（*Controlled Substances Act*，CSA）被列为附表 II 麻醉品。1996 年美国为了应对甲基苯丙胺的使用和生产（尤其是与秘密实验室中使用的有毒化合物相关的环境危害）日益严重地受到公共卫生威胁，颁布了《甲基苯丙胺综合控制法》，2000 年又颁布了《儿童健康法》，它们增加了对贩运和制造甲基苯丙胺的处罚，并加强了有关甲基苯丙胺预防、执法和治疗的规定。

立法者还将化学前体的供应作为减少国内甲基苯丙胺生产的一种方式，这种立法活动至少部分是由于小型有毒实验室的缉获量增加。[1] 具体而言，1989~1997 年颁布的一系列联邦法规，主要针对麻黄碱和伪麻黄碱的批发市场，因为这两种主要的前体化学品被广泛用于普通减充血剂和感冒药，它们存在被用于制造甲基苯丙胺的风险。

2000 年左右，前体管制工作已超越批发市场，重点控制零售网点的销售。2000 年 10 月，作为《儿童健康法案》的一部分，国会通过了《甲基苯丙胺反扩散法案》（*Methamphetamine Anti-Proliferation Act*，MAPA），该法案将含有伪麻黄碱的药物的零售购买限制在每次交易 9 克。尽管如此，普通非处方伪麻黄碱产品的零售交易——通常也称为安全港或泡罩包装中的产品——仍然没有门槛限制，这是一个容易被甲基苯丙胺生产商利用的漏洞。[2] 这一漏洞最终在 2005 年被堵住，当时所有含有麻黄碱和伪麻黄碱的药物都被放在药房柜台后面。

尽管进行了广泛立法，但只有有限的证据证明了化学前体控制的有效性。在一项审查甲基苯丙胺前体化学控制的同行评议研究中，詹姆斯·诺内

[1] McBride et al. , *the Relationship between State Methamphetamine Precursor Laws and Trends in Small Toxic Lab Seizures.* Document No. 223467, Washington D. C. : National Institute of Justice, US Department of Justice, 2008.

[2] Byker C, *the meth epidemic. Public Broadcasting System*, Frontline, New York, February 2006.

梅克（James Nonnemaker）研究了批发层面法规对于甲基苯丙胺相关的住院和逮捕的影响。作者使用急性护理住院人数来代替甲基苯丙胺需求，发现联邦针对大型生产商使用的化学前体在批发层面的法规大大减少了住院人数（尽管这种影响是暂时的，在 6~24 个月后消失）。相比之下，作者发现针对小规模生产者使用的前体的法规对住院率几乎没有影响。此外，他们发现与甲基苯丙胺有关的逮捕也有类似的结果。[①]

2010 年，有学者评估了《甲基苯丙胺前体法》在零售层面的前体管制对降低国内生产指标、甲基苯丙胺供应量以及甲基苯丙胺使用后果的影响。他们研究了在联邦《甲基苯丙胺反扩散法案》和加利福尼亚州颁布的更严格的州级限制期间这些指标的趋势。加利福尼亚州于 2000 年 1 月颁布了《加利福尼亚州健康与安全法》，并且与联邦《甲基苯丙胺反扩散法案》一样，将含有伪麻黄碱药物的购买量限制在每次交易 9 克，除非具备有效的处方。然而，与《甲基苯丙胺反扩散法案》不同的是，《加利福尼亚州健康与安全法》还降低了含麻黄碱药物的销售门槛，包括所有形式的包装，如泡罩包装，从而弥补了《甲基苯丙胺反扩散法案》中的几个漏洞。就控制甲基苯丙胺生产和使用的立法有效性而言，结果喜忧参半，这取决于立法的力度（《加利福尼亚统一受控物质法》与联邦《甲基苯丙胺反扩散法案》）、比较组的规范以及感兴趣的特定结果。一些证据表明，美国国内生产受到了这些立法努力的影响，但也有证据表明，甲基苯丙胺的价格下降、纯度上升、治疗次数增加等也受到这些立法的影响。[②]

（三）甲基苯丙胺前体监管：控制抑或转移毒品问题？

吸毒者往往根据执法力度来转换其对不同种类毒品的使用偏好。随着对甲基苯内胺前体监管的增强，又出现了"控制抑或转移毒品问题"的争论，美国在甲基苯丙胺大流行之后又渐次陷入"阿片类药物危机"的泥潭，而

---

① James Nonnemaker, "Are methamphetamine precursor control laws effective tools to fight the methamphetamine epidemic?" *Health economics*, Vol. 20, Apr. 2010, pp. 519-531.

② James Nonnemaker, "Are methamphetamine precursor control laws effective tools to fight the methamphetamine epidemic?" *Health economics*, Vol. 20, Apr. 2010, pp. 519-531.

后者较之前者的影响更为深远，我们将在下文详述。

1988 年，美国各州同意对用于生产的前体化学品进行监管以防止非法合成毒品。随后的多数前体转移举措主要针对麻黄碱和伪麻黄碱，因为它们作为化学品很容易转化为甲基苯丙胺，并且广泛用作减充血药物。这些监管措施最初侧重于散装前体工业转移，并严格监管含有麻黄碱的消费品。后来，立法侧重防止转移的非处方（OTC）药，如包含伪麻黄碱的感冒药和流感药物。① 一些州对这些法规的收紧，使药物零售商将含有伪麻黄碱的药物放置在了柜台后面：这一举措既震慑了罪犯又影响到了对减充血药物有合法需求的人。为了避免这种不便，制药公司推出的非处方药中含有一种密切相关的减充血剂化合物——去氧肾上腺素（PE），该药品是伪麻黄碱的方便替代品，已被批准用于药物用途。然而，可用的有限证据表明去氧肾上腺素在目前批准的剂量下无效，而更高的剂量可能是安全有效的，这又进一步会诱发滥用风险。

除了了解前体监管对甲基苯丙胺使用的影响之外，更广泛的挑战是了解成功控制甲基苯丙胺供应是否会减少吸毒带来的整体问题。从理论上讲，较低的毒品可获得性会相应减少使用，从而有可能降低药物滥用的人数。然而，在现实世界中，吸毒者习惯于根据可用性和成本从使用一种药物转移到另一种药物。尽管这样不太可能完全替代，并且使吸毒带来的危害可能下降，但目前缺乏经验证据来预测这种替代是否会总体上减少与毒品相关的危害。事实上，一些毒品市场的转变可能不仅增加危害程度，还可能需要毒品和酒精行业的能力转变。明确在兴奋剂和阿片类药物使用之间的转变之后可以看到这方面的一个例子，主要危害是从精神并发症转变为致命的过量服用，并且需要明显不同的治疗和预防方法。有鉴于此，有学者建议需要仔细监测与此类毒品市场变化相关的相对危害，以便确定哪些毒品管控和干预措施具有最理想的公共卫生结果。②

---

① Rebecca Mcketin, "Methamphetamine precursor regulation: are we controlling or diverting the drug problem?" *Addiction*, Vol. 103, Oct. 2007, pp. 521-523.

② Rebecca Mcketin, "Methamphetamine precursor regulation: are we controlling or diverting the drug problem?" *Addiction*, Vol. 103, Oct. 2007, pp. 521-523.

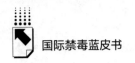

（四）甲基苯丙胺前体监管对管控可卡因问题的适用性

自 20 世纪 80 年代以来，联合国一直鼓励各国控制用于制造甲基苯丙胺、海洛因和可卡因的商业化学品，目的是限制毒品的供应并因此限制其产生的后果。然而，对政策影响的研究相对较晚。第一项评估其对甲基苯丙胺影响的研究发表于 2003 年，第一项评估其对海洛因影响的研究发表于 2013年，第一项评估其对可卡因影响的研究发表于 2014 年。①

控制商业化学品构成了一种环境型毒品预防模式——它不是针对个体的吸毒者、毒贩或生产者，而是试图改变他们发挥作用的环境。詹姆斯·坎宁安（James K. Cunningham）等学者在其研究中评估了一种可卡因控制/预防的自然实验：美国可卡因的供应是否受到美国联邦对可卡因制造化学品的监管的影响，包括氧化剂高锰酸钾和高锰酸钠——可卡因的所谓"窒息化学品"，即对可卡因的核心和在可卡因生产过程中难以替代的化学品，其中美国是主要生产国。他们调查了美国联邦基本化学品法规是否影响了美国可卡因缉获量、价格和纯度，这些均是可卡因供应的指标。该研究团队认为，美国对甲基苯丙胺前体监管的经验同样适用于管控可卡因问题，1989~2006 年的基本化学品控制与可卡因供应量的显著下降有关。② 这一发现与对甲基苯丙胺和海洛因的化学管制研究一致，使对易制毒化学品监管（基本化学品和前体化学品）成为第一个对主要非法药物产生如此广泛影响的政策。

二 易制毒化学品监管的法治基础

美国的易制毒化学品监管有较为坚实的法治基础。美国在监管易制毒化

---

① James K. Cunningham, "US federal cocaine essential（'precursor'）chemical regulation impacts on US cocaine availability: an intervention time-series analysis with temporal replication," *Addiction*, Vol. 110, Jun. 2014, pp. 805-820.

② James K. Cunningham, "US federal cocaine essential（'precursor'）chemical regulation impacts on US cocaine availability: an intervention time-series analysis with temporal replication," *Addiction*, Vol. 110, Jun. 2014, pp. 805-820.

学品的立法方面，既监管化学品的转移和贩运，还监管易制毒设备的制造、分销、进口和出口，严格立法也直接决定了其对易制毒化学品的监管范围。此外，美国还积极研发和利用现代科技以及互联网平台监管易制毒化学品的转移和贩运。

（一）易制毒化学品监管的立法

美国对易制毒化学品管制的基础是 1988 年的《化学品转移和贩运法》。该法和美国毒品法的后续化学品管制条款交织在 1970 年的《受控物质法》中，而不是独立立法。美国缉毒署（Drug Enforcement Administration，DEA）负责管理和执行这些法律。司法部主要通过美国检察官处理联邦层面的刑事和民事诉讼。除了注册和记录保存要求外，立法还要求进口商和出口商在交易发生前至少 15 天提交进口或出口通知。提前 15 天的通知允许美国缉毒署评估交易。但是，如果公司与其外国客户建立了业务关系，则法律和法规允许免除 15 天的提前通知，并且允许未来发货的当天通知。在此过程中，转移调查人员和特工与进出口政府官员进行沟通。《化学品转移和贩运法》还赋予美国缉毒署暂停运输的权力。

众所周知，没有化学品、材料和设备的投入，就不可能秘密制造麻醉药品和精神药物、新精神活性物质以及各种前体。虽然长期以来化学品管制一直是世界各国主管机关的关注焦点，但根据《1988 年公约》第十二条的规定，设备和材料以及《公约》第十三条（为材料和设备管制方面的国际行动和合作提供了依据）得到的关注则少得多。然而，美国所做出的非常重要的举措是，美国在监管易制毒化学品的同时，对易制毒设备进行立法。

美国联邦法律还管理用于制造毒品的压片机和相关物质或材料的分销和使用。2017 年 3 月 31 日，美国缉毒署所颁布的一套关于压片机交易的新法规生效。根据规定，制造、分销、进口出口压片机或进行国际交易的个人实体必须将交易记录保存两年，并向美国缉毒署提交交易电子报告。此外，他们"必须验证商业实体的存在和明显的有效性"订购这种机器，并且必须保留任何"个人或现金购买者"的识别信息。该法规要求压片机的销售商

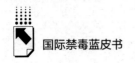

或分销商注意，未能"充分证明交易对方的身份"可能会导致"因违反法律而受到具体处罚"，并且现金交易若是可疑的，必将得到相应的法律处置。

（二）易制毒化学品监管的范围

美国立法要求化学品处理人员向美国缉毒署报告可疑交易，例如涉及数量异常或支付方式异常的交易。化学品转移刑事处罚严厉，对涉及甲基苯丙胺的某些化学品贩运罪行的处罚，与转移化学品可能生产的毒品数量有关。如果发现所列化学品被转移，可能会起诉个人或公司，或撤销其在美国缉毒署的注册。

2005 年《打击甲基苯丙胺流行法》（*Combating the Methamphetamine Epidemic Act*，CMEA）授权美国缉毒署制定三种清单：即制定伪麻黄碱、麻黄碱和苯丙氨醇等化学品的年度总要求、进口配额、个别制造配额和采购配额。这项授权影响了那些在美国缉毒署注册的进口商和制造商，因为他们希望进口这些化学品或进行相关的生产活动。《打击甲基苯丙胺流行法》还限制了含有麻黄碱、伪麻黄碱或苯丙氨醇的非处方药的零售水平，这些产品现在被称为"附表列出的化学产品"。《打击甲基苯丙胺流行法》和其他化学品控制立法旨在防止在国内和国际非法制造毒品。

在对易制毒设备的监管方面，联邦法律要求购买或销售压丸机或封装机器的人向美国缉毒署报告这些交易。任何关于压片机或封装机的国内监管交易通知必须在订单发出时，以口头方式向受监管人所在地区的美国缉毒署分部办公室的特别负责人提交报告。受监管人还必须在卖方发货后的 15 个工作日内，使用美国缉毒署转移控制部门的安全网络应用程序，使用美国缉毒署表格 452 向美国缉毒署提交交易报告。在没有适当通知的情况下进口到美国的压片机或封装机将受到美国海关和边境保护局（Us Customs and Border Protection，CBP）的拦截、扣押和销毁，该设备也将被美国缉毒署没收。用于生产假药丸的冲头和模具通常带有商标，未经商标持有人许可使用这些是违法的。根据《受控物质法》的规定，拥有、分销、制造、进口或出口任何有意或有合理理由的压片或封装机器、化学品、设备或材料也是犯罪行为，最高可判处四年监禁。①

根据联合国麻管局的年度报告《经常用于非法制造麻醉药品和精神药物的前体和化学品2019》，美国自2017年实施相关法律以来，缴获的压片机和胶囊包装机增幅较大，见图1。

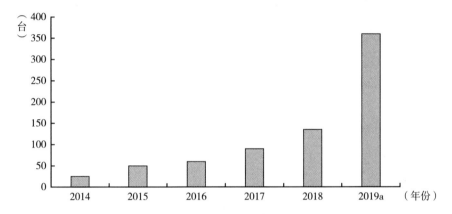

图1 2014～2019年美国海关和边境保护局缉获压片机情况

注：截至2019年8月（含），数据可能还包括缉获的冲床和模具数量，年度是会计年度。

资料来源：United Nations：International Narcotics Control Board, *Precursors and chemicals frequently used in the illicit manufacture of narcotic drugs and psychotropic substances 2019*. All rights reserved worldwide. Publishing production：English, Publishing and Library Section, United Nations Office at Vienna. January, 2020. P42。

（三）易制毒化学品监管的技术

在易制毒化学品监管的技术方面，美国既支持并援助联合国麻管局（Commission on Narcotic Drugs, CND）推出新技术，同时也与互联网企业形成合作伙伴关系，积极研发和利用最新的互联网技术，为信息化时代和全球化时代更有效地监管易制毒化学品提供技术支撑。

---

① International Narcotics Control Board, *Materials and Equipment*, Vienna：United Nations, 2018. https：//www. incb. org/incb/en/precursors/materials-and-equipment. html.

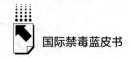

联合国麻管局的国际特别监督清单（International Special Surveillance List，ISSL），是一种监测化学品的机制，这些化学品不受公约管制，但存在大量证据表明它们用于非法药物制造。

除了国际特别监督清单之外，麻管局还制定了一些文书来应对前体化学品的挑战。

一是网上出口前通知系统（The Pre-Export Notification Online System，PEN Online）是一个在线数据库系统，可以让成员国之间就制造海洛因、可卡因和苯丙胺等非法成瘾药物所需的化学品的运输（出口和进口）信息进行交换并提供发出警报的能力，以在可疑货物到达非法药物制造商之前阻止它们。该系统促进了完整的电子响应，以确认收到并通知出口国清关出口化学品，可确保各国政府实时收到所有计划运往其领土的化学品的装运信息。自网上出口前通知系统于 2006 年 3 月首次启动以来，截至 2020 年 11 月 1 日，已有 115 个国家和地区正式要求得到出口前通知。出口前通知的提交数量在过去 10 年中增加了近 60%，并稳定在每年 30000 份至 35000 份，这些出口前通知平均由大约 70 个出口国家和地区发出。①

二是前体事件通信系统（The Precursors Incident Communication System，PICS）是麻管局的另一个工具，它提供实时通信以共享情报并促进各国之间的直接联系，以进一步调查化学品贩运。前体事件通信系统已向世界各地的各种注册执法和监管机构分享了有关 800 多项化学品贩运禁令的最终情报。截至 2015 年 11 月，前体事件通信系统的注册用户有 480 个，代表来自 94 个国家和地区的约 200 个机构以及 10 个国际和区域机构。②

三是全球贸易信息服务公司（WWW. GTIS. COM）③ 编制的全球贸易地

① International Narcotics Control Board, *Precursors and chemicals frequently used in the illicit manufacture of narcotics drugs and psychotropic substances 2020*, Vienna：United Nations，2020.

② Bureau of International Narcotics and Law Enforcement Affairs, *2016 International Narcotics Control Strategy Report* (*INCSR*)，https：//2009 - 2017. state. gov/j/inl/rls/nrcrpt/2016/vol1/253224. htm.

③ GTIS 于 2014 年 8 月被 IHS 海事与贸易公司收购，并成为其子公司，网址为 https：//ihsmarkit. com/btp/gtis. html.

图集（Global Trade Atlas，GTA）提供了从主要贸易国收集的关于伪麻黄碱和麻黄碱的进出口数据。然而，考虑到参与国的报告周期，数据往往滞后一年。[①]

美国除了积极使用这些技术外，还扩大麻管局网上出口前通知系统和前体事件通信系统的国际使用范围，以控制易制毒化学品的转移和贩运。

三 芬太尼危机与新冠肺炎疫情双重作用下的 易制毒化学品监管

根据美国疾病控制与预防中心（Center for Disease Control，CDC）的数据，在截至 2020 年 7 月的 12 个月期间，有超过 83000 人因吸毒过量丧生，比 2019 年（当时有 70000 多人死于吸毒过量）有显著增加。[②] 吸毒过量的主要原因是在毒品中掺杂了芬太尼，芬太尼危机成为美国的公共卫生危机。同时，加之新冠肺炎疫情的双重作用，美国的毒情形势异常严峻，易制毒化学品监管更是面临极大挑战。美国在立法、执法和司法层面均积极应对，以缓解双重危机给美国公民的身心健康和社区安全带来的破坏性灾难。

（一）芬太尼危机下对易制毒化学品的监管

在芬太尼危机的背景下，美国对易制毒化学品监管的挑战之一是芬太尼制造方法不断翻新。2018 年把在美国缉获的芬太尼样品进行法医杂质特性分析的结果表明，不依赖 N-苯乙基-4-哌啶酮和 4-苯胺基-N-苯乙基哌啶的詹森法已成为主导合成方法；70%的粉末展品分析和 52%的片剂展品分析证实了这一结论。[③]

---

① Bureau of International Narcotics and Law Enforcement Affairs, *2016 International Narcotics Control Strategy Report（INCSR）*, Vienna：United Nations, 2017. https：//2009-2017. state. gov/j/inl/ rls/nrcrpt/2016/vol1/253224. htm.

② DEA, *DEA Releases 2020 National Drug Threat Assessment*, Virginia：DEA, 2020. https：// www. dea. gov/press-releases/2021/03/02/dea-releases-2020-national-drug-threat-assessment-1.

③ International Narcotics Control Board, *Precursors and chemicals frequently used in the illicit manufacture of narcotics drugs and psychotropic substances 2019*, Vienna：United Nations, 2019, p. 24.

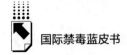

在立法层面，美国政府公布了对用于非法制造芬太尼的三种物质进行管制的两项规则。具体而言，美国缉毒署于 2019 年 9 月已提议控制三种物质，这些物质被秘密实验室的经营者用来非法制造致命的附表 II 受控物质。2019 年 9 月 13 日星期五，美国缉毒署提议将苄基芬太尼和 4-苯胺哌啶作为《受控物质法》下的 I 类化学品进行控制。9 月 19 日，美国缉毒署提议将去甲芬太尼指定为芬太尼的直接前体（即形成另一种物质的物质），并使其成为《受控物质法》下的附表 II 受控物质。这两项通知，均基于这些物质是用于非法生产芬太尼的重要前体的调查结果。① 美国缉毒署还与美国国会合作制定立法，对芬太尼相关物质进行永久性附表 I 控制，同时确保这些物质的研究可以在美国继续进行。美国政府继而于 2020 年 4 月 15 日宣布，自 2020 年 5 月 15 日起，两种芬太尼前体（苄基芬太尼和 4-苯基哌啶，包括其盐类和一些衍生物）将列入《受控物质法》附表 I。同样，2020 年 4 月 17 日宣布将去甲芬太尼作为芬太尼的直接前体列入该法附表 II，生效日期为 2020 年 5 月 18 日。这三种化学品被列入有限非列管物质国际特别监控清单中，或者直接列入清单中，或者在扩展的定义下。② 这些通知为行业和其他人提供了了解有关这些物质的任何合法用途信息的机会。该提案使苄基芬太尼和 4-苯胺哌啶受《受控物质法》及其实施条例的化学监管规定约束，去甲芬太尼将受适用于附表 II 受控物质的所有监管控制和行政、民事和刑事制裁，这两项行动都有利于预防、减少或限制芬太尼的生产。③

在执法层面，美国缉毒署以各种方式迅速打击芬太尼贩运。2017 年 5 月 25 日，美国缉毒署新英格兰分部特别代理主管迈克尔·弗格森（Michael

① DEA, *DEA proposes to control three precursor chemicals used to illicitly manufacture deadly fentanyl*, Virginia：DEA, 2019. https：//www. dea. gov/press - releases/2019/09/17/dea - proposes - control-three-precursor-chemicals-used-illicitly-manufactur.

② International Narcotics Control Board, *Precursors and chemicals frequently used in the illicit manufacture of narcotics drugs and psychotropic substances 2020*, Vienna：United Nations, 2020, p. 58.

③ DEA, *DEA proposes to control three precursor chemicals used to illicitly manufacture deadly fentanyl*, Virginia； DEA, 2019. https：//www. dea. gov/press - releases/2019/09/17/dea - proposes - control-three-precursor-chemicals-used-illicitly-manufactur.

J. Ferguson）、代理美国检察官威廉·D·温瑞布（William D. Weinreb）和负责美国邮政检查局波士顿分部检查员的雪莉·宾科夫斯基（Shelly Binkowski）宣布，在诺斯伯勒（Northborough）的一个储存设施中查获了50公斤芬太尼前体化学品，市值超过5.7亿美元。如果转换，50公斤芬太尼前体化学品在理论上将产生多达1900万片芬太尼片剂，估计价值超过5.7亿美元。据信，这是美国缉毒署近年来在新英格兰地区缉获的规模最大的芬太尼前体。① 随后，除了对许多芬太尼相关物质及其化学中间体实施临时（紧急）管制外，从2018年1月开始，美国缉毒署还成立了六个新的海洛因—芬太尼执法小组，以打击在美国那些拥有海洛因、芬太尼和芬太尼类似物的地区的贩运活动，这些地区受阿片类药物危机的影响最为严重。

在司法层面，美国加强对贩运毒品及其前体的毒贩的司法审判。最近的关于惩处毒贩的两则报道分别是：2019年8月2日，前洪都拉斯毒贩赫克托·埃米利奥·费尔南德斯·罗莎（Hector Emilio Fernandez Rosa）被判无期徒刑，他于17年内在美国分销了135吨可卡因和20吨甲基苯丙胺前体化学品而赚了大约5000万美元。② 2021年3月1日，来自佐治亚州福克斯顿39岁的毒犯菲利普·雅布鲁（Phillip Yarbroug），在承认意图分销50克或更多含有可检测量甲基苯丙胺的混合物或物质的罪名后，被美国地方法院法官丽萨·古德贝·伍德（Lisa Godbey Wood）判处264个月监禁。③

在芬太尼危机的背景下，美国对易制毒化学品监管的挑战之二是芬太尼危机后，甲基苯丙胺的制造及滥用越来越多。据联合国麻管局统计，2016～

---

① DEA, *DEA's Largest Seizure of Fentanyl Precursor Chemical In New England-Street Value Of $570 Million*, Virginia：DEA，2017. https：//www. dea. gov/press - releases/2017/06/09/deas - largest-seizure-fentanyl-precursor-chemical-new-england-street-value.

② DEA, *Former Honduran drug trafficker sentenced to life in prison for distributing over 150 tons of controlled substances*, Virginia：DEA，2019. https：//www. dea. gov/press-releases/2019/08/02/former-honduran-drug-trafficker-sentenced-life-prison-distributing-ove.

③ DEA, *Admitted Methamphetamine Trafficker Sentenced to Federal Prison*, Virginia：DEA，2021. https：//www. dea. gov/press-releases/2021/03/01/admitted-methamphetamine-trafficker-sentenced-federal-prison.

2018 年，全球对麻黄碱进口量最多的国家是美国。[①] 2019 年，北美的麻黄碱缉获量达到 6 年来的最高水平，美国据报共缉获麻黄碱和伪麻黄碱各近410 千克。[②] 近年来，甲基苯丙胺的死灰复燃在很大程度上被美国对阿片类药物的高度关注掩盖。由于过去几年阿片类药物受到了如此多的关注，美国缉毒署随着时间的推移帮助了马里兰州和弗吉尼亚州对抗危机的斗争。然而，他们也一直在努力研究该地区普遍存在的其他物质使用趋势，尤其值得注意的是甲基苯丙胺使用的复苏。2019 年 11 月，美国缉毒署在马里兰州发现了生产冰毒的"一锅实验室"（one-pot lab）。"一锅"，即甲基苯丙胺实验室，是便携式的，通常是自制的实验室，与大型毒贩使用的传统方法相比，这些实验室可以在更短的时间内生产出更小批量的甲基苯丙胺。该过程涉及将几种常见的家用电器组合在一个容器中，并且非常危险。所用产品的浓度使密封容器内的压力升高到容器几乎不能够承受的压力水平，极有可能爆炸成巨大的火球。"一锅"实验室的运输便利性和隐蔽性引起了官员和公共安全的重大关注。用于创建"一锅"实验室的物质和容器很容易被忽视。因此，对前体化学品和容器的识别是确定活跃实验室的关键。[③]

（二）新冠肺炎疫情影响下对易制毒化学品的监管

2020 年上半年犯罪组织受到新冠肺炎疫情的影响，如日常旅行限制、美国边境关闭、非必要企业关闭和广泛的就地庇护令等，毒品活动暂时有所减少。[④] 然而，从 2019 年 5 月到 2020 年 5 月，美国估计有 81000 药物过量

① International Narcotics Control Board, Precursors and chemicals frequently used in the illicit manufacture of narcotics drugs and psychotropic substances 2019, Vienna: United Nations, 2019, p. 35.

② International Narcotics Control Board, *Precursors and chemicals frequently used in the illicit manufacture of narcotics drugs and psychotropic substances* 2020, Vienna: United Nations, 2020, pp. 63-64.

③ DEA, *As Western Maryland battles the opioid crisis, meth is surging*, Virginia: DEA, 2019. https://www.dea.gov/press-releases/2019/11/13/western-maryland-battles-opioid-crisis-meth-surging.

④ DEA, *DEA Releases 2020 National Drug Threat Assessment*, Virginia: DEA, 2021. https://www.dea.gov/press-releases/2021/03/02/dea-releases-2020-national-drug-threat-assessment-1.

死亡案例，这证明药物过量死亡潜伏在新冠肺炎疫情引起的公共卫生危机背后。2019～2020 年，美国缉毒署纽约分部发现新冠肺炎疫情影响了贩毒组织的生产、包装、运输、分销和洗钱策略。美国缉毒署纽约分部查获了近 1.7 亿美元的毒品收益和资产，以及价值超过 6.03 亿美元的非法毒品。特别重要的是纽约的甲基苯丙胺和芬太尼缉获量激增，这与美国疾控中心的过量死亡数据相似。①

美国缉毒署情报和调查发现，墨西哥卡特尔跨境运输非法药物因新冠肺炎疫情期间执法能力的提高而中断，但他们很快适应并找到了新的贩运方式。自新冠肺炎疫情初期中断以来，墨西哥卡特尔加强了前体材料的供应，增加了产量，并向美国输送了更多的芬太尼和甲基苯丙胺。在此期间，纽约看到贩运组织利用邮件服务向纽约的犯罪网络发送更小、更频繁的强效药物，如芬太尼。墨西哥卡特尔利用他们将芬太尼加工成药丸形式，以便于运输、隐藏和最终抵达客户手中。他们的贩运基金会协助将甲基苯丙胺装载到纽约。纽约过去并不是一个主要的甲基苯丙胺市场，但缉获量的增加表明墨西哥卡特尔继续将其推向东北部。纽约缉毒局的调查显示，贩运者将甲基苯丙胺包装在婴儿纸尿裤等普通产品中，以便在通过包裹运送时将其隐藏起来。此外，来自西南边境沿线城市的拖拉机、拖车等车辆隐藏间中也发现了冰毒。美国海关和边境保护局报告称，从 2019 年到 2020 年，西南边境的甲基苯丙胺缉获量增加了 27%。②

对于芬太尼危机和新冠肺炎疫情双重作用下的药物滥用问题，美国除了加强执法之外，还从公共卫生领域积极推动降低毒品危害计划和康复计划。美国疾控中心致力于确定和记录因新冠肺炎疫情而实施的新颖、创新和新兴的降低毒品危害战略，并资助有希望的战略，以确保或增加在新冠肺炎疫情

---

① DEA, *DEA warns of methamphetamine and fentanyl drug market built by aftermath of COVID-19 in New York*, Virginia：DEA, 2021. https：//www. dea. gov/press - releases/2021/01/26/dea - warns-methamphetamine-and-fentanyl-drug-market-built-aftermath-covid.

② DEA, *DEA warns of methamphetamine and fentanyl drug market built by aftermath of COVID-19 in New York*, Virginia：DEA, 2021. https：//www. dea. gov/press - releases/2021/01/26/dea - warns-methamphetamine-and-fentanyl-drug-market-built-aftermath-covid.

期间获得服务的机会。2022 年 1 月，美国国家毒品管制政策办公室（Office of National Drug Control Policy，ONDCP）与物质滥用和精神卫生服务部（Substance Abuse and Mental Health Services Administration，SAMHSA）、美国疾控中心共同举办了为期两天的全国减害峰会。该峰会召集了来自地方、部落、州和联邦政府以及非政府组织的多元化合作伙伴和专家小组，包括减害领域的代表，共同商讨药物使用预防、治疗、康复和司法方案，为物质滥用和精神卫生服务部制定降低毒品危害框架，以帮助指导该机构的政策、计划和实践。美国疾控中心与物质滥用和精神卫生服务部建立了 300 万美元的合作伙伴关系，以利用美国疾控中心的国家减害技术援助中心来支持在不同环境中实施有效的、循证的减害计划、实践和政策，并缩小健康差异。同时，物质滥用和精神卫生服务部宣布将美沙酮带回家的灵活性延长一年，自新冠肺炎疫情突发公共卫生事件最终到期时生效。这种灵活性允许居住在远离过量治疗计划或缺乏可靠交通工具的人获得更多机会，促进了个性化、以康复为导向的护理。[①]

四　易制毒化学品监管的国际合作

易制毒化学品在全球的流动，要求各国政府必须积极加强国际合作。美国的禁毒国际合作，既包括多边合作也包括双边合作，在双边合作中，我们主要探讨美国与墨西哥的双边合作。

（一）多边合作

美国不断加强与麻管局棱镜项目和聚合项目前体工作队的参与国合作。

[①] ONDCP, *White House Releases List of Actions Taken by the Biden-Harris Administration Since January 2021 to Address Addiction and the Overdose Epidemic*, Washington DC. ONDCP, 2022. https：//www. whitehouse. gov/ondcp/briefing－room/2022/01/18/white－house－releases－list-of-actions-taken-by-the-biden-harris-administration-since-january-2021-to-address-addiction-and-the-overdose-epidemic/

麻管局前体工作队目前专注于醋酸酐的合法国内贸易和最终用途。美国还提供援助，以扩大麻管局网上出口前通知系统和前体事件通信系统的国际使用范围，以控制醋酸酐的转移。

为了应对化学品转移、贩运和生产的转变，美国正在扩大与国际伙伴合作的努力，以实现1988年联合国公约的规定，在国际特别监督清单上监测这些物质，并识别阻止转移和/或走私可用于非法药物生产的新替代化学品。

更为重要的是，美国开发和利用行政、调查和起诉工具成功识别可疑交易并将化学品贩运者绳之以法，并与其他国家共享情报信息，以更好地利用观察名单和自愿控制机制来针对所列化学品和替代化学品以及确定最新的生产和贩运方法。

通过国际合作促进国内易制毒化学品管控，也是美国正在积极推动的举措。加强与国内工业（包括化学和航运公司）以及其他公私伙伴关系的合作对于针对前体化学品至关重要。在这方面，国际准则和最佳做法大有可为，因为麻管局所制定的工业自愿行为守则为各国的国内合作树立了典范。美国同时寻求与其他国家合作，鼓励采用这些国家在管制化学品国际贸易中的类似措施。

在此背景下，美国继续通过联合国麻管局的推动和其他多边场合与其他成员国接触。例如，在西半球，美国药物滥用控制委员会（American Drug Abuse Control Commission，CICAD）推进了前体化学品管制方面的自愿合作。美国药物滥用控制委员会的化学品控制和非法药物专家组在这一方面的重要领域推出了各种举措。值得注意的是，化学品控制和非法药物专家组正在探索从西半球征求意见进一步讨论私营部门参与有关控制合法前体被用于制造非法药物的相关问题。

同时，美国正在支持伙伴国家在世界各个地区制定和加强前体法律和法规以确保遵守国际药物管制公约的努力，包括进一步采取措施加强和促进各国政府之间的沟通，通过麻管局工作队加强受管制化学品的进出口，并通过双边、多边和区域机构扩大对前体倡议的外交接触。美国还向国际实体提供培训，以通过互联网改进对化学品商业化的监测和控制。

美国在合作的多边化学品控制倡议的设计、促进和实施方面发挥了主导作用。美国还与其他有关国家、毒品和犯罪问题办公室、麻管局积极合作，制定信息共享程序，以更好地控制前体化学品，包括伪麻黄碱和麻黄碱。这是一种甲基苯丙胺生产的主要前体。由于部分美国官员是聚合项目和棱镜项目联合工作组的成员，美国与主要化学品制造和贸易国的同行建立了密切的业务合作关系，这种合作包括信息共享以支持化学品控制计划和防止化学品转移。① 2022年1月，美国国家毒品控制政策办公室、缉毒署和国务院牵头向联合国提交了一份提案，以在国际上列出非法药物生产商正在使用的新前体化学品。②

此外，为了应对危及美国公众健康和安全的全球毒品威胁，如国际卡特尔、毒品恐怖暴力和来自其他国家的前体化学品，美国缉毒署在全球69个国家设有91个驻外办事处，以加强禁毒国际合作。

（二）与墨西哥的双边合作

作为全球第一经济体的美国，加强国际合作的首要任务即是打击跨国有组织犯罪。跨国有组织犯罪是一项价值数十亿美元的业务，跨越地理界限，威胁全球稳定。每年，数以百万计的生命受到跨国犯罪组织的影响，包括药物过量、使用暴力、枪支走私以及人口贩运。美国在禁毒国际合作中，亦将打击跨国有组织犯罪置于较为重要的位置。

2021年12月5日，拜登—哈里斯政府为发现、破坏和削弱跨国犯罪组织的力量，通过了两项关于跨国有组织犯罪和非法毒品的行政命令以保护美

---

① Bureau of International Narcotics and Law Enforcement Affairs, *2016 International Narcotics Control Strategy Report（INCSR）*, Washington DC：INL, 2017. https：//2009－2017. state. gov/j/inl/rls/nrcrpt/2016/vol1/253224. htm.

② ONDCP, *White House Releases List of Actions Taken by the Biden-Harris Administration Since January 2021 to Address Addiction and the Overdose Epidemic*, Washington DC. ONDCP, 2021. https：//www. whitehouse. gov/ondcp/briefing-room/2022/01/18/white-house-releases-list-of-actions-taken-by-the-biden-harris-administration-since-january-2021-to-address-addiction-and-the-overdose-epidemic/.

国人民。这两项行政命令，即建立美国跨国有组织犯罪委员会和对参与全球非法毒品贸易的外国人实施制裁，此举将有助于应对跨国犯罪组织对美国社区构成的威胁。美国政府正在成立打击跨国有组织犯罪委员会，将六个参与打击跨国有组织犯罪工作的关键部门和机构聚集在一起，以确保美国政府有效利用所有适当的工具来应对跨国犯罪组织构成的威胁。而且，由于贩毒组织的结构和策略发生了变化，美国政府通过一项新的行政命令，进行制裁和其他相关行动来打击这些组织及其推动者和金融促进者，使美国打击跨国有组织犯罪委员会更现代化并扩大了能力。根据这项新授权，美国财政部在全球范围内指定 25 个目标，包括 10 名个人和 15 个实体，这些目标参与了导致非法药物国际扩散的活动或交易。国务院麻醉品奖励计划采取的补充行动有助于查明主要违反美国麻醉品法律的行为，以及将非法药物带入美国的个人和实体机构。[①]

目前，美国最大的毒品犯罪威胁仍然是墨西哥跨国犯罪组织（Mexican Transnational Criminal Organization，TCO）。[②] 美国缉毒署主管特工雷·多诺万（Ray Donovan）表示："美国大约 90% 的非法药物来自墨西哥，其中大部分都运往纽约等主要交通枢纽进行进一步分销。"[③] 2019 年，墨西哥的甲基苯丙胺来自大型实验室，能够在一个周期内生产数百磅的毒品，所有这些毒品的纯度都在 90% 以上，效力也紧随其后。[④]

---

① White house, *FACT SHEET: the Biden Administration Launches New Efforts to Counter Transnational Criminal Organizations and Illicit Drugs*, Washington DC. White House, 2021. https://www.whitehouse.gov/briefing-room/statements-releases/2021/12/15/fact-sheet-the-biden-administration-launches-new-efforts-to-counter-transnational-criminal-organizations-and-illicit-drugs/.

② DEA, *DEA Releases 2020 National Drug Threat Assessment*, Virginia: DEA, 2021. https://www.dea.gov/press-releases/2021/03/02/dea-releases-2020-national-drug-threat-assessment-1.

③ DEA, *DEA warns of methamphetamine and fentanyl drug market built by aftermath of COVID-19 in New York*, Virginia: DEA, 2021. https://www.dea.gov/press-releases/2021/01/26/dea-warns-methamphetamine-and-fentanyl-drug-market-built-aftermath-covid.

④ DEA, *Methamphetamine Seizures Continue to Climb in the Midwest*, Virginia: DEA, 2019. https://www.dea.gov/stories/2019/2019-07/2019-07-10/methamphetamine-seizures-continue-climb-midwest.

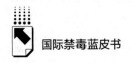

为了深入了解墨西哥毒品问题，2019 年 9 月 11 日，一个由 12 名美国联邦、亚拉巴马州和地方执法官员组成的代表团前往墨西哥，目睹那里非法毒品贸易的复杂性。代表团在墨西哥城听取了最高级别的简报。代表团在该国停留的时间不到 72 小时，总共行驶了近 5500 英里，并且一直受到美国和墨西哥执法部门全副武装的保护。代表团收集的犯罪情报是无法估量的，而总体信息很明确，墨西哥的毒品贩运和生产正在主导美国的毒品贸易。从哥伦比亚出口的海洛因、甲基苯丙胺、芬太尼甚至可卡因都被墨西哥的跨国有组织犯罪贩运到美国，为卡特尔工作的化学家也在墨西哥境内采购前体材料方面取得了长足的发展。芬太尼和甲基苯丙胺的利润率正在推动卡特尔的毒品交易。①

2021 年 3 月，美国司法部与缉毒局联合发布的《2020 年国家毒品威胁评估》中指出了墨西哥的前体限制和定价会影响生产方法。美国缉毒署报告表明，前体化学品的可用性和价格推动了墨西哥甲基苯丙胺制造商使用前体化学品苯基-2-丙酮的生产技术。2015 年 10 月，墨西哥政府正式管制苯基-2-丙酮易制毒化学品苯甲醛和硝基乙烷，导致黑市化学品价格上涨 300% 以上。虽然生产甲基苯丙胺有许多不同的方法，但生产遵循可预测的化学反应和成分模式。在等待受限前体化学品或受限化学品的发货过程中，重要的甲基苯丙胺生产商将根据可随时获得的材料来维持供应和生产。所以，识别、瞄准和限制必要的前体可能会减慢生产速度，推高价格，并迫使生产商改变生产方式。②

为了应对墨西哥跨国有组织犯罪的挑战，除了缉毒署严格执法外，美国国务院国际麻醉品和执法事务局（Bureau of International Narcotics and Law Enforcement Affairs，INL）亦打击墨西哥跨国有组织犯罪。美国国务院国际

① *DEA and law enforcement members from the state of Alabama briefed in Mexico*, Virginia：DEA, 2019. https：//www. dea. gov/press-releases/2019/09/18/dea-and-law-enforcement-members-state-alabama-briefed-mexico.

② US Department of Justice, DEA, *US 2020 National drug threat assessment*, Washington DC：US Department of Justice, 2021.

麻醉品和执法事务局致力于通过打击国际犯罪、非法毒品和国外的不稳定来确保美国人在国内的安全。美国国务院国际麻醉品和执法事务局通过加强其警察、法院和惩戒系统来帮助各国实现正义和公平。这些努力减少了犯罪和到达美国海岸的非法毒品数量。美国国务院国际麻醉品和执法事务局在墨西哥的目标是：①

　　减少毒品种植和生产：美国和墨西哥通过支持墨西哥根除罂粟、拆除秘密毒品实验室和更好地跟踪用于生产的前体化学品的运输项目，共同努力减少墨西哥对美国毒品供应非法药物。

　　保护边境和港口并增加禁毒力度：美国国务院国际麻醉品和执法事务局通过向墨西哥机构提供培训和设备来阻止武器、现金和毒品的流动，从而加强共同的边境安全。美国国务院国际麻醉品和执法事务局的援助加强了美国与墨西哥在应对跨国威胁方面的协调。

　　破坏非法金融：美国国务院国际麻醉品和执法事务局项目通过建立墨西哥调查网络和加强没收犯罪资产的能力，阻止跨国犯罪组织获取其犯罪活动的非法收益。

　　警察专业化：美国国务院国际麻醉品和执法事务局通过支持墨西哥努力促进问责制、专业精神、诚信、尊重人权和遵守该国执法人员的正当程序，帮助加强墨西哥的公共安全。

　　减少有罪不罚现象：美国国务院国际麻醉品和执法事务局通过帮助墨西哥执法和司法机构以及官员，共同努力建立和提出强有力的法制体系，以打击有组织犯罪、腐败、洗钱和走私，从而加强了墨西哥的法治。

美国国务院国际麻醉品和执法事务局对墨西哥的援助加强了墨西哥和美

---

① *Bureau of International Narcotics and Law Enforcement Affairs*：*Mexico Summary*，Washington DC：INL，2021. https：//www. state. gov/bureau-of-international-narcotics-and-law-enforcement-affairs-work-by-country/mexico-summary/.

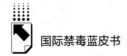

国执法机构、司法官员和民间社会领袖之间的双边伙伴关系。由于美国国务院国际麻醉品和执法事务局的支持，墨西哥和美国官员共享信息并共同努力打击非法贩毒，将犯罪分子绳之以法。美国国务院国际麻醉品和执法事务局对墨西哥的援助已适应两国新出现的威胁，并为持续安全合作提供了模式，包括与整个西半球国家的合作。

在禁毒双边合作中，美墨两国逐渐从部门合作走向国家间的对话与合作。2021年9月27日，在美墨高层安全对话上，拜登总统指出："从我们国家成立之初，墨西哥和美国人民就有着牢固的纽带，我们的共同价值观和共同愿望将我们团结在一起。纵观历史，我们了解到，当作为邻居、合作伙伴和朋友站在一起时，我们会变得更强大。"美国和墨西哥开启了以伙伴关系为基础、以共同责任为指导、以两国国家安全利益为驱动的安全合作新时代，以制止犯罪集团的毒品走私、人口贩运，进而防止其威胁美国公民的健康和安全。美国—墨西哥安全、公共卫生和安全社区二百周年框架为两国行动建立了一个全面、长期的方法，以追求两国的社会安全和保障。该框架以拜登—哈里斯政府的毒品政策优先事项为依据，该优先事项促进了循证的公共卫生和公共安全方法，以减少毒品需求和过量服用，达到挽救生命之目的。该框架侧重于确保种族平等、以预防犯罪为基础的社区能力建设，并降低毒品危害。美国和墨西哥致力于转变其合作，以更好地保护公民的健康和安全，促进两国最脆弱社区的发展，防止犯罪组织对两国造成伤害，并将犯罪分子绳之以法。这个框架协议共有三个目标①：

目标1：保护我们的人民

美国和墨西哥寻求建立可持续、健康和安全的社区，以造福两国公民。

公共卫生——预防和减少药物滥用，同时减少与成瘾相关的危害；

---

① White House, FACT SHEET: U. S. - Mexico High - Level Security Dialogue, Washington DC: White House, 2021. https://www.whitehouse.gov/briefing-room/statements-releases/2021/10/08/fact-sheet-u-s-mexico-high-level-security-dialogue/.

创造获得药物滥用治疗和康复支持的机会；分享最佳实践和经验教训，以更好地了解药物滥用模式；探索药物滥用案件的监禁替代方案。

支持安全社区——通过教育和经济机会减少犯罪集团对弱势群体的剥削，解决暴力的根源，同时促进人权平等并满足受害者和社区的需求。

降低凶杀和高犯罪率——通过针对暴力行为者和促成者并有效和持续地进行凶杀调查，使刑事司法和执法系统专业化，并扩大知识传播以实施打击性别犯罪的最佳做法，从而减少墨西哥基于暴力的凶杀案数量。

目标2：防止跨境犯罪——美国和墨西哥寻求削弱跨国犯罪组织的能力，并防止贩运毒品、武器、野生动物和人口。

安全的旅行和商业模式——加强空中、陆地、海上和铁路入境口岸的监督和协调，促进美墨边境各方面的协作、高效和安全管理，改进对化学品前体、散装现金和假冒商品的集装箱控制和检测，提高管制合成药物和前体的监管和执法能力。

减少武器贩运——通过扩大追踪合作、调查合作和对弹道技术的投资，努力减少非法武器贩运。共享信息以最大限度地提高发现和扣押枪支的执法、调查和起诉；并与执法部门共享缉获后信息。

破坏墨西哥跨国犯罪组织及其非法供应链的能力——降低墨西哥跨国犯罪组织的毒品销售能力，起诉腐败案件和墨西哥跨国犯罪组织相关犯罪，重点关注毒品实验室和易制毒化学品。

减少人口走私和贩运——识别和打击人口走私和贩运组织，同时保护弱势群体的人权和安全，并扩大对走私和贩运网络的针对性起诉。

目标3：打击犯罪网络——破坏墨西哥跨国犯罪组织金融网络，降低其从跨国和网络空间非法活动中获利的能力。

打击非法金融家——加强信息共享，以打击与非法活动有关的洗钱活动，识别、冻结和扣押参与腐败活动的犯罪分子的资产，起诉、逮捕和引渡关键的金融协助者。

　　加强安全和司法部门行为者调查和起诉有组织犯罪的能力——通过能力建设和问责制，促进警察、调查人员、分析人员和检察官之间的合作，两国在所有领域合作调查和起诉有组织犯罪；确保法院支持受害者并维护人权和公民权利，增加专注于墨西哥跨国犯罪组织案件的专职人员数量；通过伙伴关系和能力建设，确保建立功能齐全的司法系统。

　　加强引渡合作——加强双边合作，以促进根据每个国家的法律引渡墨西哥跨国犯罪组织成员和相关行为者。

　　拜登政府通过的美国—墨西哥安全、公共卫生和安全社区二百周年框架，该框架解决了助长阿片类药物流行的多种因素，旨在通过投资公共卫生、预防跨境犯罪和打击犯罪网络，重申以法治为基础的美墨两国的经济和国家安全利益。其中，"重点关注毒品实验室和易制毒化学品"成为打击墨西哥跨国犯罪组织及其非法供应链的主要举措。

结　语

　　易制毒化学品监管是个世界性难题，究其原因是因为有些易制毒化学品在合法工业生产中也是必需品。国际学术界将易制毒化学品进一步细分为前体化学品和基本化学品，二者在毒品生产中起着两种关键作用：一是作为生产合成毒品所需的化合物；二是作为将植物原料加工成毒品的精炼剂与溶剂。用于合成药物生产的化学物质被称为前体化学物质，因为它们被合并到药物产品中，不太可能被其他化学物质取代。用于提炼和加工植物性药物的化学品被称为基本化学品，可以很容易地被具有类似性质的其他化学品取代。长期以来，国际努力的目标是防止将最常见的基本化学品，如高锰酸钾和醋酸酐，分别非法转用制造可卡因和海洛因，因为这些化学品的巨大合法市场使这一任务变得困难。例如，如果把这些化学物质在世界范围内不到1%的合法商业用途转移到其他地方，就足以生产海洛因。同时，前体也可以从合法药品中获得，如感冒药成品中的麻黄碱和伪麻黄碱，所以，对易制毒化学品的监管成为非常复杂的挑战。

美国在易制毒化学品监管过程中，积极探索监管与执法的平衡，既保证合法工业的正常供应，又要防止其流入非法渠道制造毒品。通过爬梳美国对前体监管的缘起——甲基苯丙胺前体的监管之争、易制毒化学品监管的法治基础、芬太尼危机和新冠肺炎疫情双重作用下的易制毒化学品的监管挑战、易制毒化学品监管的国际合作等问题，本报告认为美国易制毒化学品监管既有相对成功的经验可资借鉴，也有深度困境值得反思。

（一）美国易制毒化学品监管的经验

第一，全球视野。美国的禁毒工作立足于全球，比较具有代表性的案例是，2016 年美国国务院根据《对外援助法》向国会提交了《2016 年国际禁毒战略报告》。该报告描述了 2015 年主要国家在打击国际毒品贸易方面所做的努力。第一卷涵盖了毒品和化学品管制活动，第二卷涵盖洗钱和金融犯罪。① 正是在全面深入研究全球毒情形势的背景下，美国在制定禁毒政策时更加科学精准。

第二，科技先行。美国一直是科技大国，在易制毒化学品监管上也积极倡导科技先行，既积极支援联合国麻管局的网上出口前通知系统和前体事件通信系统的研发和推广，又通过国际特别监督清单系统实时监测易制毒化学品的转移、贩运和生产。

第三，国际合作。美国既加强多边合作，又开展与主要毒源国墨西哥的双边合作，进而从源头上不断深入打击跨国有组织犯罪。

第四，法治保障。随着易制毒化学品不断花样翻新，美国易制毒化学品监管的立法也不断深化和细化，不断将新发现的化学前体、特制前体，以及前前体等列入《受控物质法》。在执法层面也在积极打击毒品犯罪，在司法层面不断地对毒品犯罪嫌疑人实施法律惩处。

---

① Bureau of International Narcotics and Law Enforcement Affairs, *2016 International Narcotics Control Strategy Report*, Washington DC: INL, 2017. https://2009 - 2017. state. gov/j/inl/rls/nrcrpt/2016/index. htm.

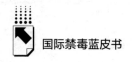

（二）美国易制毒化学品监管的困境

第一，全球化的挑战。在全球化时代，任何一个国家面对毒品问题都不能独善其身，美国亦概莫能外。易制毒化学品的生产、分销、再次合成毒品，已是巨大的经济链条，往往分散于全球实现全链条生产，故给易制毒化学品监管带来极大挑战。

第二，地缘政治影响。美国靠近毒源地"银三角"，尤其是墨西哥的毒品贩运主要针对美国市场，而墨西哥政府在政治、经济等方面相对处于弱势地位，这使美国抵御毒品的侵蚀又增加了多重压力，从 2021 年 9 月美墨高层安全对话可见一斑。

第三，庞大的市场需求。美国自 20 世纪 70 年代开始，逐渐陷入由毒品引发的公共卫生危机，吸毒群体的基数较大，有较为庞大的毒品市场需求。当执法部门着重打击吸食一种毒品时，吸毒者就会转向寻求另一种毒品，这种现象极易造成执法和监管漏洞，当前频发甲基苯丙胺及其前体的制造和分销案件，便说明了这一问题。

第四，多重社会问题的掩盖。当前，美国正面临着多重社会问题，包括种族问题、新冠肺炎流行、失业问题、芬太尼危机等，在平衡而有效处理诸多社会问题的同时如何加强易制毒化学品监管，将是另一个挑战。

参考文献

1. M. Douglas Anglin，"History of the Methamphetamine Problem," *Journal of Psychoactive Drugs*，Vol. 32，No. 2，April 2000.
2. James Nonnemaker，"Are methamphetamine precursor control laws effective tools to fight the methamphetamine epidemic?" *Health economics*，Vol. 20，April 2010.
3. Rebecca Mcketin，"Methamphetamine precursor regulation：are we controlling or diverting the drug problem?" *Addiction*，Vol. 103，October 2007.
4. International Narcotics Control Board，*Precursors and chemicals frequently used in the*

illicit manufacture of narcotics drugs and psychotropic substances 2020，Vienna：United Nations，2020.

5. DEA，*DEA Releases* 2020 *National Drug Threat Assessment*，Virginia：DEA，2021.

6. DEA，*DEA warns of methamphetamine and fentanyl drug market built by aftermath of COVID*-19 *in New York*，Virginia：DEA，2021.

7. ONDCP，*White House Releases List of Actions Taken by the Biden-Harris Administration Since January 2021 to Address Addiction and the Overdose Epidemic*，Washington DC：ONDCP，2022.

8. Bureau of International Narcotics and Law Enforcement Affairs，*2016 International Narcotics Control Strategy Report*（INCSR），Washington DC：INL，2017.

B.5
俄罗斯前体管控面临的挑战与应对之策

李昕玮*

摘　要： 当前，随着国际毒品生产与滥用形势的不断发展，我国易制毒化学品管控工作面临严峻态势，管控体系和举措与毒品生产及滥用实际情况在一定程度上存在相对落后的问题。俄罗斯是世界化工产品生产大国，同时俄罗斯面临严峻的毒情。俄罗斯的禁毒工作总体思路与我国有相似之处，如易制毒化学品管控体制同我国有相同之处，也有根据俄罗斯本国国情而出现的差异，主要是俄罗斯未将易制毒化学品单独列出，而是统一用前体进行管控，中俄两国在该领域存在合作空间。本文对俄罗斯前体管控体系进行介绍，并分析俄罗斯在前体管控工作领域取得的经验及存在的问题，将给我国完善易制毒化学品管控体系及与俄罗斯开展相关合作提供可借鉴的经验。

关键词： 俄罗斯　前体管控　禁毒

　　俄罗斯是世界毒品市场的重要环节，既是阿富汗毒品外流的主要市场，同时也是毒品流向欧洲的重要路线。俄罗斯毒情长期严峻，近年新精神活性物质滥用现象十分严重，与原本就严重的海洛因等传统毒品犯罪形势叠加，给俄罗斯禁毒工作造成极大挑战。除此之外，俄罗斯是世界主要化工生产大国，易制毒化学品为主的前体流入非法市场及相关犯罪现象引起了俄政府和

---

* 李昕玮，中国社会科学院历史学博士，凯里学院马克思主义学院讲师，陕西师范大学阿富汗研究中心研究员，主要研究方向为阿富汗毒品问题、阿富汗与中亚政治。

禁毒部门的高度重视，在该领域出台了一系列相关法律法规和政策，在取得一定成效的同时，也面临许多问题。

一 俄罗斯建立易制毒化学品等前体管控体系的背景与原因

根据《俄罗斯联邦毒品形势报告 2020 年》显示，俄罗斯毒品的生产、贩运和消费都受到新冠肺炎疫情的影响，自俄罗斯境外贩运入境的毒品数量有所下降，但俄国内新精神活性物质和合成毒品的生产和贩运数量则明显上升[①]。报告披露了大麻和合成毒品成为俄罗斯毒品市场上最流行的种类。合成毒品与新精神活性物质的流行给俄罗斯禁毒工作带来了极大挑战，其中主要问题是俄罗斯在包括易制毒化学品在内的前体管控工作中，面临着生产量大、漏洞较多、管理力量薄弱等问题，难以跟上合成毒品和新精神活性物质发展变化的速度。俄罗斯继承了苏联的化学工业"遗产"，有较为完整的化工体系和生产基础。但苏联解体之后，俄罗斯化工体系的管理出现较长时间的混乱，无力阻止易制毒化学品等前体流入非法渠道用于非法用途。俄政府为应对此情，在法律法规、监管机构等方面建立和不断完善易制毒化学品等前体管控机制，取得了一定成效，但同俄毒情变化趋势相比，还需要进一步加大监管力度，强化监管力量，完善监管制度。

（一）俄罗斯现今的毒品形势

在俄罗斯出台的国家安全战略中将滥用毒品及跨国毒品犯罪列为国家安全面临的主要威胁之一，认为毒品问题能直接影响到俄安全、稳定与国家发展。长期以来，以海洛因为主的传统毒品是俄毒品消费市场中的主流，但近年来，新精神活性物质替代了海洛因在俄毒品消费市场上的地位，成为俄毒品消费主

[①] Государственный антинаркотический комитет: Доклад о Наркоситуации в Российской Федерации в 2020г, p. 4.

要品类。在以海洛因为主流消费品的时代，俄主要为毒品消费市场和贩运路线途经国。但是新精神活性物质在全球毒品消费市场份额上升之后，俄罗斯作为化工大国，易制毒化学品非法贩运等相关犯罪在俄呈现上升态势，俄也从过去的消费国逐渐向毒品生产犯罪转变。在俄罗斯联邦政府制定的《俄罗斯联邦2030 年前国家禁毒战略》中将打击毒品及前体生产与贩运列为俄禁毒工作重点之一。在《俄罗斯联邦 2030 年前国家禁毒战略》中明确提出包括大麻在内的所谓"软性毒品"、合成毒品和新精神活性物质在俄的生产、滥用和贩运态势不断上升，俄现有法律法规体系难以全面覆盖易制毒化学品、前体及部分成瘾药物在俄境内的生产和销售情况，两种情况给俄禁毒工作造成了严峻困难。

俄罗斯毒品消费种类中，除了海洛因等鸦片类毒品之外，近年来大麻等毒品及新精神活性物质在俄罗斯日趋流行。俄罗斯禁毒部门缴获的大麻来自俄境内外，一部分为经中亚地区贩运流入，一部分是俄原产大麻。近年俄罗斯禁毒部门多次报告在境内铲除大麻种植，或者发现野生大麻植株的案例。在俄罗斯远东地区、西伯利亚和北高加索地区有野生大麻原植物生长，并且这些含有较高含量的四氢大麻酚。每年在俄罗斯缴获的大麻当中约一半来自布里亚特共和国、阿尔泰、外贝加尔、克拉斯诺亚尔斯克、滨海和哈巴罗夫斯克边疆区，以及阿穆尔州、伊尔库茨克州和犹太自治州等地。除了大麻之外，近年合成毒品与新精神活性物质在俄毒品消费市场上越来越流行，俄罗斯国家禁毒委员会曾认为，合成毒品与新精神活性物质已经成为俄最流行的毒品。合成毒品及新精神活性物质种类繁多，隐蔽性强，查缉难度很大，并且成瘾性明显。合成毒品与新精神活性物质在俄罗斯吸毒群体中十分流行，尤其是青少年群体，在部分青少年中形成认为其"时尚""炫酷"的亚文化认知，给俄罗斯的青少年吸毒预防工作带来困难。俄罗斯境内的合成毒品与新精神活性物质来源既有境内，也有境外，部分毒品自欧洲等地流入俄罗斯；部分毒品则在俄境内生产。俄罗斯贩毒组织一般通过网络商店或者是电商平台销售合成毒品及新精神活性物质，并用"香料""鳄鱼"等名称来指代不同毒品。网络销售毒品能够做到"人货分离"，使买家无法接触到真正的卖家，给禁毒工作带来了很大阻碍。

从毒品来源来看，俄罗斯毒品来源渠道复杂，既有境内贩运，又有境外贩运，已成为全球毒品贩运路线的目的国和过境国。俄罗斯毒品来源于境内制造和境外输入，近年来随着俄罗斯禁毒部门加大执法力度，对毒品贩运的打击取得了一定成绩。但是俄罗斯仍然面临来自阿富汗的毒品的威胁，同时境外流入的合成毒品也给俄罗斯造成现实威胁。俄境内外贩毒集团已结合成为跨国贩毒网络，贩毒手段升级变化迅速，给俄造成的现实与潜在威胁进一步加大。

俄罗斯政府和禁毒部门对禁毒工作高度重视。在俄联邦禁毒委员会公布的情况表明，总体而言，在俄罗斯政府和禁毒部门的共同努力下，2019～2020年俄罗斯毒情总体稳定，其中莫斯科和圣彼得堡的毒情有所好转，但整体上仍十分严峻。[①] 在毒品贩运方面，由于新冠肺炎疫情的影响，特别是国际航班关闭、防疫措施导致国际人员往来和物流的受阻，2020年被非法贩运进入俄罗斯的毒品数量有所下降。国外毒品流入数量下降的同时，俄罗斯国内合成毒品及新精神活性物质的生产和非法销售则出现上升，尤其是通过互联网销售的情况上升较为明显。同时与2019年相比，2020年与毒品相关犯罪的数量基本持平，下降了0.2%，为18.9905万起。[②] 俄罗斯联邦国家禁毒委员会公布的调研数据显示，大麻类与合成毒品是2020年俄罗斯毒品消费市场上最流行的种类，[③] 而俄罗斯国内合成毒品、新精神活性物质生产和销售上升的情况则带来了易制毒化学品非法贩运及相关犯罪增加的风险。与2019年相比，2020年登记的毒品犯罪案件中，与非法前体贩运相关的犯罪数量增加了66.3%，共291起，缴获的前体数量自2015年以来首次出现明显增加，共缴获了7.3吨，同2015年相比增加了6.4倍。[④]

---

① Государственный антинаркотический комитет：Доклад о Наркоситуации в Российской Федерации в 2020г, p. 4.

② Государственный антинаркотический комитет：Доклад о Наркоситуации в Российской Федерации в 2020г, p. 4.

③ Государственный антинаркотический комитет：Доклад о Наркоситуации в Российской Федерации в 2020г, p. 7.

④ Государственный антинаркотический комитет：Доклад о Наркоситуации в Российской Федерации в 2020г, p. 5.

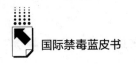

（二）俄罗斯加强前体管控的原因

苏联解体之后，俄罗斯基本继承了苏联时期的化学工业，苏联时期在俄罗斯境内建设了大量化工厂，留下了完整的化工生产基础设施、大量的化工原料和产品，以及大批高素质的化工行业人员，包括科研院所和科研人员。但是，苏联解体及随之而来的经济崩溃和社会动荡导致化工企业、化工品处于无人看守的状态。同时大批化工人才陷入经济困境，极易被毒品犯罪组织招募。值得注意的是，部分毒品犯罪组织甚至通过苏联解体后大规模私有化的机会直接掌握了化工生产工厂和设备。这样的大环境给毒品犯罪组织进行易制毒化学品等前体的非法生产和流通打开了方便之门。

除此之外需要看到的是，俄罗斯的前体非法流失现象的严重性并不是在苏联解体之初便得到了俄政府和禁毒部门的重视，而是随着俄禁毒法律法规和机制的日趋完善，以及国内与国际毒品形势的变化而日益得到重视。

整体上，近年来国际毒品市场及俄罗斯国内毒品滥用形势变化的一个重大特征是合成毒品及新精神活性物质逐渐取代了以海洛因为代表的传统毒品，成为毒品消费市场的主流，俄罗斯国家禁毒委员会就明确将合成毒品认定为俄罗斯毒品消费市场的最主要毒品。毒品消费种类的变化必然代表着毒品生产形势的变化，过去需要从毒品原植物中提取演变为以化学合成为主要工序，辅以毒品原植物提取物合成，再到制造新精神活性物质完全变为化学合成工序，并随着化工技术的发展与合成毒品、新精神活性物质种类的不断丰富，可以被用于制造毒品、包括化学品在内的各类前体的种类也在增加。

在毒品生产形势上，2020 年俄罗斯毒品生产继续向以合成毒品为主的方向发展。俄罗斯国家禁毒委员会认为，新冠肺炎疫情及随之实施的物流和人员流通的限制措施导致毒品从境外流入俄罗斯的数量明显降低，但俄毒品消费需求没有随之下降，而是通过其国内生产的合成毒品及新精神活性物质得到填补。除此之外，俄罗斯毒品消费种类的变化与全球毒品市场变化直接相关，近年来，合成毒品及新精神活性物质滥用态势不断上扬，大有取代海洛因等传统毒品成为世界毒品市场主流的趋势，俄罗斯的毒品消费结构变化同此趋势是一致的。在此背景下,俄罗斯国内的非法毒品生产数量上升,被禁毒部门查获的地下毒品加工厂的条件不断完善,俄禁毒部门认为,易制毒化学品及前体、化工设备的低成本及获得的便捷性是重要原因。俄罗斯毒品犯罪组织在生产合成毒品及新精神活性物质时获取易制毒化学品及前体的重要来源是遍布俄境内的大型化学品仓库。在毒品犯罪组织中出现了专门的"制造商",负责生产和销售易制毒化学品及前体,这些制造商或者是通过非法渠道从合法化学品生产企业获得货源,或者是直接进行非法化学品生产,之后通过互联网发布销售信息,并经常更换网址以躲避追查。同时在线下进行非法生产时,"经销商"们多将生产地址设置在有水源的密林或者深山中,并随时转移。获得或者非法生产出易制毒化学品及前体后,"经销商"充分运用互联网渠道,不仅在互联网上发布广告,并通过物流寄送"货物",隐瞒发货人和收货人真实身份,货款也通过移动支付、洗钱网络或者比特币等虚拟货币方式支付,从而逃避监管。俄罗斯的易制毒化学品及前体非法生产贩运犯罪组织的手法给俄禁毒部门打击此类犯罪带来极大困难。

(三)案例:俄罗斯对麻黄素的管控政策

麻黄素属于俄罗斯前体管控一类清单管控物品,俄禁毒和医药管理部门认为,麻黄素是一类具有药物特征的物质,可以通过实验室使用化工程序及前体合成获得,也可以从麻黄属植物中提取获得。麻黄素在俄罗斯列入被禁止自由销售的清单,因此,生产、制造与销售麻黄素,以及种植麻黄类植物在俄罗斯都属于违法行为,一经发现将承担刑事责任。但是值得注意的是,由于麻黄素有药用作用,在俄罗斯的法律规定中,购买或者通过其他方式获得超过10%浓度麻黄素的物质属于非法行为,含量低于该浓度的物质的相关行为属于合法行为。根据俄罗斯法律规定,种植超过10株以上的麻黄属原植物需要承担刑事法律责任。另外,俄罗斯在打击非法贩运前体犯罪时对缴获物品中非法前体含量也有相关规定,根据"数量大"和"数量巨大"有不同的刑事处罚差异。在俄执法与司法机构的具体实践中,一般在缴获物质中超过0.6克麻黄素就被认为是"数量大",将承担相应刑事法律责任。

俄罗斯在 1998 年首次列出前体管制清单中，就已将麻黄素列入一类清单中进行管制。麻黄素被列入管制清单的原因是该物质为制造甲基苯丙胺的前体。1996 年联合国毒品与犯罪问题办公室就已经认为，苯丙胺类兴奋剂将逐步取代鸦片、海洛因等传统毒品，成为 21 世纪全球滥用最为广泛的毒品种类，麻黄素是其前体。应当注意的是，俄罗斯对麻黄素的管控力度在起初便达到了最严格程度。

二 俄罗斯在对易制毒化学品等前体的管控现状

俄罗斯为解决对包括易制毒化学品在内的前体生产、存储、运输、贩售到使用等各个环节的监管难点和问题，出台了一系列法律法规，并明确了相应的监管机构和监管责任，形成了符合俄罗斯现今毒情的前体管控体制。俄并未将易制毒化学品单独列出管控，而是针对前体不同性质、不同的违法滥用风险等因素制定了不同的列管清单，为俄打击涉及易制毒化学品在内的前体相关犯罪奠定了基础。

（一）俄罗斯前体管控法律体系

为应对严峻的毒品犯罪形势，俄罗斯联邦政府高度重视禁毒工作，形成了较为完善的禁毒法律法规体系。俄罗斯涉及毒品犯罪的法律主要是《俄罗斯联邦刑法典》、《俄罗斯联邦麻醉品和精神药物法》等相关法律。在《俄联邦刑法典》中将毒品犯罪行为列入第 25 类"侵犯居民健康和社会道德的犯罪"类别。对毒品的具体定义则主要在《俄罗斯联邦麻醉品和精神药物法》中，将麻醉品规定为"根据俄罗斯联邦立法以及包括〈1961 年麻醉品单一公约〉在内的，俄罗斯联邦缔结的国际条约的规定，列入俄罗斯联邦规定监管的〈麻醉品、精神药物及前体物目录〉中的人工合成或天然来源的物质或制剂"；精神药物、前体物的规定同麻醉品相类似，都是被列入《俄罗斯联邦麻醉品、精神药物及前体物目录》中的人工合成或天然来源的物质、制剂或天然材料，前体则指的是被列入《俄罗斯联邦麻醉品、精神药物及前体物目录》中的，用于生产、制造和加工麻醉品及精神药物的物质。值得注意的是，为了应对合成毒品与新精神活性物质的威胁，俄罗斯在制定《俄罗斯联邦麻醉品和精神药物法》中将"麻醉品和精神药物同类物"也列入监管及打击范围。根据《麻醉品和精神药物法》，"麻醉品和精神药物同类物"指的是未列入《俄罗斯联邦麻醉品、精神药物及前体物目录》，但在俄联邦境内禁止非法流通，且化学结构式和性质与被管制的麻醉品、精神药物相类似并且可以引起精神兴奋的人工合成或天然来源的物质。

在前体管控领域，俄罗斯并未将易制毒化学品单独制定相应法律法规来进行管制，而是普遍使用"前体"的概念。俄罗斯的前体管控法律法规体系于 1998 年开始建立，1998 年俄罗斯国家杜马通过并开始实施了《俄罗斯联邦关于麻醉品和精神药物法》，以及同年开始实施《俄罗斯联邦麻醉品、精神药物及其前体管制清单》。这部法律和管制清单成为俄罗斯管理前体最主要的法律基础，除此之外，还有《俄罗斯联邦行政法》《俄罗斯联邦刑法典》以及 2011 年通过的《俄罗斯联邦关于特定活动许可证法》。除了法律之外，一系列政府令也是俄前体管控的法律法规基础，其中主要包括 2012 年 10 月 8 日实行的第 1020 号政府令《根据俄罗斯刑法典第 228 条第 3 和第 4 款及第 229 条第 1 款确定麻醉品、精神药物及其前体的"大量"与"特别大量"标准，以及麻醉品、精神药物原植物和含有麻醉品、精神药物或部分含有麻醉品、精神药物的物质的前体的"大量"及"特别大量"标准的政府令》、2010 年 8 月 18 日实施的第 640 号政府令《关于批准生产、加工、储存、销售、购买、使用、运输和销毁麻醉品、精神药物及其前体的规定》、2010 年 6 月 9 日开始实施的第 419 号政府令《关于报告与贩运麻醉品、精神药物前体有关活动和提交交易记录的规定》、1998 年 8 月 6 日实施的第 892 号政府令《关于批准个体使用麻醉品、精神药物及其前体以及从事贩运麻醉品、精神药物及其前体相关活动的规定》、2008 年 3 月 28 日开始实施的俄罗斯卫生部第 127 号令《关于批准卫生系统销毁列于麻醉品、精神药物及其前体清单 2 和清单 3 中、在俄罗斯联邦受到管制并在医疗实践中不适宜继续使用的麻醉品、精神药物及其前体的

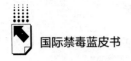

通知》等法律法规。

根据《俄罗斯联邦麻醉品与精神药物法》中的规定，前体指的是"经常用于生产、制造和加工被列入清单的麻醉药品与精神药物的物质，列入清单是根据俄罗斯联邦签署的国际公约，包括《联合国禁止非法贩运麻醉药品与精神药物公约》（1988 年）及俄罗斯联邦相关法律法规予以确定。"由此可见，俄罗斯对前体的管理属于依据列表进行管控。根据俄罗斯联邦政府于 1998 年 6 月 30 日批准实施的《关于批准俄罗斯联邦麻醉品、精神药物及前体管制清单的政府令》的规定，俄罗斯对麻醉品、精神药物及前体的列管清单共分为四类：第一类属于根据俄罗斯联邦政府签署的国际公约及俄罗斯联邦相关法律规定禁止在俄境内流通的麻醉品、精神药物及其前体，第二类是根据俄罗斯联邦签署的国际公约及俄相关法律法规规定限制流通、其生产和贩运都必须接受严格监管的麻醉品、精神药物及其前体，第三类是根据法律法规在满足部分条件下可以在俄联邦境内有限流通的精神药物及其前体，第四类是根据俄相关法律法规在俄境内受到限制、满足部分条件接受监管后可以有限流通的前体。在第四类清单中还具体列出了三个列表，列表 1 是在俄罗斯联邦境内受限制并进行特别管制的前体，列表 2 是在俄罗斯联邦境内受限制并进行整体管制措施的前体，列表 3 是在俄罗斯联邦境内遵循贩运量规定可以排除部分管制措施的前体。同时考虑到医疗需要使用部分前体，俄罗斯在对列管前体种类进行管制的同时还规定，俄境内贩运清单 4 中的前体，一般指的是该类前体的溶剂，而含有该类前体的合成物、合金等则列有具体的含量比例，高于该比例的合成物才必须接受监管。因此，俄罗斯对进入清单 4 下列表 1 的前体实施最严格的管制措施，对列表 3 中的前体的管制则相对宽松；对清单 1 中的前体采取最严格的管制措施，无论是医疗还是制药用途，制造和贩运该类前体都属于违法行为。

（二）俄罗斯前体管制执行机制

在俄罗斯的法律体系中，将前体的非法生产和贩运明确规定为违法行为，并进行相应惩处。因此，内务部成为前体管制的最主要执行机构，同时考虑到部分前体所具有的医疗卫生用途，俄罗斯卫生监督局也会同内务部，共同参与前体的管控工作。

俄罗斯在 1998 年通过的《俄罗斯联邦关于麻醉品与精神药物法》和第一份关于前体及精神药物列管的清单，至今俄罗斯列管的前体物质清单已经发生了重大变化。第一，列管清单从最初公布的一份被按物质性质不同划分为四类，并制定了相应管制措施，使管制系统更具有灵活性，根据毒情及毒品生产形势具体规定前体物质的列管方式，从而改变了最初一份列管清单中，不区分类别，完全没有灵活性的列管方式。第二，俄罗斯在列管物质中所称的前体包括了列入列管清单中四个不同类别中的物质及多种物质混合物，并根据混合物中浓度最高的物质来确定该混合物的前体种类。第三，俄罗斯在列管清单中规定了各种前体的具体浓度，只有达到或者超过规定浓度的情况下才会被视为违法，这样就将比如油漆、胶水等日用品中含有低浓度前体物质的情况区分开，避免对浓度低从而无法用于制造毒品的日用品进行管制。第四，通过设立前体分类管理的方式，使科研、侦查工作等正常工作所需要的化学品的生产和贩运不受到影响。另外，如麦角酸等在普通科研和教育、侦查等工作当中并未普遍使用，但在毒品生产中已经普遍使用的化学品便得以严格管控。第五，俄罗斯现在已经建立了涵盖贩运相关的所有过程，包括生产、储藏、销售、运输等各个环节的许可证制度，包括醋酸酐、麻黄碱等主要前体。前体的进出口也是必须由获得许可证的企业来进行，尤其是在列表 1 和列表 4 当中的前体，只能由取得许可证的国有大型综合性企业来从事进出口业务。第六，俄罗斯明确将非法贩运列入表 1 和表 4 的前体物质的行为定为犯罪，同时还加强了对涉及前体监管的行政主体的行政责任。俄罗斯的企业要获得前体经营活动许可证，则必须向俄内务部提出申请，由内务部负责审批。

现今，俄罗斯建立了涉及前体合法生产和贩运相关信息的监管系统，通过该信息系统可以查询到前体合法生产、储藏和贩运的相关信息，并加大对前体从合法渠道转移进入非法渠道的可能性，有助于减少前体非法制贩相关犯罪，从而改善毒品形势。除此之外，俄罗斯的法律还规定了从事前体生产、储藏、销售等行业的法人及企业家必须向企业所处的联邦主体及地区禁毒部门以正式报告的形式上报生产计划，以及为生产需要购入的前体数量。自从2011年起，俄罗斯已经明确由内务部负责监控各类法人、企业和个人涉及前体相关的生产与贩运活动，此类监控是通过对涉及前体生产和贩运的企业、法人及个人的定期及不定期检查来完成，不定期检查主要对涉及列表2、列表3和列表4物质生产及贩运的企业、法人及个人。根据俄罗斯相关法律法规，对前体从生产到贩运，以及销毁的各环节的监管都有具体机构负责。由内务部及各地区所在内务局禁毒部门负责接收辖区内从事生产、加工和获得生产清单4下列表1和列表2的前体所需物质，以及生产、销售和使用清单4下列表1和列表2的前体的企业、法人和个体经营者提交的计划生产和加工量、为生产和加工目的需要获得的前体数量的专项报告。此外，根据2011年2月7日实施的《俄罗斯联邦警察法》的规定，由俄罗斯内务部负责监控俄境内法人及个体企业涉及前体贩运的相关活动。同时根据2017年6月26日起实行的第411号内务部命令，内务部通过对进行上述活动的法人和个体企业实施定期与不定期检查，不定期检查只针对从事清单4中列表2和列表3包含的前体生产和贩运等相关活动的法人与个体经营者。下列活动必须经内务部门中的禁毒机构的严格检查：清单4中列表2所列前体的贩运，必须向内务部报告每一种前体的生产、获得与使用数量；遵守前体的生产、加工、储存、销售、收购、使用和销毁规定；在从事前体对外贸易活动前必须获得相应许可证；任何形式的前体贩运活动前必须在专门卷宗上进行强制登记；个人在购买清单4中列表2所列前体时，必须出示个人身份证件，卖方必须复印买方个人身份证件并留存，同时在交易日志中做好登记，提交禁毒部门记录在案。在从事清单4中列表3所列前体贩运时必须按照如下规定：前体生产企业必须向俄罗斯内务部报告每种前体的生产数量，在从事前体对外贸易前必须取得前体对外贸易许可证，任何前体贸易都必须在特别卷宗上进行强制登记。

除了内务部门之外，根据2020年12月15日实施的第3340号政府令，俄罗斯卫生监督局也参与向从事麻醉品、精神药物及其前体以及含有麻醉品成分的原植物贩运的行为发放许可证和进行监管。由此可以看出，俄罗斯内务部禁毒部门和卫生监督局是俄从事前体监管的主要部门。2021 年 10 月 15 日俄罗斯颁布了第 1752 号政府令，实施了新的《关于麻醉品、精神药物前体的生产、加工、储存、销售、收购、使用、运输和销毁的规定》，同时废止了 2010 年 8 月 18 日实施的第 640 号政府令等相关法令。根据新的规定，俄卫生监督局所涉及的主要是清单 4 中列表 1 和列表 2 中的前体，在企业法人与个体经营者从事前体的生产等活动时必须取得许可证，并禁止未经授权者接触前体，确保生产、加工、运输等相关活动的安全，不符合技术要求的前体将被销毁。在此次修订的法规中特别说明，该法规不适用于可被用于药品生产的前体的生产、加工、储存、销售、购买、使用、运输和销毁，这部分前体的相关管控由药品相关法律法规进行规定。在新的法规中延续了之前的管理规定，由内务部禁毒部门负责牵头进行前体生产、贩运等各环节的管控及定期与不定期检查，并由各地区内务局禁毒部门接受辖区内从事前体加工相关活动的法人及个体提交的关于前体生产、需求等数量的专项报告，在进行前体销毁时，必须组成有所在辖区内务局禁毒部门代表参加的销毁委员会。

俄罗斯对包括易制毒化学品在内的前体列管方式与我国有类似之处，也有不同之处。首先，俄罗斯没有设立单独的易制毒化学品管理条例及清单，其次，是将前体同麻醉品和精神药物生产直接联系，并与精麻药品共同划分为三类清单，仅有第四类清单是前体管控专门清单。自 1998 年颁布以来，俄罗斯禁毒部门也根据国际和俄国内毒品制贩及滥用形势的变化，对清单进行相应更新，最近的一次更新是 2022 年 1 月 24 日做出的。

三 俄罗斯在对易制毒化学品在内的前体管控体系存在的问题

俄罗斯在包括易制毒化学品在内的前体管控领域建立了较为完善的法律

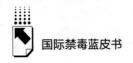

法规体系和监管机制，为俄打击相关犯罪、治理毒品制造问题奠定了良好的基础。但是，现今出现的俄同非法贩运前体相关犯罪数量上升的趋势一方面说明了俄禁毒部门在打击相关犯罪时所取得的成绩，另一方面也说明俄在前体管控方面仍有不足和薄弱环节。

（一）相关法规有待进一步完善与细化

尽管俄罗斯已经建立了较为完善的前体管控法律法规体系，但在实际当中仍然存在大量与非法贩运前体相关的犯罪。2020年俄罗斯公布与非法贩运前体相关的案件数量为291起，与2019年相比增加了66.3%。[①] 说明毒品犯罪分子仍然可以在俄罗斯现行的法律体系当中找到漏洞。比如俄罗斯在前体管控法律中规定，企业在申请获得前体生产和销售等业务许可证前，必须向内务部和卫生监督局提供营业执照等合法证件。但在实际工作当中，由于俄罗斯的审批权限高度集中于内务部，很难具体核实企业的实际经营情况，不能确保合法资质被合法使用。比如毒品犯罪集团可以通过开设"皮包公司""影子企业"或者是向具有合法资质的企业"购买资质"等方式，通过非法渠道获得前体生产或者经营、购买的许可证，从而绕开监管，使前体通过非法渠道流入毒品制贩环节。除此之外，前体当中涉及药品的部分物质，俄法规规定个人在购买时必须提供购买者身份证件，经营单位必须复印购买者证件，并做好登记。在俄法规中没有规定关于内务部门协助经营者核实购买者身份证件的权限。因此，实际上，经营单位很难核实购买者证件真伪，从而使前体十分容易通过伪造或者变造购买者身份证件，以及雇佣他人购买的方式流入非法渠道。

（二）执行机制存在薄弱环节

俄罗斯的前体管控体制最大的特点是内务部禁毒部门为最主要的前体管

① Государственный антинаркотический комитет: Доклад о Наркоситуации в Российской Федерации в 2020г, p. 6.

控部门，会同卫生监督部门（负责前体中涉及药品部分物质的管控）组成管控执行机制。这一机制的主要问题是，内务部禁毒部门不仅需要负责打击涉及前体非法制造和流通的犯罪活动，还需要管理经过审批、取得合法经营活动许可证的企业涉及前体经营活动的登记、定期与不定期抽查、发放许可证等审批和管理业务。另外，在前体销毁时，也必须由辖区内务局禁毒部门人员组成销毁委员会。这种情况下，不仅内务部门有限警力难以应对，真正做到细致的全过程监控，同时也对俄内务部门禁毒人员和装备的专业程度提出了很高要求，难以应对涉及前体犯罪的制毒与贩毒活动不断发展变化的趋势。此外，前体管控各环节审批和监管权力高度集中于内务部门，极大提高了管控过程中出现腐败问题的风险。

（三）前体管控队伍能力有待提高

俄罗斯前体管控权力主要集于内务系统禁毒部门，具有权责集中，避免"九龙治水"局面的优势，效率较高。但在具体工作实践中存在队伍建设薄弱，人员专业能力和装备专业程度同相关犯罪发展无法匹配的问题。首先，俄国内毒情并不完全一致，涉及前体管控相关犯罪态势也有区别。同时，俄各联邦主体和地区财政能力差异较大，莫斯科、圣彼得堡等主要城市和地区的财政能力较强，同时涉及前体管控相关犯罪也较为多发，因此禁毒部门在前体管控相关经费投入上较大，能建立具有较高专业水平和业务能力的前体专管队伍。但在边远和经济相对落后地区禁毒部门经费有限，无法建立能力强的前体专管队伍，存在装备落后、难以吸引具有前体管控专业知识的人才加入禁毒部门的问题。但俄毒品生产已经开始从城市向乡村、由经济发达地区向边远落后地区转移的趋势，恰好此类地区的前体专管队伍能力相对落后，难以对辖区内日益增长的涉及前体犯罪形成有效打击。其次，俄前体专管队伍装备无法跟上相关犯罪发展态势。前体专管工作专业性强，需要大量应用包括现场快速识别、现场快速检测等设备，俄前体专管队伍普遍面临装备落后问题，甚至在部分边远地区禁毒部门出现配发专管设备无人能使用的问题，难以满足前体监管工作需要。再次，俄罗斯存在前体生产贩运等相关活动企业信息无法完全实现全国互联问题。根据俄相关法律规定，涉及前体生产贩运等相关活动的企业、法人和个人必须向内务部禁毒部门申报信息，获取相应许可证。在许可证审批和信息申报时，禁毒部门可通过专门信息系统查证企业、法人和个人信息，核实其真伪，从而决定是否发放许可证或存在可疑现象。但实践中，俄禁毒部门信息化建设水平有待进一步提高，各地区、联邦主体间信息互联程度较低，加上相关企业等对象的生产、经营活动和注册地时常不归属于同一地区，为禁毒部门查证其信息带来了困难。同时，没有建立在大数据分析基础上的预警系统，使禁毒部门在预防和发现前体相关犯罪时出现应对不及时、响应较为迟缓的问题。

结　语

俄罗斯已经基本建立了涵盖从生产到使用所有环节的前体管控机制，同时涵盖了医疗、教育科研、工业生产等领域对前体物质的管理，形成了具有俄罗斯特色的以内务部牵头、内务部主要负责、集合卫生监督局共同管理的前体管控体系，对俄境内涉及前体非法生产、制造与流通等类别的犯罪形成了打击效果，取得了较为明显的工作成绩。

参考文献

1. Государственный антинаркотический комитет: Доклад о Наркоситуации в Российской Федерации в 2019г, p. 4.

2. Стратегия Государственной антинаркотической политики Российской Федерации до 2020 года.

3. Федеральный закон от 08.01.1998 N 3 - ФЗ (ред. от 08.12.2020), " О наркотических средствах и психотропных веществах".

4. 彭泽：《毒品犯罪办案手册》，法律出版社，2020。

B.6
伊朗的毒情形势与禁毒实践

刘　赛　李福泉*

摘　要： 伊朗是当今世界毒品滥用问题最为严重的国家之一。历史原因是造成当今伊朗毒品问题"禁而不绝、剿而不灭、积重难返"的重要内部因素，而与毒品生产大国阿富汗相邻的地缘环境是造成这一局面的关键外部因素，两者共同构成未来伊朗政府在禁毒领域不得不面对的内外现实困境。1979 年伊斯兰革命后，伊朗政府实施严厉的禁毒措施，颁布禁毒法令，成立禁毒机构，加强国际禁毒交流与合作，伊朗由此由传统的毒品生产国转变为毒品进口国，由传统的毒品输出国转变为重要的"毒品通道"。但从近年来伊朗缉获的各类易制毒化学品数量来看，不排除伊朗国内依旧存在大规模制造毒品的潜在风险和隐患。伊朗的毒品问题不仅给司法系统带来沉重负担，也造成大量人员死亡和艾滋病的传播，进而持续考验着伊朗政府的执政能力和执政水平。

关键词： 伊朗　毒情形势　禁毒实践　阿富汗

　　伊朗与毒品的渊源可以追溯到公元 3 世纪，经过十几个世纪的发展演变，毒品买卖已然成为伊朗社会生活中存在的一个社会现象，并形成了庞大的毒品消费群体和消费市场。伊朗已从历史上重要的毒品生产国转变为当今

---

* 刘赛，西北大学中东研究所博士研究生，新疆社会科学院中亚研究所，研究方向为伊朗和中亚问题。李福泉，历史学博士，教授，西北大学中东研究所副所长，伊朗研究中心主任，研究方向为伊朗史和伊斯兰教史。

世界重要的毒品消费国。1979 年伊斯兰革命后，伊朗开展了大规模的禁毒活动。但是，作为世界重要毒源地阿富汗的邻国，伊朗受国内外多重因素的影响，始终无法摆脱毒品问题的困扰。20 世纪 80 年代末，伊朗领袖霍梅尼曾指出，"（两伊）战争结束后，毒品问题是伊朗伊斯兰共和国最重要的问题"。① 随着 1988 年两伊战争的结束，伊朗不得不动用国家机器转向另一场"强加的战争"——毒品战争。② 2021 年 12 月 9 日，伊朗总统易卜拉欣·莱希（Ebrahim Raisi）在禁毒总部（Drug Control Headquarters）会议上强调，毒品是该国最严重的社会危害，必须采取针对性措施，利用一切可以利用的力量和设施打击毒品犯罪活动。③ 当前，毒品问题已然成为掣肘伊朗政治社会经济发展的重要因素之一。禁毒给伊朗政治社会经济发展带来巨大影响，不仅耗费了大量人力、物力和财力，还带来了一系列新问题、新挑战，持续考验着伊朗政府的执政能力和执政水平。

一　伊朗毒品问题历史回顾

数百年来，毒品在伊朗社会经济生活中扮演着重要的角色。鸦片在伊朗长期被用于医疗和娱乐，伊朗可以说是全球最早消费鸦片的地区之一，其历史最早可以追溯至萨珊王朝。④ 萨珊王朝时期，鸦片价格低廉，药用目的广泛，可以治疗牙疼、支气管炎、咳嗽、虫蛇咬伤等诸多疾病。对于几乎无法获得医生和医疗保障的农村贫困居民而言，鸦片被视为一种"奇迹"药物，牢牢根植于伊朗的社会文化生活之中。萨法维王朝时期，伊朗的罂粟种植面

---

① Maziyar Ghiabi, "the Council of Expediency: Crisis and Statecraft in Iran and Beyond," *Middle Eastern Studies*, Volume 55, Issue 5, 2019, p. 9.

② Maziyar Ghiabi, "the Council of Expediency: Crisis and Statecraft in Iran and Beyond," *Middle Eastern Studies*, Volume 55, Issue 5, 2019, p. 9.

③ DCHQ, "تادان م تجاهـ جدی گ ر فـ ته شود/لزومـ فـ عال شدن حوزه دیـ پلماـ سی جهاـ نیـ در مـ بارزه بـ ا مواد مخدر", December "اقدامات یـ تاعـ الطا، قـ ضایی و ادـ تظامیـ بـ رایـ مـ بارزه بـ اقـ اچاق مواد مخدر تـ شدید د شود/ آوریجمع معـ" 9, 2020, http://news.dchq.ir/3/? p=74873, 2021-12-19.

④ Lillian Figg-Franzoi, "Maslahat, the State and the People: Opium Use in the Islamic Republic of Iran," *Crime, Law and Social Change*, Vol. 56, No. 4, 2011, p. 424.

积呈扩大趋势，鸦片消费量亦随之增加。普通民众消费鸦片主要是因为其药用价值，鸦片普遍被认为是治疗大多数疾病的药物。当时统治者中出现将吸食鸦片作为一种娱乐方式的现象，这种自上而下的示范效应对后来伊朗社会产生了重要影响。

恺加王朝早期，伊朗的罂粟种植面积比较有限。1837~1838年，鸦片总产量约8200公斤至9825公斤。[1] 恺加王朝后期，伊朗罂粟种植面积持续增加。这一结果导致伊朗从谷物净出口国变为净进口国。19世纪50年代末，小麦和大麦约占该国出口总额的10%；至19世纪80年代末，这一比例下降至2.7%；至20世纪初，伊朗谷物进口量超过了出口量。[2]

18世纪和19世纪初，伊朗生产的鸦片主要用于国内消费。但19世纪中期以来，随着伊朗经济逐步被纳入国际市场，情况发生重大变化。到19世纪后期，在英国殖民者的推动下，远东鸦片市场的扩大刺激了伊朗鸦片种植的增加，鸦片出口额一度高居伊朗出口榜首。实际上，在19世纪50年代至80年代，伊朗鸦片的商业化与全球鸦片泛滥的历史高峰相吻合。如表1所示，1880~1882年，伊朗的鸦片年平均出口量达到了一个高位。另据资料显示，1859~1915年，伊朗鸦片出口量从4.2万磅增加到8.75万磅，而1925~1926年的出口量则激增至110万磅。[3] 整体而言，20世纪20年代，伊朗每年向国内外市场供应约100吨鸦片。[4] 20年代末，鸦片贸易占伊朗出口总收入的近四分之一。[5] 总之，1850~1955年的一百多年间，伊朗鸦片生产实现了商业化，该国从一个对全球鸦片市场无足轻重的普通参与者，转变

---

[1] Rudi Matthee, *the Pursuit of Pleasure Drugs and Stimulants in Iranian History*, *1500 – 1900*, Princeton：Princeton University Press, 2005, p. 213.

[2] Rudi Matthee, *the Pursuit of Pleasure Drugs and Stimulants in Iranian History*, *1500 – 1900*, Princeton：Princeton University Press, 2005, p. 218.

[3] Rudi Matthee, *the Pursuit of Pleasure Drugs and Stimulants in Iranian History*, *1500 – 1900*, Princeton：Princeton University Press, 2005, pp. 214-215.

[4] Bijan Nissaramanesh, Mike Trace and Marcus Roberts, *the Rise of Harm Reduction in the Islamic Republic of Iran*, the Beckley Foundation Drug Policy Programme, July 2005, p. 1.

[5] John Calabrese, "Iran's War on Drugs：Holding the Line?" December 1, 2007, https：//www. mei. edu/publications/irans-war-drugs-holding-line, 2021-11-29.

为占全球鸦片贸易量 5%~10%的重要出口国。[①] 罂粟种植一时成为伊朗重要的产业之一，有时甚至占全年财政收入的 10%。[②]

表 1　1862~1906 年伊朗鸦片出口情况

年份	年平均数量 （磅）	指数 1880~1882＝100	价值 （英镑）	指数 1880~1882＝100
1862~1865	103333	12	70000	11
1867~1869	268200	31	238400	39
1871~1873	192150	22	113867	18
1874~1876	292050	33	187933	30
1877~1879	752850	86	557667	90
1880~1882	874710	100	618022	100
1883~1885	682785	78	304396	49
1886~1888	594990	68	320425	52
1889~1891	835065	95	435096	70
1892~1894	529605	60	261082	42
1895~1897	556965	64	251443	41
1898~1900	732314	84	366014	59
1901~1903	724127	83	293133	47
1904~1906	378625	43	190607	31

资料来源：Ahmad Seyf, "Production and Trade of Opium in Persia, 1850－1906," *International Journal of Middle East Studies*, Vol. 16, Issue 2, 1984, p. 246。

19 世纪末期以来，伊朗的鸦片产业形成了一个巨大而完整的产业链。罂粟种植产业直接雇佣着数以万计的劳动力，多达数十万人间接从中受益。对于当时的许多农民而言，鸦片产业成为他们获得稳定收入的重要来源。伊朗的许多大商人、地主和实业家的发家史均与当时的鸦片产业有着密切联

[①] R. B. Regavim, *the Most Sovereign of Masters：the History of Opium in Modern Iran，1850-1955*, PhD Dissertation, University of Pennsylvania, 2012, p. 2.

[②] R. B. Regavim, *the Most Sovereign of Masters：the History of Opium in Modern Iran，1850-1955*, PhD Dissertation, University of Pennsylvania, 2012, p. 2.

系。但与此同时，吸食鸦片的行为席卷全国，成为一种被上层社会和民间普遍接受的社会现象。到 1949 年，伊朗超过 1/10 (11%) 的成年人在使用毒品，130 万人经常吸食鸦片，首都德黑兰有 500 个鸦片馆。[1] 20 世纪 50 年代，大量伊朗人在茶馆和咖啡馆里吸食鸦片。这一被视作茶余饭后"娱乐活动"的消遣方式增加了鸦片成瘾的发生率，并演变成为一个社会问题，对伊朗产生了深远影响。

鸦片问题的严重化促使伊朗政府试图控制和监管毒品，萨法维王朝限制鸦片药物使用的命令可以追溯至 400 年前。[2] 进入 20 世纪，伊朗曾试图努力解决鸦片成瘾和贩运问题，但伊朗政府的禁毒政策呈现出在严厉惩罚和放松监管之间的反复性，这给禁毒实践造成了很大的负面影响。1955 年，伊朗政府颁布了现代第一部禁止种植和使用鸦片的法律——《禁止罂粟种植和吸食鸦片法》(*Law on Prohibition of Opium Poppy Cultivation and Taking Opium*)。值得注意的是，这一时期伊朗严厉的禁毒政策，一定程度上刺激了阿富汗的鸦片生产。伊朗巨大的鸦片消费市场对外极具诱惑力，境外毒品的持续输入成为导致伊朗成瘾人数和涉毒犯罪人数增加的重要原因之一。另外，即便在鸦片被立法禁止的情况下，伊朗仍有 1/350 的耕地用于鸦片种植，鸦片年产量为 700~1200 吨。[3] 20 世纪 60 年代末，伊朗政府允许在国家监管的指定地区恢复鸦片种植，并允许民众以固定价格购买国家管制的鸦片，但同时宣布，走私鸦片可以判处死刑。1974~1977 年，伊朗政府在全国各地实施戒毒计划，为大约 3 万名门诊病人提供服务，向吸毒者提供两到三个月的鸦片优惠券，并在某种情况下提供美沙酮治疗。[4]

[1] Bijan Nissaramanesh, Mike Trace and Marcus Roberts, *the Rise of Harm Reduction in the Islamic Republic of Iran*, the Beckley Foundation Drug Policy Programme, July 2005, p. 1.

[2] Bijan Nissaramanesh, Mike Trace and Marcus Roberts, *the Rise of Harm Reduction in the Islamic Republic of Iran*, the Beckley Foundation Drug Policy Programme, July 2005, p. 4.

[3] Lillian Figg-Franzoi, "Maslahat, the State and the People: Opium Use in the Islamic Republic of Iran," *Crime, Law and Social Change*, Vol. 56, No. 4, 2011, p. 425.

[4] Bijan Nissaramanesh, Mike Trace and Marcus Roberts, *the Rise of Harm Reduction in the Islamic Republic of Iran*, the Beckley Foundation Drug Policy Programme, July 2005, p. 4.

在 1979 年伊斯兰革命后，伊朗的毒品政策发生重大转折。伊朗在全国范围内开展了大规模的禁毒运动，伊朗境内的罂粟种植得到彻底遏制。伊斯兰革命成功时，伊朗境内约有 33000 公顷土地用于鸦片种植，至 1993 年，种植鸦片的土地下降至 3500 公顷。[①] 1998 年，美国多家机构对伊朗传统罂粟种植区 125 万英亩的土地进行了调查，未发现罂粟作物，认为伊朗种植的罂粟数量可以忽略不计，当然不排除在偏远地区仍存在罂粟种植的可能性。[②] 1999 年的后续调查，得出了同样的结论。目前，伊朗境内基本不存在大规模合法或非法种麻醉植物的情况。21 世纪初，伊朗警察部队在偏远地区铲除了几公顷罂粟作物的报道偶然出现，这与上述调查结论中"不排除在偏远地区仍存在罂粟种植可能性"的推测相符。

伊朗伊斯兰革命后，国内实施的一系列禁毒实践，加强了对毒品的打击和控制力度，使得伊朗作为鸦片生产国的地位迅速下降，但其作为过境国的重要性大幅度增加。多年来，伊朗毒品缉获总量稳居世界第一。2000 年，伊朗境内缉获 254271 公斤的管制药物，其中包括 6189 公斤海洛因、20275 公斤吗啡、179053 公斤鸦片和 31581 公斤印度大麻等。[③] 这与其特殊的地理位置有着重要关系，邻国阿富汗是世界上最大的毒源国。阿富汗毒品的泛滥，一方面迫使伊朗成为其重要的"毒品通道"，另一方面助长了伊朗国内的药物滥用和成瘾问题。

近几十年来，虽然伊朗官方在不同时期对外公布的吸毒者数据各不相同，官方和非官方对吸毒人数的估值也大相径庭，但均不可否认一个事实，

---

① International Narcotics Control Strategy Report, "1999 Released by the Bureau for International Narcotics and Law Enforcement Affairs," March 2000, https: //1997 - 2001. state. gov/global/ narcotics_ law/1999_ narc_ report/swasi99_ part2. html, 2021-11-11.

② Bureau of International Narcotics and Law Enforcement Affairs, *International Narcotics Control Strategy Report - 2007*, March 2007, https: //2001 - 2009. state. gov/p/nea/ci/ir/82003. htm, 2021-11-11.

③ Bijan Nissaramanesh, Mike Trace and Marcus Roberts, *the Rise of Harm Reduction in the Islamic Republic of Iran*, the Beckley Foundation Drug Policy Programme, July 2005, p. 2.

伊朗的涉毒人员数量庞大，毒品问题对该国社会经济发展造成严重影响。1999 年，伊朗政府估计国内吸毒成瘾者人数超过 100 万；① 2013 年，伊朗政府估计国内吸毒成瘾者人数超过 180 万；② 2016 年《国际麻醉品管制局报告》(International Narcotics Control Strategy Report) 称，媒体报道引用了高达 600 万名吸毒者的数据；③ 2021 年，伊朗禁毒总部秘书伊斯坎德尔·莫梅尼 (Eskandar Momeni) 在谈及该国存在 280 万名吸毒者时强调，伊朗国内吸毒率超过 5%。④ 此外，依据《国际麻醉品管制战略报告 (2021)》，伊朗方面认为可能还有 140 多万名不明身份的吸毒者。⑤ 2020 年 6 月，在一场伊朗禁毒官员专门会议上，伊朗副总检察长赛义德·奥姆拉尼 (Saeed Omrani) 称："毒品不仅影响消费者，还直接影响伊朗 2000 多万人口，如离婚、虐待儿童和女性等诸多社会问题均与毒品相关。"⑥ 2021 年上半年，伊朗有 2490 人死于药物滥用，其中 2123 人为男性，367 人为女性。⑦

　　毒品问题产生易，消除则异常艰难。禁毒耗费了伊朗大量的财力、物力和人力。根据德黑兰社会研究局 (The Bureau for Social Studies of Tehran) 的数据，1998 年，伊朗政府机构在处理国内毒品问题方面承担的直接费用超过 11364.28 亿伊朗里亚尔，按当时 1 美元兑 8000 里亚尔的汇率计算，相当

---

① International Narcotics Control Strategy Report，"1999 Released by the Bureau for International Narcotics and Law Enforcement Affairs," March 2000, https：//1997 - 2001. state. gov/global/narcotics_ law/1999_ narc_ report/swasi99_ part2. html，2021-11-11.

② U. S. Department of State Diplomacy In Action, *2015 International Narcotics Control Strategy Report* (*INCSR*)，June 2015, p. 204.

③ U. S. Department of State Diplomacy In Action, *2016 International Narcotics Control Strategy Report* (*INCSR*)，March 2016, p. 194.

④ Mashreghnews，"کشور که مخدر مواد زندگان کف رسمی آمار"，3/9/2019, https：//www. mashreghnews. ir/news/989427/，2021-11-12.

⑤ United States Department of State Bureau of International Narcotics and Law Enforcement Affairs, *International Narcotics Control Strategy Report*，March 2021, p. 159.

⑥ Mashreghnews，"هستند؟ مخدر مواد درگیر کشور در نفر چند"，24/6/2020, https：//www. mashreghnews. ir/news/1087127/，2021-11-12.

⑦ Mashreghnews，"امسال نخست ماه ۶ در مواد مصرف سوء اثر بر نفر ۴۹۰ و هزار ۲ مرگ"，2021. 11. 13, https：//www. mashreghnews. ir/news/1298842/，2021-11-13.

于 1.42 亿美元。[1] 2007 年的《国际麻醉品管制局报告》称，伊朗在毒品查缉阻截、成瘾治疗和预防教育上投入了大量资金，每年预算从 2.5 亿、3 亿美元到高达 8 亿美元不等。[2] 伊朗与阿富汗共有长达 900 多公里的边境线，阿富汗中央政府对边境地区的管控能力有限，因而边境地区成为毒品走私的主要通道也就不足为奇。伊朗作为阿富汗鸦片和大麻的重要过境国和目的国，也是国际和国内消费甲基苯丙胺日益增长的来源国。2004 年，据伊朗政府官方网站显示，伊朗在边境地区设置了 212 个边境哨所、205 个观察哨、22 个混凝土障碍物、290 公里的运河（深 4 米、宽 5 米）、659 公里的土堤、78 公里的铁丝网围栏以及 2645 公里的沥青和碎石路；为使居民尽量免受贩毒的骚扰，伊朗政府还将许多边境村庄迁往新建的定居点。[3] 此外，伊朗约有 3 万名执法人员被定期部署在边境地区。[4] 目前，伊朗政府每年在边境管控上的支出超过 7 亿美元。[5] 总之，无论出于何种计算方式，对于经济上并不算富裕的伊朗来说，其在禁毒领域的投入相当可观，且近 40 多年来整体呈上升趋势。

总之，通过简要梳理伊朗的毒品历史不难发现，伊朗已与毒品抗争了数个世纪之久。伊朗的毒品问题已经不是一朝一夕仅凭一国之力能够解决的问题。伊斯兰革命后，伊朗逐步成为国际反毒品战争的前线阵地，毒品问题已然成为阻碍伊朗社会经济发展的巨大障碍。

---

[1] United Nations International Drug Control Program, "Drug Situation in the I. R. of Iran," May, 2002, p. 3, https://www.unodc.org/documents/iran/drug_trends_iran_2002-05-31_1.pdf, 2021-12-12.

[2] Bureau of International Narcotics and Law Enforcement Affairs, *International Narcotics Control Strategy Report - 2007*, March 2007, https://2001-2009.state.gov/p/nea/ci/ir/82003.htm, 2021-11-11.

[3] Payvand, "International Narcotics Control Strategy Report: Iran," 3/3/2004, https://www.payvand.com/news/04/mar/1012.html, 2021-11-15.

[4] United States Department of State Archive, "Narcotics Control Strategy Report, 2005 Volume I: Drug and Chemical Control," https://2001-2009.state.gov/p/nea/ci/ir/75432.htm, 2021-12-20.

[5] United States Department of State Bureau of International Narcotics and Law Enforcement Affairs, *International Narcotics Control Strategy Report*, March 2021, p. 159.

二　伊朗的毒情形势及其影响

当前，伊朗毒情形势依旧严峻。伊朗毒品"禁而不绝、剿而不灭、积重难返"的局面在可以预见的将来仍会持续，由毒品引发的一系列问题仍将考验伊朗现政府治理体系和治理能力的现代化水平。

（一）毒品查缉贩运形势

"危机"一词在伊斯兰革命后的伊朗使用频率极高，诸如"美国人质危机""石油危机""战争危机""水危机"和"核危机"等频繁出现。用伊朗前总统哈塔米的话来说，在伊朗长期存在的危机是"毒品和毒瘾危机"。①"禁而不绝、剿而不灭、积重难返"是伊朗禁毒形势的最真实写照。

伊朗是世界上最大的毒品来源国阿富汗的近邻，与阿富汗共有900多公里的边境线。长期以来，阿富汗对边境地区的管控能力较为有限，这是造成伊阿边境地区毒品走私泛滥的重要原因之一。如表2所示，2019年3月至2020年3月，伊朗缉获了950吨毒品，比上一年增加了20%。缉获的毒品中约80%为鸦片，共计761吨；甲基苯丙胺为17吨，占缉获总量的1.8%，较上年增长了208%。2021年4月12日，伊朗禁毒总部秘书伊斯坎德尔·莫梅尼在联合国麻醉品委员会第64届会议上称，伊朗在2020年创造了一个新纪录，缉获了1150吨毒品，相比2019年增长了41%，②其中包括31吨海洛因、27吨吗啡、20多吨甲基苯丙胺和大约108吨大麻。③伊朗毒品缉获量的增加可能导致巴尔干路线沿线阿片剂的供应减少，土耳

---

① Maziyar Ghiabi, "the Council of Expediency: Crisis and Statecraft in Iran and Beyond," *Middle Eastern Studies*, Volume 55, Issue 5, 2019, pp. 3-4.

② IRNA, "US Sanctions Impede Iran's Global Fight on Drug Trafficking," April 12, 2021, https://en. irna. ir/news/84293161/US-sanctions-impede-Iran-s-global-fight-on-drug-trafficking.

③ DCHQ, " تاک یردرب راصلهسنول یتهشترکدرم بارزهب امواندمخدر ," 16/11/2021, http://news. dchq. ir/3/? p=74358, 2021-12-12.

其同期缉获量的下降恰好证明了这一观点。进入 2021 年，伊朗缴获的毒品数量进一步增加。伊朗禁毒总部国际关系办公室主任洛特菲（Lotfi）称，2021 年前 9 个月，伊朗共缉获了 860 多吨毒品，其中包括 22 吨海洛因、30 吨吗啡、100 吨大麻和约 17 吨甲基苯丙胺，比去年同期增加了约11%。①

表2 2019 年 3 月至 2020 年 3 月伊朗毒品缉获量（基于禁毒总部官方声明）

药物类型	吨	占缉获药物百分比(%)	与上年度相比百分比变化(%)
鸦片	761	80.1	+22
大麻	89	9.4	−11
吗啡	25	2.6	+7
海洛因	22	2.3	−6
甲基苯丙胺	17	1.8	+208
其他药物(包括鸦片糖浆)	36	3.8	+139
总计	950	100	+20

注：鸦片糖浆，被称为"shireh"，是一种精制鸦片产品，由鸦片与烟熏鸦片残渣混合煮沸制成（也被称为"sukhteh"）。

资料来源：EMCDDA, *Methamphetamine Developments in South Asia: the Situation in Iran and the Implications for the EU and Its Neighbours*, European Monitoring Centre for Drugs and Drug Addiction, April 2021, p. 5.

在缴获毒品的同时，伊朗军警逮捕大量涉毒人员，收缴了许多涉毒武器、物资和资金。2019 年 3 月至 2020 年 3 月，伊朗执法机构逮捕了 224270 名涉毒人员。② 2019 年全年，缉获 20847 辆贩毒者的车辆，较上年增加 16%；在缉获走私者武器方面，较上年增长了 10%；缉毒部队共开展缉毒行

① DCHQ, "تاک یدرب راصلم سئول یتمش ترکد رم ه بارزم ب اموادمخدر", 16/11/2021, http://news.dchq.ir/3/? p=74358, 2021-12-12.

② EMCDDA, *Methamphetamine Developments in South Asia: the Situation in Iran and the Implications for the EU and Its Neighbours*, European Monitoring Centre for Drugs and Drug Addiction, April 2021, p. 5.

动 2385 次，较上年增加 24%；捣毁贩毒团伙 2168 个，较上年增加 5%。[1] 2019 年因法院裁决而被扣押的贩毒团伙的财产和资产增加了 56%。[2] 2020 年 3 月至 5 月，又有 64827 人因毒品供应罪被捕；2020 年 5 月的一周内，伊朗警方缉获了超过 13 吨毒品，逮捕 3056 名毒贩。[3] 2020 年，伊朗缉毒部队与毒贩发生了 2851 起武装冲突事件，摧毁 2196 个贩毒团伙。[4] 2021 年上半年，伊朗军警在东南部锡斯坦—俾路支斯坦省打击贩毒分子和走私团伙的缉毒行动中缉获了超过 25 吨毒品，逮捕了 36 名毒贩，收缴了 36 辆汽车和 3 支突击步枪。[5] 2021 年前 10 个月，逮捕了 12880 名毒品零售商和 24700 名吸毒人员，共受理了 371147 起案件。[6] 11 月，德黑兰警方在实施第十四个扎法尔（Zafar）[7] 计划期间，共缉获 2500 公斤麻醉品，捣毁 5 个阿片类药物犯罪团伙，逮捕了 85 名毒贩；关闭了 60 多个毒品销售网站，并从网站管理员处缴获毒品 42 公斤；另有 1166 名毒品零售商被逮捕。[8] 综上不难看出，伊朗国内执法人员面临着巨大的缉毒压力，伊朗国内缉毒形势非常严峻。

阿富汗日益增加的毒品生产对伊朗禁毒工作形成巨大挑战。2020 年，全球罂粟种植面积增加了 24%，达到约 29.4 万公顷，主要原因是阿富汗的

---

[1] Tasnim News, "Arrest of 4151 Drug Traffickers in Prisons / Afghanistan Is the Center of World Meth Production," 18/6/2020, https：//www. tasnimnews. com/fa/news/1399/03/28/2287240/, 2021-11-30.

[2] Alexander Soderholm, *Sanctions And Illicit Drugs In Iran*, the SAIS Initiative for Research on Contemporary Iran, Johns Hopkins University, 2020, p. 18.

[3] EMCDDA, *Methamphetamine Developments in South Asia：the Situation in Iran and the Implications for the EU and Its Neighbours*, European Monitoring Centre for Drugs and Drug Addiction, April 2021, p. 6.

[4] The Iran Project, "Headlines Iran at Forefront of Global Fight Against Narcotic Drugs," January 31, 2021, https：//theiranproject. com/blog/2021/01/31/iran-at-forefront-of-global-fight-against-narcotic-drugs/, 2021-11-30.

[5] DCHQ, "کشف ۲۵ تن انواع مواد مخدر در زاهدان", 14/11/2021, http：//news. dchq. ir/3/? p=74297, 2021-12-12.

[6] DCHQ, "افزون بر ۱۲ هزار خرده فروش مواد مخدر در تهران دستگیر شدند", 2021. 10. 19, http：// news. dchq. ir/3/? p=73837, 2021-12-12.

[7] 波斯语 "ظفر（Zafar）" 为 "胜利" 之意，德黑兰警方禁毒行动的代号。

[8] DCHQ, "پلیس پایتخت: بیش از ۶۰ دارنمای فروش موادمخدر مسدود شد", 28/11/ 2021, http：//news. dchq. ir/3/? p=74644, 2021-12-12.

罂粟种植面积增加了37%，达到22.4万公顷，较十年前增长了80%以上。[1] 阿富汗罂粟种植面积的增加，客观上增大了"毒品通道"伊朗的禁毒压力。2019~2020年，从伊朗贩运到全球其他消费市场的甲基苯丙胺数量呈现大幅增加趋势，这可能是由于贩毒团伙由单一的航空信使转向海运贩运路线所致。据欧洲毒品和毒瘾监测中心（European Monitoring Centre for Drugs and Drug Addiction）和欧洲刑警组织2019年的报告，使用航空信使将伊朗生产的甲基苯丙胺贩运到中东和东南亚市场的事件大幅减少。[2] 2019年，在伊朗领土上缉获的甲基苯丙胺中近90%源自阿富汗，其中50%直接从阿富汗贩运至伊朗，50%经巴基斯坦贩运至伊朗。[3] 这与10年前的情况大不相同，当时75%的甲基苯丙胺通过空运抵达，且主要来自东南亚国家。[4] 2018年，伊朗缉获的90%的吗啡和85%的海洛因都经过巴基斯坦，只有一小部分直接从阿富汗贩运至伊朗。[5] 贩毒集团不时切换贩运路线，客观上增加了伊朗方面的禁毒压力。当前，沿南方路线从伊朗和巴基斯坦贩运甲基苯丙胺的规模可能在增加，而沿巴尔干路线贩运的甲基苯丙胺主要是运往欧洲国家或由欧洲国家再次转运。从伊朗缉获的甲基苯丙胺已转向其与阿富汗和巴基斯坦接壤的边境地区，这与该地区发现的越来越多的甲基苯丙胺来自阿富汗的报告一致。

阿富汗移民和难民成为伊阿边境地区毒品贩运的重要参与者。2020年12月，据美国国务院人口、难民和移民局（Bureau of Population, Refugees

---

① UNODC, *World Drug Report 2021: Drug Market Trends: Cannabis Opioids (3)*, UNODC, June 2021, p. 86.

② EMCDDA, *Methamphetamine Developments in South Asia: the Situation in Iran and the Implications for the EU and Its Neighbours*, European Monitoring Centre for Drugs and Drug Addiction, April 2021, p. 9.

③ UNODC, *World Drug Report 2021: Drug Market Trends: Cocaine, Amphetamine-Type Stimulants (4)*, UNODC, June 2021, p. 64.

④ UNODC, *World Drug Report 2021: Drug Market Trends: Cocaine, Amphetamine-Type Stimulants (4)*, UNODC, June 2021, p. 64.

⑤ UNODC, *World Drug Report 2021: Drug Market Trends: Cannabis Opioids (3)*, UNODC, June 2021, p. 93.

and Migration）称，伊朗有近 100 万名登记难民持有阿马耶什卡（Amayesh Cards)①。② 伊朗政府预计，伊朗收容了大约 45 万名持有阿富汗护照和伊朗签证的阿富汗人，以及 150 万名无证的阿富汗人。③ 上述人群中，不少人为谋求生计，不惜铤而走险，参与贩毒团伙的贩运毒品活动。总之，由上述可知，伊朗长期以来面临着复杂严峻的禁毒形势，尤其是作为与阿富汗和巴基斯坦有着近两千公里边境线的邻国，伊朗成为阿富汗毒品外运的主要受害者。

（二）易制毒化学品状况

易制毒化学品是指受到管制的可用于制造毒品的前体、原料和化学助剂等物质，如麻黄素、3，4-亚甲基二氧苯基-2-丙酮、1-苯基-2-丙酮、胡椒醛等。它们一旦落入不法分子手中，可用于制造毒品。因此，防止前体、试剂和溶剂等被用于非法药物制造，是限制非法药物供应的一种有效方式。

过去 10 年间，伊朗被认为是国内消费和向国外市场贩运的甲基苯丙胺的重要来源国。据联合国官员称，伊朗甲基苯丙胺的生产最早可能始于 2004 年或 2005 年，但伊朗政府称其国内甲基苯丙胺的生产始于 2008 年左右，并在 2010 年后达到顶峰。据报道，2005~2017 年，伊朗执法部门发现并拆除了 2036 个甲基苯丙胺"实验室"。④ 自 2008 年以来，伊朗贩毒团伙

---

① 阿马耶什卡（Amayesh Cards）是由联合国难民事务高级专员公署驻伊朗办事处为涌向伊朗的阿富汗难民设计的临时居留许可证，持有该卡的难民将获得来自伊朗政府的服务，无卡者将面临被要求离开伊朗的风险。

② Bureau of Population, Refugees, and Migration（US State Department）, "Europe, Central Asia, and the Americas," August 12, 2020, https：//www. state. gov/overseas-assistance-by-region/europe-central-asia-and-the-americas/, 2021-12-1.

③ Bureau of Population, Refugees, and Migration（US State Department）, "Europe, Central Asia, and the Americas," August 12, 2020, https：//www. state. gov/overseas-assistance-by-region/europe-central-asia-and- the-americas/, 2021-12-1.

④ EMCDDA, *Methamphetamine Developments in South Asia: the Situation in Iran and the Implications for the EU and Its Neighbours*, European Monitoring Centre for Drugs and Drug Addiction, April 2021, p. 8.

一直参与甲基苯丙胺贩运活动。2008～2017 年,伊朗缉获用于生产甲基苯丙胺的前体化学品达 892 吨,其中大部分在该国中部和西部被缴获。[1] 2019～2020 年,大部分甲基苯丙胺在该国东部边境沿线省份被缴获。联合国毒品和犯罪问题办公室(United Nations Office on Drugs and Crime)发布的《2021 年世界毒品报告》(World drug report 2021)称,2015 年在伊朗发现的几乎所有甲基苯丙胺都是由该国秘密实验室生产制造的,出口的甲基苯丙胺中约有 10% 走私到了邻国阿富汗。[2] 近年来,制造和贩运模式发生变化,阿富汗制造的甲基苯丙胺数量明显增加。2019 年,伊朗报告称,阿富汗甲基苯丙胺占伊朗市场上发现的甲基苯丙胺的近 90%。[3] 2018 年,阿富汗大部分甲基苯丙胺是用麻黄生产的,取代了从伊朗和巴基斯坦进口或走私到该国的非处方药(如止咳糖浆和减充血剂)中提取伪麻黄碱制造甲基苯丙胺的工艺,使其制造成本下降至东南亚国家报告的批发价格的约 1/10(缅甸甲基苯丙胺的批发价格为每公斤 3000 美元,阿富汗则为 280 美元)。[4]

由表 3 可见,自 2013 年以来,伊朗公布的拆除甲基苯丙胺生产设施的数量在稳步下降,但每年仍有数以百计的甲基苯丙胺生产设施被拆除。由此不难看出,甲基苯丙胺生产设施在伊朗境内依然存在。伊朗甲基苯丙胺生产场所的增减一方面受供求关系和市场价格因素的影响,另一方面受外部环境的影响。近年来,来自阿富汗的甲基苯丙胺贩运量正在增加,阿富汗正在成为该地区甲基苯丙胺的主要来源地。伊朗缉获的来自阿富汗的

---

[1] EMCDDA, *Methamphetamine Developments in South Asia: the Situation in Iran and the Implications for the EU and Its Neighbours*, European Monitoring Centre for Drugs and Drug Addiction, April 2021, p. 7.

[2] UNODC, *World Drug Report 2021: Drug Market Trends: Cocaine, Amphetamine-Type Stimulants* (4), UNODC, June 2021, p. 53.

[3] UNODC, *World Drug Report 2021: Drug Market Trends: Cocaine, Amphetamine-Type Stimulants* (4), UNODC, June 2021, p. 53.

[4] UNODC, *World Drug Report 2021: Drug Market Trends: Cocaine, Amphetamine-Type Stimulants* (4), UNODC, June 2021, p. 56.

甲基苯丙胺占其国内市场的比例由 2015 年的不到 10% 增加到 2019 年的 90%。[①] 而 2019 年，阿富汗自身甲基苯丙胺缉获量较一年前增加了 7 倍。[②]

表 3　2012～2019 年伊朗拆除的甲基苯丙胺生产设施和缉获的甲基苯丙胺数量

（基于禁毒总部、联合国毒品和犯罪办公室年度报告调查表和补充访谈的数据）

类别	2012 年	2013 年	2014 年	2015 年	2016 年	2017 年	2018 年	2019 年
拆除的设施数量（个）	214	445	340	216	181	141	133	111
缉获的数量（千克）	2664	3667	2644	2143	1770	2302	2989	17000

注：（1）禁毒总部的年度报告未提供 2017 年后拆除的甲基苯丙胺设施数量的数据。2018 年和 2019 年的数据源于 2020 年 11 月对一名联合国毒品和犯罪问题办公室官员的采访。（2）2019 年甲基苯丙胺的缉获数据为 2019 年 3 月至 2020 年 3 月的数据。

资料来源：EMCDDA，*Methamphetamine Developments in South Asia: the Situation in Iran and the Implications for the EU and Its Neighbours*，European Monitoring Centre for Drugs and Drug Addiction，April 2021，p. 9。

此外，2017 年，伊朗缉获了醋酸酐 20003 公升，比 2016 年缉获的 18520 公升略有增加。[③] 2018 年，全球有中国、格鲁吉亚、伊朗、荷兰、巴基斯坦和土耳其分别报告缉获了超过 1 万公升醋酸酐，2019 年则只有伊朗（1.5 万公升）和巴基斯坦（19060 公升）两个国家报告缉获了超过该数量的醋酸酐。[④] 这些醋酸酐大部分来源于中欧和西欧，经土耳其转运至伊朗和伊拉克。2018 年 5 月和 2019 年 8 月，伊朗分别缉获了 19950 公升和 16840 公升的乙酰氯。[⑤] 截至 2020 年 11 月，伊朗合法进口麻黄碱 2 千克，麻黄碱制剂 1 千克，伪麻黄碱 17000 千克，伪麻黄碱制剂 1 千克，3，4-亚甲基二

[①]　Нет-наркотикам，"Всемирный доклад о наркотиках 2021：краткий обзор，" 28 июня 2021，http：//narkotiki. ru/5_ 98922. htm，2021-12-2.

[②]　Нет-наркотикам，"Всемирный доклад о наркотиках 2021：краткий обзор，" 28 июня 2021，http：//narkotiki. ru/5_ 98922. htm，2021-12-2.

[③]　INCB，*Precursors and Chemicals Frequently Used in the Illicit Manufacture of Narcotic Drugs and Psychotropic Substances 2018*，INCB，5 March 2019，p. 30.

[④]　INCB，*Precursors and Chemicals Frequently Used in the Illicit Manufacture of Narcotic Drugs and Psychotropic Substances 2020*，INCB，25 March 2020，p. 25.

[⑤]　INCB，*Precursors and Chemicals Frequently Used in the Illicit Manufacture of Narcotic Drugs and Psychotropic Substances 2020*，INCB，25 March 2020，p. 27.

氧苯基-2-丙酮 1 公升，1-苯基-2-丙酮 1 公升。[1]

2016 年和 2017 年，伊朗麻黄素进口量分别为 5009 千克和 7003 千克；2018 年，麻黄素进口量世界排名第五（12001 千克），这也是伊朗首次出现在麻黄素进口总量的前五名之列，麻醉和药品管制局并未对这一急速增长的原因作具体说明。[2] 上述情况如果属实，则进一步反映出伊朗方面毒品上下游市场的活跃。

2005 年以前，伊朗使用甲基苯丙胺的情况并不常见。到 2015 年，伊朗 15~64 岁人口中使用甲基苯丙胺的人数占比为 0.4%。[3] 其中，阿片类药物的长期使用障碍者中，甲基苯丙胺的使用较为普遍。2019 年以来，由于阿富汗廉价甲基苯丙胺的大量涌入和本土甲基苯丙胺生产设施的屡禁不止，以及其他毒品价格的同步上涨，伊朗甲基苯丙胺的消费市场一直在扩大。伊朗的一项流行病学研究显示，对德黑兰普通成年人、全国的卡车司机和德黑兰男性健身爱好者的调查发现，甲基苯丙胺的使用率分别为 7%、73.9% 和 13.3%，使用甲基苯丙胺的主要原因包括增加体力、缓解失眠和寻欢作乐。[4]

可见，"剿而不灭"是伊朗禁毒战争不得不面对的现实困境，伊朗存在通过易制毒化学品开展大规模制贩毒的潜在风险。一方面，受供求关系和消费习惯的影响，巨大的毒品消费市场和利润空间一定程度上会刺激毒品制贩团伙铤而走险；另一方面，世界重要毒源国阿富汗对待毒品问题的措施和执行力度极为有限，导致伊朗实施的严厉禁毒措施大打折扣，直接影响了伊朗国内的毒情形势。

---

① INCB, 2020 Annual Report on Precursors, Precursors and Chemicals Frequently Used in the Illicit Manufacture of Narcotic Drugs and Psychotropic Substances, 25 March 2021, https://www. incb. org/incb/en/precursors/technical_ reports/precursors-technical-reports. html.

② Bureau of International Narcotics and Law Enforcement Affairs, International Narcotics Control Strategy Report, Volume I, Drug and Chemical Control, United States Department of State, March 2021, p. 77.

③ UNODC, World Drug Report 2021: Drug Market Trends: Cocaine, Amphetamine-Type Stimulants (4), UNODC, June 2021, p. 81.

④ Zahra Alam-mehrjerdi, Azarakhsh Mokri, Kate Dolan, "Methamphetamine Use and Treatment in Iran: A Systematic Review from the Most Populated Persian Gulf Country," Asian Journal of Psychiatry, Vol. 16, 2015, p. 19.

（三）毒品市场价格

伊朗国内的毒品市场价格是影响伊朗毒品发展态势的一个重要风向标。2018～2019 年底，伊朗城市的鸦片和海洛因成本几乎翻了一番；2020 年底的鸦片价格比 2018 年增加了两倍。[①] 与此同时，根据缉毒警察的数据，2018 年底至 2019 年底，甲基苯丙胺的批发价格下降了约 80%。[②] 禁毒总部官员将这种减少归因于阿富汗甲基苯丙胺的大量涌入。

伊朗禁毒总部秘书伊斯坎德尔·莫梅尼称，2020 年 4 月，非法药物的平均价格相比 2019 年 4 月上涨了 70%。[③] 2020 年 6 月，在靠近阿富汗边境的锡斯坦—俾路支斯坦、南呼罗珊和拉扎维呼罗珊省，来自阿富汗的甲基苯丙胺的批发价格为每公斤 6000 万里亚尔（约 320 美元），而在伊朗中部和西部省份的零售价格为每公斤 2 亿～3 亿里亚尔（1070～1600 美元）。[④] 相比之下，2019 年初，中西部省份的甲基苯丙胺批发价格约为每公斤 8 亿里亚尔（约 6800 美元）。[⑤] 2020 年 8 月，在德黑兰街市上贩售的甲基苯丙胺价格为每克 40 万～50 万里亚尔（1.7～2.17 美元），而靠近阿富汗边境省份的甲基苯丙胺价格则低至每克 6 万里亚尔（约 0.26 美元）。[⑥] 伊朗邻国阿富汗的甲基苯丙胺批发价格远低于东南亚等市场。《2021 年世界毒品报告》称，

[①] Alexander Soderholm, *Sanctions and Illicit Drugs in Iran*, the SAIS Initiative for Research on Contemporary Iran, Johns Hopkins University, 2020. p. 18.

[②] Alexander Soderholm, *Sanctions and Illicit Drugs in Iran*, the SAIS Initiative for Research on Contemporary Iran, Johns Hopkins University, 2020. p. 18.

[③] Mashreghnews, "قیمت مواد مخدر ۷۰ درصد افزایش داشته است", 21/6/2021, https://www.mashreghnews.ir/news/1085895/, 2021-11-30.

[④] EMCDDA, *Methamphetamine Developments in South Asia: the Situation in Iran and the Implications for the EU and Its Neighbours*, European Monitoring Centre for Drugs and Drug Addiction, April 2021, p. 10.

[⑤] EMCDDA, *Methamphetamine Developments in South Asia: the Situation in Iran and the Implications for the EU and Its Neighbours*, European Monitoring Centre for Drugs and Drug Addiction, April 2021, p. 10.

[⑥] EMCDDA, *Methamphetamine Developments in South Asia: the Situation in Iran and the Implications for the EU and Its Neighbours*, European Monitoring Centre for Drugs and Drug Addiction, April 2021, p. 10.

阿富汗制造甲基苯丙胺的成本仅为东南亚的 1/10 左右，例如缅甸的甲基苯丙胺批发价格为每公斤 3000 美元，阿富汗则为每公斤 280 美元。[1] 由此可见，毒品价格的波动一方面因严厉的管控措施导致供求关系端发生动态变化所致；另一方面则更为直接，主要是受消费端距离毒源地远近的影响所致。

（四）毒品造成的影响

一是毒品问题给伊朗司法系统造成巨大负担。自伊朗伊斯兰共和国成立以来，伊朗监狱囚禁的因犯数量增加了 6 倍，与毒品相关指控而被监禁的人数增加了 14 倍。[2] 2019 年 1 月，监狱组织负责人表示，监狱系统中有 24 万名囚犯，其中 39% 与毒品犯罪有关。[3] 另官方数据显示，1979~2017 年，约有 480 万人因毒品犯罪入狱（另有 300 万人被送往强制"治疗"）；1988~2017 年，被监禁的因犯中 48% 与毒品犯罪有关。[4] 2019 年，伊朗有 414809 人因与毒品有关的犯罪被捕，其中包括 227270 人因毒品贩运和交易被捕，190539 人为吸毒成瘾者。[5] 伊朗严重的毒品问题使得司法系统不堪重负。

二是毒品造成大量人员直接或间接死亡。一方面，伊朗 40 多年的毒品战争使得执法人员承受了巨大代价：超过 4000 名执法人员死亡，1.2 万多人受伤。[6] 另一方面，吸毒使得大量伊朗人付出生命代价。由图 1 可知，

---

[1] UNODC, *World Drug Report 2021*: *Drug Market Trends*: *Cocaine*, *Amphetamine-Type Stimulants* (*4*), UNODC, June 2021, p. 56.

[2] Maziyar Ghiabi, "Maintaining Disorder: the Micropolitics of Drugs Policy in Iran," *Third World Quarterly*, VOL. 39, No. 2, 2018, p. 284.

[3] Alexander Soderholm, *Sanctions And Illicit Drugs In Iran*, the SAIS Initiative for Research on Contemporary Iran, Johns Hopkins University, 2020. p. 18.

[4] Alexander Soderholm, *Sanctions And Illicit Drugs In Iran*, the SAIS Initiative for Research on Contemporary Iran, Johns Hopkins University, 2020. p. 18.

[5] Tasnim News, "Arrest of 4151 Drug Traffickers in Prisons / Afghanistan Is the Center of World Meth Production," 18/6/2020, https://www.tasnimnews.com/fa/news/1399/03/28/2287240/, 2021-12-12.

[6] Mashregh, "the Cost of Drugs in Iran Is Equal to Half of the Country's Budget," 21/8/2019, https://www.mashreghnews.ir/news/985768/, 2021-12-12.

1990~2017 年，伊朗因使用非法药物致死人数总体呈缓慢上升态势，使用非法药物导致直接和间接死亡的人数约为 12.8 万人和 6.6 万人。

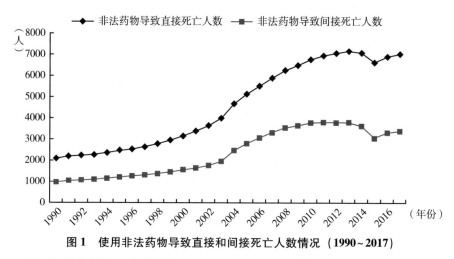

图 1　使用非法药物导致直接和间接死亡人数情况（1990~2017）

注：非法药物是指国际药物管制条约禁止的药物，包括阿片类药物、可卡因、安非他命和大麻。
资料来源：Our World in Data, https：//ourworldindata.org/, 2021-12-12。

　　此外，伊朗还以极刑处决了大量贩毒人员，这构成毒品对伊朗负面影响的一个重要方面。2010 年发布的《国际麻醉品管制局报告》称，自1979 年以来，伊朗已处决了一万多名毒贩。[1] 另根据伊朗人权组织（Iran Human Rights）[2] 的报告，2010~2017 年，伊朗平均每年至少有 403 人因涉毒品相关罪行被处决。如图 2 所示，2018~2020 年与毒品有关的处决数量明显低于 2010 年以来的"平均水平"，与 2017 年相比减少近 90%。这一数据表明，2017 年 11 月实施的《禁毒法》（Anti-Narcotics Law）修正案发挥了作用，已连续三年使与毒品有关的罪犯的处决数量大幅下降。大多数因死刑被减刑的因犯被判处长达 30 年监禁和 2 亿托曼的罚款。[3]

---

[1]　United States Department of State Bureau of International Narcotics and Law Enforcement Affairs, *International Narcotics Control Strategy Report*, March 1, 2021, p. 356.
[2]　伊朗人权组织（Iran Human Rights）是一个非营利性的人权组织，总部设在挪威奥斯陆，成员遍布伊朗境内外，主要关注伊朗死刑问题。
[3]　Iran Human Rights, *Annual Report on the Death Penalty in Iran 2020*, IHRNGO, March 2021, p. 60.

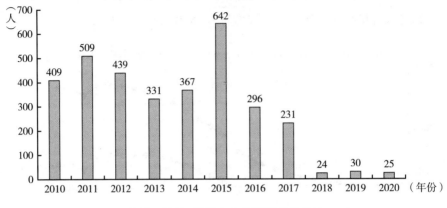

图2 2010~2020年与毒品有关的处决

资料来源: Iran Human Rights, *Annual Report on the Death Penalty in Iran 2020*, IHRNGO, March 2021, p. 56。

三是毒品造成艾滋病的传播。吸毒者是艾滋病传播的高发人群,伊朗吸毒人员的增加直接推高了艾滋病病毒感染人数。2020年,联合国艾滋病规划署的统计显示,伊朗现有艾滋病感染者5.4万人(预计感染人数为3.9万~13万人)。[1] 此外,弱势群体中注射吸毒者(Persons Who Inject Drugs)交叉注射风险较高,这将导致艾滋病传染率存在进一步提升的风险,需要采取一定的干预措施方能消除这一结构性问题。

此外,毒品给伊朗带来诸多其他社会问题,如离婚率提高、刑事案件增加等。[2] 伊朗禁毒总部秘书伊斯坎德尔·莫梅尼称,该国55%的离婚和许多轻微犯罪及盗窃案事件与毒品相关。[3]

---

[1] UNADIS, https://www.unaids.org/en/regionscountries/countries/islamicrepublicofiran, 2021-12-9.

[2] Nick Brumfield, "the US is at War with Opioids, So is Iran," June 25, 2019, http://expatalachians.com/the-us-is-at-war-with-opioids-so-is-iran, 2021-11-11.

[3] Mashreghnews, "عامل اصلی طلاق در کشور", 26/8/2021, https://www.mashreghnews.ir/news/987342/, 2021-12-12.

三 伊朗的禁毒实践及其成效

伊朗伊斯兰革命后，伊朗政府实施严厉的禁毒措施，颁布禁毒法令，成立禁毒机构，加强国际禁毒交流与合作，取得了实实在在的禁毒成效，为国际禁毒事业做出来了巨大贡献，获得国际社会的广泛赞许。

（一）法律规定

基于伊斯兰教反对毒品的教法规定和毒品巨大的现实危害，伊朗法律对于毒品犯罪施行了世界上罕见的严厉打击措施。1988 年，伊朗政府正式制定了《禁毒法》，1997 年和 2011 年，又分别对其进行了修订。这两次修订旨在通过扩大法律范围和引入更加严厉的刑罚来应对国内日益严重的毒品问题。2011 年的修正案规定对持有少至 30 克海洛因者处以死刑，并纳入了新的毒品类别。1997 年和 2011 年修正案规定对 17 种涉毒罪行可判处死刑，其中包括：种植罂粟、古柯植物或大麻籽以生产毒品；向伊朗走私 5 千克以上的鸦片或大麻；购买、持有、携带或藏匿 5 千克以上的鸦片和其他毒品；在伊朗走私、交易、生产、分销、出口海洛因、吗啡、可卡因或其他衍生物 30 克以上。2017 年，伊朗政府对《禁毒法》进行了最新一次修订。与 1997 和 2011 的修订相比，这次修订限制了适用死刑的情况和无期徒刑的刑期机制，提高了被定罪的生产商和经销商判处死刑的持有非法药物的标准，将合成物质，如海洛因、可卡因和苯丙胺类的数量从 30 克提高至 2 千克；将天然物质，如鸦片和大麻的数量从 5 公斤提高至 50 公斤。[1] 伊朗《禁毒法》新修正案于 2017 年生效后，与毒品相关的死刑数量大幅下降。

此外，伊朗分别于 1961 年、1971 年和 1988 年签署了《麻醉品单一公约》《精神药物公约》和《联合国禁止非法贩运麻醉药品和精神药物公约》；

---

[1] Iran Human Rights, *Annual Report on the Death Penalty in Iran 2020*, IHRNGO, 2021, pp. 29-30.

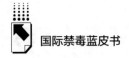

于 2000 年和 2003 年分别签署了《联合国打击跨国有组织犯罪公约》和
《联合国反腐败公约》等国际公约，结合本国实际，积极履行国际义务。近
几十年来，伊朗在打击跨国毒品犯罪方面发挥了重要且积极的作用，获得了
国际社会的广泛认可。

（二）机构设置

伊朗伊斯兰革命后，伊朗政府采取了最为直接和有效的行政干预手段实
施禁毒工作。在严厉打击毒品犯罪的过程中，伊朗政府同时开展了多种模式
的救治活动，在禁毒领域积累了十分丰富的实战经验。

1988 年 10 月，伊朗确定国家利益委员会（The Expediency Council）[①]
批准的《禁毒法》第 33 条规定，设立由总统领导的禁毒总部专门负责
全国的禁毒活动。禁毒总部是伊朗禁毒事宜的主要决策机构，集司法和
行政职能于一体，旨在协调各方力量，预防吸毒成瘾，打击毒品贩运
（包括毒品生产、分销、购买、销售等），减少毒品需求，降低毒品危
害，以及进行禁毒宣传等。禁毒总部由总统直接领导，秘书由总统任命，
负责主持禁毒总部工作，任期为五年，允许连任。禁毒总部负责协调包
括内政部、教育部、情报部、外交部、文化和伊斯兰指导部、卫生和医
学教育部、警察局、监狱组织、国家福利组织（State Welfare Organization
of Iran）、海关管理局等在内的十余个部门和机构。此外，各省均设有禁
毒委员会，负责协调地方禁毒行动。伊朗缉毒警察和海关是联合国毒品
和犯罪问题办公室在打击毒品贩运领域的主要执行伙伴；负责减少毒品
需求、控制艾滋病病毒和艾滋病传播的主要参与部门和机构，包括卫生
部、国家福利组织、监狱组织、教育部以及非政府组织和民间社会组织

---

① 伊朗确定国家利益委员会（波斯语为 مجمع تشخیص مصلحت نظام，英文为 The Expediency
Council）于 1988 年根据当时最高领袖阿亚图拉霍梅尼的指令成立，是直接服务于伊朗最
高领袖的重要国家机构。主要职能包括：调解伊朗伊斯兰议会和伊朗宪法监护委员会之间的
分歧；为制定国家大政方针、解决国家遭遇的困难以及就最高领袖提出的有关问题提供咨
询意见；在新旧最高领袖交接期间进行监督。确定国家利益委员会成员直接受最高领袖的
领导和任命，作为最高领袖的顾问，该机构实际权力非常大。

等；应对犯罪、司法和腐败领域的部门和机构，主要包括监狱组织、经济事务和财政部、金融情报室、议会、内政部、司法部、警察和海关等。目前，禁毒总部在伊朗禁毒战争中发挥着不可替代的作用，已然发展成为该国最为重要的职能部门之一。

伊朗国内其他参与毒品政策管理的机构很多，如卫生部负责监督美沙酮诊所，福利组织负责监督戒毒康复中心，警察系统除负责打击毒品交易外还参与强制戒毒等。伊朗实施的毒品预防和治疗模式呈现多样化特点，涉及从医疗救助、减少伤害服务到惩罚性的刑事司法干预等多种内容。2002年，伊朗成立了国家减少伤害委员会（The National Harm Reduction Committee），负责制定减少毒品伤害的相关计划，遏制艾滋病病毒和艾滋病在吸毒者之间的传播。2010年，伊朗肯定了自2002年以来施行的减少毒品伤害的做法，并将其纳入了制度体系，给予了减少伤害中心一定的法律地位。此外，伊朗政府还采取了其他行之有效的戒毒措施，如建立戒毒"营地"、实施美沙酮、丁丙诺啡和纳曲酮维持治疗方案等。如表4所示，不管是取得法律许可的国营和私营戒毒"营地"，还是未取得法律许可的非法戒毒"营地"，均已直接或间接发展成为伊朗政府和民众所认可或是默许的现实存在。虽然它们在法律地位、管理层面、资金来源、工作人员、戒毒方法、目标群体、收费标准等方面存在一定差别，但均在抑制毒品以及遏制艾滋病病毒和艾滋病的扩散方面发挥了重要作用。

表4 国营、私营和非法戒毒"营地"

类别	国营	私营	非法
法律地位	根据2010年《禁毒法》第16条	根据2010年《禁毒法》第16条	不合法
管理	由伊朗执法部队管理，国家福利组织和卫生部支持	由私人组织、慈善机构、协会等管理	由个人或群体管理
资金来源	通过禁毒总部接受国家直接资助	无国家资金直接资助，21天的治疗需要收费，家庭捐款，禁毒总部对每个成瘾者的治疗补贴	无补贴或政府资助，按人收费，主要为捐赠

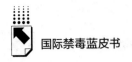
续表

类别	国营	私营	非法
工作人员	社会工作者、警察、医护人员（例如：心理学家、精神病学家、流行病学家）；事实上，仅有有限的专家支持	前吸毒者，匿名戒麻醉品者协会①成员，社会工作者和志愿者	前吸毒者和正在接受治疗的吸毒者
方法	戒毒，美沙酮替代疗法，匿名戒麻醉品者协会的支持	戒毒，主要基于匿名戒麻醉品者协会的12个步骤；一些组织采用特殊疗法，如音乐疗法、意念疗法	戒毒，运用暴力手段戒毒
目标群体	街头吸毒者，无家可归的吸毒者，贫穷、边缘地带的人，吸食多种毒品的吸毒者	取决于组织，主要是城市和农村的中低阶级吸毒者。特定情况下，包括上流社会的人	贫穷的吸毒者、年轻人、精神病患者，主要是吸食冰毒和多种毒品的吸毒者
送交方式	逮捕。警方对吸毒人员的集中管控计划	通过广告或口碑，自愿戒毒	家庭、社区或警察推送，大多是被胁迫的
费用	免费	有收费标准，可协商	收费灵活，根据个人情况，可协商

资料来源：Maziyar Ghiabi, *Drugs Politics: Managing Disorder in the Islamic Republic of Iran*, London: Cambridge University Press, 2019, pp. 226-227。

　　伊朗政府和民间建立了数量庞大的戒毒机构。2007年，伊朗有51个相关政府设施、457个私人门诊中心和26个过渡中心。2009年，伊朗各地有1569个治疗中心、337个政府设施和1232个非政府中心，它们向全国643516人提供服务。② 2021年6月26日，伊朗国家福利组织负责人瓦希德·戈巴迪·达纳（Vahid Ghobadi Dana）在"禁止药物滥用和非法贩运国际日"上称，伊朗除国家减少伤害中心外，还建立并启动了9000多个治疗、康复和能力建设中心，每年为约140万人提供相关服务；在过去20年，美

---

① 匿名戒麻醉品者协会（Narcotics Anonymous）是由麻醉品滥用者组成的自助团体，通过互相帮助达到戒除精神活性物质并保持以不再使用为目的。

② Maziyar Ghiabi, "Maintaining Disorder: the Micropolitics of Drugs Policy in Iran," *Third World Quarterly*, Vol. 39, No. 2, 2018, p. 281.

沙酮维持治疗（Methadone Maintenance Treatment）在伊朗得到了发展，目前拥有 7000 多个美沙酮维持治疗中心，建成了该地区最大的成瘾治疗和减少伤害的美沙酮维持治疗网络。[1]

在政府和民间力量的努力下，数量庞大的吸毒者得到了救助。伊朗社会福利协会（Iran's Social Welfare Association）表示，2007 年该组织共治疗了 438341 名吸毒患者，前 9 个月共分发 400 多万支注射器。[2] 同年，接受治疗的吸毒者比 2002 年增加了 40 倍。[3] 2021 年前 6 个月，健康保险组织为在门诊中心接受成瘾治疗服务的 4.1 万名投保人员支出了约 170 亿托曼，为上述符合条件的投保人提供了超过 18 万次门诊成瘾治疗服务，平均为每位投保人提供了大约 4 至 5 次服务。[4] 目前，伊朗约有 470 个成瘾治疗中心与私营和公立健康保险组织签订了合作协议。[5] 据禁毒总部报道称，伊朗 80% 以上的减少伤害和成瘾治疗是由私营部门和非政府组织完成的。[6] 2010~2020 年，由伊朗、加拿大、美国科研机构和卫生部门联合开展的一项监测研究（2010 年招募注射吸毒者为 2546 人，2014 年和 2020 年分别为 2399 人和 2684 人）发现，近十年来吸毒者共享针头和注射器的频率大大减少，针头

---

[1] United Nations I. R. Iran, " International Day Against Drug Abuse and Illicit Trafficking Commemorated by the Government of Islamic Republic of Iran and UNODC Iran," July 6, 2021, https：//iran. un. org/index. php/en/134662-international-day-against-drug-abuse-and-illicit-trafficking-commemorated-government-islamic, 2021-12-11.

[2] Bureau of International Narcotics and Law Enforcement Affairs, *International Narcotics Control Strategy Report*, *Volume I*, *Drug and Chemical Control*, United States Department of State, March 2010, p. 356.

[3] Bureau of International Narcotics and Law Enforcement Affairs, *International Narcotics Control Strategy Report*, *Volume I*, *Drug and Chemical Control*, United States Department of State, March 2010, p. 356.

[4] DCHQ, " بیمه در مان اعتیاد استفاده کردند/ارائه ۱۸۰ هزار خدمت سرپایی درمان اعتیاد ۴۱ هزار نفر از", 7/11/2021, http：//news. dchq. ir/3/? p=74160, 2021-12-2.

[5] DCHQ, " بیمه در مان اعتیاد استفاده کردند/ارائه ۱۸۰ هزار خدمت سرپایی درمان اعتیاد ۴۱ هزار نفر از", 7/11/2021, http：//news. dchq. ir/3/? p=74160, 2021-12-2.

[6] DCHQ, " تاک یدبر اصلا مسئول یت مشترک در مبارزه با موادمخدر", 11. 16. 2021, http：//news. dchq. ir/3/? p=74358, 2021-12-12.

和注射器的共享率从 2010 年的 25% 下降至 2014 年的 10.3% 和 2020 年的 3.9%。[①] 目前,伊朗现存的大部分艾滋病感染者是通过注射方式感染的。上述报告数据与监测研究结果均证实了伊朗艾滋病感染率呈现降低的趋势,说明伊朗采取的减少伤害和成瘾治疗措施取得了相应成效。

在伊朗复杂而严峻的毒品问题面前,仅仅依靠政府行为显然已无法满足其方方面面的现实需要,非政府组织和私营组织等积极参与到伊朗国内的禁毒实践中,对遏制毒品蔓延、预防毒品衍生方面发挥着重要作用。伊朗在严厉打击毒品犯罪的同时,逐步建立了相对完备的药物治疗与康复服务体系;在打击少数的同时挽救了大多数,开展了诸多具有包容性、专门性和人道主义性质的且行之有效的禁毒实践,为毒品问题的缓解奠定了一定的基础。

(三)国际合作

伊朗在禁毒领域积极参与国际合作,已与区域国家和国际社会建立了多个联络点和合作点,并制定了行之有效的减少毒品需求和伤害的干预措施。作为《巴黎公约》的签署国,伊朗坚决支持采取区域禁毒措施,积极谋求双边、多边合作,以助力禁毒实践。上述举措为伊朗开展毒品外交奠定了一定基础,也成为伊朗对外战略的重要组成部分。

双边合作是伊朗在打击毒品领域进行国际合作的主要形式。2000 年以来,伊朗相继与亚美尼亚、澳大利亚、法国、格鲁吉亚、英国、意大利、日本、挪威、俄罗斯、泰国、土耳其、土库曼斯坦等国家就禁毒事宜进行了磋商或签署了谅解备忘录。其中,伊朗与俄罗斯的禁毒合作较为密切。2005 年,伊朗与俄罗斯禁毒机构负责人签署禁毒合作备忘录,就共同打击阿富汗毒品贩运问题交换情报信息。2010 年俄罗斯与包括伊朗在内的里海国家签

[①] Hosseini-Hooshyar S, khezri M, Karamouzian M, etc. "Drug Use Patterns, Injection Risk Behaviours And Harm Reduction Service Utilization Among People Who Inject Drugs In Iran: Results From Three Consecutive Biobehavioural Surveillance Surveys," 2020, https://az659834. vo. msecnd. net/eventsairaueprod/production－ashm－public/9558673a608e4f1e8bcf7bc411333ac7, 2021-12-2.

订的《里海五国禁毒机制》（Каспийской антинаркотической пятерки）是俄伊禁毒合作的主要框架之一。除此之外，两国禁毒机构领导人还签署了《2012~2014 年联合禁毒行动计划》（Плана совместных действий по борьбе с наркотиками на 2012-2014 годы），旨在进一步发展俄伊禁毒合作，切断从俄罗斯和伊朗方向向阿富汗的非法前体供应链，以及从阿富汗方向向外的毒品供应链。[①] 巴基斯坦是伊朗在毒品领域合作的重要国家。2019 年 1 月，伊朗缉毒警察局长应巴基斯坦外长邀请，抵达巴基斯坦首都伊斯兰堡，就加强打击非法贩毒活动展开磋商；同年 10 月，巴基斯坦缉毒部队少将阿里夫·马利克（Arif Malik）抵达德黑兰，商讨双边合作问题。在我国和伊朗关系日益紧密的背景下，打击毒品犯罪成为两国合作的重要内容。2020 年 1 月，我国国务委员、国家禁毒委员会主任赵克志会见伊朗禁毒总部秘书伊斯坎德尔·莫梅尼，双方均强调要加强在禁毒领域的交流协商，不断深化禁毒领域的务实合作。2021 年 10 月，伊朗与印度也就禁毒事宜举行双边会议，并决定建立两个协调中心，加强在禁毒领域的相关合作。

在多边合作方面，伊朗主要通过与联合国相关机构建立联系而实现。自 1999 年以来，伊朗已与联合国毒品和犯罪问题办公室开展合作达 22 年之久，共实施了《"诺鲁孜"计划（1999~2004）》（"NOROUZ" Programme 1999~2004）、《联合国毒品和犯罪问题办公室伊朗国家方案（2005~2010）》（UNODC Country Programme for the Islamic Republic of Iran 2005~2010）、《联合国毒品和犯罪问题办公室伊朗国家方案（2011~2014）》（UNODC Country Programme for the Islamic Republic of Iran 2011~2014）、《联合国毒品和犯罪问题办公室（2015~2019）伊朗国家伙伴关系方案》（UNODC Country Partnership Programme in the Islamic Republic of Iran 2015~2019）四个方案，并即将与联合国毒品和犯罪问题办公室实施第五个国家

---

① InfoRso, "Россия и Иран объединяют усилия в борьбе с наркоугрозой," 26/1/2012, http：//inforos. ru/？ module＝news&action＝view&id＝28835, 2021-12-19.

伙伴关系方案。① 自 1999 年以来，联合国毒品和犯罪问题办公室一直与伊朗政府保持着牢固的合作伙伴关系，在若干关键领域促成了形式多样的多边、双边合作，其中包括提供技术援助和边境管制方面的能力建设、刑事司法、吸毒成瘾治疗和艾滋病病毒控制等。上述四个方案在实施期间，获得了瑞士、瑞典、英国、挪威、日本、加拿大、法国、意大利、德国、荷兰以及欧盟委员会等国家和机构的支持与帮助。

在区域合作层面，伊朗积极参与中亚区域信息与协调中心等区域性禁毒情报交流机制。2007 年，联合国毒品和犯罪问题办公室促成了一个区域合作机构——"三方倡议"（Triangular Initiative），将阿富汗、伊朗和巴基斯坦的禁毒部门和缉毒警察联合在一起，旨在应对阿富汗阿片剂贩运以及相关前体的走私所构成的跨国威胁，从源头上打击阿富汗鸦片、海洛因和吗啡走私活动，有助于成员国与国际社会进行建设性对话。② 2018 年 12 月，在伊斯兰堡举行的"三方倡议"第十三次高级官员会议上，阿富汗、伊朗和巴基斯坦的禁毒机构讨论了加强合作打击阿富汗阿片剂贩运的方法，三方同意加强其边境联络，并计划开展更多联合巡逻和情报先导的拦截行动。③ 2019 年 12 月，在联合国毒品和犯罪问题办公室的支持下，伊朗国家成瘾研究中心（Iranian National Center for Addiction Studies）被正式指定为"区域能力建设和研究中心"。该中心将作为一个促进区域合作的平台，加强在伊朗和该区域实施科学的循证药物需求减少方案。④ 该项目获得了日本政府的资金

---

① Eskandar Momeni, "Secretary General of the Drug Control Headquarters of the Islamic Republic of Iran to the 64th Annual Session of the Commission on Narcotic Drugs," April 12, 2021, https：//www. unodc. org/islamicrepublicofiran/en/statement-by-h-e--dr--eskandarmomeni--secretary-general-of-the-drug-control-headquarters-of-the-islamic-republic-of-iran-to-the-64th-annual-session-of-the-commission-on-narcotic-drugs. html, 2021-12-6.

② UNODC, "Regional And International Cooperation," https：//www. unodc. org/islamicrepublicofiran/en/reginal-and-international-cooperation. html, 2021-12-19.

③ 国际麻醉品管制局：《国际麻醉品管制局 2019 年报告》，联合国维也纳办事处英文、出版和图书馆科，2020 年 2 月 27 日，第 92 页。

④ United Nations I. R. Iran, "Regional Capacity Building and Research Center Inaugurated in Tehran with UNODC Support," January 10, 2020, https：//iran. un. org/en/46359-regional-capacity-building-and-research-center- inaugurated-tehran-unodc-support, 2021-12-6.

支持，旨在为阿片类药物、兴奋剂和酒精依赖者提供药理学和非药理学干预。它不但在临床研究活动中发挥了重要作用，还为 1400 多名医生和顾问提供了实践性培训。[①] 2021 年 9 月 27 日至 10 月 1 日，联合国毒品和犯罪问题办公室驻伊朗办事处与伊朗禁毒总部协调，在莫斯科组织了一次专门培训，以支持和加强伊朗缉毒警察调查毒品犯罪的能力。[②] 2021 年 11 月，在联合国毒品和犯罪问题办公室驻伊朗办事处与伊朗禁毒总部合作以及伊朗非政府组织鲁兹贝研究所（Roozbeh Institute）参与下，荷兰一家专门从事减少毒品伤害服务的非政府组织静脉注射基金会（Mainline Foundation）为伊朗相关专业人员举办了两次讲习班。[③] 近几十年来，伊朗在国际合作领域取得的进展，不仅有利于伊朗国内毒品环境的改善，也促进了国际禁毒事业的发展，为其做出了重要的贡献。

四　伊朗禁毒实践面临的现实困境

近几十年来，伊朗国内的毒品战争虽然取得了巨大成就，也获得了国际社会的广泛认可和肯定，但是伊朗自身所面临的内外交困处境，则是未来伊朗禁毒事业必须要面对的巨大挑战，尤其是其内部困境是摆在伊朗人面前的一道百年未破之难题。

（一）内部困境

历史与现实之间的紧密联系是造成伊朗毒品问题积重难返的客观现实困

---

① United Nations I. R. Iran, "Regional Capacity Building and Research Center Inaugurated in Tehran with UNODC Support," January 10, 2020, https：//iran. un. org/en/46359 - regional - capacity - building-and-research-center- inaugurated-tehran-unodc-support, 2021-12-6.

② UNODC, "UNODC Continues Support to the Iranian Anti - Narcotics Police," October 2021, https：//www. unodc. org/islamicrepublicofiran/en/unodc - continues - support - the - iranian - anti - narcotics-police. html, 2021-12-19.

③ UNODC, "UNODC Iran Conducts Training Workshop For Needs Assessment of Harm Reduction Centers," November 2021, https：//www. unodc. org/islamicrepublicofiran/en/unodc - iran - conducts - training-workshop-for- needs-assessment-of-harm-reduction-centers. html, 2021-12-19.

境。伊朗曾一度是毒品的重要生产国之一，"毒品文化"已经融入伊朗社会生活的诸多方面，形成了目前 280 万人的庞大涉毒群体。伊朗毒品问题的蔓延与早期宫廷社会将其作为娱乐消遣是分不开的，这种身份象征的诱惑力、自上而下的影响力是造成当下积重难返现实困境的重要原因之一。伊斯兰革命后，毒品生产在伊朗遭到严厉打击。虽然伊朗已由毒品生产国转变为毒品过境国，但该国境内仍然存在一定批量的毒品制贩团伙。伊朗庞大的毒品消费市场和贩毒的巨大利润空间，以及伊朗国内社会经济领域面临的压力，一定程度上会刺激制贩毒团伙在伊朗犯险涉毒。

伊朗禁毒部门之间存在一定的利益之争，在对待成瘾治疗、减少毒品伤害以及执行禁毒法律等方面存在分歧，进而使国内禁毒实践也受到了一定程度的影响。不同时期伊朗政府对禁毒政策的调整，使相关措施缺乏连续性，效果得不到充分发挥。此外，伊朗边境地区环境复杂，一些部族势力以及宗教少数群体长期参与毒品制贩活动，伊朗政府对边境地区的管控存在一定盲区甚至是缺位现象，一定程度上也影响了该国整体的禁毒成效。宣传不足也是伊朗禁毒工作面临的一个突出问题。2009 年，伊朗就已开通国家成瘾热线，但至今绝大多数成瘾者不知道该热线的存在。据成瘾预防和治理中心负责人称，2021 年上半年仅有 281276 人拨打了国家成瘾热线，其中 82% 的来电者是女性，多为吸毒成瘾者的母亲或配偶。① 对于成瘾患者已高达 280 万人、受影响人群高达千万的伊朗而言，开展预防和治疗宣传的任务依然艰巨。

（二）外部困境

一是阿富汗毒品难禁。阿富汗毒品的泛滥是伊朗国内毒品问题无法消除的外在根源，而由于种种原因，阿富汗毒品的禁绝是短期内难以完成的任务。

多年以来，阿富汗是全球遥遥领先的鸦片生产国和输出国。2018 年阿

---

① DCHQ，"معتادان از این خطر تلفن چه خواهند؟می/ از من به پر سیدا ویژه معتادان"، 15/11/2021，http：//news.dchq.ir/3/? p = 74344，2021-12-19.

富汗禁毒部与联合国毒品和犯罪问题办公室发表的《2017 年阿富汗鸦片调查》（*Afghanistan Opium Survey* 2017）称，2017 年阿富汗鸦片产量达到创纪录的 9000 吨。2019 年，联合国毒品和犯罪问题办公室在结合遥感技术、社会经济调查和农业普查数据的基础上估计，全球种植罂粟的家庭数量在 32.5 万至 60 万户之间，其中大多数位于阿富汗。[1] 同年，联合国毒品和犯罪问题办公室关于通过巴尔干路线贩运到西欧的阿富汗鸦片剂研究显示，每年非法贩运的海洛因和鸦片总价值约为 280 亿美元，超过了阿富汗国内生产总值，而这一估值仅涉及沿巴尔干路线贩运的鸦片剂，不包括经中亚和俄罗斯的北方路线以及南方路线。[2]

政治动荡、政府管控和安保能力薄弱是造成鸦片非法种植泛滥的主要原因。[3] 塔利班、反政府武装和地方部族势力以向生产罂粟的农场征收"阿片税"获益。[4] 阿富汗一些农民和城镇居民长期从事罂粟种植，参与非法毒品交易，导致罂粟已经成为这些人维持生计的重要组成部分。塔利班直接参与非法生产、加工和贩运几乎所有来自阿富汗的毒品，而非只是对这些活动"征税"而已。[5] 2019 年，阿富汗鸦片剂国内消费、生产和出口的总收入约 12 亿至 21 亿美元，约占阿富汗 GDP 的 7% 至 11%。[6] 同年，阿富汗政府通过征收鸦片制剂税为其带来了约 6100 万美元至 1.3 亿美元的收入。[7] 近年来，阿富汗罂粟种植面积总体呈增长态势。2020 年，阿富汗罂粟种植面积约为 22.4 万公顷，比上年增加了 37%；[8] 鸦片产量约为 6300 吨[9]。自 2018

---

[1] UNODC, *Afghanistan Opium Survey 2019*, February 2021, p. 17.

[2] UNODC, *Afghanistan Opium Survey 2019*, February 2021, p. 17.

[3] 国际麻醉品管制局：《国际麻醉品管制局 2018 年报告》，联合国维也纳办事处英文、出版和图书馆科，2019 年 3 月 5 日，第 90~91 页。

[4] 国际麻醉品管制局：《国际麻醉品管制局 2018 年报告》，联合国维也纳办事处英文、出版和图书馆科，2019 年 3 月 5 日，第 90~91 页。

[5] 国际麻醉品管制局：《国际麻醉品管制局 2017 年报告》，联合国维也纳办事处英文、出版和图书馆科，2018 年 3 月 1 日，第 97 页。

[6] UNODC, *Afghanistan Opium Survey 2019*, February 2021, p. 15.

[7] UNODC, *Afghanistan Opium Survey 2019*, February 2021, p. 37.

[8] UNODC, *Afghanistan Opium Survey 2020*, April 2021, p. 5.

[9] UNODC, *Afghanistan Opium Survey 2020*, April 2021, p. 6.

年以来，阿富汗鸦片的农场交货价格呈下降趋势。2018~2020 年，阿富汗新鲜鸦片的农场交货价格分别为每公斤 76 美元、52 美元和 42 美元；2018~2020 年，阿富汗干鸦片的农场交货价格分别为每公斤 94 美元、63 美元和 55 美元。[①] 鸦片农场交易价格持续下降的原因是连续三年的高产导致鸦片市场饱和（见表 5）。

表5　2019 年阿富汗鸦片收获税、平均税率的百分比

单位：%

区域	征税鸦片所占百分比	平均税率
东部地区	27	7.3
东北部地区	27	3.3
北部地区	15	16.1
西南地区	69	5.7
西部地区	41	9.1
全国平均水平	60	6.0

资料来源：UNODC, *Afghanistan Opium Survey* 2019, UNODC, February 2021, p. 38。

2021 年 8 月，塔利班进驻首都喀布尔后，公开宣布将严厉禁止国内生产和销售毒品。这一表态究竟是塔利班试图获取国际社会支持的权宜之计，还是塔利班与过去决裂的根本决策，依然有待观察。而且，由于政局不稳和大多数国际援助宣告中止，阿富汗出现了明显的经济衰退、物资短缺和通货膨胀现象，并由此陷入了极为严重的人道主义危机。在财政收入匮乏的情况下，塔利班是否会主动断绝来自毒品的收益，是一个巨大的疑问。此外，参与罂粟种植和非法毒品贸易活动是许多阿富汗人维持生计的重要保障。2019 年，罂粟种植业为阿富汗创造了约 11.9 万个全职工作岗位，这一数据还不包含罂粟种植者家庭成员参与劳作。[②] 在毒品经济早已深刻嵌入阿富汗经济

---

① UNODC, *Afghanistan Opium Survey 2020*, April 2021, p. 4; UNODC, *Afghanistan Opium Survey 2019*, February 2021, p. 9.

② UNODC, *Afghanistan Opium Survey 2019*, February 2021, p. 33.

和社会结构的背景下，要改变许多阿富汗人对其的依赖绝非一朝一夕可以完成的。最后，需要特别注意的是，在阿富汗大规模生产毒品数十年后，大量阿富汗人也陷入了吸食毒品的噩梦。2021 年 1 月 1 日，塔利班任命的卫生部副部长阿卜杜勒·巴里·奥马尔（Abdul Bari Omar）公开宣称，阿富汗当前的吸毒人数多达 350 万，占全国 3900 万人口的 9%。[1] 这就意味着如此众多的阿富汗人身体上无法离开毒品。因此，塔利班执政后的毒品政策和阿富汗毒品问题的走向将直接影响伊朗的禁毒政策和禁毒成效，这是伊朗禁毒必须要面对的客观现实困境。

二是美国的制裁干扰。美国对伊朗的制裁是伊朗禁毒活动面临的主要域外干扰因素。美国对伊朗实施的一系列技术封锁，使得伊朗无法获取相关技术装备用于禁毒实践。2017 年 2 月 27 日，美国财政部发布的《需要特别授权的医疗器械清单》（*List of Medical Devices Requiring Specific Authorization*）中包括了伽马成像设备、触觉成像设备、热成像设备等。[2] 美国的制裁使伊朗经贸长期面临困难，导致经济增长放缓、石油出口受限、外汇收入减少、货币贬值和通货膨胀等一系列问题。与其他中东国家相比，伊朗的经济相对多样化，但仍然严重依赖石油贸易。在美国对伊朗石油出口进行制裁后，2019 年伊朗的石油净出口收入为 300 亿美元，远低于 2018 年的 660 亿美元。[3] 伊朗经济遭遇的困境使其在禁毒工作上的投入相对有限。此外，迫于美国的压力，伊朗与他国的合作层次与合作深度难以有所突破，毒品外交倡议的实施严重受阻，国际社会对伊朗禁毒问题的支持与合作难以实现，一定程度上影响了伊朗的禁毒实践。

① "Nearly 10% of Afghanistan's Population are Drug Addicts," *Russian News Agency*, January 1, 2022, https：//tass. com/society/1383379, 2022-1-1.

② U. S. Department of the Treasury（Office of Foreign Assets Control）, *List of Medical Devices Requiring Specific Authorization*, February 27, 2017, p. 1.

③ U. S. Energy Information Administration, "Iran：Executive Summary," July 20, 2021, https：// www. eia. gov/international/analysis/country/IRN, 2021-12-27.

结　语

　　通过对伊朗毒品历史及禁毒形势的梳理不难发现，伊朗毒品问题是历史与现实交织的结果，这是造成伊朗当前毒品问题呈现"禁而不绝、剿而不灭、积重难返"局面的根源。不同时期，伊朗的毒品生产和贩运活动不仅与伊朗国内禁毒政策的实施力度紧密相关，也与阿富汗毒品生产和贩运活动紧密相连。当前，伊朗严峻的禁毒形势仍将持续很长一段时期，给伊朗政治、经济、社会领域带来诸多困难和挑战已成必然。从伊朗毒品问题的演变历程来看，毒品问题这一非传统安全威胁具有跨国性。近年来，从伊朗禁毒实践过程中缉获的毒品数量不难发现，伊朗不仅成为阿富汗毒品外流的重要过境通道，更是阿富汗毒品外流的主要受害者。阿富汗局势存在的不确定性，给伊朗禁毒事业带来巨大挑战。伊朗毒品问题已延续数个世纪之久，近几十年来的禁毒实践和禁毒成效得到了国际社会的广泛认可和高度评价，但伊朗毒品问题并非朝夕之间能够治愈的痼疾，亦不单单是一国的问题，已是全球公认的区域性和国际性难题。因此，需要将伊朗毒品问题放在国际和区域背景下，开展国际禁毒合作实践，形成施而有效的联动机制，才能最终解决这一世界性难题，促进国家、地区和国际社会的安全与繁荣。

参考文献

1. Rudi Matthee, *the Pursuit of Pleasure Drugs and Stimulants in Iranian History*, *1500–1900*, Princeton: Princeton University Press, 2005.

2. Bijan Nissaramanesh, Mike Trace and Marcus Roberts, *the Rise of Harm Reduction in the Islamic Republic of Iran*, the Beckley Foundation Drug Policy Programme, 2005.

3. R. B. Regavim, *the Most Sovereign of Masters: the History of Opium in Modern Iran*, *1850–1955*, PhD Dissertation, University of Pennsylvania, 2012.

4. Alexander Soderholm, *Sanctions and Illicit Drugs in Iran*, the SAIS Initiative for

Research on Contemporary Iran, Johns Hopkins University, 2020.

5. INCB, *Precursors and Chemicals Frequently Used in the Illicit Manufacture of Narcotic Drugs and Psychotropic Substances* 2020, INCB, 2020.

6. UNODC, *World Drug Report* 2021, UNODC, 2021.

7. UNODC, *Afghanistan Opium Survey* 2020, UNODC, 2021.

B.7

爱沙尼亚的芬太尼危机与治理

韩 飞[*]

摘　要： 非法芬太尼类物质的流行，在历史上或正在造成美国、加拿
大以及波罗的海国家爱沙尼亚药物过量死亡人数的大幅增加。
在爱沙尼亚，通过对供应的打击控制和减低危害措施的普及，
爱沙尼亚成功控制了芬太尼危机。然而，新的危机与挑战交
又出现。本报告通过深入研究爱沙尼亚过去二十年的禁毒史，
尝试探讨爱沙尼亚经验可以给予毒品政策制定者何种有益的
启示。

关键词： 芬太尼　爱沙尼亚　药物过量　毒品政策

有研究认为新冠肺炎疫情在一定程度上掩盖了阿片类药物危机的严重
性。[①] 在美国，新冠肺炎与药物过量使用致死人数的增加显著相关，原因之
一是疫情援助计划与失业救济金被成瘾者用以更频繁地购买街头毒品。根据
美国疾病预防与控制中心（CDC）发布的数据，全美在 2020 年至少有
93000 人死于药物过量，较 2019 年大涨了 30%，其中加利福尼亚州、田纳
西州、路易斯安那州、弗吉尼亚州、肯塔基州的增幅均在 50% 以上。[②] 此
外，截止到 2021 年 9 月过去的 12 个月当中，全美死于药物过量的人数推测

　＊　韩飞，中国科学院大学植物学博士，上海大学国际禁毒政策研究中心博士后，研究员，主
要研究方向为医药社会史、毒品史与 19~20 世纪科学科技史。
　①　Estonia, the National Institute for Health Development, *Key Lessons from Estonia*, 2021, p. 3.
　②　German Lopez, "A rising death toll: overdoses are increasing at a troubling rate," *New York Times*,
https://www.nytimes.com/2022/02/13/briefing/opioids-drug-overdose-death-toll.html.

为 104288 人，较上一统计周期增加了 15.9%，平均死亡年龄只有 44 岁。[①]
从实际构成来看，药物过量危机主要由合成阿片类药物特别是芬太尼类物质
推动，而非经由传统的可卡因、海洛因等天然或半合成毒品推动。

值得注意的是，药物过量危机不止存在于北美地区，亦长期存在于
欧洲国家特别是波罗的海国家爱沙尼亚（Estonia）。最近两年，西方毒品
政策学术界对爱沙尼亚的毒情与毒品史做了较深入的研究，尤其希望从
该国的毒情应对之中寻找有益的经验和成熟的对策。回顾 21 世纪以来的
全球毒品史，层出不穷的合成类毒品渐有替代传统的天然毒品之势。在
爱沙尼亚，芬太尼取代海洛因成为毒品市场上的"宠儿"发生在 21 世纪
初，当时在阿富汗掌权的塔利班政权推行禁毒的政策中断了爱沙尼亚国
内海洛因的供应。作为合成阿片类药物，芬太尼类物质的效力比吗啡强
50~100 倍，对成年人的致死剂量不足 3 毫克。[②] 从 2007 年到 2017 年，
芬太尼的高度流行直接推高了爱沙尼亚的药物过量死亡率至欧洲最高。
但由于爱沙尼亚政府及时、持续、快速地推行了一系列的毒品治理措施，
死于芬太尼过量使用的人数在 2017 年之后快速下降。[③] 然而，爱沙尼亚
的毒情在 2018 年以来的几年间又出现了多种新的情况，芬太尼的供应死
灰复燃，新型的合成阿片类药物出现在黑市，并通过暗网等不易追踪的
途径进入该国。这些新情况促使毒品政策研究者思考伴随而来可能出现
的新危机与新挑战。基于此，本文将围绕爱沙尼亚的毒品治理史展开，
集中关注这个欧洲国家的芬太尼危机、政府采取过的治理措施以及过去
几年来的新情况，尝试探讨爱沙尼亚的芬太尼治理可能为未来全球毒品
治理提供哪些在循证上较为有效的经验。

[①] German Lopez, "A rising death toll: overdoses are increasing at a troubling rate," *New York Times*, https://www.nytimes.com/2022/02/13/briefing/opioids-drug-overdose-death-toll.html.

[②] Anneli Uusküla et al., "the fentanyl epidemic in Estonia: factors in its evolution and opportunities for a comprehensive public health response, a scoping review," *International Journal of Drug Policy*, July 2020.

[③] Estonia, "the National Institute for Health Development," *Key Lessons from Estonia*, 2021, p. 7.

一 非法芬太尼的流行之地：爱沙尼亚毒情概况

爱沙尼亚无论在国土面积还是总人口方面均属小国。以总人口为例，爱沙尼亚只有 134 万人口，这一规模仅相当于美国得克萨斯州达拉斯市的总人口。然而，考虑到每 10 万人口吸食毒品特别是使用芬太尼类物质的比例，爱沙尼亚的这一数据则仅次于美国。过去十年，来自美国、加拿大等国的研究均揭示了阿片类药物危机的严重性，学者和政策制定者们均呼吁有组织地应对阿片类药物危机。然而，欧洲的毒情与北美地区的毒情一般认为有着显著的多重差异，比如前者的可卡因泛滥问题较为严重，而北美地区的芬太尼危机更严重。再比如，根据欧洲药物和药物成瘾监测中心（EMCDDA）的报告，德国、奥地利等国的医院和门诊系统记录到的合法使用的阿片类药物量（芬太尼、羟考酮、吗啡、氢吗啡酮、哌替啶）均超过了美国的描述，但这些国家并未出现类似于美国的芬太尼危机。[1] 此外，2020 年一项研究审查了四个主要欧洲国家（法国、德国、荷兰和英国）的毒情数据，结论为除了苏格兰地区报告了较高的阿片类药物危害率之外，没有证据表明这四个欧洲国家出现了明显的阿片类药物危机。[2]

尽管如此，爱沙尼亚是一个值得关注的特例。爱沙尼亚于 2004 年先后加入北大西洋公约组织和欧盟，但在经济与人员流动上仍与俄罗斯保持着较为密切的往来。事实上，爱沙尼亚自 1991 年脱离苏联之后，短时间内经济生活的严重下滑导致了大量讲俄语的阿片类药物成瘾者出现；此后经济水平的显著改善亦从未完全消除毒品流行问题。1992 年，意大利首次报道了与芬太尼有关的过量用药，表明当时的欧洲可能已经出现了非法制造来源的芬太尼。不过，1988 年以来由美国报告的多种芬太尼类物质并未立即在欧洲

---

① Anneli Uusküla et al. , "Trends in opioid prescribing in Estonia（2011–2017）," *Pharmacology Research&Perspectives*, 2020.

② Winfried Hauser et al. , "Is Europe also facing an opioid crisis? A survey of European pain federation chapters," *European Pain Federation*, 2021.

国家出现，直到 1990 年代末期，挪威、瑞典和丹麦等几个北欧国家才陆续有所记录。2001 年，芬兰缉获到了药效更强的 3-甲基芬太尼（TMF），同时德国当局亦缉获了多种用于生产芬太尼类物质的前提化学品。此后，爱沙尼亚、保加利亚、斯洛伐克等国的海洛因成瘾者均越来越多地转向芬太尼类物质。

时至今日，非法药物滥用一直是爱沙尼亚的一大公共卫生问题，其境内药物依赖者的确切数量尚不清楚，但多种研究为我们提供了一些参考性的数据。比如，根据欧盟刑事司法工作项目提供的报告，截止到 2019 年，16~64 岁的爱沙尼亚公民中超过 25% 使用过某种非法药物，其中在过去一年使用过的为 7%，在过去一个月使用过的为 3%。[1] 关于注射吸毒者风险行为的流行病学研究发现，2005~2017 年使用最多的阿片类药物为芬太尼。[2] 2017 年之后，芬太尼的可及性与纯度均有所下降，一些城市的注射吸毒者开始转向安非他命类物质等。然而，芬太尼的非法使用并没有完全消失，它们常常搭配其他合成毒品被使用。

长期以来，爱沙尼亚的毒情拥有复杂而又显著的特点。在爱沙尼亚，死于包括芬太尼在内的药物过量的人员的统计数据可信度较高，它们主要由两家政府单位共同统计，即爱沙尼亚死因登记处、爱沙尼亚法医科学研究所。[3] 爱沙尼亚政府部门的权威统计数据显示，2010~2017 年，多达 80% 的药物过量死亡与芬太尼类物质相关；1999~2019 年则至少有 1705 名年轻人死于药物过量，其死亡也大都涉及芬太尼类物质。直到 2018 年，大约 20% 的药物过量死亡仍与芬太尼类物质相关。欧洲药物和药物成瘾监测中心

[1] Estonia, "the National Institute for Health Development," *Key Lessons from Estonia*, 2021, p. 8.

[2] Anneli Uusküla et al., "the fentanyl epidemic in Estonia: factors in its evolution and opportunities for a comprehensive public health response, a scoping review," *International Journal of Drug Policy*, July 2020.

[3] Anneli Uusküla et al., "the fentanyl epidemic in Estonia: factors in its evolution and opportunities for a comprehensive public health response, a scoping review," *International Journal of Drug Policy*, July 2020. 此外，爱沙尼亚死因登记处为 Estonian Causes of Deaths Registry, National Institute for Health Development，爱沙尼亚法医科学研究所为 Estonian Forensic Science Institute.

（EMCDDA）于 2018 年发布的报告显示，爱沙尼亚是欧洲药物过量死亡最严重的国家之一，这也主要归因于芬太尼类物质的长期非法使用。从欧盟全境来看，药物过量死亡绝对人数最多的国家是德国（2019 年之前是尚未退出欧盟的英国），其次是土耳其、瑞典、法国、西班牙、意大利、芬兰、挪威、丹麦、冰岛、荷兰、波兰、奥地利等。但每百万人口的死亡数据上，爱沙尼亚长期位于欧洲地区的前列，仅低于死亡率达到欧洲平均水平 14 倍左右的苏格兰地区。不过，统计显示爱沙尼亚似乎已发生变化，相关死亡率从峰值的 2012 年 170/100 万人下降到了 2018 年的 43/100 万人。[①] 一个对比数据：美国 2020 年经年龄调整后的药物过量死亡率高达 216/100 万人。

正因为爱沙尼亚的药物过量死亡情况发生了显著改善，流行病学研究者以及政策制定者需要知晓爱沙尼亚的具体做法与有益经验。此外，最近几年来爱沙尼亚街头芬太尼的供应通过暗网等非法途径已经得到了有限恢复。塔尔图大学公共卫生系教授安内莉·乌斯库拉（Anneli Uusküla）研究发现，2019 年大约有 70%的吸毒者使用过芬太尼类物质，这些非法物质可能主要经由邻国拉脱维亚进入爱沙尼亚。[②] 过去二十年，爱沙尼亚的非法药物来源有着鲜明的时空地域性特点，不同历史阶段所流行的非法药物倒逼爱沙尼亚政府采取了不同的应对措施，它们可为其他国家和地区的毒品政策制定者研判阿片类药物流行的走向提供参考。

二 爱沙尼亚毒品治理的综合措施

一般芬太尼类物质的非法来源有两种，第一是合法供应链的非法外流，第二则来自秘密实验室的非法合成。令人信服的证据表明，多国暴发的芬太尼类物质危机与地下秘密实验室的非法合成相关。爱沙尼亚即是一大典型。

---

① EMCDDA, *European Drug Report*, 2019.
② Aliide Naylor, "What we can learn from a tiny baltic country's two-decade fentanyl crisis," *Vice*, https：//www.vice.com/en/article/k7ea93/estonia-fentanyl-crisis-what-says-about-us.

（一）爱沙尼亚非法药物的主要来源

2003～2004 年，爱沙尼亚非法药物市场的"主角"发生了转换。[①] 受外部环境影响，阿富汗的塔利班政权的毒品政策一度快速打压了海洛因的供应。研究者普遍认为，剧烈变化的外部供应环境是驱动爱沙尼亚的主流非法药物从海洛因转变为芬太尼最重要的影响因素，一个间接的证据是爱沙尼亚警方缉获的海洛因的平均纯度，从 2000 年的 58% 直线下跌到 2001 年的 21%；到了 2002 年，街头缉获的海洛因纯度只有 7%。[②] 与此同时，与海洛因混在一起销售的非法芬太尼开始出现。不止在爱沙尼亚，同一时期在欧洲其他国家以及北美地区同样如此。当时，混有芬太尼的新毒品几乎都模仿常用阿片类药物的外观，据信这是一种为了迎合成瘾者的供给侧销售策略。值得一提的是，这一策略在今天的北美的地区依然盛行。根据美国缉毒署（DEA）的报告，混有芬太尼类物质的假药片几乎与常用的阿片类药物毫无二致，普通使用者一般无法准确区分。

2003～2004 年，含芬太尼的毒品在不到一年的时间就基本取代了海洛因，前者以"中国白"（China White）或"阿富汗""波斯"之类充满异域色彩的商品名在爱沙尼亚的街头非法销售。2003～2006 年，3-甲基芬太尼（3-methylfentanyl，TMF）跃升为爱沙尼亚警方缴获最多的阿片类非法药物。TMF 在黑市上广泛地销售，其效力比吗啡强 400 倍以上，当然也更危险。除了 TMF，爱沙尼亚首都塔林的街头还流行卡芬太尼，这是一种比普通芬太尼更危险的非法药物。[③] 2005～2008 年，在塔林进行的针对注射吸毒者的多项流行病学研究发现，大量吸毒者将芬太尼类物质作为首选药物，比例为 13%～78%。这些物质非常容易造成使用者的成瘾，同时频繁地使用针头又

---

① EMCDDA, *Estonia Country Drug Report*, 2019, p. 3.

② André Gomes, "Estonian harm reduction programme brilliantly reverses its overdose epidemic," *Talking Drugs*, https：//www.talkingdrugs.org/estonian-harm-reduction-programme-brilliantly-reverses-its-overdose-epidemic.

③ EMCDDA, *Estonia Country Drug Report*, 2019, p. 8.

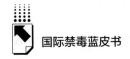

大幅增加了使用者感染 HIV 病毒的风险。^① 2009 年，报告注射过芬太尼类物质的吸毒者中感染 HIV 病毒的比例高达 61%。正因为如此，非法芬太尼类物质除了造成大量的药物过量死亡，还带来了其他具有毁灭性打击的附带损害。一位成瘾者在田野调查材料中口述道：

> 我不得不去偷东西。因为我需要的剂量增加得很快，这就需要很多钱，而我没办法从其他（合法地）途径得到。一早醒来，你就需要一大笔钱，这就容易导致入狱。我因此失去了家人，它（芬太尼）没有给我带来任何的好处，我的整个朋友圈都是瘾君子，他们一样经常偷盗。我没有地方住，我什么也没有。^②

到了 2015 年，爱沙尼亚法医学研究所报告除了 TMF、卡芬太尼，大量的芬太尼类物质出现在塔林街头，包括但不限于：丙烯酸芬太尼、环丙基芬太尼、呋喃基芬太尼等。这些非法的芬太尼类物质从何处而来？丹尼索夫（Denissov）等人认为它们来自俄罗斯。然而，其他在俄罗斯多地进行的阿片类药物流行病学调查发现，俄罗斯流行的非法阿片类药物仍以海洛因、美沙酮等为主；合成阿片类药物的缉获量也仅占俄罗斯警方 2016～2018 年总缉获量的 0.5%。一些证据表明爱沙尼亚街头的非法芬太尼来自国内的秘密实验室，主要的依据有三。第一，塔林地区的毒贩报告，其非法出售的芬太尼来自本地。第二，爱沙尼亚的执法部门成功在 2017 年关闭了一家本国的芬太尼类物质生产基地，并缉获了破纪录的芬太尼。另据《2019 年欧洲毒品报告》，爱沙尼亚警方缉获了大量的 N-苯乙基-4-哌啶酮，这是用来制造芬太尼类物质的重要前体化学品之一。^③ 第三，2017 年之后，爱沙尼亚国内

① André Gomes, "Estonian harm reduction programme brilliantly reverses its overdose epidemic," *Talking Drugs*, https://www.talkingdrugs.org/estonian-harm-reduction-programme-brilliantly-reverses-its-overdose-epidemic.

② Aliide Naylor, "What we can learn from a tiny baltic country's two-decade fentanyl crisis," *Vice*, https://www.vice.com/en/article/k7ea93/estonia-fentanyl-crisis-what-says-about-us.

③ EMCDDA, *Estonia Country Drug Report*, 2019, p. 8.

的芬太尼类毒品的纯度、造成的药物过量死亡均逐渐走低，迄今没有重回峰值。根据爱沙尼亚医学研究所和死因登记部门的数据，芬太尼类毒品的纯度从 2017 年的 17%~86% 显著下滑到 2018 年的 1.5%~22%；[①] 此外，2010~2017 年，芬太尼类毒品与 70%~80% 的过量死亡病例相关，但这一数值在 2018 年骤降到了 20%。

（二）爱沙尼亚治理芬太尼危机的主要策略

学术界认为，正是爱沙尼亚政府积极回应了芬太尼类物质的新挑战，在很大程度上切断了其供应，同时在国内推行一系列的应对措施，使得芬太尼危机恶化的趋势在数年间得到扭转。根据爱沙尼亚国家健康发展研究所（National Institute for Health Development）发布的全国年度毒情报告，以及记录了毒情应对措施、改革方案的部门工作报告，[②] 爱沙尼亚政府及与其合作的非政府组织除了有效地打击了芬太尼类物质的供应链，还做了以下多个方面的工作。

1. 纳洛酮方案

当芬太尼类物质意外登陆爱沙尼亚时，该国的紧急医疗部门似乎并没有做好充足的准备以应对。这是因为 2003 年芬太尼在世界还是一个新问题，它们一开始作为海洛因的替代物或者与海洛因混在一起出售，然后迅速地在成瘾者中间高度流行。时至今日，芬太尼类物质依然被贩毒者当作假羟考酮药片在售卖，买家会误以为他们购买的街头商品名为"青苹果""八十年代""环保者"和"豆类"的药片就是羟考酮。[③] 一旦出现中毒症状，即使在急诊室，医生们也需要快速地判定到底是何种成分引起了中毒。随着时间的推移，医生们积累了经验，可以给予芬太尼或其他阿片类药物中毒者以口服纳洛酮解毒。纳洛酮作为一种特殊的阿片受体拮抗剂，按照给药方式可以

---

① EMCDDA, *Estonia Country Drug Report*, 2019, p. 10.

② National Institute for Health Development, *A Practical Toolkit Implementing Integrated Care Models for People who Inject Drugs*, 2018.

③ EMCDDA, *Estonia Country Drug Report*, 2019, p. 11.

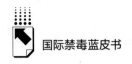

区分为以下三种。

鼻喷雾剂，如 Narcan，使用者只需打开包装并握住设备，将尖端放在药物过量患者的鼻孔中，然后用力喷射即可。这种纳洛酮产品旨在增加给药的便利性，同时可以降低药物过量者在挣扎中被针头刺伤的风险。

自动注射器，如 Evzio，使用者可在设备自带的语音提示下，先从外壳上卸下设备，然后拔下红色的安全防护罩即可注射。

纳洛酮手动注射套装，包括皮下注射器和盛有纳洛酮药物的瓶子。使用者打开盛有纳洛酮的瓶子的盖子，倒置，然后将针头插入橡胶塞，吸取 1 毫升左右的纳洛酮，然后将之注射入药物过量者的体内，一般可选上臂或大腿肌肉。

在爱沙尼亚，纳洛酮急救包于 2011 年被正式加入救护车的标准化配置清单，因此医护人员只需要知晓在何种情况之下紧急使用它们。大量的实践证明，纳洛酮可迅速地逆转阿片类药物过量引起的呼吸抑制，最终有效地降低了药物过量死亡人数。更进一步，爱沙尼亚的一些非政府公益组织推动给成瘾者、减低危害的工作人员和一些警察免费发放纳洛酮，并说服和指导他们在自己、同伴、服务对象出现芬太尼中毒症状之后及时使用。2013 年，作为减低危害服务的一部分，成瘾者被允许将纳洛酮药盒带回家。[①]

2. 严管阿片类药物处方

在北美地区，阿片类药物处方监管的漏洞被充分利用，并由此引发了严重的阿片类药物非医疗使用的普遍问题。然而，爱沙尼亚的非法芬太尼主要来自本国的秘密实验室，从医疗保健系统转移到黑市的非法芬太尼数量很少，因此并没有引起爱沙尼亚警方的太多关注。事实上，爱沙尼亚政府一向对阿片类药物处方进行严格控制，这一点被认为是爱沙尼亚与其他北美国家较大的区别。在爱沙尼亚，根据《关于麻醉药品和精神药品及其前体法》规定，非法制造、收购或持有少量的任何麻醉药品或精神药品可处以 1200

---

① EMCDDA, *European Drug Report*, 2021, p. 7.

欧元罚款或行政拘留 30 天。①

3. 去罪化

爱沙尼亚早在 2002 年即完成了对个人使用非法药物行为的去罪化。在此之前，被发现二次吸毒的人可能面临起诉以及刑事惩罚。因此，中毒者往往在清醒之后选择逃跑或反抗。正如前文所述，注射吸毒者同时感染 HIV 病毒的比例过高，因此配合度低的成瘾者为急救人员制造了严重的心理障碍。去罪化进程建立在医疗系统与司法系统合作的基础之上，检察官办公室由此更加关注贩毒者而非使用者；对后者，执法部门开始更多地提供帮助，而不是逮捕他们并施加刑事惩罚。

4. 减低危害

减低危害的服务在 21 世纪初的爱沙尼亚经历了一个从无到有，再到逐渐完善的过程。通过交换计划为成瘾者提供洁净的注射器和针头尤为必要，这可以显著降低他们感染 HIV 病毒的风险。1998 年，一项田野调查发现受访者普遍缺少洁净的注射器和针头，他们共同使用同一套注射用具，有的反复使用超过一周。② 多项研究表明，发展减低危害和提供洁净注射用具的措施对减少传染病尤为奏效。同时，对减轻成瘾者不适和羞耻的心理负担也有显著帮助。此外，在分发服务的过程中，人们聚集在一起，更便于进行相关的宣传教育；也利于他们试图获取帮助和服务时建立联系。2005 年，爱沙尼亚第一家由政府资助的戒毒康复中心开业，一开始仅针对男性成瘾者。2012 年，芬太尼类物质造成的过量死亡人数达到历史高峰，女性成瘾者明显增多，戒毒康复的服务被扩展到了女性。③

---

① Anneli Uusküla et al. , "the fentanyl epidemic in Estonia: factors in its evolution and opportunities for a comprehensive public health response, a scoping review," *International Journal of Drug Policy*, July 2020.

② EMCDDA, *Drug-related deaths and mortality in Europe*, 2021, p. 7.

③ Aliide Naylor, "What we can learn from a tiny baltic country's two-decade fentanyl crisis," *Vice*, https://www.vice.com/en/article/k7ea93/estonia-fentanyl-crisis-what-says-about-us.

表1　欧洲各国采取的减低危害措施比较

国家	交换注射器计划	纳洛酮返家项目	开放毒品注射室	海洛因辅助治疗
奥地利	是	否	否	否
比利时	是	否	是	否
保加利亚	是	否	否	否
克罗地亚	是	否	否	否
塞浦路斯	是	否	否	否
捷克	是	否	否	否
丹麦	是	是	是	是
爱沙尼亚	是	是	否	否
芬兰	是	否	否	否
法国	是	是	是	否
德国	是	是	是	是
希腊	是	否	否	否
匈牙利	是	否	否	否
冰岛	是	是	否	否
意大利	是	是	否	否
拉脱维亚	是	否	否	否
立陶宛	是	是	否	否
卢森堡	是	否	是	是
马耳他	是	否	否	否
荷兰	是	否	是	是
挪威	是	是	是	否
波兰	是	否	否	否
葡萄牙	是	否	否	否
罗马尼亚	是	否	否	否
斯洛伐克	是	否	否	否
斯洛文尼亚	是	否	否	否
西班牙	是	是	是	否
瑞典	是	否	否	否
英国	是	是	否	是

资料来源：ECMDDA, *2019 European Drug Report*, 2020。

　　整体上，爱沙尼亚政府在治理毒品方面广为借鉴其他国家和学术界的经验，并没有较为新颖的创新经验。爱沙尼亚政府的国家药物战略在两份文件中突出强调，一是《2009~2020 年国家卫生计划》，二是《药物预防政策白皮书》。前者阐述了国家卫生计划的目标，即力求减少麻醉品和精神药品的消费以及减低非法药物的使用所造成的健康和社会损害。后者则强调爱沙尼亚政府应在欧盟药物政策的框架指导下减少非法药物的使用以及危害，围绕7 项支柱性政策开展：减少供应，普及一级预防（注：一级预防即初级预防，是在普通人群未使用非法药物之前便采取宣传、教育、心理干预等措施，改善行为人的不良生活方式，积极控制危险因素），早期发现和干预，减低危害，治疗和康复，再社会化，监测。[①]

三 爱沙尼亚毒品治理案例的启示

由上文可见，爱沙尼亚国内的毒品市场流行的主要毒品发生了多次显著的变化，从海洛因到芬太尼再到多种阿片类非法药物共存。美国兰德公司药物政策研究中心的研究员吉尔卡·泰勒（Jirka Taylor）指出，"爱沙尼亚提供了唯一的窗口，用以考察芬太尼类物质占据毒品市场后 20 年间如何演化。我们认为，爱沙尼亚的案例表明芬太尼类物质一旦成为主流便拥有了持久的生命力，被它们取代的海洛因基本上再也没有回来。成瘾者对海洛因的需求没有反弹，因为他们已经习惯了使用芬太尼类物质，或者混有了芬太尼的其他合成毒品。"

第一，美国等地区的毒情是否会加速"爱沙尼亚化"？

兰德公司药物政策研究中心研究员布莱斯·帕尔多（Bryce Pardo）指出，美国部分地区已经存在明显的"类似爱沙尼亚的情况"。比如，新罕布什尔州的执法部门报告了较少的海洛因缉获量以及由于海洛因导致的药物过量死亡，但芬太尼的相应数据居高不下。同时，伴随芬太尼危机的健康和社会危害亦明显增加，如血源性传染病、涉毒犯罪等。也因此，学者推测在爱沙尼亚行之有效的解决芬太尼危机的那些措施，也许同样适用于美国。比

---

① Estonia, "the National Institute for Health Development," *Key Lessons from Estonia*, 2021, p. 24.

如，一篇发表在《柳叶刀》上的研究认为，解决芬太尼危机的最佳方法就在于集中优势资源减低危害，且"根据爱沙尼亚的经验"，应该合理分配纳洛酮以逆转阿片类药物过量，应该继续推行注射器交换计划，应该对严重成瘾者施行最小剂量的阿片类药物替代治疗，帮助他们重新融入社区生活，应该普及一级预防，以便尽可能减少新增吸毒者。

第二，第四波阿片类药物危机是否到来？

回顾爱沙尼亚 20 年的毒品治理历史，芬太尼危机只是横跨时空范围更广的阿片类药物危机的一个阶段，后者造成了至少三波药物过量死亡的"流行病"，第一波主要由传统的阿片类药物造成，第二波主要由芬太尼类物质造成，第三波则由混有芬太尼的新型合成阿片类药物造成。比如，2019年 11 月，一种名为"Isotonitazene"（街头商品名为 ISO 或"Sobaka"，即俄语"狗"的意思）的新型阿片类"设计毒品"首次被系统描述，其通过注射给药，毒性比传统的芬太尼更大。到了 2022 年，爱沙尼亚警方记录到了"Isotonitazene"使用率的明显增加；在 2021 年药物过量死亡的 40 人中，至少 10 人的死亡与混用了芬太尼和 ISO 相关。①

不管是在爱沙尼亚还是在美国，效力更强的阿片类药物的不断迭代是驱动药物过量危机持续存在的结构性风险因素，亦即"特制药物"问题可能成为禁毒史上重要的国际问题，有必要采取更具有全球影响力的措施来遏制新型芬太尼类物质的出现。此外，多地的执法部门记录到强效芬太尼类药物与兴奋剂类毒品的联合使用，似乎正在变得越来越普遍，由此造成的药物过量死亡亦有所增加。此外，新冠肺炎疫情亦可能通过加速种族以及经济上的不平等助涨药物过量危机。②

---

① ERR, *Fentanyl has made a return to the Estonian drug market*, ERR, https://news.err.ee/1114183/fentanyl-has-made-a-return-to-the-estonian-drug-market.

② 关于下一波阿片类药物危机的讨论，参见 Daniel Ciccarone, "the rise of illicit fentanyls, stimulants and the fourth wave of the opioid overdose crisis," *Current Oppinion of Psychiatry*, 2021; Victor W. Weedn et al., "Fentanyl-related substance scheduling as an effective drug control strategy," *Journal of Forensic Sciences*, 2021; Winfried Hauser et al., "Is Europe also facing an opioid crisis? A survey of European pain federation chapters," *European Pain Federation*, 2021.

第三，预防吸毒的成本效益如何最大化？

与禁毒相关的成本效益分析是毒品政策研究不能忽视的一环。然而，直接用于禁毒行动的政府支出相对容易被标记为禁毒成本，与其他可被非法使用的药物管控相关的支出则不会。在爱沙尼亚，大多数减少非法药物的供应以及减低危害的费用由中央政府的一级预算提供。现有数据表明，爱沙尼亚用于非法药物治理的预算占到 GDP 的 0.02%。然而，芬太尼类物质对传统预防吸毒的措施提出了更高的挑战。这主要是因为，贩毒者将效力更高的芬太尼类物质做成假药销售，许多受害者甚至不知道自己在使用毒品。因此，扩大校园宣传、互联网宣传等传统—新型干预渠道的资源投放应是今后禁毒工作的一大重点。

第四，如何加强阿片类药物处方的监管，同时不损害合法需求者的利益？

应当注意到，医疗卫生保健服务系统记录到的阿片类药物处方的增加，并不意味着药物的滥用，而有可能代表了未被充分满足的医疗需求，比如来自癌症疼痛管理或姑息治疗方面的需求。根据美国国家药物滥用研究所的数据，全美大约 8%~12% 的将阿片类药物用于治疗急性疼痛的患者会出现阿片类药物使用障碍；同时，在非法使用海洛因物质的人群中，多达 80% 的受访者曾将镇痛用的阿片类药物用于非医疗目的。① 但在爱沙尼亚，相对于总人口的阿片类药物处方使用量远低于其他欧洲国家，几乎比美国低 10 倍。这些数据固然再次表明爱沙尼亚的非法芬太尼物质可能并非从合法的医疗渠道流出，只不过一些新的迹象应当引起研究者的注意：爱沙尼亚的阿片类药物处方使用量在迅速增加，其中可待因的处方量在 2011~2017 年增加了 300% 以上，芬太尼、羟考酮和二氢可待因的处方量则增加了 100% 以上。考虑到药用芬太尼的效力比吗啡高 50~100 倍，芬太尼滥用或过量使用的风险应当持续跟踪关注。比如，用于缓解非癌症疼痛的强效芬太尼可能自医疗系

---

① Winfried Hauser et al.，"Is Europe also facing an opioid crisis? A survey of European pain federation chapters," *European Pain Federation*, 2021.

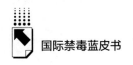

统流出，并以更高的价格转售。因此，如何合法打击非法制造或流出的芬太尼的同时又不过度打压疼痛患者的合理需求，亦应当引起重视。

结　语

爱沙尼亚的芬太尼危机或阿片类药物危机治理集中展示了禁毒政策保持一致性的重要性，并提示以下三种禁毒政策可能是未来不可或缺的支柱。

供应控制。对毒品或非法药物供应链的打击一直是重中之重，其中任何一环的缺失均可能造成严重后果。通过比较爱沙尼亚和美国的芬太尼危机成因可以发现，爱沙尼亚严格管控了阿片类药物处方的非法流出，从而可以在成功打击合成芬太尼的秘密实验室之后大幅降低非法芬太尼的供应；然而美国迄今无法有效地管控阿片类药物处方。

需求控制。贩毒者和吸毒者的需求共同推涨芬太尼危机不断变异。对前者而言，芬太尼类物质的合成成本显著更低，利润率更高，不需要占有太大的物理空间，因此对土地、气候、劳动力的依赖更小。贩毒者可以在短时间之内，利用不同的前体化学品设计制造出复杂的合成毒品，然后通过互联网等多种渠道投放市场。而对后者而言，正如爱沙尼亚的主流毒品转换历史所揭示的，对非法药物有着强烈需求的人员基本没有放弃毒品而是转向了更新型的合成毒品。这一问题在美国尤为突出，故如何有效降低本国非法药物使用者的需求应当是危机治理的一大重点，这无法通过转移监管责任到其他国家来实现。

治疗与康复。无论是利用纳洛酮来逆转药物过量造成的呼吸抑制，还是美沙酮替代疗法，均表明药物治疗可以稳定人们的生活，并显著减少药物过量死亡人数。同时，亦能显著减少艾滋病、甲肝等血源性传染病的发病数量，从而将吸毒所造成的公共卫生危害控制在较小的范围内。

尽管如此，由于广泛的非法药物使用需求的存在，任何单一的禁毒政策都不可能取得持久的成功。在爱沙尼亚，吸食海洛因的人群在外部供应出现短缺之后很快地转向了芬太尼，随后几年又转向了其他的新型合成阿片类药物。我们呼吁,芬太尼危机较为严重的国家应当持续地监测街头新出现的非法药物,并通过不同组合的禁毒政策来最大限度地解决这一公共卫生问题。

参考文献

1. Anneli Uusküla et al. , "the fentanyl epidemic in Estonia: factors in its evolution and opportunities for a comprehensive public health response, a scoping review," *International Journal of Drug Policy*, July 2020.

2. Daniel Ciccarone, "the rise of illicit fentanyls, stimulants and the fourth wave of the opioid overdose crisis," *Current Opinion of Psychiatry*, 2021

3. EMCDDA, *European Drug Report*, 2019.

4. EMCDDA, *Drug-related deaths and mortality in Europe*, 2021.

5. Estonia, the National Institute for Health Development, *Key Lessons from Estonia*, 2021.

6. Winfried Hauser et al. , "Is Europe also facing an opioid crisis? A survey of European pain federation chapters," *European Pain Federation*, 2021.

7. Victor W. Weedn et al. , "Fentanyl-related substance scheduling as an effective drug control strategy," *Journal of Forensic Sciences*, 2021.

专题报告
Topic Reports

B.8
易制毒化学品管控的国际经验与中国路径

包 涵[*]

摘　要： 易制毒化学品作为制造麻醉药品和精神药品的前体、原料和化学
助剂，对其有效管控是解决毒品问题的"牛鼻子"工作，在禁
毒工作中的作用越来越重要。易制毒化学品具有"双重性"，一
方面它能满足医药、卫生、化工等相关产业部门的正常合法需
要，另一方面它容易被用于制造毒品。如何保障易制毒化学品合
法生产、经营、购买、使用、运输，同时避免易制毒化学品流入
不法分子之手用于制毒及对"非列管化学品"的快速反应，是
当前亟待解决且较为困难的问题。为解决此类问题，域外试图在
立法上予以响应或改进管制措施，取得了一定成效。中国的易制
毒化学品管控制度，应在我国现有管控制度基础上，适当借鉴域
外的经验与合理方案，以期在不剧烈改变现存易制毒化学品管控
制度与措施的前提下，对易制毒化学品的管控在"合理使用——

---

[*] 包涵，法学博士，中国人民公安大学侦查学院副教授，中国人民公安大学禁毒理论与政策研
究中心研究员，博士生导师，主要研究方向为刑法学、刑事政策学、禁毒学。

防止扩散"之间谋求倾向于前者的平衡状态。

关键词： 易制毒化学品　非列管化学品　单行立法模式　类似物管制模式　临时列管措施

根据联合国毒品和犯罪问题办公室发布的《2021 年世界毒品问题报告》，毒品市场在新冠肺炎疫情暴发的背景下显现出的复原力再次表明，贩毒者有能力迅速适应变化的环境和情况。新冠肺炎疫情给国际毒品治理带来了全新的挑战，常态的毒品预防、戒治以及针对吸毒者的救助活动在很大程度上受到干扰，当前的毒品滥用及制贩毒问题新形势亟待有效应对。随着全球化进程发展，合成毒品问题依旧严峻，新精神活性物质不断更新迭代，易制毒化学品仍存在流失风险，因此对易制毒化学品有效管控具有重要意义。无论是合成毒品抑或是新精神活性物质，都离不开易制毒化学品，从某种意义上说，没有易制毒化学品就没有毒品。管制好各类易制毒化学品，使其不致流入毒品犯罪分子手中，实际上也就等于控制和切断了毒品的生产。[1] 易制毒化学品管控工作是有效解决毒品问题的"牛鼻子"工作，在禁毒工作中的作用越来越重要。

一　易制毒化学品管控的缘起与国际经验

与毒品不同，易制毒化学品在一般民众的价值观念中并不具有道德可谴责性，国家出于除冰肃毒、维护社会秩序的考量，以强制力介入，对易制毒化学品进行管控。因此，回溯易制毒化学品概念的缘起，以窥见对易制毒化学品进行管控的价值取向。同时，适当借鉴域外的经验与合理方案，以进一步完善我国对易制毒化学品的管控制度。

---

[1] 秦总根：《完善我国易制毒化学品管制立法的思考》，《贵州警官职业学院学报》2009 年第 2 期，第 101~103 页。

（一）易制毒化学品管控的缘起

1. 易制毒化学品概念的缘起

"易制毒化学品"英文名为"precursor chemicals"，该词最早可追溯至《联合国禁止非法贩运麻醉药品和精神药物公约》，公约认为有必要采取措施，监测某些用于制造麻醉药品和精神药物的物质，包括前体、化学品和溶剂。这些物质的方便获取，已导致大量的秘密制造的麻醉药品和精神药物的出现。

1997年，我国原对外贸易经济合作部为履行《联合国禁止非法贩运麻醉药品和精神药物公约》规定的义务，规范易制毒化学品进出口管理工作，保证我国易制毒化学品进出口贸易健康有序的发展，颁布了《易制毒化学品进出口管理暂行规定》，将《联合国禁止非法贩运麻醉药品和精神药物公约》中管制的以及经常或容易用于制造精神药品和麻醉药品的物质定义为"易制毒化学品"。2000年，为进一步贯彻落实全国禁毒工作会议精神，堵塞易制毒化学品生产、经营、使用上的漏洞，打击非法制造毒品和走私、非法买卖易制毒化学品等违法犯罪活动，整顿市场秩序，保护合法经营，维护我国在国际禁毒领域的形象和地位，国家经济贸易委员会、公安部、国家工商行政管理局联合下发《关于加强易制毒化学品生产经营管理的通知》，将易制毒化学品定义为：可用于制造海洛因、甲基苯丙胺（冰毒）、可卡因等类麻醉药品和精神药品的物质，这些产品既是有关行业生产中常用的基础原料，也可以作为生产毒品的前体、原料和化学助剂。2005年，为了加强对易制毒化学品的管理，规范易制毒化学品的生产、经营、购买、运输和进口、出口行为，防止易制毒化学品被用于制造毒品，维护经济和社会秩序，国务院正式颁布了《易制毒化学品管理条例》（以下简称《条例》）。《条例》也使用了"易制毒化学品"一词，将易制毒化学品分为三类，第一类是可以用于制毒的主要原料，第二类、第三类是可以用于制毒的化学配剂。目前易制毒化学品的具体分类和品种，由《条例》附表列示，即《条例》并未对易制毒化学品进行定义，而是在《条例》的附件中列明易制毒化学品的具体分类和种类。此外，2005年，为防止易制毒化学品流入特定国家

（地区）用于毒品制造，规范易制毒化学品出口活动，商务部会同公安部、海关总署、国家安全生产监督管理总局和国家食品药品监督管理总局发布《向特定国家（地区）出口易制毒化学品暂行管理规定》。该规定附表中列出易制毒化学品58类，所指"特定国家（地区）"为缅甸、老挝，对上述58类易制毒化学品向缅甸、老挝的出口实行许可证管理及国际核查制度。

由此可见，我国法律制度目前对"易制毒化学品"的定义可归纳为：为国家所管控的可用于制造海洛因、甲基苯丙胺（冰毒）、可卡因等类麻醉药品和精神药品的前体、原料和化学助剂，其种类包括《条例》附表所列的化学品，以及在向缅甸、老挝出口的前提下，《向特定国家（地区）出口易制毒化学品暂行管理规定》附表所列的化学品。

2. 易制毒化学品的"双重性"

易制毒化学品作为工农业生产、医药科研、日常生活所需要的化学品，有广泛的用途，是我国经济社会发展中的必需品，具有合法属性。如麻黄碱在医药中用来扩张支气管，可制成感冒药和止咳药；醋酸酐可用作低温漂白的催化剂，生产阿司匹林、退热冰、非那西汀等药物；丙酮广泛应用于化工和医学行业，可用作加工塑料、油漆、润滑油、药品、化妆品、炸药等。同时，作为生产制造毒品的化学原料和配给，易制毒化学品是"毒树之因"，存在负外部性，如麻黄碱是非法合成甲基苯丙胺的主要化学前体，其过程是在红磷催化下，用氢碘酸还原麻黄碱，这种化学反应相对简单而收效高。而伪麻黄碱与麻黄碱一样，以同一方法用于非法合成甲安非他命；醋酸酐能与吗啡反应生成海洛因，也和邻氨基苯甲酸反应生成N-乙酰邻氨基苯酸，即非法生产安眠酮与新安眠酮的直接化学前体；丙酮可制造海洛因、可卡因、LSD和苯丙胺。

易制毒化学品具有"双重性"，一方面它能满足医药、卫生、化工等有关工业部门的正常合法需要，另一方面它容易被用于制造毒品。[①] 正是这一

---

① 苗翠英、张晶：《论走私、贩卖易制毒化学品案件的特点及防范对策》，《公安大学学报》2002年第1期，第92~96页。

"双重性"决定了易制毒化学品的受管控性。即易制毒化学品作为一般化学品需要在市场上正常流通，以满足生产生活的正常需要；但又不可完全自由流通，为避免流入不法分子手中，国家需要通过法律法规及相应的行政手段进行管控。在对之管控过程中，往往面临着保障此类化学品合法生产、经营、购买、使用、运输，与避免其流入不法分子之手用作制毒的矛盾。与毒品管制的诉求不同，对易制毒化学品不能赋以绝对的负面评价，对其管控需要在"合理使用—防止扩散"之间谋求倾向于前者的平衡状态，这引起我们对当前的管控制度更深层次的思考。

（二）易制毒化学品管控的国际经验

1. 国际公约：指引性规范

1988年联合国发布的《联合国禁止非法贩运麻醉药品和精神药物公约》中首次提出易制毒化学品管控的具体倡议，其在序言中明确提出："认为有必要采取措施，监测某些用于制造麻醉药品和精神药物的物质，包括前体、化学品和溶剂"。对于易制毒化学品管控的具体制度可集中于该公约第12条的部分内容，且遵循国际公约规则的基本范式，即联合国对于易制毒化学品的管控制度，主要是基于期望对缔约国产生引导效应的目的而制定的，强制力相对于国家法律制度有所欠缺。因此其条款多呈现为指导性的粗泛规则，同时主要在联合国职能范围内做出规定。

由于国际条约的强制力相对欠缺，在制定易制毒化学品目录时需要充分尊重缔约国的意见。联合国麻醉品管制局（以下简称"麻管局"）与缔约国都有权向联合国秘书长提议改动易制毒化学品目录，麻管局负责对有关提议展开科学评估。而联合国秘书长则主要扮演居中联络的角色，其有职责将有关情报（包括具体的变动提议与麻管局出具的科学分析报告）递送至麻醉品委员会（以下简称"麻委会"）与缔约国，最终由麻委会民主表决后，只有超三分之二的多数同意后才可以决定改动目录。[①] 而所谓麻委会则是由

---

① 1988年《联合国禁止非法贩运麻醉药品和精神药物公约》第12条5款。

53 个缔约国的代表构成，表现出充分尊重缔约国意见的制度取向。

而除去易制毒化学品目录的修订事宜之外，对于易制毒化学品的生产、销售、购买与国际贸易等环节的控制，联合国国际条约也主要以指导性意见的形式表述。譬如联合国建议缔约国对本土内所有指导与销售易制毒化学品的企业与个人进行纳入控制，同时在严格的审核后给特定主体颁发执照，准许其在特定场所遵照特定程序销售易制毒化学品。[1] 此类规定通常不具有强制性，但却对各缔约国制定易制毒管控制度具有参照意义，同时缔约国也应当遵守公约所规定的部分义务。比如，缔约国应当定期向麻管局提交易制毒化学品管控情况，同时有义务提请麻管局注意新出现的易制毒化学品，以帮助联合国有针对性地修改易制毒化学品目录，出台毒品及其易制毒化学品有关的分析报告，并指导各缔约国完善易制毒管制制度，提升世界毒品治理水平。

2. 美国：分层式管制

在美国易制毒管控制度中，对易制毒种类做出区分，根据其社会危害程度厘定不同的管理制度，同时联邦与地方政府的管控制度也呈现出不同的样态，所以分层式管制是美国易制毒管控制度的基本特征。具体而言，在联邦层面易制毒管控的主管机关是美国司法部（Department of Justice，DOJ），而司法部部长（the Attorney General）作为部门行政领导，其对易制毒管控制度修改、品类增设等基础性问题享有决策权。譬如在美国《管制物质法》802（33）部分规定，所谓列举化学品是指被司法部部长用规则明确的可以用于制作受管制物质的化学品[2]。而联邦层面易制毒管控制度的主要执行机关则是美国缉毒局（Drug Enforcement Administration，DEA），负责易制毒化学品生产、销售与使用等环节的行政审批与检查工作，同时有向司法部部长提交将某种物质列入或剔除出易制毒清单的职能。譬如去芬太尼逐渐成为制作受管控物质的直接前体，美国缉毒局提交了一份报告建议将该物质作为直

---

[1] 1988 年《联合国禁止非法贩运麻醉药品和精神药物公约》第 12 条 8 款。

[2] Controlled Substance Act.（21 U. S. C 802），802（33）.

接前体，列入《管制物质法》的受管制物质目录，该决议于 2020 年 5 月 18 日被司法部正式采纳生效①。由此可见美国易制毒管控制度采用行政化的管理模式，充分赋予行政机关领导者自由裁量权，以提升易制毒化学品规范的效率。

而在具体易制毒化学品名录确定方面，美国将其划分为直接前体与列举化学物两类分别进行管辖。所谓直接前体（Immediate Precursor）是指具有成瘾性且同时可以用于制作其他受管制毒品的化学品，因为其成瘾性与易制毒性的双重属性，美国将其划入毒品目录Ⅱ（scheduleⅡ），与普通毒品展开相同的管制②。直接前体的管制由司法部部长直接负责，任何种类的增设与删减都需要部长听取"健康与人类服务部秘书长"（Secretary of Health and Human Services）有关"医学或科学上的建议"后做出决策。

而列举化学物（listed Chemical）则是指平时可以医用或在日常生活中使用，但通过某种方法后可以合成或提炼为毒品的化学品。与毒品目录类似的是，美国制定有附表Ⅰ与附表Ⅱ，明确了列举化合物的种类，而与直接前体不同的是，司法部将附录制定与修改权交由缉毒局执行。譬如法律规定美国缉毒局领导者可以增设或删除所列化学品种类，只许提前 30 日在联邦公报上公布即可。同时缉毒局负责审核提交的申请，在合理期限内做出采纳或不采纳决定，并说明理由即可③。而与直接前体不同的是，列举化学物可以在严格的审批程序之下由特定经销商向他人销售，公民在销售点登记详细信息后即可购买定量的列举化合物。而直接前体与列举化学物不同的管控方法与主管机关表现出美国分层式管制的基本特征。

3. 其他典型国家和地区

中国台湾地区于 1988 年，在《联合国禁止非法贩运麻醉药品和精神药

---

① DEA, "Control of the Immediate Precursor Norfentanyl Used in the Illicit Manufacture of Fentanyl as a Schedule II Controlled Substance," https：//www. deadiversion. usdoj. gov/fed＿ regs/ rules/2020/frO417. htm, 2020-4-17.

② Controlled Substance Act. (21 U. S. C 802) 812 (Schedule II).

③ Controlled Substance Act. (21 CFR 1310. 02) 812 (c, f).

物公约》中将可能用于非法制造毒品的易制毒化学品列入监测管制范围。台湾地区将"先驱化学品工业原料"定义为可能用来制造毒品的工业原料，即易制毒化学品，依据其特性分为甲类和乙类。甲类是指一部分参与反应并能够成为毒品的化学品或者经主管机关公告列入制毒化学品，乙类是指一部分参与反应或未参与反应并不成为毒品的化学品。[①] 台湾地区经济部门依据"毒品危害防制条例"第 31 条及"先驱化学品工业原料种类及申报检查办法"对易制毒化学品工业原料输入、输出、生产、销售、使用、贮存的流程、数量、场所以及交易厂商、发票号码等进行管理。经济部门将厂商申报的上中下游买卖申报资料及进出口通关的资料系统与人工交叉流向追踪进行比对，核查申报资料的正确性，深度了解厂商进出口易制毒化学品工业原料的实际用途。

加拿大《刑法》规定，"非法药品"指受控制的药品或者药品前体，其进口、出口、生产、出售或者持有是受到《管制毒品与麻醉药品法》的禁止或限制的。而《管制毒品与麻醉药品法》是加拿大的联邦药物管制法规，它对制毒物品采取列举的方式做出规定。加拿大在禁毒政策上偏向毒品减害，因此加拿大对制毒物品的管制较为松散，只是在《管制毒品与麻醉品法》的附表 VI 中将制毒物品分为 A 类前体和 B 类前体进行列管。同时，加拿大对制毒物品犯罪的处罚力度较轻，如对以出口或进口为目的持有 A 类或 B 类前体的公诉案件被告人最高面临 3 年的监禁刑，若适用简易程序，该监禁的刑期最高仅为 1 年。加拿大对易制毒化学品的管制体现出分类较少、处罚较轻的特点。

二 我国易制毒化学品管控的政策与立法

近年来，易制毒化学品流失问题得到重视，经过我国执法部门加大对易制毒化学品的管制力度，易制毒化学品流失得到遏制。《2020 年中国毒情形

---

① 《先驱化学品工业原料之种类及申报检查办法》，第 3 条。

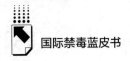

势报告》显示，通过持续推进易制毒化学品清理整顿、深入开展"净边"专项行动，国内制毒物品流失问题得到有效整治，列管化学品流入非法渠道明显减少。2020 年，全国共破获走私、非法买卖、运输及生产制造制毒物品案件 307 起，同比下降 7.5%，缴获各类化学品 2335 吨。[1]

　　然而，制毒物品存在选择性和替代性强的特点，不法分子为逃避法律制裁，不断开发、寻购未列管的化学品作为替代前体。受境内外存在制毒原料需求影响，非法制贩和走私制毒物品活动仍较活跃，订单式研发生产非列管化学品用于制毒的问题日益突出。据《2017 年中国毒品形势报告》，进口非列管化学品流入中国制毒渠道增多，国内破获的多起制毒案件现场发现了来自意大利、约旦、日本等国的进口非列管化学品。[2] 易制毒化学品犯罪出现了新的犯罪手法。一些不法分子通过注册"皮包公司"、骗取经营资质和许可备案证明等方式，违规交易、运输、储存、进出口化学品，几经倒手易制毒化学品流入非法渠道。[3] 不法分子为逃避打击，分散购买非列管的易制毒化学品前体，在制毒环节再加工成所需的原料，导致非列管化学品流入制毒渠道越来越多，监管、堵截、查处难度加大。针对这种情况，2020 年中国对 α-苯乙酰乙酸甲酯等 6 种化学品列入管制。[4] 不法分子采取种种手段逃避法律制裁，从事事实上危害社会的不法行为，面对如此现象，我国对易制毒化学品的管控制度需要与时俱进，以有效应对新形势所带来的新挑战。

（一）我国的立法历程

　　自《联合国禁止非法贩运麻醉药品和精神药物公约》后，1990 年《全国人民代表大会常务委员会关于禁毒的决定》（以下简称《决定》）的颁布拉开了我国管控易制毒化学品的帷幕。《决定》第五条规定了以醋酸酐、乙

---

① 中国国家禁毒委员会：《2020 年中国毒情形势报告》，2021 年。
② 中国国家禁毒委员会：《2017 年中国毒品形势报告》，2018 年。
③ 中国国家禁毒委员会：《2019 年中国毒品形势报告》，2020 年。
④ 中国国家禁毒委员会：《2020 年中国毒情形势报告》，2021 年。

醚、三氯甲烷或者其他经常用于制造麻醉药品和精神药品的物品为对象，非法运输、携带进出境及制造毒品行为的定罪量刑标准。此后，我国不断加强易制毒化学品相关立法工作。

20 世纪 90 年代中后期开始，冰毒、"摇头丸"等化学合成毒品兴起，国内外制毒者对各种制毒配剂的需求量也迅速上升。我国作为化工生产大国，庞大的化工市场成为制毒分子获取易制毒化学品的重要渠道，流入非法渠道的易制毒化学品不仅走私到境外制毒集团，也被国内制毒加工点获取。为规范易制毒化学品的生产、经营市场秩序，加强对易制毒化学品的管控，防止其流入非法渠道，1997 年新修订的《刑法》针对易制毒化学品规定了"非法买卖制毒物品罪和走私制毒物品罪"两项罪名，2000 年最高人民法院颁布的《关于审理毒品案件定罪量刑标准有关问题的解释》对走私、买卖用于制造毒品的原料或配剂的行为规定了定罪量刑的标准。以上立法及司法解释为打击易制毒化学品犯罪提供了法律依据，弥补了易制毒化学品管控的法律漏洞，为打击惩处易制毒化学品犯罪提供了法律保障。限于《刑法》及《关于审理毒品案件定罪量刑标准有关问题的解释》所规定的醋酸酐、乙醚、三氯甲烷、麻黄碱不足以应对当时愈演愈烈的化学合成毒品问题，除以上四种化学品外，实践中又发现许多易制毒化学品用于合成毒品制造，吉林、四川等地纷纷出台地方性法规对本地易制毒化学品进行管制。2005 年国务院颁布了《条例》，统一规范了以往各省市以及贸易、工商、海关等部门制定的一系列关于易制毒化学品的管理办法，统一在全国范围内对 23 类易制毒化学品进行管制。《条例》规定对易制毒化学品的生产、经营、购买、运输和进口、出口实行分部门、分类管理和许可制度。在国务院《条例》的基础上，各省市以及国务院相关部门制定了《向特定国家（地区）出口易制毒化学品暂行管理规定》（2005）、《非药品类易制毒化学品生产、经营许可办法》（2006）、《易制毒化学品进出口管理规定》（2006）、《易制毒化学品购销和运输管理办法》（2006）、《易制毒化学品进出口国际核查管理规定》（2006）、《药品类易制毒化学品管理办法》（2010）等一系列办法和规定，从制度层面加强了易制毒化学品的管理。2007 年全国人大常委会颁布《中华人民共和国禁毒法》，取代了 1990 年的《全国人民代表大会常务委员会关于禁毒的决定》，其第二十一条至第二十六条以及第六十四条原则性地规定了易制毒化学品的管理制度。2009 年，最高人民法院、最高人民检察院、公安部根据刑法有关规定，结合司法实践，制定颁布了《关于办理制毒物品犯罪案件适用法律若干问题的意见》（以下简称《意见》），针对制毒物品犯罪的认定，制毒物品犯罪嫌疑人、被告人主观明知的认定以及制毒物品犯罪定罪量刑的数量标准等方面法律适用问题细化制定了办案指导意见，为实践中易制毒化学品的司法界定、处理标准提供了明确规范。2015 年，全国人大常委会颁布《刑法修正案（九）》，将非法生产、运输制毒物品这两类犯罪情形增入刑法第三百五十条，并根据犯罪情节规定了相应的量刑标准。2016 年，《最高人民法院关于审理毒品犯罪案件适用法律若干问题的解释》的出台，对《刑法修正案（九）》出台后制毒物品犯罪适用法律的若干问题做出了细化规定。至此，我国以《中华人民共和国刑法》、《中华人民共和国禁毒法》和《条例》为主体，相关司法解释、行政法规和部门规章相配套的易制毒化学品管控制度体系已初步建立。

（二）以列举为手段的管控模式

《条例》出台后，司法机关在打击易制毒化学品犯罪的司法实践中，并未充分吸收《条例》附录所列明的易制毒化学品，造成惩治易制毒化学品犯罪所依据的《刑法》第三百五十条中规定的"制毒物品"限于醋酸酐、乙醚、三氯甲烷、麻黄碱四类化学品，而几乎不涉及"其他用于制造毒品的原料或者配剂"，以致无法有效打击易制毒化学品犯罪。为解决司法实践中的困境，为司法机关提供有效的指导，2009 年《意见》明确指出：制毒物品的"具体品种范围按照国家关于易制毒化学品管理的规定确定"，采用引证罪状的方式将制毒物品的范围限定于《条例》附录中所列明的易制毒化学品。目前，经过多次增列，《条列》附录列有 38 类易制毒化学品，这种以列举为手段的管制模式给了司法实践明确指引。我国作为化学品生产和进出口大国，对各种易制毒化学品当然不能以"一刀切"的态度进行管控，否则将严重阻碍经济社会的发展。因此，应对易制毒化学品非法流失问题，保障易制毒化学品的生产、经营、购买、运输和进出口秩序，应当有的放矢。现有的列管原则主要体现为：既需要实现与国际公约的接轨，又必须立足于国内社会生产的客观现实需求，同时应充分考虑制毒犯罪活动的相关情况。[①] 在现有的以列举为手段的管控模式下，受到国家管控的易制毒化学品被逐一列举出来，管控相对来说得以实现"有法可依"；然而在打击易制毒化学品犯罪层面，为逃避管制政策，不法分子开始不断开发和寻购"非列管化学品"作为制毒替代前体，导致大量"非列管化学品"流入非法渠道；在保障易制毒化学品流通层面，如果将毒品制造全过程所涉及的所有化学品都依照《条例》规定进行生产、经营、购买、转让、运输，则会严重阻碍国家经济建设和社会发展。总之，我国目前这种穷举法的管制模式，对于层出不穷、不断翻新的"非列管化学品"的滞后性，使实践中对于部分"非列管化学品"的管控呈现出"无法可依"的局面，且列举式管制模式所列管化学品目录的科学性也有待商榷。

三 我国不断推进易制毒化学品管控的制度完善

自签署加入《联合国禁止非法贩运麻醉药品和精神药物公约》以来，作为我国易制毒化学品管制规范——《条例》，始终积极践行遵循国际公约的国内法义务。在世界毒情形势迅猛变化的今天，我国始终保持对毒品问题"零容忍"的态度，不断加强易制毒化学品管控这一解决毒品问题的"牛鼻子"工作。在我国易制毒化学品管控制度体系逐步完善的进程中，国内制毒物品流失问题得到有效整治，列管化学品流入非法渠道明显减少。同时，我们仍应注意到面对非列管化学品，当前的易制毒化学品管控制度存在滞后

---

① 聂鹏、张黎、李文君：《制毒物品与易制毒化学品：禁毒学两个基本概念辨析》，《北京警察学院学报》2013 年第 6 期，第 47~51 页。

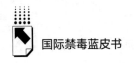

性严重、管控范围有限、易制毒化学品层级划分不科学等问题，易制毒化学品管控制度尚存在进一步完善的空间。

（一）采取临时列管措施

非列管化学品流失问题的出现，不断对以列举式为主要特征的易制毒化学品管控模式提出挑战，而易制毒化学品列管目录更新的速度又无法与"新易制毒化学品"更新速度匹配，造成了列管目录更新与非列管化学品更新之间的竞逐状态。为应对非列管化学品流失问题的制度设计和实践，域外大都从两个角度出发：一是尽可能缩减列管时间，简化列管程序，填补非列管化学品更新较快而造成的法律空档期；二是扩大易制毒化学品范围，将明确列举式的管控扩展到类推管控，以此彻底封堵非列管化学品的更新路径。而无论是列举式抑或类推式管控模式都有其自身所固有的弊端。列举式管控模式虽给予一般公众对自身行为是否触犯法律可预见性，有利于保障易制毒化学品的合理使用，但易制毒化学品的列举自然无法穷尽，面对非列管化学品，其响应速率较低。而类推管控虽能通过对类似物的管制，防患于"未然"，但本身也有其不易改善的弊端，类推管控归根结底是一种类推解释，即便有再严格的限制条件，事后的类推解释也可能会与刑法罪刑法定原则的基本要求相抵触。

我国对易制毒化学品管控采取列举的手段，但如上文所述，这一方式在针对"非列管化学品"时成效并不显著。目前立法已然定型，在保证目前法律制度权威性和稳定性的同时，采取列举管控这一方式治理易制毒化学品，就应当在管控时间上有所限定，并且尽可能缩短列管过程所需时间，提高列管的效率。但目前我国《条例》中并未对易制毒化学品附录列管的时间限度进行明确规定。

临时列管措施本身是列举管控模式之下的子概念，与列举管控模式的制度逻辑并不相悖，也不会对现有的易制毒化学品管控制度及相关的管理部门权限分配造成冲击。在列管时间及列管程序上进行简化是临时列管措施的优势所在，可以相对有效地弥补不断更新的非列管化学品流失这一法律漏洞。目前我国列管新品种易制毒化学品的时间多在 2~4 年，繁杂的列管程序及冗长的列管时效根本不足以应对实践中非列管化学品流失问题的紧迫性。而临时列管措施的价值在于大大提升管控效率，减少发现非列管化学品流失问题至将其列管的"时间差"，即减少其"合法"作为制毒前体的时间，不因管控制度弊端而过多地给不法分子以可乘之机。

临时列管措施当然也有其自身的弊端，这种列管措施是一种事后的被动防御型措施，是在发现实践中非列管化学品用于制毒这一现象后才开始响应的一种措施，也就是在某种化学品被非法用于制毒途径存在一定时间后，临时列管措施才开始发挥效应。但相比类推管控模式，临时列管措施毕竟是相关部门经过法定程序后采取的措施，可以更好地保障易制毒化学品的合理使用。当然，临时列管措施并不能将新发现用于制毒的化学品一概列管，在加快管控效率时要兼顾列管行为的科学性，避免决定临时列管的随意性。建立科学的临时列管机制，保障相对人的合法权益及摒弃权力的专断，或许是我们下一阶段需要思考的问题。

（二）适度扩大易制毒化学品管控范围

即使我国在抑制易制毒化学品泛滥方面，通过修订《条例》及对附录进行增补等手段取得了一定突破，但由于易制毒化学品存在流失风险且新型易制毒化学品层出不穷，若仅通过修法进行管制，那么其在时效性、法律权威性方面存在诸诟病。我国现行易制毒化学品管制制度无法遏制易制毒化学品的泛滥，或许可以借鉴域外易制毒化学品管制制度适当扩大我国易制毒化学品管制范围，增强法律威慑。

采取单行立法模式进行事前控制。针对具有易制毒化学品属性但不易列举管制的物质，采取专门的法律规范，且该法律规范独立于之前的《条例》，也即在易制毒化学品管制体系之外，另外设立一套平行的规范制度。如此既保障了易制毒化学品列管附表的稳定性和原有管制程序，又对易制毒化学品进行了兜底定义，扩大了易制毒化学品的管制范围。单行立法模式立足于扩张惩罚范围、降低处罚幅度，从而达到形成法律

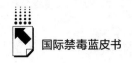

震慑的目的，如此一来，便会造成法律后果的差异，影响法律适用的统一性，同时存在类推的嫌疑、犯罪行为划分保守且处罚力度较轻等问题。虽然其在一定程度上平衡了公民权利和易制毒化学品管制，但也为易制毒化学品的泛滥提供了土壤。

采取类似物管制模式进行事后控制。类似物管制是通过立法设置了衡量一种新物质与已列管物质相似度的评价标准，若某物质符合类似物评价标准，且通过司法裁判的方式被认定为类似物，则被认定的物质应视为易制毒化学品管制附录中的物质，接受同样的法律后果。采用类似物管制模式是易制毒化学品从消极防御到主动扩大管制范围的重大突破，可以有效遏制新型易制毒化学品的产生与迭代。但这一模式仍存在类推嫌疑，且司法裁断无较为固定的认定规则等，故司法效率低下，司法资源严重浪费，时效性较低。

（三）科学划分易制毒化学品层级

《2020年中国毒品形势报告》显示"不法分子为逃避打击，分散购买非列管的易制毒化学品前体，在制毒环节再合成加工成所需的原料，导致非列管化学品流入制毒渠道越来越多，监管、堵截、查处难度加大。"在联合国毒品和犯罪问题办公室发布的《2021年世界毒品报告》中提到阿富汗的犯罪集团使用不受国际管制的麻黄属植物生产前体麻黄碱，而在北美和西欧，犯罪集团使用非管制化学品来制造前体"P-2-P"，再将"P-2-P"用于制造甲基苯丙胺。可见，面对近年来层出不穷的新型合成毒品以及制毒者对制毒工艺和前体使用的调整，将易制毒化学品全部管制起来难度极大。

国务院颁布的《条例》中将按照易制毒化学品在制毒中的作用，将其分为三类化学品进行分级管理。第一类是可以用于制毒的主要原料，第二类、第三类是可以用于制毒的化学配剂。《条例》对易制毒化学品的生产、经营和购买实行分级管理。第一类非药品类易制毒化学品的生产、经营，由省级政府安全生产监督管理部门审批；购买第一类中的非药品类易制毒化学品，需向省级公安机关申请许可。从事第二类和第三类易制毒化学品的经营，分别向所在地设区的市级和县级人民政府安全生产监督管理部门备案；购买第二类、第三类易制毒化学品需向县级公安机关备案。可见，对易制毒化学品的层级进行科学划分是对其进行有效管控的前提。

对于易制毒化学品层级的划分需要综合考虑其危害程度、在制毒过程中的重要性、在合法生产中应用的广泛程度以及流失规模等因素。例如适当降低对于盐酸、硫酸、高锰酸钾等在日常生产生活中用途极为广泛的物质的管制级别，以利于合法化学品的正常流转；而类似羟亚胺、溴代苯丙酮等在生产生活中适用范围较窄的主要制毒原料应提升其管制级别，对其实行严格的管制措施。

一般来说，某种新型合成毒品的大规模制造、使用往往需要一段时间，当其按第二类精神药品管理时，可以将合成它的主要化学原料列入特别监视的易制毒化学品；而当其按第一类精神药品管理时，《条例》可以将合成它的主要化学原料列为受管制的易制毒化学品，为及时打击新出现的易制毒化学品提供有力的法律依据，将其遏制在萌芽状态。

B.9
欧洲易制毒化学品的新走向
与管控的新转向

徐之凯*

摘　要： 在欧盟架构下，易制毒化学品，或称"毒品前体"一词，被用于广义而模糊地界定这样一系列物质——此类物质除在化学工业中的合法用途外，也是非法毒品的成分来源。毒品贩运者会使用各种手段设立"幌子"公司与前体生产商、贸易商勾结，从国际合法贸易之中转移走这些物质。鉴于易制毒化学品用途的微妙特点，欧盟立法机构需要在禁止其非法使用与满足合法经营者商业需求之间取得平衡。为了回避监管，制毒者往往会引入目前法律法规禁令清单中未列出的替代性化学品，将其转化为加工毒品的必要前体。因为替代性化学品本身不受控制，这些进口而来的易制毒化学品能够作为毒品前体大量用于合成药物生产，且交易时几乎没有立即被禁或遭受重罚的风险。这些新物质的出现是对国际前体管制体系的严峻挑战。在欧洲市场上，用于生产安非他命和甲基苯丙胺的 BMK、麻黄碱、伪麻黄碱和用于制备"摇头丸"的 PMK 均是此类化学物质中极为流行的品种。通过输入前述前体物质，欧盟各国的非法实验室能够生产加工大量"摇头丸"、苯丙胺和甲基苯丙胺，以满足欧洲乃至全世界毒品市场的需求。为了能够成功评估易制毒化学品的现状并就其滥用风险进行评估与防范，确保其能够按合法用途使用，需要尽可能地在全

---

* 徐之凯，华东师范大学历史学博士，巴黎萨克雷高等师范学校政治史博士，上海大学历史学系讲师，硕士生导师，国际禁毒政策研究中心副主任，主要研究方向为第二次世界大战史、法德关系史、国际禁毒史。

球范围内建立监管制度，以防止其在贸易中转入非法用途，从而在供给端限制非法药物的供应输出。目前，欧盟已建立起一整套法规，为其内部乃至与世界其他地区间的易制毒化学品贸易提供了实施框架。

关键词： 欧盟　易制毒化学品　前体　非法实验室

易制毒化学品的供应对毒品生产活动有着直接影响。除了以天然形式使用的毒品（例如大麻、恰特草等）及从合法医药供应中转移作非法用途的麻醉药物成药外，大多毒品的生产需要使用化学品来促进天然材料的提纯，或者制备半合成乃至全合成的成瘾物质。这些化学品因其性质或用途曾被称为"生产前体"（Pro-Precursors）[1]、"原料前体"（Pre-Precursors）[2] 或"伪装前体"（Masked Precursors）[3]。较之于毒品本身，此类化学品价格低廉且被当局拦截风险较低，往往可以无需担心制裁就可大量进口，其进一步加工也很难受到监督管制，使得制毒者往往对其大加青睐，趋之若鹜。[4]

对于易制毒化学品的管制早已有之。自 1980 年代后期以来，限制易制毒化学品的供应一直是国际社会减少毒品供应的关键。在全球层面，1988年的《联合国禁止非法贩运麻醉药品和精神药物公约》[5]（以下简称为《1988 年公约》）禁止可用于毒品制备的化学品的贩运转移。根据《1988

① L. A. King, *Forensic chemistry of substance misuse: a guide to drug control*, Cambridge: Royal Society of Chemistry, 2009, p. 5.
② EMCDDA and Europol, *Amphetamine: A European Union perspective in the global context*, Luxembourg: Publications Office of the European Union, 2009, p. 11.
③ 麻管局, *Precursors and chemicals frequently used in the illicit manufacture of narcotic drugs and psychotropic substances, 2018*, New York: United Nations publication, 2019, p. 1.
④ P., Tops, J. van Valkenhoef, E. van der Torre, and L. van Spijk, *the Netherlands and synthetic drugs: an inconvenient truth*, the Hague: Politieacademie, Eleven International Publishing, 2018, p. 2.
⑤ 《联合国禁止非法贩运麻醉药品和精神药物公约（1988 年）》，纽约：联合国出版部，1989。

年公约》，国际麻醉品管制局（International Narcotics Control Board，以下简称"麻管局"）有责任监督各国政府对可用于非法制毒的化学品的管制，并协助其防止此类化学品转入非法贩运渠道。

在欧盟治理框架下，欧洲毒品和毒瘾监测中心（European Monitoring Centre for Drugs and Drug Addiction）主持监测欧盟各国的非法药物市场。为了确保对毒品使用与药物非法滥用的管制覆盖，该机构在应对欧盟非法药物市场的治理实践中，使用了"毒品前体"（Drug Precursors）这一广泛定义来界定非法生产、贩运、批发分销，以及最终销售、使用的各类易制毒化学品。欧洲毒品和毒瘾监测中心认定，鉴于毒品对欧盟各国社会安全和公共健康的广泛影响，依照此种整体而系统的观点以有效实施毒品监测、管制非常重要，而限制毒品供给侧的原料来源更是重中之重。[①] 这些化学品一旦成功进口欧盟，便会进入当地的非法实验室，从而可以相对容易地转化为毒品流入地下市场，以供非法使用。而欧盟内部负责应对实践的主管当局，通常是各成员国的海关、警察或卫生部门。这些机构与欧盟各国的化工、贸易行业密切合作，以具体负责实施欧盟相关法规，实行毒品前体的管制工作。欧盟的毒品前体管制基于联合国层面的国际协议，立足于欧洲毒品市场的区域特性，并就其变化新走向展现出了决策革新的全新特性。

一　欧盟易制毒化学品的历史流变与新趋向

欧洲毒品和毒瘾监测中心以"毒品前体"一词广泛地指代一系列化学物质，这些物质往往除了在化学工业中的合法应用外，也是进行毒品生产制备的必要材料。就目前而言，在欧盟范围内生产的主要合成毒品为苯丙胺、甲基苯丙胺和"摇头丸"。而用于生产安非他命和甲基苯丙胺的 BMK、麻黄碱和伪麻黄碱，以及用于制备"摇头丸"的 PMK 正是欧洲市场上最为抢手

---

① EMCDDA, *Drug precursor developments in the European Union*, Luxembourg: Publications Office of the European Union, 2019, p. 2.

的易制毒化学品。从历史源头上看，这些毒品需要通过对其原料，亦即"前体"进行化学改性来生产。由于相关立法不断补充修正，前体化学品的选择本身是在不断更新之中的。为了规避现有的针对毒品供给侧的前体管制制度，前体制造商、贸易商会不断寻求新的替代性化学品及合成途径来生产毒品。在过去10年左右的时间里，针对欧盟毒品市场的前体生产贸易使用了多种途径来生产合成毒品，一种是从非列管物质生产典型制毒前体，亦即将合法的替代性化学品作为"化学伪装"进口，再重新加工为生产毒品的必要前体。另一种办法则旨在研发包含毒品有效成分的新衍生品，即"全新前体"，使其成为可以直接转化为毒品的非列管物质，此举往往比前者需要更多成本和技术支持。

与任何制造业一样，确保非法生产所需原材料的供应是毒品经济持续性的关键。合成毒品制毒者为实现这一目标而采取的传统策略是引入替代性化学品，这些化学品可以轻松转化为制毒所需的附表列管物质，从而绕开当前的前体管控政策。在这方面，苯丙胺的列管前体 1-苯基-2-丙酮（BMK）的替代性化学品演变可谓典型。在波兰，21世纪初就曾发现并取缔了三个用苯乙酸制造BMK以作为前体出售给苯丙胺制毒者的秘密实验室。[①] 但由于波兰2004年方才加入欧盟，欧盟第一个记录在案的例子是2008年的荷兰：当时检测到了BMK的"亚硫酸氢盐加合物"。由于这一发现的重要性，麻管局在其2009年有关易制毒化学品的年度报告中敦促全球各国政府：对用于非法目的的附表前体可能的"化学伪装"加以警惕。[②] 从那时起，欧盟有关将替代性化学品用于毒品前体生产的情况一直在不断复杂化：一旦有新的替代性化学品的出现，就意味着要对新物质实施列表管制。并且由于这类化学品实际上是毒品前体的"前体"，距离形成真正毒品的有效成

---

① W. Krawczyk, M. Kidawa, and A. Strzelecka, "Problem amphetamine use, related consequences and responses," in *2009 National report to the EMCDDA by the Reitox national focal point*, Warsaw: Centrum Informacji o Narkotykach i Narkomanii, 2009, p. 13.

② 麻管局, *Precursors and chemicals frequently used in the illicit manufacture of narcotic drugs and psychotropic substances, 2008*, New York: United Nations publication, 2009, pp. 12-13.

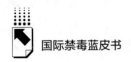

分还有相当距离，且可能有着广泛的合法化工用途，这给基于毒品效用和特征进行的检测和识别带来了挑战，极大阻碍了当局减少毒品供应的执法努力。

2009 年欧盟当局对 BMK 的针对性管控加强，导致欧洲 BMK 供应不稳定，进一步刺激了新替代性化学品的引入。这种生产方法的更新迭代，为欧盟毒品市场带来了新的复杂性。2009~2011 年，欧洲毒品和毒瘾监测中心首次在欧洲发现了用 α-苯基乙酰乙腈（APAAN）制备 BMK 的非法实验室；到 2013 年时欧洲 APAAN 的缉获量已远超 40 吨。[1] 此外，由于非附表列管化学品的贸易风险较小，运输成本与市场价格便宜。据荷兰警方称，2017年，一升优质 BMK 的黑市价格超过 1000 欧元，而一公斤 APAAN 价格仅为35~50 欧元，且每公斤 APAAN 可生产约 350 毫升 BMK，这意味着 APAAN 的有效成本仅为 BMK 的十分之一。[2] 物美价廉的 APAAN 一时在欧洲毒品市场甚嚣尘上。而 2013 年 12 月，其在欧盟范围内得到管控，且在次年被列入《1988 年公约》附表 I，缉获量立即下降，可见其作为一种替代性化学品从合法药物变为列管毒品前体后，迅速被毒品市场淘汰。相应的是，另一种与 APAAN 化学相关的物质 α-苯基乙酰乙酰胺（APAA）旋即出现：2012 年底该物质在欧洲首次被检测到，并于 2016 年在荷兰所谓的"转化实验室"[3]（Conversion Labs，亦即用合法替代性化学品进行附表列管毒品前体制备的地方）中批量发现，证明了其已被系统用于 BMK 生产。2017 年，欧洲甚至先于药物管控机制的反应速度，出现了取代可能被管控的 APAA 的 α-苯基乙酰乙酸甲酯（MAPA）。2017 年至 2019 年 8 月，全球缉获了 10 多吨 MAPA，

---

① Europol, "Production of BMK out of 2-phenylacetoacetonitrile", *Europol Alert Report 2011-001*, the Hague: Europol, 2011, pp. 21-23.

② EMCDDA, *Drug precursor developments in the European Union*, Luxembourg: Publications Office of the European Union, 2019, p. 9.

③ M. Claessens, W. Hardyns, F. Vander Laenen and N. Verhaeghe, *An analysis of the costs of dismantling and cleaning up synthetic drug production sites in Belgium and the Netherlands*, Lisbon: EMCDDA Papers, 2019, p. 1.

其缉获地主要是欧洲的荷兰。① 2019 年 3 月，麻醉药品委员会（Commission on Narcotic Drugs）决定将 APAA 也添加进《1988 年公约》附表 I。② 鉴于 APAA 已如之前的 APAAN 一样受到明确管控，MAPA 势必将成为欧洲生产 BMK 前体的新一代主要替代化学品。针对于此，2020 年 11 月 CND 进一步将 MAPA 列入附表 I，展开了对其的正式管控（见图 1、图 2）。③

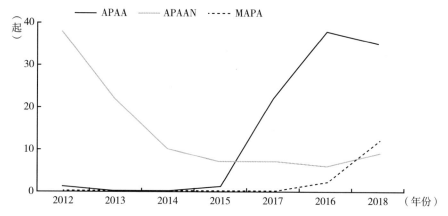

图 1　2012~2018 年涉及 APAAN、APAA 和 MAPA 的麻管局缉获情况

资料来源：INCB, *Precursors and chemicals frequently used in the illicit manufacture of narcotic drugs and psychotropic substances*, 2018, New York: United Nations publication, 2019。

　　如果说 BMK 的替代性化学品变化体现了前体与管制的互动博弈，则 3,4-亚甲基二氧苯基-2-丙酮（PMK）则从反面体现了这样一点：若前体生产缺乏易得的合法替代性化学品，会给后续的毒品市场交易造成极大影响。欧洲的 MDMA 片剂，也就是通常所说的"摇头丸"，主要用 PMK 这一列管前体

---

① EMCDDA, *Drug precursor developments in the European Union*, Luxembourg: Publications Office of the European Union, 2019, p. 6.

② CND, *Decision 62/12: Inclusion of alpha-phenylacetoacetamide（APAA）（including its optical isomers）in Table I of the United Nations Convention against Illicit Traffic in Narcotic Drugs and Psychotropic Substances of 1988*, New York: United Nations publication, 2019.

③ INCB, *Tables of the United Nations Convention against Illicit Traffic in Narcotic Drugs and Psychotropic Substances of 1988, as at 3 November 2020*, New York: United Nations publication, 2020, p. 3.

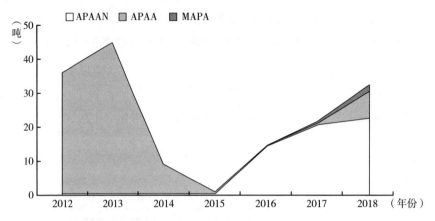

图2　2012～2018年涉及APAAN、APAA和MAPA的麻管局缉获量

资料来源：INCB，*Precursors and chemicals frequently used in the illicit manufacture of narcotic drugs and psychotropic substances*，2018，New York：United Nations publication，2019。

生产。而PMK本身可以由胡椒醛和黄樟素（或富含黄樟素成分的其他物质）制备。鉴于PMK在全球范围内除制毒之外几乎不存在合法贸易，是毋庸置疑的"毒品前体"，制毒者只能尝试进口合法的替代性化学品制备PMK，才能进一步生产"摇头丸"。而在制备PMK的原料中，胡椒醛属于化工业可进行合法贸易的材料，易于进口获得；但黄樟素和富含黄樟素成分物质的合法贸易则相当有限，任何采购进口都极易引起监管关注。2008～2012年，欧洲毒品和毒瘾监测中心发现黄樟素、富含黄樟素成分的物质以及PMK本身在欧洲的缉获量均大幅减少，而这一时期欧洲"摇头丸"供应量亦随之下降。[1]

　　不过，即便与PMK相关的化学物质的缉获如今在欧洲并不多见，但并不代表其在欧洲已消失，这可能是制毒者的刻意布局。一旦制毒者认为监管注意力转移或者受到强烈市场需求刺激，仍会大量进口或囤积前体化学品，从而冒险生产"摇头丸"。事实上，因为之前几年黄樟素供应不足，2010年欧洲首次缉获了PMK的缩水甘油衍生物，如今其已成为欧盟境内生产PMK的最常见替代物质；2015年荷兰首次破获了非法合成PMK的生产实验室；2017年时仅荷兰一地

---

[1]　EMCDDA，*Drug precursor developments in the European Union*，Luxembourg：Publications Office of the European Union，2019，p. 7.

便缉获了超过 4 吨的 PMK 和近 3000 升黄樟素。[①] 可见生产"摇头丸"的需要与黄樟素的缺乏反推了欧盟内 PMK 生产，以及相关化合物的输入贸易。甚至有一部分制毒者开始寻求新前体以取代 PMK 生产"摇头丸"。在 2014 年麻管局对欧洲制毒所涉替代性化学品进行的一项调查中，我们发现一些国家政府提到了一种名为"Helional"[2-甲基-3-（3，4-亚甲基二氧苯基）丙醛]的物质，其被用作"摇头丸"及其他类似毒品的前体原料。2014 年 5 月，荷兰便报告称在一处"秘密仓库"缉获了 800 升 Helional；并且在同一地点还缉获了 500 多公斤 APAAN。[②] 2017 年时，法国又缉获了"3，4-乙二氧基苯基乙腈"，这种物质对于 PMK 制备而言就像用于生产 BMK 的 APAAN 一样。以上缉获数据清楚地表明了毒品前体与其替代性化学品之间的相互作用，并且证实：无论监管进展如何，前体研发总在不断发展，因此时刻进行仔细、持续的监测至关重要。鉴于 CND 于 2019 年 3 月决定将 PMK 的缩水甘油衍生物与 APAA 同步添加进《1988 年公约》表 I，Helional 与"3，4-乙二氧基苯基乙腈"这类新物质的进一步应用将极大影响欧洲的"摇头丸"生产。[③]

相较于管制严格的 BMK 与 PMK，麻黄碱和伪麻黄碱则展示了管制疲软下的另一种发展路径。麻黄碱和伪麻黄碱可用于生产 d-甲基苯丙胺，亦即"冰毒"，在捷克、保加利亚、德国、波兰和斯洛伐克是用于制毒的主要前体，也是受到国际管制的毒品前体。但麻黄碱和伪麻黄碱可以从合法药物中提取，在欧盟成员国之中，只有个别国家——如捷克、德国和波兰——尝试从国家层面对此类药物的销售实施限制，但其措施也仅限于将相关药物设为仅可在药剂师监督下以小包装少量销售。在欧盟层面对此并无统一应对方法，且事实上所有成员国都没有真正就销售含麻黄碱或伪麻黄碱成分药物进

---

① EMCDDA, *Drug precursor developments in the European Union*, Luxembourg: Publications Office of the European Union, 2019, p. 7.

② INCB, *Precursors and chemicals frequently used in the illicit manufacture of narcotic drugs and psychotropic substances, 2014*, New York: United Nations publication, 2015, p. 11.

③ INCB, *Tables of the United Nations Convention against Illicit Traffic in Narcotic Drugs and Psychotropic Substances of 1988, as at 3 November 2020*, New York: United Nations publication, 2020, p. 3.

行有效限制。这就导致此类药物完全可以从欧盟以外，抑或从销售限制较少的欧盟成员国贩运到前述的甲基苯丙胺生产地。2014 年在捷克发生的一个案例中，就发现其麻黄碱是通过一种使用 l-PAC 的新方法生产的，该方法可以相对容易地用经过特殊化学修饰的酵母、外旋糖和苯甲醛进行合成。而氯麻黄碱也是生产 d-甲基苯丙胺的前体，其作为一种化学中间体应用于毒品合成过程，没有任何其他的合法用途。2014 年在捷克与德国的执法行动中发现了数吨此种前体。基于此，自 2016 年 7 月起，欧盟将氯麻黄碱和氯伪麻黄碱也列为毒品前体。① 相对于 BMK 与 PMK，用于生产麻黄碱的替代性化学品在欧洲的冰毒生产中目前似乎并不瞩目，这可能是受氯麻黄碱这类替代物质的用途限制，或是得益于欧盟监管系统的快速反应。不过，麻黄碱和伪麻黄碱生产的这些发展变化强烈表明，即便在有管制漏洞的情况下，合成毒品制造者仍可能进行自己的研发活动，以确保其可一直规避相关法律法规。

然而，就当前毒品前体的发展而言，替代性化学品的"化学伪装"已非当前欧洲制毒的唯一可行途径。欧洲毒品和毒瘾监测中心发现的最近一项重要毒品前体发展新走向，便是研发刻意设计出来可直接转化为毒品的非列表管控化学品。前述进入市场的替代性化学品往往是从合法贸易转移出来的，然后被非法挪用于制备 BMK、PMK 等制毒必需的列管前体。但这些新物质根本不需要涉及前述这些列管的典型毒品前体，可以直接轻易转化为毒品。其设计的主要逻辑是生产毒品后，将之进一步制备为易于转化回毒品的衍生物，从而创造一种"全新前体"。虽然从技术上讲，这些物质仍是制毒使用的前体，并不能直接当作毒品使用，但它们与之前所有的其他前体有着根本不同。其本身就包含带化学基团的完整毒品分子，只是通过精细加工使其成为不同的化学实体，因此不受针对毒品和毒品前体的国际管制制度约束。这是非法药物生产者使用有机化学已知的保护/去保护技术进行创新化学品开发的一大典型。使用这些高新技术，可以最大限度地减少毒品前体国际贩运的风险。

---

① EMCDDA, *Drug precursor developments in the European Union*, Luxembourg: Publications Office of the European Union, 2019, p. 8.

迄今为止，缉获并报告的此类案例数量较少。然而，其存在的本身便表明毒品前体领域出现了令人担忧的潜在进展，且其技术水平与化学性质本身就注定了发现的难度。2016 年 12 月，欧洲首次记录到这一情况，当时在荷兰检测到了 N-t-BOC-MDMA 和 N-甲氧基羰基-MDA 两种物质。在缉获后发现，一旦在酸性条件下加热相对较短时间，这些物质很容易就能分别转化为 MDMA（3，4-亚甲基二氧甲基苯丙胺）和 MDA（4，5-亚甲基二氧基苯丙胺）。[1] 据麻管局称，2015 年最早在澳大利亚首次检测到 N-t-BOC-MDMA，其相应的甲基苯丙胺衍生物 N-t-BOC 甲基苯丙胺随后于 2017 年 1 月在新西兰被发现。[2]

过去，BMK、PMK 等典型的特定前体供应变化或减少，就足以对欧洲毒品市场产生影响，前述的过去十年欧洲 MDMA 供应量减少便是一例。由于全球范围前体限制措施的存在，2008 年左右世界 PMK 和黄樟素的供应量也有所减少。然而，这种减少供应的努力尽管取得了成功，也会带来一些意想不到的后果：比如，在同一时期荷兰缉获的部分"摇头丸"中，新精神活性物质如 m-CPP、BZP 和甲氧麻黄酮在较小程度上取代了一度稀缺的 MDMA（见图 3）。

不断涌现的替代性化学品、非列表管控的"全新前体"，以及乘虚而入的新精神活性物质，正是欧洲毒品前体市场变化层出不穷的体现。事实上，由于前体研发的日新月异，未来甚至会有更多的替代物质和化学创新出现。而这一切的背后，是欧盟范围毒品零售市场超过 15 亿欧元的巨大利润价值，[3] 引得涉足该交易的制毒者短时间内不可能停止运营，反而会投入更多资金并转移生产以推动前体研发，从而规避区域性的管制措施。因此，引入全球信息交流机制，提高国际合作水平，对于世界范围的易制毒化学品的转移管控至关重要。这一点在 BMK 和 PMK 的管控方面尤为明显：目前的毒品前体相关立法不仅在于禁绝此类前体本身，更进一步防范其替代性化学品由

---

[1] EMCDDA, *Drug precursor developments in the European Union*, Luxembourg：Publications Office of the European Union, 2019, p. 8.

[2] 麻管局, *Precursors and chemicals frequently used in the illicit manufacture of narcotic drugs and psychotropic substances, 2017*, New York：United Nations publication, 2018, p. 9.

[3] EMCDDA and Europol, *EU Drug Markets Report*, Luxembourg：Publications Office of the European Union, 2019, p. 21.

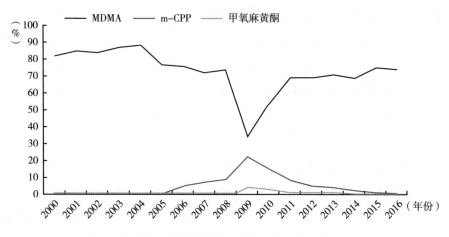

图 3　前体供应受限对荷兰"摇头丸"成分含量的影响

资料来源：EMCDDA, *Drug precursor developments in the European Union*, Luxembourg: Publications Office of the European Union, 2019, p. 9。

合法渠道转移到非法渠道的可能，实际上也就杜绝了制毒者以合法药物进行毒品前体合成的途径。这一基于全球市场流通的根源性思考，正是欧盟针对毒品前体建立治理架构并展开国际合作的立意所在。

二　欧盟易制毒化学品的治理架构与决策挑战

对于易制毒化学品，亦即欧洲毒品和毒瘾监测中心所指的"毒品前体"的监管一直是欧盟毒品治理的重中之重。《2005～2012 年欧盟毒品战略》[①]和由此衍生的《2009～2012 年欧盟毒品行动》[②] 均明确规定要以减少欧盟毒品前体转移和贩运为目标，新的《欧盟毒品战略（2013～2020）》[③] 也强调

[①] Council of the European Union, *EU Drugs Strategy（2005－2012）*, Luxembourg: Publications Office of the European Union, 2004, p. 15.

[②] Commission of the European Communities, *Communication from the Commission to the European Parliament and the Council on an EU Drugs Action Plan for 2009－2012*, Luxembourg: Publications Office of the European Union, 2008, p. 12.

[③] Council of the European Union, *EU Drugs Strategy（2013－2020）*, Luxembourg: Publications Office of the European Union, 2012, p. 9.

要致力于在全球范围内解决这一问题。在执行原则上，欧盟是《1988 年公约》的缔约方，并且密切参与联合国机构的相关决策与业务活动。由于其作为区域性超国家组织的独特性，欧盟主要通过欧洲议会和欧盟理事会制订相关法令法规来具体实施《1988 年公约》。该公约最初通过行政指令实施，后来被两项欧盟法规取代，即《2004 年欧盟内部前体贸易法规》（Regulation（EC）No. 273/2004）[①]，以及《2005 年欧盟与第三国之间贸易法规》（Regulation（EC）No. 111/2005）[②]。以上法规旨在执行《1988 年公约》，防止易制毒化学品流入非法渠道用于制毒。其由欧盟架构下建立的若干跨国委员会授权，并进行法规补充，以做出详细规定。这些具体规定直接适用于欧盟各成员国，且在咨询毒品前体专家组后，各成员国可以对现行法规加以灵活修改。该专家组由来自每个欧盟成员国的专家代表组成，定期开会，以应对欧盟乃至全球范围内的毒品前体变化态势。如《2005 年欧盟与第三国之间贸易法规》在 2013 年[③]、2016 年[④]、2018 年[⑤]、2020 年[⑥]经多次修改，《2004 年

[①] EU, "Regulation（EC）No 273/2004 of the European Parliament and of the Council of 11 February 2004 on drug precursors," *Official Journal of the European Union*, L 047, Luxembourg: Publications Office of the European Union, 2005, pp. 1-10.

[②] EU, "COUNCIL REGULATION（EC）No 111/2005 of 22 December 2004 laying down rules for the monitoring of trade between the Community and third countries in drug precursors," *Official Journal of the European Union*, L 22, Luxembourg: Publications Office of the European Union, 2005, pp. 1-10.

[③] EU, "REGULATION（EU）No 1259/2013 OF THE EUROPEAN PARLIAMENT AND OF THE COUNCIL of 20 November 2013," *Official Journal of the European Union*, L 330, Luxembourg: Publications Office of the European Union, 2013, pp. 30-38.

[④] EU, "COMMISSION DELEGATED REGULATION（EU）2016/1443 of 29 June 2016," *Official Journal of the European Union*, L 235, Luxembourg: Publications Office of the European Union, 2016, pp. 6-7.

[⑤] EU, "COMMISSION DELEGATED REGULATION（EU）2018/729 of 26 February 2018," *Official Journal of the European Union*, L 123, Luxembourg: Publications Office of the European Union, 2018, pp. 4-5.

[⑥] EU, "COMMISSION DELEGATED REGULATION（EU）2020/1737 of 14 July 2020," *Official Journal of the European Union*, L 392, Luxembourg: Publications Office of the European Union, 2020, pp. 1-7.

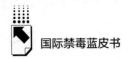

欧盟内部前体贸易法规》也经 2009 年①、2013 年②、2016 年③、2018 年④、2020 年不断修订。⑤ 以上法规规定了相关企业所需进行的注册和许可事项，并制定了具体的文件和标签要求。这些规定包括获取和检查许可证和注册手续的规则、法定报告义务、进出口例行程序以及异常或违规行为（即涉毒"可疑交易"）的具体识别。由此建立的管控系统本着主管当局与化工行业之间的合作精神进行运作，经营者有义务将任何可疑交易通知主管当局。

《1988 年公约》就国际层面在两个附表中列出了适用于管制的前体化学品。其中，附表 I 包含易于转化为管制药物或制毒必不可少的化学品，而附表 II 则包含其他制毒相关化学品，例如常用于毒品加工的溶剂、试剂等。基于此，附表 I 所列物质比附表 II 所列物质受更严格的管控。欧盟的这两项法规均与《1988 年公约》结构类似，除正文文本以外，都包含一个附件，列出了欧盟架构下适用于该法规的具体物质清单。欧盟委员会也会加以授权，将新物质直接添加到法规附件清单中，从而将该化学品置于管控措施之下。在欧盟的附件清单中，《1988 年公约》附表 I 和附表 II 中的所有化学品被分成四类，这种四级分类系统在应用管控、检查和监测方面具有更大灵活性，足以满足欧盟内部各国的不同需求。就目前而言，《1988 年公约》附表中包含的所有化学品均存在于欧盟附件清单中。欧盟法规中还针对性地定义了某些术语，如"附表管控物质"和"非附表管控物质"。"附表管控物

---

① EU, "REGULATION (EC) No 219/2009 OF THE EUROPEAN PARLIAMENT AND OF THE COUNCIL of 11 March 2009," *Official Journal of the European Union*, L 87, Luxembourg: Publications Office of the European Union, 2009, pp. 109-154.

② EU, "REGULATION (EU) No 1258/2013 OF THE EUROPEAN PARLIAMENT AND OF THE COUNCIL of 20 November 2013," *Official Journal of the European Union*, L 330, Luxembourg: Publications Office of the European Union, 2013, pp. 21-29.

③ EU, "COMMISSION DELEGATED REGULATION (EU) 2016/1443 of 29 June 2016," *Official Journal of the European Union*, L 235, Luxembourg: Publications Office of the European Union, 2016, pp. 6-7.

④ EU, "COMMISSION DELEGATED REGULATION (EU) 2018/729 of 26 February 2018," *Official Journal of the European Union*, L 123, Luxembourg: Publications Office of the European Union, 2018, pp. 4-5.

⑤ EU, "COMMISSION DELEGATED REGULATION (EU) 2020/1737 of 14 July 2020," *Official Journal of the European Union*, L 392, Luxembourg: Publications Office of the European Union, 2020, pp. 1-7.

质"是包含在现行法规附件清单中的物质，包括任何含有其成分的混合物或天然产品，但不包括任何含有该成分的合法医药产品。"非附表管控物质"指虽然未列在附件清单中，但已被确定用于非法制造麻醉药品或精神药物的任何物质。由此，欧盟额外对《1988 年公约》附表以外的一些化学品进行了监管——这些化学品暂未列入联合国清单，但已在欧盟被发现用于制毒。此外，联合国方面除了公约附表之外，还由麻管局保留了一份有限的非附表管控物质国际特别监视清单，以保持对部分易制毒化学品的决策关注。而在欧盟，欧盟委员会同样在维护并更新着一份所谓的"自愿监测清单"（Voluntary Monitoring List）①：如有必要，欧盟成员国主管部门和相关委员会可能会随时建议在"自愿监测清单"中添加新物质，以便识别任何非法的化学品转移企图，并迅速应对毒品前体发展的新趋势。

此外，以上法规还补充了额外的实用工具文本，例如《经营者指南》（*Guidelines for Economic Operators*）②，从普遍义务、欧盟对外贸易、欧盟内部贸易三个层面为相关产业经营者与欧盟各国海关当局提供学习课程与操作指导，总结了从事毒品前体相关交易的经贸经营者的具体责任。鉴于欧盟毒品前体管控中主管当局与化工行业间的强烈合作色彩，经贸经营者在防止药物前体转移方面发挥关键作用，因此必须提升其识别附表所列管控物质的能力。经营者向当局通报可疑交易之举原则上是强制性的，但实际建立在自愿基础上，由经营者自发主动进行，且鼓励其报告可疑的非附表所列物质。鼓励经营者的自愿合作、提供了当局必要的决策灵活性，使欧盟的毒品前体管控可以快速应对毒品前体转移的趋势和模式变化（见表1）。

但要明确指出的是，欧盟现行的毒品前体监管也面临着极大挑战。事实上，无论是在输入替代性化学品为"化学伪装"还是在直接研发"全新前体"方面，欧盟的应对仍都存在结构缺陷，并不能涵盖其全部危害及隐患。

---

① EMCDDA, *Drug precursor developments in the European Union*, Luxembourg：Publications Office of the European Union, 2019, p. 5.

② EMCDDA, *Drug precursor developments in the European Union*, Luxembourg：Publications Office of the European Union, 2019, p. 5.

表1　《经营者指南》中的欧盟经贸经营者义务

欧盟经贸经营者义务	第一层级	第二层级	第三层级	第四层级
普遍义务（通用于欧盟内/外贸易）	向主管部门通报可疑交易或订单			向当局和主管部门通报可疑交易或订单
	任命确保遵守法律的负责人			
	保护存储场所，防止失窃			
	获得许可证	进行注册	仅在出口情况下进行注册	
欧盟对外贸易	每年就出口、进口、中介活动向主管当局报告			每年报告出口
	记录和标定所有交易，并保留记录3年			
	获得出口授权		仅适用于某些国家及目的地	获得出口授权
	获得进口授权			
欧盟内部贸易	每年向主管当局报告使用、供应数量及客户对象	只在被要求条件下进行		
	记录和标定所有交易，并保留记录3年			
	获取有关每种物质相关说明、用途，以及种类名称和客户地址的客户声明			
	只供应给持有执照的客户	只供应给注册登记的客户		

资料来源：Commission of the European Communities, *Communication from the Commission to the European Parliament and the Council on an EU Drugs Action Plan for 2009-2012*, Luxembourg: Publications Office of the European Union, 2008。

第一，基于自愿原则的通报机制往往建立在经营者并不蓄意涉足制毒领域的基础之上，且附件清单模式本身也就复刻了《1988年公约》的管控形式，变相为毒品前体的生产转移与创新研发提供了参考。如研发作为"全新前体"的这类化学品往往只被设计用来制毒，并没有已知的合法用途、专门针对性地规避任何管控清单。其商贸经营者也就具有蓄意进行制毒交易的动机，不可能自愿主动上报要求监管。而当前欧盟法律框架下可用的大多数强制手段，例如可疑交易的通报要求和进出口授权，均旨在防止将易制毒化学品从合法供应中转移到非法渠道，并不能有效打击此种聚焦非法制毒用途的"非列管"化学品，只能通过偶然性地缉获使其纳入监管范围，其效率可想而知。

第二，引入替代性化学品以制造附表列管毒品前体的危害其实并不限于导致毒品滥用，其还会就生态环境造成典型的化工污染副作用。由于必须在专门的毒品前体"转化实验室"中对易制毒化学品进行针对性加工，在化学处理阶段需要增添使用大量额外的化学试剂，由此导致酸性废物的产生。鉴于生产加工的非法性，为防止被当局发现，这些化学废物只能被秘密地非法倾倒，从而给治理当局和土地所有者带来巨大的清理成本，造成生态环境的显著破坏。①

第三，欧盟现行监管措施存在逻辑矛盾，迫使易制毒化学品市场激烈竞争，产品迅速迭代，使全球毒情更加复杂化。一方面，欧盟对已知毒品前体管制的效力如此之大，反应如此之快，以至于就欧盟境内主要合成毒品生产而言，其所需的附表列管毒品前体在很大程度上只有通过转化替代性化学品来获得。另一方面，欧盟防止毒品前体跨境转移的最终目标一贯是减少毒品供应②，但这就形成了实际上的逻辑悖论：鉴于当前欧洲合成毒品的需求与生产处于高水平，即便管控使毒品前体供应不足，也不会使制毒者偃旗息鼓。相反，这只会刺激有组织的犯罪集团探索和引入更便宜、未列管的替代性化学品，甚至不惜进行技术升级打造"全新前体"。

综合来看，欧盟目前基于附件清单的管控系统并不足以真正减少毒品供应，反而会使毒品前体复杂化、多样化，将更多化学品拉入制毒领域，甚至妨碍正常化工生产的原料取得。基于此类挑战，欧盟近期在毒品前体立法中

---

① M. Claessens, W. Hardyns, F. Vander Laenen and N. Verhaeghe, *An analysis of the costs of dismantling and cleaning up synthetic drug production sites in Belgium and the Netherlands*, Lisbon: EMCDDA Papers, 2019.

② Council of the European Union, *EU Drugs Strategy (2013–2020)*, Luxembourg: Publications Office of the European Union, 2012, p. 9.

引入了两项创新性变化，称为"包罗万象"（Catch-all）条款和"快速通道"（Fast Track）程序。2013 年底推出的"包罗万象"条款允许欧盟成员国自行禁止将非列管物质输入或输出欧盟的关税领土，只要其掌握足够的证据表明这些物质将用于制毒。[1] 几乎同时引入的"快速通道"程序，则授权欧盟委员会通过授权行为将非附表列管物质快速添加到附表管控清单之中。[2] 一旦认定化工和贸易行业的自愿监测通报已不足以杜绝使用某种非列表管控物质制毒的行为时，欧盟相关主管部门就会通过"快速通道"通报欧盟委员会并迅速授权列管。"快速通道"程序于 2016 年 7 月用于氯麻黄碱和氯伪麻黄碱列管，[3] 又于 2018 年 2 月用于对 NPP 和 ANPP 的管控。[4] 事实上，国际药物前体管制制度同样受到了以上事态发展的挑战，而欧盟的毒品前体决策努力，在全球范围内形成了良好的互动反馈。

三 欧盟易制毒化学品管控的"双向"全球化转向

易制毒化学品种类繁多，毒品前体生产也遍及全球，单边管控并不足以完善应对，因而毒品前体贸易在国际和欧盟层面都受到严格控制。然而，制毒者想方设法从合法贸易中"转移"这些物质，或用尚未受到管控的替代品取而代之。对于此，全世界立法者都需要跟上变化步伐，因此欧盟当局认为，必须开展高效国际合作，以防止易制毒化学品被转移到毒品生产地用于

---

① EU, "REGULATION (EU) No 1259/2013 OF THE EUROPEAN PARLIAMENT AND OF THE COUNCIL of 20 November 2013," *Official Journal of the European Union*, L 330, Luxembourg: Publications Office of the European Union, 2013, p. 30.

② EU, "REGULATION (EU) No 1258/2013 OF THE EUROPEAN PARLIAMENT AND OF THE COUNCIL of 20 November 2013," *Official Journal of the European Union*, L 330, Luxembourg: Publications Office of the European Union, 2013, pp. 21-29.

③ EU, "COMMISSION DELEGATED REGULATION (EU) 2016/1443 of 29 June 2016," *Official Journal of the European Union*, L 235, Luxembourg: Publications Office of the European Union, 2016, p. 7.

④ EU, "COMMISSION DELEGATED REGULATION (EU) 2018/729 of 26 February 2018," *Official Journal of the European Union*, L 123, Luxembourg: Publications Office of the European Union, 2018, p. 5.

制毒。

欧盟各主要国家均为《1988 年公约》的主要发起与积极参与者。该公约作为联合国与毒品有关的三大公约之一，其第 12 条正是国际毒品前体管制框架的核心部分。第 12 条规定了在防止毒品前体转移方面的国际合作方式，如政府需要采取的行动、对生产商和分销商的管控，以及对前体国际贸易的监督。[①] 麻管局作为独立的准司法专家机构，负责监督联合国三项公约的实施情况，包括起草全球有关《1988 年公约》第 12 条执行情况的年度报告。各国政府有义务每年向其报告缉获的经常用于非法制造毒品的各类物质。在此基础上，麻管局在系列报告中认定并反馈区域和全球的毒品前体转移模式与趋势。其管控主要基于由进口国要求出口国提前通知其计划进行的前体运输，即为"出口前通知"（Pre-Export Notification）。目前，毒品前体管控方面的国际合作主要由麻管局开发的两个在线工具推进。第一个系统被称为在线出口前通知系统（Pre - Export Notification Online，PEN Online）。其于 2006 年 3 月启动，以促进出口国与进口国交换货物的出口前通知信息。第二个是 2012 年 3 月启动的前体事件通信系统（Precursor Incident Communications System，PICS），其推动了 110 个国家当局之间就毒品前体相关事件进行的通信与信息共享。[②] 每年通过这些系统传达大约 35000 次出口前通知和 200~300 起前体相关事件。[③] 如果接收国的主管当局质疑化学品的合法性，则"出口前通知"可能使输出国直接就地阻止化学品的输出供应，即为"停止装运"（Stopped Shipment），从而阻止毒品前体的跨境转移。

除了《1988 年公约》业已规定的国际合作框架外，欧盟还另外与部分第三方国家建立了更为密切的合作关系，签署了双边协议通过监测合法贸易

---

① 《联合国禁止非法贩运麻醉药品和精神药物公约（1988 年）》，纽约：联合国出版部，1989，第 18~21 页。

② 有关这两个系统的具体情况，参见麻管局官方网站：https://www.incb.org/incb/en/tools/index.html，2022 年 1 月 30 日。

③ EMCDDA, *Drug precursor developments in the European Union*, Luxembourg：Publications Office of the European Union, 2019, p. 6.

来防止毒品前体转移。目前，欧盟已与 11 个国家就"在管制常用于非法制造麻醉药品和精神药物的前体和化学物质方面开展合作"达成了协议，其中包括玻利维亚、智利、中国、哥伦比亚、厄瓜多尔、墨西哥、秘鲁、俄罗斯、土耳其、美国和委内瑞拉。[①] 鉴于欧洲各国较高的科研水平与技术能力，欧盟实际上还存在另一条非正式的合作途径，即就毒品前体专题研究开展的跨国技术合作。比如，欧盟委员会旗下的蓬皮杜集团便建构了一个"毒品前体网络"，每年举行一次例行会议。该网络汇集了来自执法部门、主管当局、司法专业和化工方面的各类专家，能够跨越部门、行业交流各领域有关毒品前体的最新信息，并由此展开跨界管控合作。

值得注意的是，毒品前体的国际管控本质上是双向的。欧盟发起与参与的国际管控合作，并不仅限于对毒品前体输入欧盟境内的关注，还涉及欧盟内部易制毒化学品的对外输出。欧盟之所以一再修改 2004 年和 2005 年既定的毒品前体相关法规，除应对层出不穷的新物质外，也旨在防止化学品非法使用与合法经营者的商业需求之间取得平衡。欧洲议会影响评估局、欧洲议会国际贸易委员会、欧洲议会公民自由委员会等机构对欧盟内部和对外化学品贸易的监管提案进行实时评估，从各自角度影响着欧盟毒品前体监管的国际化发展。2010 年时，欧盟委员会通过了一份有关欧盟药物前体立法实施和运作情况的报告。[②] 其结论尽管在很大程度上是积极的，但也强调了现行系统中的一些缺陷，并明确了其对于全球毒品贸易的潜在影响。其中一大关键问题是有大量醋酸酐（Acetic Anhydride，制备海洛因的主要毒品前体）从欧盟内部贸易中转移到了欧盟境外。报告指出：2008 年时欧盟醋酸酐缉

① EMCDDA, *Drug precursor developments in the European Union*, Luxembourg: Publications Office of the European Union, 2019, p. 6.

② Commission of the European Communities, *REPORT FROM THE COMMISSION TO THE COUNCIL AND THE EUROPEAN PARLIAMENT Pursuant to Article 16 of Regulation (EC) No 273/2004 of the European Parliament and of the Council of 11 February 2004 and to Article 32 of Council Regulation (EC) No 111/2005 on the implementation and functioning of the Community legislation on monitoring and control of trade in drug precursors*, Luxembourg: Publications Office of the European Union, 2010.

获量达220吨，占全球总缉获量的75%，足见欧盟的前体生产对于全球海洛因贸易的重要作用。[①] 此外，欧盟委员会还指出了麻黄碱和伪麻黄碱的出口问题，这些物质主要用于制造感冒药和抗过敏药，但也很容易被提取以生产甲基苯丙胺。[②] 这种毒品在北美和东亚被广泛使用，但在欧盟非法吸毒者中并不流行。由于医药用品被排除在欧盟现行毒品前体立法适用范围之外，且其加工而成的甲基苯丙胺最终不会投放到欧盟市场，因此也不受欧盟的毒品相关立法管辖。这意味着，即便所涉货物非常可疑，例如把麻黄碱发送到主要的甲基苯丙胺生产国之一墨西哥，只要其标注的是医药的合法用途，欧盟方面的会员国当局也无法主动拦截或扣押货物。

针对欧盟层面管控的以上窘境，麻管局在其系列年度报告中鼓励欧盟委员会和成员国加强对毒品前体贸易的管控。醋酸酐年度全球贸易量、制备海洛因所需物质量和全球缉获量之间存在巨大落差，而1~2.5升醋酸酐便足以加工生产1公斤海洛因，可见欧盟的巨大醋酸酐产量中只要有极小一部分流入制毒者手中，便足以生产大量海洛因。因此，欧盟对醋酸酐这类化学品的出口管制变得至关重要。针对欧盟立法管制疲软的医药用麻黄碱和伪麻黄碱问题，麻管局还向《1988年公约》各缔约方提出了一项普遍性建议，即以与公约附表管控物质相同的方式管控任何含有麻黄碱和伪麻黄碱的药物制剂，[③] 以此为欧盟建立对麻黄碱和伪麻黄碱的有效监管打开道路（见图4）。

---

① Commission of the European Communities, *REPORT FROM THE COMMISSION TO THE COUNCIL AND THE EUROPEAN PARLIAMENT Pursuant to Article 16 of Regulation (EC) No 273/2004 of the European Parliament and of the Council of 11 February 2004 and to Article 32 of Council Regulation (EC) No 111/2005 on the implementation and functioning of the Community legislation on monitoring and control of trade in drug precursors*, Luxembourg: Publications Office of the European Union, 2010, p. 7.

② Commission of the European Communities, *REPORT FROM THE COMMISSION TO THE COUNCIL AND THE EUROPEAN PARLIAMENT Pursuant to Article 16 of Regulation (EC) No 273/2004 of the European Parliament and of the Council of 11 February 2004 and to Article 32 of Council Regulation (EC) No 111/2005 on the implementation and functioning of the Community legislation on monitoring and control of trade in drug precursors*, Luxembourg: Publications Office of the European Union, 2010, p. 7.

③ European Parliamentary Research Service, *Control of drug precursors in the EU*, Brussels: EPRS Library, 2013, p. 3.

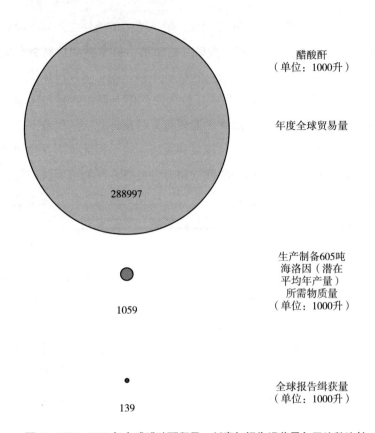

图 4　2007～2011 年全球醋酸酐贸易、制毒与报告缉获量年平均数比较

数据来源：INCB, *Precursors and chemicals frequently used in the illicit manufacture of narcotic drugs and psychotropic substances*, *2011*, New York：United Nations publication, 2012, p. 11。

为了响应麻管局的号召，解决上述问题，欧盟委员会在 2012 年提出《2012/0261（COD）：监管欧盟内部毒品前体贸易》[1] 和《2012/0250（COD）：监管欧盟国家/第三国间毒品前体贸易》[2] 两项提案，以修订 2004 年、2005 年法规，实行前体贸易管控的国际化新转向，确保欧盟内部和对

---

[1] Commission of the European Communities, 2012/0261 (COD) Monitoring intra-EU trade in drug precursors, Luxembourg：Publications Office of the European Union, 2012.

[2] Commission of the European Communities, 2012/0250 (COD) Monitoring EU/third country trade in drug precursors, Luxembourg：Publications Office of the European Union, 2012.

外贸易政策在毒品前体管控领域保持一致。在这两个提案基础上，2013 年的两部修正法案形成，[①] 并在之后不断加以更新。在欧洲议会国际贸易委员会决议通过后，之前已述及的"包罗万象"条款与"快速通道"程序均被适用于欧盟的对外化学品输出贸易中，各欧盟成员国当局均可在怀疑其被运往目的地制毒时加以截留扣押，并且可以引入快速响应机制，以便欧盟委员会监测新的毒品前体转移趋势，做出有效反应。停止运输和扣押缉获的相关信息将通过欧洲数据库共享，并有严格的数据保护规定，以确保此类信息仅用于预期目的，即防止化学品作为毒品前体转移到非法市场。基于此，欧洲议会公民自由委员会规定对欧盟出口醋酸酐的最终用户进行注册登记，而不再像之前那样仅限于注册将其投放进入市场的初级运营商，以此杜绝醋酸酐被用于制毒的可能。

总而言之，在过去十年中，欧盟在《1988 年公约》基础上实现了欧盟内部治理决策向全球化发展的新转向，拓展毒品前体管控的国际合作，多渠道加强跨领域的信息交流，弥补既有政策在全球毒品贸易背景下的缺陷与不足，并将欧盟内部的监管机制与世界接轨，实现双向管控，不断进行制度创新。目前，在不断革新的立法之外，欧盟已建立起一个专门针对毒品前体的欧洲通用数据库，以及一份由欧盟颁予许可或注册生效的毒品前体化学品合法交易经营者名单，欧盟区域治理的经验与成果，对于全球前体监管体系的完善无疑是助力与榜样。

结 论

欧盟毒品前体立法的有效实施推动了全球易制毒化学品贸易管控的创

---

① EU, "REGULATION (EU) No 1259/2013 OF THE EUROPEAN PARLIAMENT AND OF THE COUNCIL of 20 November 2013," *Official Journal of the European Union*, L 330, Luxembourg: Publications Office of the European Union, 2013, pp. 30 – 38. EU, "REGULATION (EU) No 1258/2013 OF THE EUROPEAN PARLIAMENT AND OF THE COUNCIL of 20 November 2013," *Official Journal of the European Union*, L 330, Luxembourg: Publications Office of the European Union, 2013, pp. 21 – 29.

新。在麻管局的政策及 PEN Online 和 PICS 等工具支持下，有助于在跨境贸易中制止制毒用替代性化学品或"全新前体"大行其道的政策环境，正在欧盟架构下逐渐走向成熟。《2005～2012 年欧盟毒品战略》、《2009～2012 年欧盟毒品行动》与新的《欧盟毒品战略（2013～2020）》均旨在减少欧盟范围内的易制毒化学品转移和贩运，并愈加强调国际合作在这一领域的重要性。因此，欧盟的立法和决策机构积极推动将易制毒化学品管制从单边管控向双向"全球化"发展，致力于在《1988 年公约》业已规定的国际合作框架基础上，通过双边协议与第三方国家建立对易制毒化学品转移的全球防范机制。欧盟发起与参与的国际管控合作，超越了对外部毒品前体输入欧盟的内在关注，还极为关注欧盟内部易制毒化学品的对外输出，这种基于易制毒化学品全球市场进行综合管控的视角，无疑显示了欧盟毒品前体立法由内部治理决策向全球化发展的全新转向，也为国际社会合作管控易制毒化学品提供了一个卓有成效的范例。

但也要看到的是，管控的加强本身就是推动易制毒化学品转移并刺激制毒技术创新的重要因素。虽然全球监管下各国主管当局的联系变得更加紧密，欧盟创新的"包罗万象"条款与"快速通道"程序等技术手段正不断提升回避监管的难度，但毒品市场的巨大利润价值与市场需求并不能简单通过对易制毒化学品的围追堵截而予以根除。制毒者的应激反应是进一步想方设法规避管控制毒，投入资金和技术手段，通过研究和开发，尤其是基础化学层面的创新，向易制毒化学品监管做出新挑战。而在这一态势下，联合国与欧盟普遍采用的"附表""清单"做法实际上正在成为易制毒化学品非法供应商更新产业链的便捷参考。欧盟旨在发挥从业经营者参与积极性的自愿通报机制的优势，对于蓄意设计生产毒品前体者难以产生有效约束，更不要说监管升级下不断更新变化的易制毒化学品研发，给化工产业造成的巨大资源浪费，以及秘密实验室非法生产加工给生态环境留下的巨大隐患。

换而言之，单纯的封堵只会刺激博弈的升级。仅仅提升技术水平，增加管控种类，而不去打击蕴含着巨大经济利润的毒品市场本身，便不可能彻底终结毒品生产者对易制毒化学品转移贩运的需求。近年来各类前体物质层出不穷，缉获量不断提升，没有任何迹象表明易制毒化学品发展的新走向能在短期内出现决定性的积极转折。事实上，监管机构和制毒者之间的前体军备竞赛，只会随着监管系统适应新毒品前体的出现并做出反应而进一步加剧。道高一尺，魔高一丈，当前欧盟实行的管控方法无法从根本上解决这种竞赛带来的决策挑战，越来越长的列管清单也让监管方疲于应对，欧盟和全球层面都已经开始对易制毒化学品的管控方式进行反思。要彻底解决欧盟和世界其他地区的合成毒品生产问题，就必须打破现有格局，探索毒品供给侧治理的新理念。为此，在减少毒品供应的同时，缩减对毒品的需求与毒品市场的经济规模，并且在全球范围同步加以实践，避免易制毒化学品管控不力地区对有效管控地区的产品"溢出效应"。欧盟目前的决策虽仍不足以从根本上解决问题，且仍有多方面的决策困境亟待摆脱，但其全球化的全新转向正助力人们从全世界的宏观视角采取积极措施，寻求可能的答案，努力探索前进的方向，为国际社会开辟一条合作管控易制毒化学品的可行道路积累必要的经验与教训。

参考文献

1. EMCDDA, *Drug precursor developments in the European Union*, Luxembourg: Publications Office of the European Union, 2019.
2. INCB, *Precursors and chemicals frequently used in the illicit manufacture of narcotic drugs and psychotropic substances*, *2009-2019*, New York: United Nations publication, 2010- 2020.

B.10
新冠肺炎疫情下"金三角"地区的毒情与治理

牛何兰*

摘　要： 新冠肺炎在全球的流行对世界毒情市场造成一定影响，各国加强疫情防控，人员货物的流动受到制约，毒品产销格局也发生一些变化。总体来说，"金三角"地区毒品生产受新冠肺炎疫情影响不大，毒品产量持续增长，易制毒化学品从区域外非法流入"金三角"地区增加，严峻的毒情给各国治理毒品问题带来新挑战。近年来，"金三角"毒品制造贩运不断加剧，2021年，东南亚地区甲基苯丙胺缴获量再创新高，其中85%在湄公河地区缴获；尽管"金三角"罂粟种植面积有所下降，但海洛因缴获量大幅增加；贩毒集团不仅通过老挝、柬埔寨转运毒品，也在两国制造毒品。随着后疫情时代的到来，面对跨境毒品的挑战，"金三角"地区各国只有通力合作，加强信息交流，加强国际禁毒合作，构建人类命运共同体，共同应对毒品问题，才能减轻毒品对各国及世界的危害。

关键词： "金三角"　易制毒化学品　毒情与治理

　　新冠肺炎疫情流行以来，整个世界的经济、社会、政治秩序都遭受了巨大的冲击，也使世界经受了一次考验。自2020年以来，世界经历了前所未有的突发公共卫生事件，新冠肺炎疫情席卷全球，造成了巨大的生命损失，并

---

* 牛何兰，云南警官学院禁毒学院教授，主要研究方向为禁毒史、禁毒国际合作。

促使许多国家采取措施遏制病毒的传播。这些措施几乎影响了日常生活的方方面面。据报道,新冠肺炎疫情的暴发,使1亿多人陷入极端贫困,疫情加剧了失业和不平等。在这种情况下,更多的人容易吸毒和从事非法毒品原植物的种植,随着世界各国对新冠肺炎疫情的管控,国际间流动减少,但是毒品贩运者已迅速从因疫情封锁限制造成的最初挫折中恢复过来,并再次以新冠肺炎疫情前的水平开展活动,进行毒品生产、走私贩运等活动。因受疫情影响,部分毒品变为在线销售,使获取毒品的途径变得比以往任何时候都简单,暗网、邮件等非接触式毒品交易也在增加,这一趋势可能会因为新冠肺炎疫情而加速。

后疫情时代的经济危机将对毒品市场产生较大的影响:疫情导致的粮食不安全可能加剧毒品原植物种植,并促使毒品生产以及走私贩运出现增长;长期的经济危机可能导致吸毒成瘾者戒断治疗受到阻碍,进而导致吸毒者增加。同时,非法毒品贸易还继续阻碍经济和社会发展,对最脆弱和最边缘化的群体造成较大的影响,对世界一些地区的安全与稳定构成根本威胁。

一 新冠肺炎疫情与"金三角"地区的毒情走向

在全球毒情市场持续扩张的情况下,甲基苯丙胺的缉获量在2020年达到新高。部分原因是有组织犯罪集团很快适应新冠肺炎疫情管控措施,并根据各国疫情管控政策不同而增加制造地点,"金三角"区域是甲基苯丙胺市场增长较快的地区之一,这一增长趋势成为区域内国家面临的巨大挑战,其他的挑战包括在市场上发现的高剂量的"摇头丸",这可能会导致毒品危害的后果加剧,与此同时,区域出现新精神活性物质以及向吸毒者提供含有混合物的合成毒品,导致一些吸毒过量后果严重的案例出现。"金三角"地区在新冠肺炎疫情下出现了毒品生产地增加,制毒前体以及范围越来越广的非管制化学品流入增多,毒品生产在疫情下呈现增长的趋势。

(一)合成毒品市场的主要发展情况

"金三角"区域毒品市场几乎没有受新冠肺炎疫情影响,继续保持大规模生产合成毒品的趋势。各国应对新冠肺炎疫情采取的限制措施没能减缓东南亚合成毒品生产和贩运的扩张，疫情的影响具有很强的弹性，毒品生产和贩运在2020年再次飙升，甲基苯丙胺的缉获量大幅增加。尽管各国边境限制影响了合法的跨境贸易，有组织的犯罪集团仍然能够继续扩大区域合成毒品走私，特别是在缅甸湄公河上游和掸邦，易制毒化学品供应没有中断，"金三角"地区的贩毒集团已迅速适应疫情管控措施，并继续积极推动毒品供应。2020年，"金三角"地区缉获的甲基苯丙胺约为170吨，比2019年缉获的142吨增加了约19%。[①]

湄公河下游地区（柬埔寨、老挝、缅甸、泰国和越南）合成毒品生产加剧。特别是缅甸，2020年合成毒品生产仍在增长。新冠肺炎疫情期间，2020年在缅甸缉获的甲基苯丙胺数量远远大于2019年，缅甸继续大规模制造片剂和晶体甲基苯丙胺，没有出现明显的中断。可能是为了应对与新冠肺炎有关的流动限制，贩毒集团已将甲基苯丙胺制造领域扩大到柬埔寨，2020年柬埔寨至少缉获了5个合成毒品加工厂，而2015~2018年没有缉获合成毒品加工厂。由于柬埔寨比缅甸更接近主要消费市场澳大利亚和日本，在柬埔寨已发现毒品加工厂。疫情流动性限制并没有抑制毒品供应能力，也就是说毒品生产在加剧，缉获量持续大规模增加，再次表明区域的毒品供应没有中断，受新冠肺炎疫情影响较小。

1. 甲基苯丙胺

新冠肺炎疫情及其相关的流动性限制只导致甲基苯丙胺供应和需求的短暂中断。东亚和东南亚的数据显示，在新冠肺炎疫情初期，2020年第二季度缉获量有所下降，不过，缉获量从第三季度开始迅速反弹，贩毒集团在应对疫情管控措施和利用区域边界管理漏洞方面具有适应性（见图1）。

在东南亚一些国家，柬埔寨、马来西亚和泰国，结晶型甲基苯丙胺的批发价格下降，但其纯度保持稳定，表明新冠肺炎疫情对甲基苯丙胺供应的影响有限。

---

① UNODC, *Synthetic Drugs in East and Southeast Asia: Latest developments and challenges 2021*, Bangkok and Vienna, United Nations, 2021, p. 17.

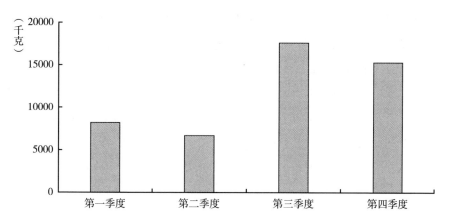

图1　2020年四季度东南亚（不包括缅甸和越南）的甲基苯丙胺晶体缉获量

资料来源：DAINAP, *Official Communication with National Drug Agencies in the Region*, March-April 2021。

与过去几年一样，东亚和东南亚缉获的甲基苯丙胺总量继续增加，2020年创另一个纪录水平。虽然东亚缉获量有所下降，但东南亚缉获量的增加大大抵消了这一点，湄公河下游国家占东亚和东南亚缉获甲基苯丙胺总量的71%（见图2）。

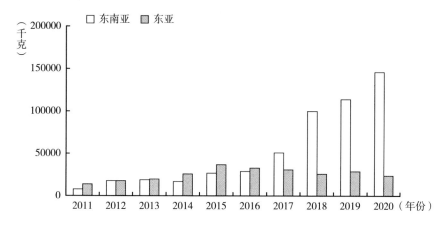

图2　2011~2020年按区域分列的东亚和东南亚甲基苯丙胺缉获量

资料来源：DAINAP; UNODC, *Responses to the Annual Report Questionnaire（ARQ）*; *Official Communication with National Drug Agencies in the Region*, March-April 2021。

2020 年 5 月至 12 月,缅甸和泰国报告了至少 14 起涉及缉获一吨以上结晶型甲基苯丙胺的案件。① 一旦有组织犯罪集团适应了疫情边境管制,贩运者试图通过贩运比平常更大量的毒品来补回管控期间减少的毒品走私量。缉获量增加、纯度和价格数据也表明,新冠肺炎疫情并未显著阻碍毒品市场的发展,2020 年 5 月至 12 月,缅甸缉获的甲基苯丙胺超过 1 吨,片剂超过 400 万片。

虽然甲基苯丙胺片剂价格保持稳定,但东南亚的一些国家,包括柬埔寨、马来西亚和泰国的结晶型甲基苯丙胺批发价格数据显示,2020 年价格进一步下降,而柬埔寨和泰国的毒品纯度有所提高,马来西亚则保持稳定(见图 3)。

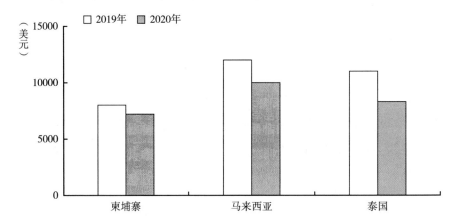

图 3　2019 年和 2020 年柬埔寨、马来西亚和泰国的结晶型甲基苯丙胺批发价格

资料来源:*Official Communication with NACD of Cambodia*,NADA of Malaysia,and ONCB of Thailand,March 2021。

统计数据表明,疫情流动限制对甲基苯丙胺的供应影响不大,部分原因是制造毒品的成本下降,毒品生产的增加刺激了该地区甲基苯丙胺的需求。2015 年左右,东亚和东南亚主要甲基苯丙胺生产基地的地理位置发生了一些变化,部分甲基苯丙胺生产从中国转移到缅甸。与中国的情况相反,东南亚其他国家特别是湄公河下游区域,从 2015 年开始整合甲基苯丙胺制造之

① UNODC,*Synthetic Drugs in East and Southeast Asia*:*Latest developments and challenges 2021*,Bangkok and Vienna,United Nations,2021,p. 15.

后，年度缉获量的增加伴随着使用量增加，泰国和越南甲基苯丙胺使用的增加与缉获量的增加一致。在泰国，甲基苯丙胺片剂的年流行率从 2011 年到 2019 年有所增加，结晶型甲基苯丙胺的增长更为明显，仅在 2016~2019 年内，每年的流行率就增加了 10 倍。在同一时期，甲基苯丙胺的年缉获量增加了 15 倍（见图 4）。

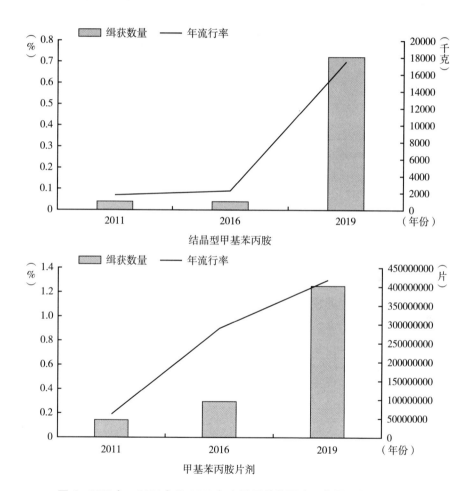

图 4 2011 年、2016 年和 2019 年泰国甲基苯丙胺缉获量和年度使用率

资料来源：DAINAP；UNODC, *Responses to the ARQ*；*Official Communication with ONCB*, March 2021; Darika Saingam, "Substance Abuse Policy in Thailand: Current Challenges and Future Strategies," *Journal of Drug and Alcohol Research*, vol. 7, 2018。

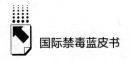

越南也出现了类似的趋势，2017~2019年，越南发现的甲基苯丙胺使用者人数和缉获量均大幅度增加。泰国和越南毒品使用者增多表明，毒品供应的增加正在推动这些国家的甲基苯丙胺市场的扩大（见图5）。

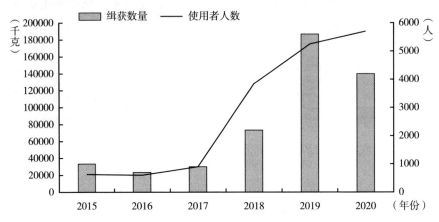

图5　2015~2020年越南缉获量和登记的甲基苯丙胺使用者人数

资料来源：DAINAP, *Official Communication with the Standing Office on Drugs and Crime* (*SODC*) *of Viet Nam*, March 2021。

2. "摇头丸"

与甲基苯丙胺市场相比，东南亚的"摇头丸"市场仍然很小，虽然区域各国报告的"摇头丸"在东南亚使用情况仍然有限，但从缉获量的增加以及被捣毁的秘密"摇头丸"制毒厂的数目来看，"摇头丸"在区域内外贩运可能会越来越多。

缉获的"摇头丸"药片重量较大，每片MDMA剂量高于前几年。此外，"摇头丸"药片可能含有其他物质，包括新精神活性物质（NPS），这种情况增加了对"摇头丸"使用者的危害。"摇头丸"的使用仍然有限，2020年只有文莱和马来西亚发现使用者有所增加。2020年，因使用"摇头丸"而接受药物治疗的人数很少，柬埔寨和新加坡因使用"摇头丸"而接受药物治疗的人数不到2%，泰国和菲律宾则不到1%，但是发现这些国家"摇头丸"生产量越来越多。虽然与甲基苯丙胺相比，"摇头丸"市场仍然很小，但东南亚的秘密"摇头丸"制造规模有所增加，与发现的非法制造甲基苯丙胺的趋势相似，近年来有组织犯罪集团越来越多地将目标锁定在柬埔寨，在柬埔寨查获至少4个合成毒品制造点，缉获了"摇头丸"或其前体，这表明"摇头丸"制造在柬埔寨有所增加。2020年4月在金边缉获57公斤MDMA，2020年8月拆除一个设施中缉获600公斤怀疑为P-2-P（MDMA的前体）的物质。"摇头丸"生产似乎在东南亚沿海国家重新兴起，印度尼西亚在2019年没有发现任何秘密的"摇头丸"加工点，但在2020年发现了两个。①

在东南亚，"摇头丸"的缉获量正在迅速增加。与甲基苯丙胺一样，尽管存在与新冠肺炎疫情有关的限制，但2020年的初步数据显示，东亚和东南亚的"摇头丸"缉获量均有所增加，除印度尼西亚和缅甸外，所有国家报告的缉获量均高于2019年，增长主要是来自柬埔寨和马来西亚。联合国毒品和犯罪问题办公室公布的统计数据显示2015～2020年东南亚缉获"摇头丸"的数量一直呈增长趋势。

MDMA含量高和"摇头丸"片剂大小增加对吸毒者造成严重伤害。近年来，高剂量的"摇头丸"正在增加，虽然"摇头丸"片剂中的MDMA平均含量因国家而异，但一些国家报告说，近年来MDMA在持续增加，其中包括马来西亚、泰国和越南。在越南，截至2020年11月，分析的"摇头丸"片剂中的平均MDMA含量为37.5%，而2019年为35%。因为"摇头丸"药片的重量不同，平均重量可能每年都有变化，但它们仍然为发现的"摇头丸"的变化提供了依据。

菲律宾、泰国和越南发现缉获的"摇头丸"的重量一直在增加。特别值得注意的是越南发现的难以粉碎的高MDMA含量的大片。近年来，摇头丸片剂中的MDMA含量在增加，在越南发现了含有高达包括一片重231毫克MDMA的大型片剂。在该区域发现了晶体MDMA。其MDMA的含量高于

---

① UNODC, *Synthetic Drugs in East and Southeast Asia: Latest developments and challenges 2021*, Bangkok and Vienna, United Nations, 2021, p. 22.

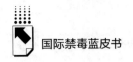

片剂"摇头丸"。

在销售的"摇头丸"中还发现了其他各种各样的物质，这些物质包括氯胺酮、咖啡因、苯丙胺和甲基苯丙胺以及一系列的 NPS。在马来西亚，2012 年首次发现含有 NPS 的"摇头丸"片，通过分析"摇头丸"片剂中 NPS 被确定为掺假物，其中包括合成大麻素、合成卡西酮、苯乙胺、色胺。中国、印度尼西亚和泰国也在"摇头丸"片剂中鉴定出 NPS。

3. 新精神活性物质（NPS）

截至 2020 年 12 月，在东亚和东南亚共发现了 485 个不同的 NPS。虽然自 2015 年以来，"金三角"区域每年新确定的 NPS 的数量持续下降，部分原因可能是一些国家确定这些物质的检测能力有限。

东南亚区域 NPS 市场最主要的是合成大麻素。中国、印度尼西亚、马来西亚、新加坡、越南都发现合成大麻素是 NPS 使用最多的毒品。韩国和印度尼西亚也发现，与 2019 年相比，2020 年缉获的合成大麻素数量有所增加。

虽然不断发现合成阿片类药物，但与具有兴奋作用的合成大麻素和 NPS 相比其仍然很少见。东南亚的氯胺酮市场继续扩大，其来源也变得多样化。2020 年东南亚的氯胺酮缉获量继续增加，2020 年增加了 1.9 吨，总量达到 5.9 吨。氯胺酮仍然主要是在"金三角"非法制造和贩运的。中国缉获的甲基苯丙胺和氯胺酮 83% 来自"金三角"，泰国查获来自中国台湾的贩毒集团从泰国北部边境走私氯胺酮，运往马来西亚和中国香港，再转运到别的国家和地区。2021 年 2 月，在柬埔寨西哈努克省查获了 465 公斤隐藏在独特茶包中的氯胺酮，这种特殊的包装是在"金三角"地区活动的有组织犯罪集团制造的标志，他们使用类似的方法包装结晶型甲基苯丙胺。①

在东南亚的其他国家，包括柬埔寨和马来西亚，捣毁了秘密的氯胺酮制

---

① UNODC, *Synthetic Drugs in East and Southeast Asia: Latest developments and challenges 2021*, Bangkok and Vienna, United Nations, 2021, p. 27.

造厂。马来西亚非法氯胺酮的制造也越来越多，2020 年捣毁了 3 个秘密加工点，而 2019 年只捣毁了 1 个。虽然缉获的氯胺酮主要来自本区域内部，但最近的案件表明南亚和东南亚之间正在发生联系。例如，香港警方报告，在 2021 年 2 月查获 682 公斤来自巴基斯坦的氯胺酮，单次查获的氯胺酮，比中国香港自 2013 年以来每年查获的氯胺酮总量还多。

（二）鸦片和海洛因市场

东南亚区域海洛因供应几乎完全源自缅甸。近年来只有少量源自阿富汗的海洛因被贩运到东南亚市场。[①] 缅北罂粟种植面积有下降趋势，但是鸦片和海洛因产量没有减少，保持高位生产。

2020 年，缅甸罂粟种植面积估计为 29500 公顷，比 2019 年 33100 公顷下降了 11%。这种下降趋势自 2014 年以来一直持续，当时估计有 57600 公顷鸦片。掸邦东部、北部和南部罂粟种植面积已经减少，与 2019 年水平相比分别下降了 17%、10% 和 9%；克钦邦，种植面积下降了 6%。

缅甸政府根除罂粟的趋势与过去九年的罂粟种植趋势相似，2012~2014 年罂粟种植有所增加，2015 年以后有所下降。2020 年种植季节（2019 年 10 月至 2020 年 5 月）缅甸政府根除罂粟数量比 2019 年同期下降了 18%（见图 6）。

2020 年 1 月至 9 月，缉获鸦片的重量与 2019 年相比显著增加。缉获的鸦片（6506 千克）和海洛因（1389 千克）重量分别增加了 285% 和 100%。缅甸的非法鸦片市场价值在 5 亿至 16 亿美元之间，占国内生产总值的 0.7% 至 2.1%。2020 年鸦片市场价值的最大份额来自海洛因消费、制造和贩运。国内海洛因消费量（6 吨海洛因）在 1.440 亿至 3.15 亿美元之间，而海洛因出口量（13 吨至 53 吨）在 2.990 亿至 12.05 亿美元之间。

---

① 联合国毒品和犯罪问题办公室：《东南亚跨国有组织犯罪：2019 年的演变，增长和影响（TOCTA-EAP）》，2019 年。

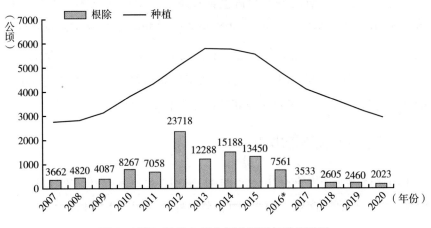

图 6　2007～2020 年缅甸根除罂粟与种植罂粟

资料来源：UNODC，*Myanmar Opium Survey 2020Cultivation，Production，and Implications*，2021。

2015～2020 年，新鲜鸦片和干鸦片的农场出口价格分别下降了 52%
和 61%。[1]

　　虽然随着东南亚区域合成毒品市场的扩大和多样化，阿片类毒品需求继
续下降，但贩运海洛因对有组织犯罪集团有可观的利润，其中海洛因制造和
贩运占价值的绝大部分。此外，除了产生大量非法收益外，海洛因对邻国的
公共安全和健康构成重大挑战，因为缅甸仍然是东亚和东南亚以及澳大利亚
的鸦片和海洛因的主要供应国。根据现有的最新数据，"金三角"区域有
300 多万名海洛因使用者，他们每年总共消费价值约 100 亿美元的毒品，而
海洛因仍然是有组织犯罪集团的重要收入来源。

　　长期以来，毒品问题一直与缅甸境内的冲突相关，毒品经济助长了冲
突，反过来，这场冲突又加强了缅甸的毒品经济。非法毒品使掸邦和其他地
方的武装团体能够赚取利润，而参与较少的其他团体也设法从贸易的"征
税"中获利。2020 年，在掸邦南部的西南山区发现了大面积罂粟种植，毗

---

[1]　UNODC，*Myanmar Opium Survey 2020Cultivation，Production，and Implications*，Bangkok，United
Nations，January，2021，p. 6.

邻佤邦地区的掸邦北部、东部以及克钦邦以东地区和边境地区也有大规模的
罂粟种植。

尽管"金三角"罂粟种植面积有所下降，但是总面积依旧保持高位，
并且鸦片产量没有减少的趋势，海洛因缴获量大幅增加，"金三角"缅北仍
然是世界主要鸦片和海洛因产地之一（见图7）。

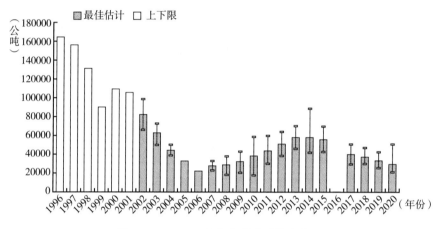

图7　1996~2020 年缅甸潜在鸦片生产量

资料来源：UNODC, *Myanmar Opium Survey 2020Cultivation*, *Production*, *and Implications*, 2021。

（三）易制毒化学品贩运突出

在东亚和东南亚，用于制造甲基苯丙胺的化学品贩运问题也不容忽视。
虽然麻黄碱和伪麻黄碱仍然是"金三角"地区用于非法制造甲基苯丙胺的
主要化学品，但缉获的数量非常少。各种可能被用于非法制造甲基苯丙胺及
其主要前体的非管制化学品的出现使情况更加复杂。

东亚和东南亚甲基苯丙胺制造和贩运情况不断升级，各国为防止转移和
贩运 1988 年《联合国禁止非法贩运麻醉药品和精神药物公约》所列化学品
所做的努力程度不同。近年来，可用于非法制造甲基苯丙胺的各种非管制化
学品以及主要前体（麻黄碱、伪麻黄碱和 P-2-P）的出现使情况更加复杂，

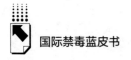

这些变化导致了地区毒情形势的进一步恶化。

麻黄碱和伪麻黄碱仍然是东亚和东南亚用于非法制造甲基苯丙胺的主要化学品。2020 年分析的所有结晶型甲基苯丙胺样品都是以麻黄碱为主要前体制造的，但在泰国，结晶型甲基苯丙胺样品近年来以 P-2-P 为基础的制造方法所占比例不断增加（每年 30%~40%），但麻黄碱仍然是主要前体。

东亚和东南亚麻黄碱的缉获量与甲基苯丙胺的缉获量仍然不相称。缅甸是甲基苯丙胺的最大来源地，但是在缅甸缉获的麻黄碱非常少。2020 年 2 月中旬至 4 月初，缅甸在掸邦北部开展了一系列缉毒行动，这些行动缴获了 1.93 亿片甲基苯丙胺（相当于 17.4 吨）和 500 公斤结晶型甲基苯丙胺。此外，还缉获了多种化学品，共计 36.5 吨，包括 630 公斤麻黄碱和 150 万片含伪麻黄碱的药片。① 这些数量表明掸邦北部甲基苯丙胺制造形成一定规模，2020 年掸邦南部甲基苯丙胺的非法制造似乎有所加剧，源自掸邦的涉及一吨以上的贩运案件日益增多（见图 8）。

东南亚 2020 年缉获麻黄碱的其他国家还有印度尼西亚和菲律宾，分别为 0.4 公斤和 10.8 公斤。同样，就 P-2-P 而言，2020 年的缉获数据显示，缅甸只缉获了 160 升物质,② 而其他国家没有报告缉获这一类物质（见图 9）。

多年来，"金三角"仅缉获少量麻黄碱，表明在制造甲基苯丙胺时使用非管制化学品和前体的情况有所增加。该地区缉获的一种物质是丙酰氯，它不受国际管制，可用于制造麻黄碱。2020 年 1 月，缅甸缉获了 400 升丙酰氯和 140 升苯。苯是一种将丙酰氯转化为苯丙酮的物质，后者是麻黄碱的前体。2020 年 7 月，老挝缉获另一起丙酰氯的案件，在泰老友谊大桥查获了 72 吨经湄公河运往缅甸第四特区（勐拉）的物质，虽然不清楚这 72 吨丙

---

① UNODC, *Synthetic Drugs in East and Southeast Asia：Latest developments and challenges 2021*, Bangkok and Vienna, United Nations, 2021, p. 27.

② UNODC, *Synthetic Drugs in East and Southeast Asia：Latest developments and challenges 2021*, Bangkok and Vienna, United Nations, 2021, p. 41.

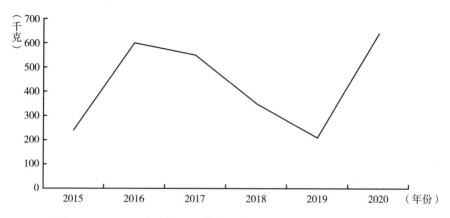

图 8　2015～2020 年东南亚缉获的麻黄碱和伪麻黄碱（原料）数量

资料来源：*INCB Annual Reports*；*Official Communication with and Briefings from Authorities in the Region*。

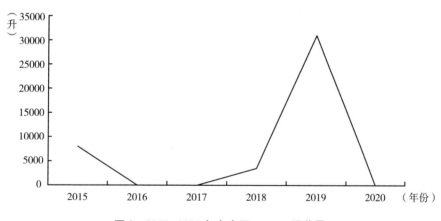

图 9　2015～2020 年东南亚 P-2-P 缉获量

资料来源：*INCB Annual Reports*；*Official Communication with and Briefings from Authorities in the Region*。

酰氯是否全部用于麻黄碱的非法制造，该案突出了该地区毒品生产与不受控制的化学品流动容易相关。此外，2020 年，缅甸缉获了苯甲酸和丙酸，这两种酸均可用作甲基苯丙胺的前体。

在东南亚只有少数几个国家定期对缉获的甲基苯丙胺样品进行检测分

析，目前麻黄植物材料在非法甲基苯丙胺制造中的用途尚不清楚。近年来，东亚和东南亚缉获了几种可能用于制造 P-2-P、苯乙酸或其前体的非管制化学品，其中包括乙酸酐、苄基化合物、氰化物、苯乙酸甲酯、硝基乙烷和环己胺。①

图 10 列出了 2017~2020 年在东亚和东南亚的药品生产场所发现或运往该场所的选定非管制化学品。重要的是，并非所有列出的物质都含有被证实用于非法制造甲基苯丙胺及其主要前体。事实上，它们的潜在非法应用不仅限于这些物质的非法制，也包括其他药物，如 MDMA 等。

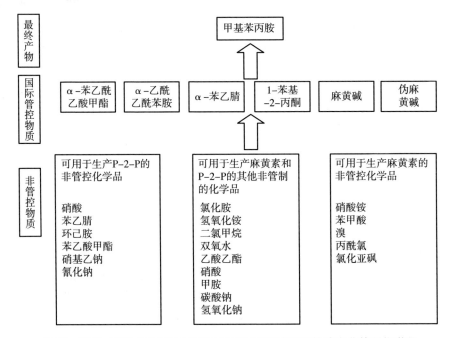

图 10　2017~2020 年东亚和东南亚发现或运往该场所的选定非管制化学品

资料来源：UNODC, *Synthetic Drugs in East and Southeast Asia: Latest developments and challenges 2021*, Bangkok and Vienna, United Nations, 2021, p. 42。

---

① UNODC, *Synthetic Drugs in East and Southeast Asia: Latest developments and challenges 2021*, Bangkok and Vienna, United Nations, 2021, p. 41.

二 新冠肺炎疫情下"金三角"毒情新趋势
——出现新的毒品中转及生产地

"金三角"地区毒品制造贩运不断加剧。2021年,东南亚地区甲基苯丙胺缴获量再创新高,其中85%在湄公河地区缴获;尽管"金三角"罂粟种植面积有所下降,但海洛因缴获量大幅增加;贩毒集团不仅通过老挝、柬埔寨转运毒品,也在两国制造毒品。"金三角"已经出现了几条贩运路线,从甲基苯丙胺缉获地分析,毒品生产来自多个国家,缅甸邻国柬埔寨和老挝成为甲基苯丙胺的过境地及目的地。

尽管受新冠肺炎疫情及其对贸易和运输流动性的相关限制,东南亚的甲基苯丙胺市场仍在继续扩大,虽然缅甸掸邦仍然是甲基苯丙胺主要来源地,但是柬埔寨也正日益成为甲基苯丙胺非法制造地。有组织犯罪集团很快适应疫情管控,使甲基苯丙胺供应渠道多样化,除缅北以外,甲基苯丙胺生产地呈现多元化。

新冠肺炎疫情下,"金三角"地区贩运路线发生了显著变化,大量甲基苯丙胺通过老挝到泰国和越南进行市场分销和转运,并且供应比较集中在柬埔寨、老挝、缅甸、泰国和越南等湄公河下游国家,2016~2019年泰国甲基苯丙胺使用者数量增加了10倍。东南亚甲基苯丙胺价格下跌是一个严重的问题,柬埔寨和马来西亚甲基苯丙胺的价格2020年比2019年下降了,说明减少供应战略没有按预期发挥作用,与此同时,缉获的受国际管制的易制毒前体数量非常少,这说明还有大量的易制毒化学品没有被查到,"金三角"毒品生产大量使用了非国际管制的化学品。

(一)老挝成为甲基苯丙胺及其相关化学品过境中转贩运的目的地

老挝和泰国东北部边界沿线缉获的毒品急剧增加,老挝逐渐成为甲基苯丙胺及其相关化学品过境和贩运的目的地。甲基苯丙胺仍然主要在"金三角"缅北地区被制造和供应,2019年毒品运输主要是从缅甸直接跨越边境进入泰国,但2020年新冠肺炎疫情以来,毒品贩运中一条主要路线发生了转变,为控制新冠病毒的传播，缅甸和泰国之间加强边境执法，导致有组织犯罪集团越来越多地通过老挝把甲基苯丙胺贩运到泰国。2020 年在泰国东北部和老挝边界沿线缉获的毒品数量增加表明，老挝日益成为一个主要的毒品过境国（见图 11）。

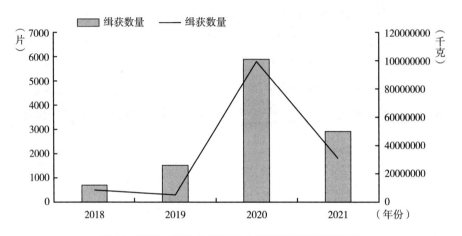

图 11 2018~2021 年泰国东北部甲基苯丙胺缉获量

资料来源：*Official Communication with ONCB of Thailand*，April 2021。

2020 年，泰国在东北部共缉获近 1.02 亿片甲基苯丙胺，是前两年缉获总量的两倍以上。老挝和泰国东北部之间的贩运活动的加剧必须重视，结晶型甲基苯丙胺的缉获量出现更大的增长。尽管泰国东北部的甲基苯丙胺片缉获量有所增加，但泰国北部在 2020 年仍然是主要的过境地区，清莱和清迈是泰国缉获量最高的两个省。2019 年首次报告了从缅甸通过泰国西部边境贩运结晶型甲基苯丙胺的情况，2020 年这种情况日益严重，特别是在缅甸和泰国北碧府之间，泰国缉获了试图通过西部边境贩运单吨以上甲基苯丙胺晶体的案件。

老挝已成为运往缅甸掸邦的化学品过境的重要枢纽站，2020 年缉获了约 125 吨化学物质，而 2019 年仅为 13 吨。此外，2020 年 7 月，老挝缉获了 72 吨可用于制造麻黄碱（以及芬太尼及其类似物）的丙酰氯。[①] 与缅甸接

---

① UNODC, *Synthetic Drugs in East and Southeast Asia*：*Latest developments and challenges 2021*, Bangkok and Vienna, United Nations, 2021, p. 41.

壤的老挝和泰国已成为缅甸毒品的主要入境点，缉获大量从缅甸掸邦贩运过来的甲基苯丙胺（见图12）。

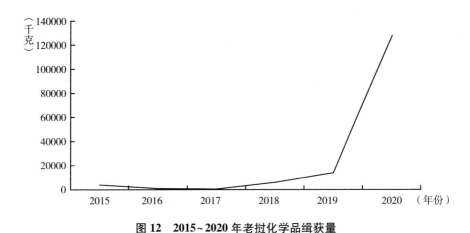

图12　2015~2020年老挝化学品缉获量

资料来源：Lao National Commission for Drug Control and Supervision of Lao PDR, *Report of seizures of illicit drugs from January to December* 2020, April 2021。

（二）在柬埔寨发现非法甲基苯丙胺的制造地

近年来，柬埔寨缉获的毒品量逐渐增加，并查获了秘密制毒工厂。数据表明，除"金三角"缅北外，柬埔寨正成为合成毒品生产地。

从表1柬埔寨入院治疗人数来看，近年来滥用甲基苯丙胺人数比滥用其他毒品人数多，说明柬埔寨甲基苯丙胺有一定市场需求，生产的增加导致滥用者增长。

表1　2015~2020年柬埔寨按毒品类型和性别分列的入院治疗人数

单位：人

毒品种类	男性	女性	合计
甲基苯丙胺(结晶型)	4025	205	4230
甲基苯丙胺(片剂)	217	14	231
"摇头丸"	55	0	55
海洛因	39	2	41

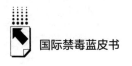

续表

毒品种类	男性	女性	合计
氯胺酮	34	2	36
大麻	31	0	31
其他毒品	26	0	26
总计	4427	223	4650

资料来源：DAINAP；*UNODC Annual Report Questionnaire（ARQ）Cambodia 2019 and Previous Years*；NACD，"Latest situation on synthetic drugs and responses to the threats in Cambodia," presented at the Global SMART Programme Regional Workshop，November 2020；*Official communication with NACD*，March 2021。

在东南亚其他地区，被捣毁的制造甲基苯丙胺的制毒工厂数量也明显增加。仅在 2020 年，柬埔寨就捣毁了 5 个秘密的合成毒品实验室。

这些只是初步的数据，这些数字是指所有生产毒品的工厂，而不论工厂设施的规模或产量的大小。[1] 目前，没有全面的数据来评估东亚和东南亚被拆除的制造设施的规模。

表 2 所列的东南亚国家甲基苯丙胺缉获量显示，大部分东南亚国家查获的甲基苯丙胺量都在增加。除越南外，湄公河下游所有国家都报告了 2020 年甲基苯丙胺缉获量的增长。湄公河下游国家中缉获量较大的是缅甸和柬埔寨，这也反映出柬埔寨有正成为除缅北外较大的甲基苯丙胺生产地的趋势。

表 2　2019~2020 年东南亚甲基苯丙胺缉获量按百分比和重量分列的变化

国家名称	变化百分比（%）	缉获总量变化（单位：kg）
柬埔寨	+102.50	+438.9
老挝	+8	+538.4
缅甸	+143.6	+28926.7
泰国	+9.5	+5071.5

---

[1] UNODC，*Synthetic Drugs in East and Southeast Asia：Latest developments and challenges 2021*，Bangkok and Vienna，United Nations，2021，p. 28.

国家名称	变化百分比(%)	缉获总量变化(单位:kg)
越南	−25.4	−1420.2
文莱	+397.6	+25.6
印度尼西亚	−55.9	−10022.7
马来西亚	+136.2	+7914.7
菲律宾	−3.4	−77.6
新加坡	+45.4	+14

资料来源：UNODC，*Synthetic Drugs in East and Southeast Asia*：*Latest developments and challenges 2021*，Bangkok and Vienna，United Nations，2021，p. 29。

三 联合国支持"金三角"区域国家共同 应对毒品问题

联合国毒品和犯罪问题办公室与"金三角"区域国家密切合作，监测毒情发展趋势，并就检测、调查和公共卫生应对提供专家建议，重要的是为各国创造合作和共同应对区域毒品问题的空间。

（一）联合国加强对"金三角"区域国家的技术指导

联合国毒品和犯罪问题办公室为区域各国提供多种技术支持，期望解决湄公河毒品问题。老挝、缅甸和泰国交汇处"金三角"区域的湄公河以及老挝和泰国之间的泰国东北部地区在新冠肺炎疫情期间成为贩运毒品的通道，针对这种挑战，泰国包括皇家水警（RTMP）在内的海上执法和安全机构已向联合国毒品和犯罪问题办公室寻求建议和帮助，以期望实施先进的技术和培训解决方案。联合国毒品和犯罪问题办公室全球海上犯罪项目（GMCP）通过提供空中监视设备来帮助解决这一问题，以改善泰国皇家水警的侦察工作环境，增强对沿湄公河执法薄弱地区的监管。[①]

---

① https：//www.unodc.org/roseap/en/2021/09/drug-trafficking-mekong-river/story.html。

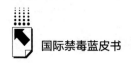

联合国毒品和犯罪问题办公室将为泰国皇家水警提供具有高分辨率和红外摄像机的无人机技术支持，并提供战术训练，这些技术将帮助泰国北部和东北部毒品走私关键地点的河岸部队加强昼夜巡逻，以提高打击跨境毒品犯罪的能力。

近年来，从"金三角"直接或通过老挝经湄公河贩运到泰国的甲基苯丙胺和其他毒品数量上升很快，2021年在老挝边境沿线查获毒品量确实大幅上升。越来越多的甲基苯丙胺和其他毒品从"金三角"和湄公河过境进入老挝，加大了泰国执法和安全机构的负担，湄公河波动的水位也改变了河流的地理环境，暴露并形成了缺乏明确的国家所有权和法律管辖权的沙洲和小岛，在这些区域运用无人机技术应对地理环境的挑战，将协助泰国皇家水警在湄公河上开展行动，并提供必要的支持，以战胜资源充足、装备精良的贩毒集团。

国家边境的情报交流对湄公河联合巡逻很重要。无人机技术的加入将使"金三角"区域国家能够更有效地将团队部署到打击贩毒的通道，提高了联合行动的有效性、安全性和精准性。

（二）联合国支持促进区域间执法合作

湄公河药物管制谅解备忘录六国在联合国毒品和犯罪问题办公室（UNODC）的支持下不断加强区域执法行动。

尽管受新冠肺炎疫情以及相关的边境关闭和运输网络中断影响，2020年湄公河的毒品生产和贩运仍显著增加。2020年的甲基苯丙胺缉获量约为170吨，毒品供应主要集中在湄公河下游国家。[①]

虽然"金三角"地区仍然是甲基苯丙胺生产的主要来源地，但贩运路线发生了一些变化，毒品大量通过老挝贩运到泰国和越南，用于当地消费和转运到亚太地区的其他市场。最近也有发现贩毒集团在柬埔寨建立制毒点，生产合成毒品，这可能表明有组织犯罪集团正在"金三角"以外的地区扩

---

① UNODC, *World Drug Report 2021*, Booklet 1, Vienna, United Nations, 2021, p. 3.

张生产地点。

"湄公河谅解备忘录"框架对加强跨境合作以应对跨国有组织犯罪和非法毒品贸易非常重要，即使在新冠肺炎疫情期间，也能够共同联合打击毒品犯罪。针对柬埔寨毒情已经发生的重大变化，需要改善执法措施，减少毒品需求，帮助吸毒者及其家人获得戒毒康复和社会服务，防止毒品市场进一步扩大。

湄公河地区应对与毒品和前体化学品相关的挑战越来越大，并因新冠肺炎疫情而变得复杂，这为跨国有组织犯罪集团创造了新的机会。大部分国家发现了甲基苯丙胺的激增，并伴随着使用量的明显增加，但是批发和零售价格却是创纪录新低。这就需要采取截然不同的区域应对措施，湄公河流域国家能够团结起来，加强联合执法，打击跨境毒品犯罪。区域国家必须注重打击有组织犯罪和毒品贩运，打击受管控和非受管控的化学品，并继续支持罂粟种植地区摆脱毒品经济。

泰国也认为要解决毒品问题需要加强禁毒国际合作，同时采取实际措施提高一线执法官员的意识，继续努力改进区域应对措施，泰国将开设一所新的区域禁毒培训学院，并将与联合国毒品和犯罪问题办公室合作制定相关计划，与湄公河流域国家进行联合执法培训。

（三）联合国加强与东南亚国家执法学院的合作，以减轻新冠肺炎疫情的长期影响

随着新冠肺炎疫情继续扰乱社会和经济生活，联合国毒品和犯罪问题办公室调整了合作方式，并正在采用新战略来培训执法人员。新冠肺炎疫情大流行之前，专家和国际培训师通常在不同的国家进行面对面培训，以举办研讨会并促进模拟操作和实践练习为主要方式。然而，随着地区政府实施严格的封闭并限制了面对面的聚会以降低新冠病毒的传播，联合国毒品和犯罪问题办公室探索并开发了新的方法来协助东南亚国家进行执法培训。

联合国毒品和犯罪问题办公室通过与东南亚国家执法学院签订协议，制

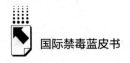

定边境管理方案，建立了最先进的培训室来举办专业培训班，并定期提供针对非法贩运和跨国有组织犯罪的高级培训课程。为东南亚国家提供了一种可持续和有效的培训模式，为一线执法官员提供了良好的学习环境。

联合国毒品和犯罪问题办公室为各国培训提供课程并开发了一系列专门技术模块。"核心课程"模块（提供英语、缅甸语、高棉语、老挝语、泰语和越南语）围绕初级、中级和高级官员的职责和所需的基本技能而设计，涵盖与调查各种类型的跨国有组织犯罪和非法贩运有关的一系列主题。先为讲师举行培训班培养讲师，讲习班完成后，讲师亲自为东南亚地区执法机构的各个级别的官员进行授课。

联合国毒品和犯罪问题办公室与三个学院（两个在越南，一个在菲律宾）建立了伙伴关系，并在越南海关学校和越南人民警察学院举办了部分的培训师讲习班。① 培训期间，来自越南海关学校的先前培训的教员与国际培训员一起授课。与泰国和柬埔寨的学院的协议已建立，很快将安排课程。通过学习获得很多与课堂教学相关的知识和技能，以及专业的调查技术，包括犯罪现场调查、监视、控制下交付管理和使用 GPS 跟踪器等技术。联合国为越南海关学校和人民警察学院的教官制定数字证据分析和网络犯罪调查课程，并通过区域计划培训以增强专业知识和前体化学品调查的技能。

联合国毒品和犯罪问题办公室在 2022 年继续扩大与培训学院的合作，以促进区域合作，并正在开发关于有主题和犯罪类型的专业课程。随着联合国毒品和犯罪问题办公室合作学院网络在东南亚的发展，学院和执法人员之间的合作机会也将随之增加。

（四）湄公河联合巡逻执法机制成效显著

湄公河在造福流域各国的同时，也面临诸多非传统安全的挑战，湄公河

---

① https：//www.unodc.org/roseap/en/2021/08/national - law - enforcement - academies - border - covid/story.html.

流域的"金三角"区域跨境毒品犯罪问题给区域各国带来严重危害,"10·5"湄公河案件后,湄公河联合巡逻执法机制形成,为维护湄公河航道安全稳定和流域百姓的合法权益,中老缅泰四国创造性地建立湄公河流域执法安全合作机制,并以中老缅泰湄公河联合巡逻执法为先行者开展务实合作。2011年12月10日,首次中老缅泰湄公河联合巡逻执法行动启动,标志着湄公河流域执法安全合作正式开启。

2021年是湄公河执法安全机制创立十周年。十年来,中老缅泰四国执法部门始终秉持"共同、综合、合作、可持续"的亚洲安全观,积极弘扬同舟共济、守望相助、包容并蓄、平等互利的"湄公河精神",携手前行,连续奋斗,有力遏制湄公河流域各类违法犯罪猖獗态势,有效维护国际航运安全和沿岸各国人民合法权益,为推动四国共同发展做出了巨大贡献,创造了国际执法安全合作的新典范。十年来,中老缅泰湄公河联合巡逻执法队伍,开展电话联系4200次,函件往来800余次,召开双边例会220次,年度会议18次,情报信息交流104次,文体交流53次,参观互访20余次,中老、中缅4艘船艇达成友好共建,开展警务实战、查缉技能、语言文化、船艇实操、正规化建设等各类警务培训18期(次)200余人次。① 有效巩固和深化了执法合作基础,凝聚了合作共识,走出一条共建、共享、共赢的地区安全之路,创造了区域国际执法合作的成功典范。

在新冠肺炎疫情期间,执法合作持续进行并取得成效。中老缅泰执法部门持续开展联合专项行动,严打毒品、偷渡、走私、电信诈骗、网络赌博等跨境违法犯罪,联和执法在湄公河流域震慑力持续强化。四国执法部门采取全程"非接触式"联合巡逻执法,在疫情防控严峻形势下,实现了湄公河流域江面见警率不降、管控力度不减、境外疫情水路"零输入"和全体执法队员"零感染"。

---

① 郑恒:《湄公河巡航十周年/十年后,湄公河航道再无惨案》,《云南法制报》2021年12月7日。

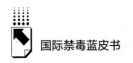

湄公河联合巡逻执法模式已从单一的联合巡逻执法向联合扫毒、联合搜救、情报共享、应急处突、政治交流、文化交流、能力互建、实战演习、船艇驻训、分段联巡、疫情防控等多元化合作模式延伸，进一步完善中老缅泰四方遣返引渡、联合侦查、办案协作等制度协议，积极推动执法合作向打击恐怖主义、非法出入境、拐卖人口、网络犯罪等新的领域拓展。执法能力水平不断提升，流域管控能力日益强化。

四　后疫情时代加强区域毒品治理应对

在全球疫情拐点即将到来之际，我们更需要世界的共同治理、合作治理，来应对后疫情时代更加复杂、严峻的一系列毒品问题。

（一）增加医疗支持，减少毒品需求与伤害

新冠肺炎疫情期间新冠肺炎患者占用一定医疗资源，使戒毒治疗资源更为紧张。戒毒治疗覆盖面的最初数据显示，许多国家提供的治疗服务较少，戒毒治疗覆盖率仍然较低。吸毒者中接受吸毒病症治疗的人数从不到1%到86%不等。各国戒毒治疗干预措施的提供情况差别较大，覆盖率因毒品类型和国家的不同而有很大差异。"金三角"区域国家吸毒人数近年来都有增长，而戒毒康复治疗资源覆盖面原本就不够充足，后疫情时代尤其需要国家增加戒毒资源投入，帮助吸毒成瘾者进行戒断治疗，减少毒品危害，减少涉毒犯罪，提高社会公共安全度。新冠肺炎疫情造成的全球经济危机对"金三角"国家经济发展影响较大，要填补戒毒服务方面的巨大缺口，需要增加公共卫生保健系统，通过财政投资缩小治疗上的缺口，"金三角"国家需要加大对公共卫生资源的投入，以减少新冠肺炎疫情带来的影响。新冠肺炎疫情初期，大湄公河次区域经济合作机制（GMS）卫生工作组就及时召开应对新冠肺炎疫情特别电视电话会议，围绕应对疫情面临的挑战、亚洲开发银行拟支持相关技术援助项目和下一步合作设想等开展了研讨。

大多数国家在应对新冠肺炎疫情的政策措施方面有效合理,但在后疫情时代,各国还要有相应的长效机制与之相辅助,特别是在防疫过程中,公共卫生机制中的问题和短板都集中暴露出来,亟待疫后修复。一边是经济阻碍、衰退,另一边是公共卫生体系的一系列不足,孰重孰轻,需要各国政府平衡政策,制定相关预算。这是后疫情时代政府决策的重点。

为缓解疫情对经济的打击,多国出台了一系列刺激经济计划,如柬埔寨政府决定建立临时联合融资机制,协助中小企业从金融机构获得低息贷款,并成立"中小型企业政策委员会",研究制定促进中小企业发展的策略。政府还计划向柬埔寨农村发展银行提供 5000 万美元资金,向中小型企业提供优惠贷款,并将给一些国内企业为期 6 个月至 1 年的"免税假期"。缅甸2020~2021 财年将投入 980 亿缅币到卫生人力资源发展领域,用以扩大公众医疗保健和培养更多的医护人员。

(二)加大打击跨境毒品犯罪力度,减少毒品供应

疫情期间毒品市场的弹性再次证明了毒贩能够迅速适应变化的环境,在新冠肺炎疫情的第一阶段,世界大部分地区的毒品市场暂时中断,但很快得到恢复。新冠肺炎疫情也引发或加速激起了一些先前存在的贩运毒品方式,这些贩运方式包括扩大货运规模,增加使用陆路和水路、私人飞机、空运和邮政包裹,以及采用邮递等非接触式方法等。[1]

促进国际合作仍然是打击非法毒品贸易的关键,加强区域边境管控执法,需要各国通力合作,提高打击效能,减少毒品供应与贩运。重要的是在毒品贩运的边境点开展执法活动,打击毒品贩运,有效阻止毒品从"金三角"区域流到区域外。各国应该共同制定新的战略,加强对空运和海运路线上的集装箱和货物运输检查,必须大幅度提高海运、陆运、铁路和空运货物方面的监控能力。加强各国国家主管部门和航运公司、

---

① UNODC, *World Drug Report 2021*, Booklet 1, Vienna, United Nations, 2021, p. 13.

商业航空公司等私营部门之间的情报交流，提高拦截毒品能力，减少毒品扩散蔓延。

（三）提高替代发展措施的有效性，以改善农村家庭的状况

新冠肺炎疫情带来的经济危机、粮食的缺乏、失业人口的增加只会增加毒品原植物种植的吸引力。失业率上升可能意味着更多的人愿意从事罂粟收割的日常劳动，而贩毒者在经济困难时期也可能更容易找到贩毒工作。与此同时，不平等、贫困和心理健康问题在全世界上升，这些都是已知的促使人们吸毒、造成负面健康后果和吸毒危害增加的因素。吸毒者多的地区和有可能从事毒品原植物种植和生产的地区应被列入涉及住房、粮食供应、经济援助和健康保险的方案予以支持。

尽管"金三角"继续转向合成毒品生产，甲基苯丙胺和其他合成毒品的产量不断增加，但是鸦片和海洛因仍然是有组织犯罪的重要收入来源。2020年最新调查结果显示，缅甸向邻国出口海洛因在当地价值为5亿~16亿美元。[①] 海洛因还继续对邻国构成重大的公共安全和健康挑战，缅甸仍然是东亚和东南亚以及澳大利亚的鸦片和海洛因的主要供应国。"金三角"罂粟种植区的经济变得越来越脆弱，因为新冠肺炎疫情已经影响到人们的生计。联合国倡导的替代发展对毒源地经济由毒品经济转向正常经济已发挥作用，推进替代发展，避免更多人从事毒品种植、生产、贩运。

鸦片种植、海洛因生产和非法毒品经济之间的相互作用对缅甸的冲突局势和建立的长期和平与稳定社会产生了明显的影响。很明显，鸦片种植区需要更好的安全和可持续的经济替代方案，替代发展干预措施可以帮助有毒品问题的地区提高其技能，改善其基础设施，并以不损害环境的方式超越基本生计发展水平。

---

① UNODC, *Myanmar Opium Survey 2020 Cultivation*, *Production*, *and Implications*, Bangkok, United Nations, January, 2021, p. 6.

向从事毒品原植物的农村提供发展援助，对于防止因受新冠肺炎疫情影响而失业的人更多地参与生产和贩运毒品至关重要。对可持续替代发展干预措施的长期投资可以改善农村地区家庭的状况。如果在恢复阶段早期实施，这些措施可以引导家庭远离非法活动，防止劳动力向毒品经济转移，有助于确保近年来在替代发展方面取得的成效。

（四）加大制毒前体管制，削弱毒品生产能力

甲基苯丙胺的缉获量急剧上升，但其前体基本上未被发现。2011～2019年甲基苯丙胺的缉获量虽然增加了3倍，但其国际管制前体的缉获量同期下降了99%。2011年缉获的国际管制前体化学品足以制造700吨这种毒品，是当年截获的甲基苯丙胺数量的7倍。截至2019年，缉获的前体化学品数量已降至相当于10吨甲基苯丙胺，而缉获的甲基苯丙胺数量则高得多，为325吨。这种动态是由于毒贩以灵活的方式将化学品用途进行改变，并逃避执法部门查缉。被截获的制毒前体比例低也可能是由于执法机构更注重对毒品的查缉，而对制毒前体的查缉不够重视。

虽然从整个区域缉获的"金三角"甲基苯丙胺的概况表明它主要由伪麻黄碱和P-2-P制成，但这些国际管制的前体化学品在整个区域的缉获量仍然极低。在东南亚活动的有组织犯罪集团在采购和贩运化学品方面具有明显的优势，最近的案例证实，大量化学品通过泰国和老挝贩运到"金三角"民族独立武装控制区。

政府必须加强控制合成毒品前体，并且注意非管制前体从合法供应链中转移到制毒的可能性。国家与私营部门加强进行定期监测，加强执法部门效能与灵活性，从而迅速发现不受管制的化学品的流向。提高毒品检测能力，对可疑药物和化学品进行确认性检测，包括制毒工艺和纯度，从而能够追踪前体化学品的合成路线和来源，建立和加强根据来源国、过境国和目的地国的管制前体化学品的国家主管部门的联系，从而加强信息共享和启动联合追源调查。国家间的这种合作还可以提高对用于生产苯丙胺类毒品的非管制化学品的认识。

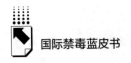

加强在贩运活动猖獗地区的边境检查站之间的执法合作，阻断受管制和非受管制化学品流入"金三角"区域。需要改进对甲基苯丙胺消费量的定期监测，采用成本效益高的方法，如废水分析，可以帮助发现秘密毒品制造。

在"金三角"地区打击毒品生产所用化学品的贩运，阻止前体化学品的转移和贩运是区域国家的首要任务。2021 年泰国制定一项新的国家战略来解决这个问题，泰国正在考虑如何改善对国际管制前体的管理，以及如何解决已知被走私到毒品产区的管控和非管控前体的化学品和贩运问题。"金三角"比以往任何时候都更容易受到用于毒品生产的化学品的转移和贩运的威胁，合作加强区域间边境管控，加大查缉力度，减少易制毒化学品流入"金三角"，减少制毒原料，从而削弱毒品生产能力。

五 后疫情时代中国参与区域禁毒国际合作建议

"金三角"依旧是对中国影响较大的毒源地。2020 年，中国缴获来自"金三角"地区的海洛因、鸦片 6.3 吨，占全国总量的 96.2%，冰毒、氯胺酮 18.8 吨，占全国总量的 83.1%。该地区毒品产能巨大、供应充足，是中国毒品的主要来源地。[1] 中国一直践行禁毒国际合作，并取得明显成效。新冠肺炎疫情期间，中国禁毒部门开展"净边 2021"专项行动，全面实施"清源断流"禁毒战略，积极与缅甸、老挝、越南、泰国等国家开展禁毒合作，随着后疫情时代的到来，中国也将积极参与融入区域禁毒国际合作。

（一）提升我国在国际和区域禁毒合作中的话语权和引导力

目前禁毒国际合作机制，是在西方大国的倡导下建立起来的，是有利于西方大国的。国际禁毒机制中的不公正、不合理，已经成为国际禁毒合作进一步开展的障碍，中国有必要与广大发展中国家一起参与到国际禁毒机制的建设和完善中来，使国际禁毒机制更具代表性和可操作性，更能反映大多数

---

① 中国国家禁毒委员会：《2020 年中国毒品形势报告》，中国国家禁毒委员会，2021 年。

国家的利益诉求。

中国开展禁毒国际合作的原则是与中国缔结或者参加国际条约，即国际法主体间缔结的用于确定相互权利义务关系的书面协议，包括国际公约和双边或多边的国际条约，具体指中国加入的联合国三大禁毒公约《1961年麻醉品单一公约》《1971年精神药物公约》《联合国禁止非法贩运麻醉药品和精神药物公约》；在双边领域开展禁毒国际合作，对于中国与有关国家之间没有缔结或者共同加入国际条约的，开展国际合作的基本原则是对等原则，中国与其他国家签署的双边禁毒协议或谅解备忘录都坚持了对等互惠的原则。因此在当前形势下，中国依然保持禁毒合作的原则，争取发挥大国的作用，增加中国在禁毒国际合作中的话语权，与周边国家构建友好关系，努力使周边国家及其民众切实感受到中国的发展和强大并不是地区的威胁，而是维护地区稳定与和谐的重要力量，唯此才能建立良性的合作关系，也才能构筑国家的周边安全屏障。

（二）将新安全观融入国际禁毒合作相关实践

在后疫情时代，中国与周边各国都需为人类与新冠肺炎疫情长期共存的新常态做好心理准备。在新的历史条件下，国际安全已演变为一个包括"经济安全""社会安全""生态安全"等在内的综合概念，而不仅仅是防止外敌入侵、维护领土主权完整等传统安全领域。各国在安全上的共同利益关注增多，相互依存加深，加强对话与合作成为寻求共同安全的重要途径。[①]

联合国毒品和犯罪问题办公室发布的《2021世界毒品问题报告》突出了毒品问题、可持续发展、安全和尊重人权之间的相互联系。在当前的全球背景下，毒品问题的国际性是前所未有的。要减轻新冠肺炎疫情可能对毒品市场的有害影响以及对各国控制毒品生产、贩运和使用能力的有害影响，国

---

① 王竞可：《打造"后疫情时代"大湄公河次区域禁毒国际合作新模式》，《云南警官学院学报》2021年第3期。

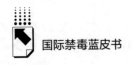
际社会应当迅速做出与之相适应的反应，固定不变或不断减少的跨境合作是不合时宜的。

跨国毒品犯罪属于非传统安全的范畴，同时也是一个影响到相关国家安全和区域安全、国际安全的全球性问题。在这样的国际形势下，中国提出以"互信、互利、平等、协作"为核心的新安全观。主张以合作促安全，强调各国的合作安全与共同安全。以安全观为主导，参与区域禁毒国际合作不仅可以实现区域各国之间的政治互信，也会给各国带来现实的经济利益，更能加强各国间的交流与信任。在新安全观念重塑的基础上，更要在联合国"可持续发展"战略引领下注重技术创新、实践创新，实现区域国家和地区共同分享最好的合作成果，更好地推进全球经济的发展和巩固地区安全。

（三）加强与缅甸、老挝政府的罂粟替代发展合作

为从源头上减少毒品危害，中国积极推进境外罂粟替代发展，压缩罂粟种植面积。后疫情时代，中国需要进一步加强与缅甸、老挝中央政府的禁毒合作，深化毒品替代种植，强化可持续发展，以规范替代企业、发展替代产业、扩大禁种成果为目标，积极推进罂粟替代示范项目进展，不断减少境外毒品种植面积，减轻毒源地对毒品经济的依赖，减少毒品生产，减轻毒品渗透趋势。

从 20 世纪 90 年代以来，中国先后与"金三角"地区有关国家签署了一系列禁毒协议和禁毒行动计划，确立了禁毒合作伙伴关系，有效实施了"绿色禁毒工程"，"金三角"地区毒品替代种植计划，取得了显著成就。从理论上来说，替代发展的主要目标是：减少毒品生产原材料的供应；巩固合法经济，促进罂粟种植地区回到国家主流经济和社会发展的正规轨道上来。替代项目开始尝试把作物替代纳入社会和经济发展的主流中去，这些项目融合了农民的生存、工作需求以增加就业机会，一些基础项目旨在提高教育、健康水平和提供纯净水及医疗设施等来帮助社会的发展，满足市场的需求。

从实际效果来说，境外替代发展实现了双赢的效果。中国企业赴缅

甸、老挝北部地区开展罂粟替代种植，发展替代产业，在境外禁种除源，效果显著：传统区域罂粟种植面积和种植群体减少；增加了当地政府和群众收入，增加了基础设施建设和公益事业投入，增进了双边共识和禁毒合作，增进了双边贸易和农业合作，促进当地经济社会发展，提高了群众生产生活质量。

境外替代发展应以国家总体外交策略和解决缅北毒源地问题基本政策为指导，从禁毒和禁种除源的高度进一步推进替代发展工作，主动适应境外毒情形势的发展变化，按照国家有关部门开展境外替代种植的部署安排，积极推进与境外毒品种植地区的经济技术合作。

（四）密切与重点国家合作关系，推进边境国际禁毒合作

在现有边境地区禁毒合作取得的成果基础上，继续加强禁毒国际合作，进一步完善与缅甸、老挝、越南等国的禁毒双边合作机制；建立与缅北地方政府和相关机构的边境合作机制；全力推动中老双边警方和各职能部门间的禁毒联络与合作；加强中越两国禁毒部门的沟通交流，启动禁毒合作机制，建立执法合作联络反应机制。加强边境管控、提升禁毒合作、打击跨境违法犯罪，加强情报信息交流和健全完善警务合作机制，加强禁毒执法合作，提高打击"金三角"地区毒品的效能，减少毒品生产，减轻毒品对澜湄次区域各国的危害。

依托中国与越、老、缅建立的警务联络官办公室，积极推进边境禁毒国际合作。在双方边境地区互设边境禁毒联络办公室，双方互派熟悉情况、懂对方语言或英语的人员为联络员，落实禁毒情报交流、个案合作和替代发展项目的规划、监督等任务，完善边境协作机制，进一步加大边境一线查缉工作，加强合作，减少毒品对边境地区的渗透。

结　语

新冠肺炎疫情加速了毒品市场格局的变化，全球毒品泛滥态势进一步发

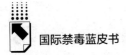

展。新冠肺炎疫情不仅给全球经济、公共健康和人们的生活方式造成重大影响，也给全球毒品生产供应、贩运方式和消费需求等带来诸多新变化。"金三角""金新月""银三角"等毒源地禁毒工作弱化，经济衰退导致更多农民转向毒品种植，全球毒品产量居高不下。海上和水路贩运以及更大规模的毒品运输的趋势在上升。毒品零售市场也更加复杂，吸毒人数在不断增加，毒品复杂性增强。疫情封控带来的失业率上升，使更多的贫困和弱势人群转向吸毒或从事毒品犯罪活动。

在当前的全球背景下，毒品问题的国际性是前所未有的。只有通过多国努力，才有可能瓦解跨国网络。人类向往美好的未来，疫后国际交往需要及早谋划，当今世界面临百年未有之大变局，而中华民族伟大复兴正处于关键时期，疫后的国际禁毒合作中，中国要发扬中华民族的道德优势，以道德力推进构建人类命运共同体。

后疫情时代，"金三角"地区各国只有加强国际禁毒合作，构建人类命运共同体，共同应对毒品问题，才能减轻毒品对各国及世界的危害。我们应该共同携手起来，应对已经出现和即将出现的各种各样的问题和矛盾，使人类一起走向更好的未来。

参考文献

1. United Nations Office on Drugs and Crime, *Synthetic Drugs in East and Southeast Asia : Latest developments and challenges* 2021, Bangkok and Vienna, United Nations, 2021.

2. United Nations Office on Drugs and Crime, *World Drug Report 2021*, Vienna, United Nations, 2021.

3. United Nations Office on Drugs and Crime, *Myanmar Opium Survey 2020 Cultivation, Production, and Implications*, Bangkok, United Nations, January, 2021.

4. 中国国家禁毒委员会：《2020 年中国毒品形势报告》，中国国家禁毒委员会，2021 年。

5. 王竞可：《打造"后疫情时代"大湄公河次区域禁毒国际合作新模式》，《云南警官学院学报》2021 年第 3 期。

B.11
云南边疆地区制毒物品非法流失的现代化防控[*]

张 洁[**]

摘 要： 由于"金三角"制毒活动对制毒物品需求持续加大，国内大量制毒物品从云南非法流失出境，给云南边疆地区制毒物品管控工作带来了严峻的挑战。随着国家"一带一路"倡议的实施，西南边陲已逐步成为我国面向南亚、东南亚的辐射中心，西南大通道的开放，带来了进出口贸易的畅通。我国作为化工大国，如何更好地加强对化学品的管控，保证其合法使用，服务经济建设，同时又要防止其非法流失出境用于制毒，是当前摆在我们面前的重要课题。为全面落实中央关于禁毒工作的决策部署，坚持新发展理念，坚持专项治理与系统治理、综合治理、依法治理、源头治理相结合，本文立足云南边疆地区，着力解决打击走私制毒物品犯罪中存在的障碍和弊端，提出制毒物品犯罪现代化防控对策，为我国构建全要素制毒物品监管体系做出有益探索。

关键词： 云南边疆地区 制毒物品 现代化防控

---

[*] 本文为 2019 年公安部禁毒情报技术中心项目《制毒物品流入非法渠道问题研究》、2021 年度云南省智库项目《云南边疆地区制毒物品非法流失出境及管控体系创新研究》（云智联〔2021〕4 号）、云南省教育厅科学研究基金项目《云南制毒物品非法流失出境问题调查研究》的阶段性研究成果。

[**] 张洁，云南警官学院禁毒学院副教授，主要研究方向为边境及毒品问题研究。

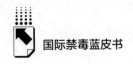

打击制毒物品犯罪活动是减少毒品来源的源头性举措。近年来，我国不断加强制毒物品管控工作，依法管控能力不断提升，制毒物品生产、经营、购销、运输、储存、使用和进出口各环节的管理秩序不断规范，对遏制制毒物品非法流失发挥了一定的作用。但随着国际国内毒品形势发生重大变化，我国对制毒物品的管控从法律法规、体制机制、方法措施等多方面不同程度地显露出滞后和空缺，远远不适应于当前实际工作，成为近年来禁毒斗争中不可回避的新情况、新问题。

一 "制毒物品"概念的界定

2009 年最高人民法院、最高人民检察院和公安部联合下发《关于办理制毒物品犯罪案件适用法律若干问题的意见》（以下简称《意见》）明确指出："制毒物品"是指刑法第二百五十条规定的醋酸酐、乙醚、三氯甲烷或者其他用于制造毒品的原料或者配剂。具体品种范围按照国家关于易制毒化学品管理的规定确定，并采用目录式列管的方式将制毒物品的范围限定于37 种国家管制的易制毒化学品和 1 个麻黄碱类物质。①

如此一来，此《意见》的出台将"制毒物品"等同于"易制毒化学品"，从某种程度上大大限制了"制毒物品"这一概念的范畴。易制毒化学品的本质就是容易被用于制造毒品的化学品，其范畴难以涵盖麻黄碱类复方制剂等药品制剂、麻黄草等原植物及压片机等制毒设备；同时，对于一些可用于制造毒品但尚未被列入易制毒化学品品种目录管制的化学品，从法律意义上讲，也不属于制毒物品的范畴，这对于我国加强制毒物品的管控是极为不利的。

因此，禁毒执法部门出于最大限度遏制制毒物品流入非法渠道用于制毒的现实需要，在司法实践中扩大了"制毒物品"概念的范畴，将其界定为：所有用于制造毒品的物品均属于制毒物品，不仅包含列管的易制毒化学品，

---

① 参见《易制毒化学品管理条例》附表《易制毒化学品的分类和品种目录》，截至2021 年。

还包括非列管的其他制毒化学原料配剂，以及可用于制毒的设备和工具。本文的研究对象就是"制毒物品"的广义概念，涵盖了可以用于制毒的所有物品。

二 云南边疆地区制毒物品非法流失的特点

在云南边疆地区的地理位置、经济状况、边境管理、道路交通状况、货运方式的背景下，紧扣"人员、原料、设备、场地"四要素，从制毒物品非法流失出境的犯罪人员、犯罪区域、犯罪对象、犯罪方法等多方面总结特点和规律。

（一）制毒物品从云南边境流失的风险较大

云南境外周边国家是世界生产制造业较发达的地区之一，对化学品的正常合法需求和消耗体量巨大，而缅甸、老挝化工生产能力不强，导致我国近年来化学品及相关产品的出口额保持高位不减。在庞大的化学品进出口流通过程中，犯罪分子很容易利用边境口岸进出口检验技术、核查制度、管理规定的漏洞来实施走私制毒物品犯罪活动。据《中国毒品形势报告》统计，我国近三年来，每年破获制毒物品案件均在千余起，缴获各类制毒物品上万吨。其中，云南全省缴获制毒物品量连续居全国第一（见图1）。

（二）非列管制毒物品走私出境现象突出

由于我国对制毒物品管控严格，犯罪分子获得制毒物品的难度加大，转而采用我国目前尚未列入管制的化学品制毒，这些化学品不但价格低廉而且以合法用途为幌子，正式报关出境，逃避法律的制裁。这些化学品流入境外毒源地，有的可以直接用于毒品加工生产，有的经过简单加工即可用于制毒。2019年，云南查获的非列管制毒物品占总数的比例为60%左右。特别是2021年云南临沧破获一起走私制毒物品案件，共查获制毒物品品种39种，其中非列管品种占比高达72%。可以预见，如不采取突破性的有效管制方法，未来将会有更多更新的未被列入管制的制毒物品出现（见图2）。

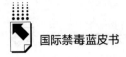

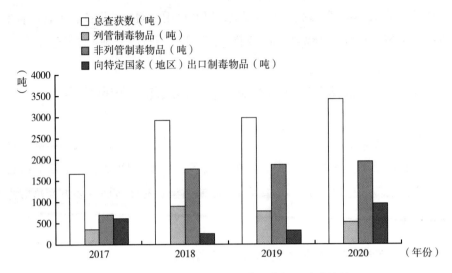

图1　2017～2020年云南查获制毒物品分类统计

资料来源：根据公安部禁毒情报技术中心项目《制毒物品流入非法渠道问题研究》调研所得数据。

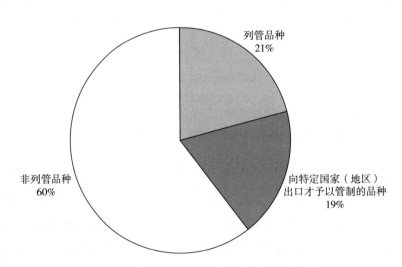

图2　2019年云南查获各类制毒物品品种占比

资料来源：根据公安部禁毒情报技术中心项目《制毒物品流入非法渠道问题研究》调研所得数据。

（三）制毒物品非法流失的去向及贩运方式基本固定

我国是一个化学品生产大国，化学品生产企业大多集中于内地沿海省份。犯罪分子通过多种渠道获取制毒物品（需特别说明的是，限制向特定国家出口化学品除云南以外的省份是可以自由买卖的）。从内地层层转运至云南昆明，在昆明经货运、物流中转至边境州市（县），再雇佣边民，从物流货运点利用农用车、拖拉机、摩托车等将制毒物品分批运往边境沿线，择机通过便道、小道、渡口走私出境或将制毒物品伪装成边贸货物从监管口岸走私出境，最终流向缅北制毒重点地区。

（四）制毒物品犯罪组织化、地域化特点显著

目前，已形成专门向境外走私制毒物品的职业犯罪集团，集团人员构成多由近亲属或同籍人员组成，且走私出境的制毒物品各有侧重，比较突出的有福建龙岩籍主要以走私麻黄碱类制毒前体为主、江苏盐城籍主要以走私羟亚胺等制造氯胺酮的前体为主、湖南双峰籍主要以走私各类低端制毒化学配剂为主。集团成员大致分为两种角色：一部分以出资人的形式参与，只是提供资金、获取利润；一部分以组织者的身份参与，负责购买、改换包装、运输等犯罪活动。犯罪集团组织严密、层级清晰、分工明确，采取合作投资手段与境外人员勾结作案，大多藏身境外幕后指挥国内制毒物品走私出境，在缅北地区已形成规模化的、半公开的制毒物品交易市场，控制了境外大宗制毒物品的销售。

（五）走私制毒物品犯罪手段狡诈多变

为了逃避打击，犯罪分子在制毒物品走私出境时常采取人货分离、伪装贩运、分段运输等犯罪手段。主要表现有：一是利用物流托运制毒物品，人货分离；二是将多种制毒物品混合或掺杂、添加其他不明性质的物质，形成强酸性、高腐蚀性、易燃易爆危险化学品，制造查缉难度；三是改换包装、伪装贩运，其伪装手法有大桶改换为小桶、改变化学品名称、用双飞粉或日

用百货掩盖、外包装改用水果箱等；四是制毒物品物流运至昆明后，租用仓库、出租房拆除外包装、伪装后，再通过货运部或租车转运至边境一线囤积在偏僻的仓库、村寨，然后再伺机走私出境。2020年随着边境疫情防控的力度不断加大，进出边境道路被严控，部分违法分子变换偷运方式，出现了通过边民互市，藏匿于货物夹带出境的现象。

三　云南边疆地区制毒物品非法流失的原因分析

制毒物品非法流失出境并非因为单一因素造成的，而是长期以来多种复杂因素的综合作用结果。总结、分析当前云南边疆地区制毒物品非法流失出境的原因，可以从根源上明晰制毒物品非法流失出境关键所在。

（一）"金三角"合成毒品产量激增，制毒物品需求高涨

近年来缅北局势动荡、战乱不断，民地武组织对毒品经济依赖有增无减；各类民团组织为扩充势力，为制贩毒活动提供保护，导致"金三角"毒情形势愈发复杂。我国毒品消费市场九成以上群体吸食晶体"冰毒"、海洛因和"冰毒"片剂，前些年，国内80%的海洛因和90%以上的"冰毒"片剂来自"金三角"，而晶体"冰毒"则主要来自国内制造。随着国内持续严厉打击制毒犯罪活动，国内毒品产量减少、毒品价格暴涨，境外毒贩伺机而动，急于抢占毒品市场、弥补需求空缺，"金三角"海洛因在保持原有规模的同时，晶体"冰毒"、"冰毒"片剂、氯胺酮产量激增，日益成为全球传统和合成毒品的制造输出双中心。2020年，中国缴获来自"金三角"地区的海洛因、鸦片6.3吨，占全国总量的96.2%，"冰毒"、氯胺酮18.8吨，占全国总量的83.1%。该地区毒品产能巨大、供应充足，是中国毒品的主要来源地。[①] 随之而来，"金三角"对制毒物品的需求也日益高涨，国

[①] 国家禁毒委：《2020年中国毒品形势报告》，中国禁毒网，2020年6月25日，http://www.gov.cn/xinwen/2020-06/25/content_5521774.htm。

内制毒物品走私出境形势严峻。云南边境查获的制毒物品数量也连年上升，居全国总查获量第一位，同时还查获了大量反应釜等制毒设备和工具。甚至在疫情严控和边境封控限制下，云南查获的制毒物品数量仍未下降，持续处于高位运行且稳中有升（见图3）。同时，一案中缴获10吨以上制毒物品的案件接近案件总数的六成，缴获量不断创新高。2020年云南省临沧市永德县禁毒大队侦破一起跨国走私制毒物品犯罪案件，共缴获制毒物品212.71吨，查扣涉案资金260余万元，查获涉案车辆7辆，依法刑事拘留犯罪嫌疑人13人。①

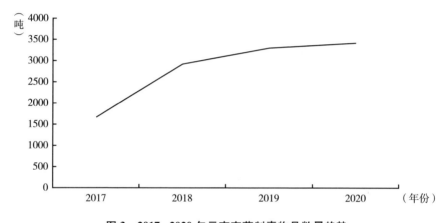

图3　2017~2020年云南查获制毒物品数量趋势

资料来源：根据公安部禁毒情报技术中心项目《制毒物品流入非法渠道问题研究》调研所得数据。

（二）制毒物品的双重性质加大了管控的难度

制毒物品受到国家管控是因为其一旦流入非法渠道，即可成为生产或制造毒品的化学原料或者配剂，存在潜在的、间接的危害。例如，麻黄碱是制造甲基苯丙胺的主要原料。但同时，制毒物品也被广泛应用于工农业生产、

①　环球网，2020年6月26日，https：//baijiahao. baidu. com/s？id＝1670570726545684569&wfr＝spider&for＝pc。

医药、教学和日常生活，其是经济建设不可缺少的工业原料，是有用和有益于社会的物品。例如，麻黄碱在医疗上可作为支气管扩张药。我国作为全球化工交易大国，每年进出口化学品交易量巨大，对推进经济建设发挥了显著作用。如果对制毒物品采取"一刀切"式的严厉管控，必然会影响到正常生产、经营活动，进而阻碍国家经济的发展。因此，对制毒物品的管控必须寻求保护合法与打击非法之间的平衡，在国家发展与安全的战略层面，应顺时应势地调整制毒物品管控措施。

（三）"互联网+物流"新型营销模式助推犯罪活动

犯罪分子将"互联网+物流"新型营销模式运用于制毒物品犯罪活动，大大增强犯罪的隐蔽性和便捷性。注册化工类"空壳公司"，开设贩卖化学品的网店，利用互联网发布货物消息、网上订购、与上下家联系，通过物流把订购的制毒物品直接发往下家，再利用网络交易平台支付，形成了"网络联系、银行打款、物流销售"的犯罪模式。云南边疆地区查获利用物流走私、运输制毒物品犯罪案件数每年成倍增长，从内地省份—昆明市—边境州市—境外，分段运输，每一段都由不同人员分工负责，改换制毒物品包装，再通过网络货运App发布虚假货物信息，由物流货车网络接单、运往边境甚至境外，犯罪分子全程不露面，一旦事发被抓获人员也大多是不知情的货车驾驶人员及转运人员。

（四）非列管制毒物品钻法律漏洞，管控无法可依

同一种毒品的提纯或合成，就理论的角度来讲，所需要的原料、试剂、溶剂等是基本相同的，但随着化工业和科技的发展，根据地区、管控规定、技术水平、仪器设备等条件的不同，同一毒品制造的化学反应过程，可以选用不同的原料、试剂及溶剂达到同一目的。因此，境外制毒犯罪分子改变制毒工艺和方法，大量采用我国目前尚未列入管制的制毒物品，有的使用化学性能相似的非列管制毒物品替代，有的用于合成制毒关键原料后再合成毒品，有的用于合成新精神活性物质。新的化学品层出不穷，新的制毒原料产

生不断，尽管我国法律已对制毒物品品种调整做出了规定，但管制品种还远远跟不上犯罪变化的速度；同时，列管论证程序繁杂，也远滞后于犯罪发展的趋势，造成了一些制毒物品一直未能列入管制，通过合法出口或走私到境外用于制毒现象突出，这也是"金三角"制毒原料充足、制毒犯罪猖獗的重要原因之一。

（五）制毒物品合法出口再流入非法渠道的可能性增大

随着近年来国家环保力度加大，江苏、浙江、山东等沿海地区一些高污染化工企业被强制关闭，境外部分国家却以招商引资、促进当地经济发展为由，将这些化工企业转移到云南省临沧、德宏、普洱境外建厂生产各种化学品，在临沧境外的佤邦就已新建多家此类化工企业，并以正当化工生产用途为由，经云南省出口大量生产所需化学品原材料和工业反应釜，这些化学品和设备出境后处于失控状态，存在合法出口缅甸转而非法流入制毒地下工厂的可能性。

四 云南边疆地区制毒物品管控的实践

对目前我国制毒物品管控的法律体系、管控机制、国际合作实践进行总结归纳，并在此框架下对云南边疆地区采取的一系列管控措施进行全面梳理，为进一步建立健全制毒物品管控体系提供依据。

（一）对"制毒物品管控"的理解

制毒物品管控是国家有关行政主管部门，依据《中华人民共和国刑法》《中华人民共和国禁毒法》《易制毒化学品管理条例》（以下简称《条例》）等有关法律法规对制毒物品生产、经营、购买、使用、运输、进出口的管理，以及对制毒物品违法犯罪的打击惩处，具有强制性质的国家行政行为。

管控分为两个部分：一是行政管理，二是打击惩处。

行政管理的对象是合法渠道的制毒物品。合法渠道的制毒物品必须遵照

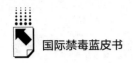

国家法律法规的规定进行生产、经营、购买、使用、运输或进出口，否则，就要受到相应的行政处罚。公安机关及有关行政主管部门对制毒物品进行管理必须坚持服务经济、服务企业的原则，运用行政手段，规范制毒物品的管理，防止制毒物品流入非法渠道。

打击惩处的对象是流入非法渠道的制毒物品，打击惩处是公安机关的重要职责。制毒物品的双重性质决定了化学品流入非法渠道必然要有一个从合法转入非法的过程，这个过程多数发生在流通环节。根据《条例》的规定，公安机关负责对制毒物品的流通环节（购销、运输）进行管理，对流通环节的管理应坚持规范企业的内部管理原则，定期对流通数据进行分析，通过分析及时掌握制毒物品的动态，发现违法犯罪并实施打击惩处。

（二）我国制毒物品管控的实践

我国自 1989 年正式加入《八八公约》以来，政府各相关部门陆续颁布实施了一系列法律法规对制毒物品实施管控，明确了责任主体，制定了具体可行的管控机制，并积极开展国内外的制毒物品管控行动，卓有成效。

1. 法律体系基本建立

（1）法律和司法解释层面

1990 年全国人大常委会《关于禁毒的决定》将走私制毒物品的行为规定为犯罪；1997 年《刑法》修订时增设了非法买卖制毒物品罪，为有效地从源头上控制毒品犯罪的蔓延提供了法律保障；2007 年全国人大常委会颁布的《禁毒法》原则性地规定了制毒物品的管理制度，对开展制毒物品管理具有指导意义；2015 年《刑法修正案（九）》将走私、非法买卖制毒物品罪修改为非法生产、买卖、运输制毒物品、走私制毒物品罪。随后，最高人民法院颁布的《关于审理毒品案件定罪量刑标准有关问题的解释》（2000年），最高法、最高检、公安部联合颁布的《关于办理制毒物品犯罪案件使用法律若干问题的意见》（2009 年），《关于办理走私、非法买卖麻黄碱类复方制剂等刑事案件适用法律若干问题的意见》（2012 年），《最高人民检察院公安部关于公安机关管辖的刑事案件立案追诉标准的规定（三）》

（2012 年），《关于进一步加强麻黄草管理严厉打击非法买卖麻黄草等违法犯罪活动的通知》（2013 年），《关于办理邻氯苯基环戊酮等三种制毒物品犯罪案件定罪量刑数量标准的通知》（2014 年），对制毒物品犯罪案件立案追诉和定罪量刑的标准进行了进一步完善和细化。

（2）行政法规层面

为了加强制毒物品管理，2005 年国务院颁布实施《易制毒化学品管理条例》，并于 2014 年 7 月、2016 年 2 月、2018 年 9 月先后三次修订，对制毒物品施行分级管理和许可证管理；2005 年商务部、公安部、海关总署、国家安全生产监督管理总局、国家食品药品监督管理总局颁布实施《向特定国家（地区）出口易制毒化学品暂行管理规定》，国家对 58 种制毒物品向缅甸、老挝等特定国家的出口实行许可证管理，并实行国际核查制度。

同时，各省人大代表大会委员会也陆续颁布了对制毒物品的生产、运输、经营和使用进行全面管理的地方性法规，如《云南省易制毒特殊化学品管理条例》《四川省易制毒化学品管理办法》《武汉市易制毒化学品管理实施办法》等。

（3）部门规章层面

国务院制毒物品管理部门制定了一系列规章，对制毒物品的生产、经营、购销、运输和进出口活动进行规范。比如，公安部颁布的《易制毒化学品购销和管理办法》（2006 年），国家安全生产监督管理总局颁布的《非药品类易制毒化学品生产、经营许可办法》（2006 年），商务部、公安部联合颁布的《易制毒化学品进出口国际核查管理规定》（2006 年），等等。

综上可见，我国以《刑法》《禁毒法》《条例》为主体，相关司法解释、行政法规和部门规章相配套的制毒物品管控法律体系已初步建立。

2. 管控机制初步形成

由于制毒物品的双重性质，管控工作难度较大。我国政府各有关部门依据《禁毒法》《条例》等法律法规，各负其责，相互配合，业已形成多部门齐抓共管、综合治理的制毒物品管控机制。目前，国家禁毒委员会下设有制

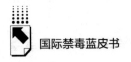

毒物品管制工作小组，该小组由国家禁毒委员会办公室、公安部、卫计委、最高人民法院、最高人民检察院、交通运输部、铁道部、农业部、商务部、海关总署、国家工商行政管理总局、国家安全生产监管总局、国务院法制办公室、中国民用航空局、国家食品药品监督管理总局等有关部门组成。

2009 年，国家禁毒委相关成员单位按照国家禁毒委员会的统一部署，建立了制毒物品管制工作小组联席会议机制，通过定期、不定期召开联席会议，各参会部门通报管理监督工作的进展，发现制毒物品管理工作实践中的难点问题，交流经验，商讨对策，分析制毒物品问题形势，为适应国内外制毒活动的发展变化，及时调整工作重点，效果显著。经过严格管理、专项整治，羟亚胺、麻黄碱等重点品种流失明显减少。同时，该机制的建立还加强了各成员单位之间的理解与支持，为互相配合、互相监督提供平台，奠定了基础。

此外，国家禁毒委相关成员单位组成联合行动小组，定期、不定期开展制毒物品专项整治行动，深入走访调查制毒物品生产经营企业、化工医药产品交易市场等重点行业和重点地区，全面摸排相关企事业单位、从业人员，集中整顿企业，惩治违法犯罪分子。

3. 国际合作有效开展

近年来，公安、商务、海关等部门，积极拓展制毒物品领域的国际合作渠道，同欧洲各国家和组织签署合作协议，建立情报交流和案件协作机制；国家禁毒办承办国际麻管局"聚合项目"、"棱柱项目"和"离子项目"执法小组会议、中欧制毒物品管制暨行业与政府合作研讨会，与美国司法部缉毒署联合举办中美前体管制和地下加工厂处置培训班；积极参加全球制毒物品和新精神活性物质大会、联合国毒罪办"巴黎进程"制毒物品小组专家工作组会议，深化上合组织制毒物品管制领域合作；与美国、巴基斯坦、加拿大、澳大利亚等国家合作侦办多起涉制毒物品、芬太尼类物质及新精神活性物质跨国案件。

从区域层面看，我国在大湄公河次区域禁毒合作备忘录（MOU）及双边、多边协议框架下，与区域内国家开展了卓有成效的多边和双边禁毒合作。中老缅泰柬越六国"平安航道"联合扫毒行动，中越、中老、中缅边境联合扫毒行动及中泰澜湄联合扫毒行动，有效打击了跨国毒品犯罪，有力维护了地区安全稳定。2019 年 10 月，澜湄执法中心组织中、柬、老、缅、越、泰各国开展"澜湄流域国家打击易制毒化学品联合行动"，在一年的联合行动期间，据不完全统计，各国在边境破获制毒物品非法贩运案件 180 余起，抓获犯罪嫌疑人 1500 余人，缴获各类制毒物品总计 640 余吨①。

国际合作的开展有效地制止了制毒物品的走私问题，以流向"金三角""金新月"等毒源地以及东南亚、拉丁美洲等制毒活动猖獗地区的制毒物品为重点核查对象所开展的国际核查行动，有效地遏制了制毒物品的国际非法贩运渠道，有力地配合了制毒犯罪活动的打击工作。我国禁毒、边防、海关等部门积极参与各项制毒物品国际行动，积累了丰富的国际核查经验。通过深化同各国之间的制毒物品管制合作，增加了相互之间的交流，加深了彼此之间的理解与支持，为今后的共同努力以防止制毒物品流失奠定坚实的基础。

（三）云南边疆地区走私制毒物品管控的实践

云南的化工产业相对不发达，化学品产量小、品种少，本地生产的制毒物品非法流失问题并不突出，主要是向"金三角"毒源地走私制毒物品的中转、过境通道。因此，在国家管控的大框架下，云南边疆地区对于制毒物品的管控，经过长期的工作实践而总结凝练，形成了独具特色的管控制度、措施和方法，对遏制制毒物品非法流失发挥了显著作用。

1.建立制毒物品联席会议制度

制毒物品联席会议制度，就是整合行政管理资源，提高行政效率，统一管理标准，方便企业，服务经济，在制毒物品管理中形成合力。根据

---

① 澜湄 LMLECC：澜湄执法中心召开"打击易制毒化学品非法贩运"联合行动总结会，2020 年 10 月 28 日，https://mp.weixin.qq.com/s/yUJ7vnHEaqgDlwJSFG-KtQ。

《条例》规定，公安、药监、海关、安监、卫生、商务、价格、铁路、交通、市场监督、生态环境十一个行政部门负责制毒物品的管理。十一个部门按照分段分层的原则，分别对生产、经营、购买、运输等多个环节实施管理，如果没有统一的领导和标准，势必形成政出多门、各行其是的混乱局面，增加企业负担，阻碍经济建设。制毒物品联席会议较好地整合了行政管理资源，提高了行政效率。通常情况下，联席会议由禁毒委员会办公室牵头，有关行政主管部门参加。联席会议的职责是交流管理意见、通报管理情况、解决管理中出现的问题、安排专项行动以及下一级主管部门的联动问题等。

2. 采取"以大控小"的管理理念

"以大控小"运用的是带动与传递的原理，即通过大型企业的制毒物品管理、影响、带动或规范中小企业的管理，防止制毒物品从企业流入非法渠道。在化学品行业，大型企业不但是制毒物品生产的源头，而且经营、使用的数量较大，其决策和管理直接影响着市场的变化，在市场上具有举足轻重的导向作用，是市场的主流。大型企业制度完善、管理严格、经营规范，违法犯罪的概率较小。规范了大型企业的制毒物品生产、销售、购买、使用，对制毒物品管理可以起到事半功倍的作用。同时，还要让大型企业从被管理者转化为参与管理者，既可以调整和优化行政管理措施，也可以发挥大型企业及其从业人员的优势，参与禁毒斗争。

3. 通过分析流通数据实施日常监管

制毒物品的双重性质决定了化学品流入非法渠道必然要有一个从合法转入非法的过程，这个过程多数都发生在流通环节。公安机关负责对制毒物品的流通环节（购销、运输）进行管理，运用网络技术，依靠企业的数据报备，定期对流通数据进行分析，通过数据分析掌握购销、运输的实际情况，从数据的差额中发现化学品的流失，开展实地核查，打击违法犯罪。

4. 加大制毒物品公开查缉的力度

为了有力遏制制毒物品的非法流失出境问题，对制毒物品运输和走私环节加大公开查缉力度，重点发现和堵截可疑化学品及制毒重点设备。制毒物品检查主要包括：品种、数量、具体目的地和用途，是否有专责机关所发的生产经营许可证、使用许可证和运输许可证（一车一证，一次有效）等。对于运输资质车辆非法运输改换包装或标识不清、运输或进出口手续不全、具体目的地和用途不清的可疑化学品，及时查控；经鉴定为列管制毒物品的，依法立案查处。

5. 对查获的非列管制毒物品实行"劝返"

目前，按照全要素管控制毒物品的要求，为落实国家禁毒委关于开展"净边"行动相关部署，云南公安禁毒部门对经查验涉及非列管制毒物品的，重点对其用途、运输资质、物品外观包装、入滇报备情况等进行核查。通过核查，符合劝返的非列管化学品或重点制毒设备，则向承运人或货主和劝返目的地公安机关禁毒部门告知劝返理由和依据，要求承运人在承诺期限内将化学品运回发货地，请求劝返目的地公安机关禁毒部门监督劝返情况，并通报劝返部门。对于"劝返"这一措施而言，对堵截非列管制毒物品非法流失出境起到了一定的作用，但惩处力度小；同时，缺乏法律依据，执法存在风险性。

6. 推进出口制毒物品国际核查

依托边境禁毒联络官机制，积极开展双边警务执法合作，对向特定国家出口的制毒物品实施核查，即在制毒物品出口前，向进口国家主管当局发出出口通知书，确认用途的合法性。对未经核实且不能说明合法用途的，一律予以查扣或劝返。当然，考虑到缅甸的国内情况，云南边境禁毒部门还加强与民地武组织的禁毒执法合作，共同打击制毒物品走私活动，并取得一定成效。

7. 加强重点区域和部位的清理排查

针对当前制毒物品犯罪的行为特点，在各大中小型物流托运部、化工市场、仓储行业、公路沿线地区和城乡接合部的出租房、其他易隐藏制毒物品违法犯罪活动的地区和部位建立侦查阵地。通过对重点区域、重点部位的监控，以及与相关从业人员接触，广泛地搜集犯罪情报线索。

五　云南边疆地区制毒物品管控的困境

云南边疆地区是堵截制毒物品非法流失出境的最后关卡，为了实施"清源断流"战略，最大限度堵住制毒物品走私出境，其在实践中不断加强管控力度、积极创新工作机制，取得了一定的成效，但由于制毒物品管控的系统性、科技性、针对性不足，管控工作仍存在极大的困难。

（一）制毒物品管控的相关法律法规滞后和缺失

我国自 1989 年正式加入《八八公约》以来，政府各职能部门陆续颁布实施了一系列以《刑法》《禁毒法》《易制毒化学品管理条例》为主体，与相关司法解释、行政法规和部门规章相配套的制毒物品管控法律法规。但是，这些法律法规管控范围狭窄、手段陈旧，已远远滞后于制毒物品管控的现实需要；同时，相关法律规定针对性不足、可操作性不强，不适应于全国各地不同的制毒物品违法犯罪形势。例如近年来比较突出的非列管制毒物品问题，禁毒执法部门面对试图走私出境的数以千吨的非列管制毒物品，执法缺乏法律依据，明知是用于制造毒品的化学品或设备，却无法对相关涉案人员采取刑事或行政处罚，后续处理困难或需要承担风险，只能作撤案处理并"劝返"回运出地再由当地公安机关后续处理，收效甚微。相关法律法规滞后和缺失造成禁毒执法部门"无法可依"，严重制约打击制毒物品违法犯罪的力度。

（二）走私制毒物品案件打击和处理困难

1. 发现难

犯罪分子为逃避打击，除了将制毒物品撕毁化学品标签、伪装成各种日常用品、分散托运外，还将多品种进行混合，添加不明性质的物质，制成不明混合物，以干扰禁毒执法人员的制毒物品查缉工作。云南德宏、临沧、普洱等边境州市查获多起含溴离子、钠离子、碳酸根离子、铵根离子以及含铝、氯、溴元素的混合物，技术部门也难以检验、鉴定是否属于制毒物品。

2. 侦查难

实施犯罪过程中，犯罪分子隐于幕后、遥控指挥，利用本地方言、不使用本人身份证件、不断更换联系方式等手段逃避公安机关的打击。查获的大部分案件，涉案团伙将整个走私活动分为网络购买、分段运输、短途接驳等多个不关联环节，增加了全链条打击的难度。

3. 溯源难

制毒物品主要来源于内地省市，途经边境或在边境中转，运输路线较长，几经倒卖，中间环节较多，有买方、卖方、运输人、中间人、改装点、中转站等，无法确定制毒物品来源及流失环节，案件倒查难度极大。同时，制毒物品的最终目的地是境外，环境涉外、人员涉外，犯罪分子又往往"两头不在案"，去向难以查清，真实用途也难以查明。

4. 认定难

要认定是否构成走私制毒物品罪有两个关键条件：一是认定制毒物品犯罪嫌疑人主观明知，二是达到走私制毒物品犯罪定罪量刑的数量标准。制毒物品犯罪中走私多处于流通环节的末端，大量制毒物品查获于边境地区，往往经过多次转运，抓获的涉案嫌疑人多是被蒙骗的、不知情的物流从业人员、货车驾驶员及搬运工，主观明知难以认定。此外，犯罪分子经常将制毒物品转运至边境后，再拆分成多批次走私出境，这导致了即使某一批次被查获，也达不到定罪量刑的数量标准，无法立案。

（三）犯罪获利大而法律惩处轻，犯罪分子甘冒风险

依照犯罪经济学原理，如果被查处的惩罚成本较低，而获取的犯罪利益较高，就会刺激犯罪分子甘冒风险实施犯罪。制毒物品在国内的售价与在缅北地区的"市价"，相差较大，例如四XX在国内售价0.9万元/吨，在缅北地区则为18.4万元/吨，价差约20倍；甲XX在国内售价0.4万元/吨，在缅北地区为10万元/吨，价差为25倍，[①] 如果以一次走私10吨计算，那么

---

① 数据来源：根据公安部禁毒情报技术中心项目《制毒物品流入非法渠道问题研究》调研所得数据。

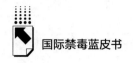

成本仅 4 万元，而获利则可达到 96 万元，暴利对犯罪分子产生了极大的刺激和诱惑。而从法律实践来看，制毒物品犯罪没有死刑，即使犯罪数量达到"数量较大"的，最高刑罚为 10 年。根据最高人民检察院和最高人民法院的内部不完全统计，全国制毒物品犯罪案件和人员起诉率不到四成，结案后被告人被判处的刑罚亦不高，甚至存在许多案例最终审理结果为缓刑。列管制毒物品犯罪处理结果尚且如此，何况涉及非列管制毒物品案件的办理，大量非列管制毒物品的案件甚至无法立案。因此，制毒物品走私犯罪活动风险低、利润高，导致犯罪分子对畸轻处罚结果有恃无恐，更加肆无忌惮地从事犯罪活动。

（四）出口制毒物品国际核查处于空缺状态

根据《向特定国家和地区出口易制毒化学品规定》的规定，对向缅甸、老挝等特定国家（地区）出口易制毒化学品实行许可证管理，并执行国际核查制度。国内企业申请向缅甸出口列管制毒物品，必须经国家禁毒办通报缅甸国家肃毒委进行核查通过后，由商务部签发许可证准予出口。这一管控措施实行以来，并未有效遏制住国内制毒物品进入缅北制毒地区。根据昆明海关的统计，2019 年经过云南边境口岸获准出口缅甸内地的各类化学品共十万余吨，主要是碳酸钠（纯碱）、氯化铵化肥、固态氢氧化钠、工业硫酸等化工产品。而缅北地区民地武控制区合法用途所需要的化学品，缅甸肃毒委是不予核查通过的，由此大量合法需求和非法使用的制毒物品通过非法渠道进入缅北制毒地区，形成了庞大的制毒物品地下交易市场。

（五）海关对走私制毒物品的查控存在漏洞

海关具有对进出境的运输工具、货物、行李物品、邮递物品和其他物品查缉走私的职能，也肩负着堵截制毒物品走私出境的任务。但在实践中，海关对走私制毒物品的查控存在以下问题。一是目前已发现有专门为缅北制毒团伙走私制毒物品的专业报关公司，他们通过"合法出口"的手段，将大量制毒物品从口岸报关出境。而海关查验官员对于进出口货物实施现场查验，必须得到风控指令，风控指令是需要长期的、大量的风控数据做支撑的，针对某一批货物或在某一短时间是无法构成的。二是为了外贸经济的持续健康发展，必然要保证通关效率，因此查验率不宜过高，需控制在一定的比率以内，并且近年来查验率还呈下降趋势。三是对于已知可用于制毒的非列管制毒物品，通过正常报关出口，海关无法查扣，只能放行。即使目前采取了发现后移交属地公安机关，对遏制制毒物品非法流失起到了一定的作用，但公安机关和海关没有形成合作机制，仅是特定时期的临时措施。

（六）货运服务网络平台对物流货运信息的监管不到位

货运服务网络平台对所提供的物流货运信息服务缺乏监管，对发布货运信息的货主的真实身份不验证，对所发布的货运信息不审查，对所发布货物的真实情况不检查，导致此类服务平台沦为了走私制毒物品犯罪的平台和工具。经统计，近年来云南省查获或劝返的制毒物品有 70% 以上是通过"货车帮"等货运服务 App 发布的货运信息，并且绝大部分货物显示是百货；而承运人（多数是货车司机）受经济利益驱使，也不会对其承运货物的真实性质进行核实，当然由于不具备化学专业知识，一般情况下也无法对其承运货物的性质做出判断。一旦被查获，货车司机不知情、主观不明知，货主则立马"弃货保人"，公安机关很难追查货主的真实身份。

六　云南边疆地区制毒物品非法流失的现代化防控对策

积极创新完善全要素制毒物品防控体系，抓住生产、经营、购买、运输、仓储、使用、进口、出口"八个环节"，紧盯人员、原料、设备、场地"四种要素"，围绕"补短板、堵漏洞、防流失"目标，推进部门协同、齐抓共管的工作举措，建立全要素、全流程、闭环式防控机制，不断提升制毒物品防控能力现代化。

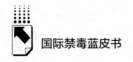

（一）出台地方性制毒物品管理法规，为边境管控提供依据

应尽快出台适合于云南边疆地区实际的地方性制毒物品管理法规，为打击和防范制毒物品违法犯罪提供有力的法律保障。第一，明确制毒物品概念的界定，建议扩大概念范畴，尽可能地将可用于制造毒品的物品纳入管控；第二，对大量流失的非列管制毒物品及时加以规定，减少不法分子钻法律漏洞的机会；第三，对不同级别和种类的制毒物品，做出更细致的区别管理规定，尽量减少对企业正常生产经营活动的影响，对规范正常的易制毒化学品市场，提升管理效率，发挥积极作用；第四，提高制毒物品违法行为的行政处罚力度，提高罚金的上限，提高责令整改、吊销许可证的适用比例，增强地方性法规的管控实效。

（二）加强制毒物品情报搜集，及时掌握境外需求

1. 依托国家毒品实验室，全面开展毒情预警监测

广泛采集缴获制毒物品样品，不断丰富扩充制毒物品信息数据库，为制毒物品的列管及量刑提供参考依据。持续进行样品特征分析、比对工作，分析其成分、纯度、工艺等，开展样品关联性判别，研判案件、串并线索，掌握其非法生产、非法贩运的情况。

2. 积极开展境外毒情调研，关注制毒物品需求变化

制毒物品走私出境源于境外制毒的需要，开展境外情报调研，及时掌握境外制贩毒团伙组织结构、原料来源、犯罪手段、贩运线路、制毒工艺及变化、销售渠道等情况，才能提前获悉境外制毒物品的需求，将制毒物品管控工作从被动防御转为主动出击，实现事前防范。

（三）积极推进"互联网+"的信息化监管模式，与时俱进

1. 加强职能部门数据信息共享

深入推进制毒物品管控信息化建设，将商务、应急管理、药监等行政主管部门关于制毒物品生产、经营、购买、进口、出口的管理数据信

息纳入国家禁毒大数据云南中心数据库中，实现部门间的数据信息共享。

2.建立制毒物品流通管理平台

积极推进云计算、大数据、物联网、人工智能等新技术在制毒物品监管中的应用。探索建设基于互联网的集行政审批、供求交易、支付结算、仓储物流、系统报备于一体的制毒物品流通管理平台，实现对制毒物品流转过程全环节、全要素闭环监管。

（四）建立非列管制毒物品临时列管机制，有效应对犯罪变化

对制毒物品的管控难度远高于对毒品的管控。一方面，非列管制毒物品用于制毒需要一个逐渐的认知过程，一种制毒物品从不列管调整为列管需要大量的案件与数据的支撑，是一个复杂而漫长的积累过程，必须经过繁杂的法律程序；另一方面，由于制毒物品品种范围具有无限可能性以及其合法性用途的存在，决定了不断扩大列管制毒物品品种的做法是不可取的。因此，法律对制毒物品的管控永远滞后于现实。因此，创建一种能快速反应、及时列管的临时列管机制，对制毒物品采取动态列管的方式，具有重要的现实意义。

临时列管机制，就是将尚未列管但存在被用于制毒风险的物品，包括化学品和设备工具等，经过调查和研究后做出临时列管决定的机制。换言之，在一定期限内，被临时列管的制毒物品等同于正式列管的制毒物品，受到严格的管控。

1.全面掌握出口或走私非列管制毒物品情况

禁毒执法部门在工作中应高度重视收集非列管制毒物品出口或走私出境的详细情况，对流向境外的非列管制毒物品要登记备案：名称、数量、出关口岸等，对数量较大的品种要取样备查，准确掌握非列管制毒物品外流动态。

2.分析和研判非列管制毒物品的样品和资料，及时上报

例如，根据海关对近年来8种常用于合成冰毒、氯胺酮的非列管制毒物

品的合法出口缅北地区情况进行统计。2018 年 4 月以前，三氯化铝、丙酰氯等 8 种非列管制毒物品几乎是零出口，可认定为没有合法需求，但 2018 年 5 月以后，也就是缅北地区制造合成毒品开始泛滥，这些非列管制毒物品的出口量暴增为 5000 余吨。[①] 结论为该 8 种非列管制毒物品经由云南边境口岸，以"合法出口"名义流入缅北制毒重点地区。禁毒执法部门将研判结论和临时列管建议提供给专家委员会。

3. 由专家委员会进行风险评估和临时列管论证

专家委员会结合非法流失形势、制毒中的作用、化工市场规模等因素综合分析是否有必要将其列入管制，在确定临时列管品种时不仅要考虑禁毒的需要，也要考虑对经济发展的影响和管理成本。由于制毒物品管制问题涉及不同部门和专业领域，专家委员会成员应来自公安部门、食品药品监督管理部门、安全生产监督管理部门、商务主管部门、卫生主管部门和海关总署等部门的专业人员以及化工、药学、法学、司法鉴定等领域的专家学者。对非列管制毒化学品实施临时列管后，依照我国制毒物品管理的相关法律法规执行。

4. 由专家委员会进行临时列管成效评估

在规定的临时列管期限后，对临时列管成效进行评估，如果其流入非法渠道的风险明显减小，可以对其解除临时列管；如果情况仍然严峻，则可以按《条例》中制毒物品品种调整的相关规定，增列为正式管制的制毒物品。

（五）针对走私制毒物品犯罪的重点环节实施监管

1. 加强购买、运输环节监管

公安机关对制毒物品购买、运输许可或备案证明使用情况要加强事中事后监管，要求运输企业或个人按照实际运输路线申请运输许可证或备案证

---

① 数据来源：根据公安部禁毒情报技术中心项目《制毒物品流入非法渠道问题研究》调研所得数据。

明。督促制毒物品购买、运输单位进行入库、出库登记制度，在购买、运输活动结束后及时核销许可证和备案证明。

2. 加强进口、出口环节监管

公安部门要严格落实国际核查制度，加强与商务、海关的协调配合，对云南边疆地区向特定国家（地区）出口的各类制毒物品采取有效管控措施，促使佤邦等民地武装组织建立出口化学品的核查机制；对进口制毒物品实行事前申请资质核查和事后化学品入库核查的双核查工作机制。公安、商务、海关等部门要定期开展制毒物品进出口数据比对，尤其是加强进口制毒物品数据比对，严格核查进口制毒物品的用户和用途，并建立健全异地核查和流向追踪工作机制。

（六）加强阵地控制，提高主动发现能力

1. 加强物流寄递管制

邮政管理、交通运输、公安等部门要建立寄递业、物流业联动查缉机制。邮政管理部门要督促寄递企业全面落实实名收寄、收寄验视、过机安检"三项制度"。交通运输部门要敦促物流寄递运营企业落实客户身份、物品信息登记制度，并留存备查。按照有关规定，对不实名登记、包装标识不清、物证不符的制毒物品，要求物流寄递运营单位不得承运，并应立即向公安机关报告。

2. 加强重点场所排查

相关职能部门要对制毒物品从业单位开展网格化基础排查，全面掌握制毒物品，特别是非列管制毒物品的使用情况。对医药化工企业、小作坊、三无工厂、废弃厂矿、偏僻养殖场、果园等场所进行重点排查，发现涉及化学品生产活动的，要掌握其涉及的化工原料和产品等情况。对出租、转让生产经营场所、闲置厂房和设备用于化工医药产品生产、储存等情况进行摸底检查，及时获取承租人或受让人相关信息、生产主要用途等情况，提高主动发现的能力。

3.加强网上巡查监管

公安部门要加大对重点化工平台、即时通讯群组、社交网站、微博客等的巡查监控，要求网络运营者及时发现、删除违规发布的制毒物品相关信息，对异常行为和可疑线索落地查控。网络运营者应对其用户进行实名认证，加强对其发布关于制毒物品信息的管理。

（七）建立制毒物品查缉防线，严格监管制毒物品查缉网络

1.针对云南与缅甸、老挝、越南接壤的边境一线实施封堵、查缉

依托军、警力量，除在边境口岸开展固定检查及边境巡逻外，加大执勤通道两翼设伏堵卡力度。同时，注重调研分析，重点查找边境机动车走私通道，全面强化人防、物防、技防建设对边境一线地区进行管控。

2.制毒物品相关行政主管部门各负其责，严格落实管理制度

邮政管理部门要督促寄递企业严格落实收寄验视、实名收寄、过机安检三项制度，交通运输部门要督促物流运营单位依法落实客户身份、物品信息登记制度，公安机关对违规运输重点化学品、造成非法流失的企业和个人要依法打击处理。

3.建立制毒物品查缉堵截"三道防线"，做到"三个一律"

为防止国内制毒物品借道云南边境走私出境，内地省份特别是云南周边省份要建立出省防线，形成全国到云南、昆明到边境地区、边境地区到出境口子的查缉堵截"三道防线"，切实加大重点方向、重点人员、重点环节、重点区域的查缉力度，严密制毒物品查缉网络。同时，还要对制毒物品做到"三个一律"，对拟运往云南边境地区和缅甸的一律要开展跨地区和跨国核查，对未经核实且不能说明合法用途的要一律予以查扣，对能查明来源的要一律通报来源地带回处理，切实控住源头。

（八）加大制毒物品犯罪打击力度，增强治理效能

加大制毒物品双向查缉、案件经营和来源倒查力度，彻底查清制毒物品流失环节，进一步堵塞监管漏洞。发挥国家禁毒大数据中心云南中心优势，

充分利用水用电异常、资金流向异常等各类数据资源，通过情报信息研判，提高主动发现和打击犯罪的能力。以目标案件为抓手，积极开展专案侦查，牢固树立"打团伙、摧网络、追源头、查流向"的侦查理念，以捣毁境外制毒厂点、查清国内制毒原料和设备来源为目标，深度经营、深挖扩线，加强地区、部门、警种协作配合，打击制贩毒团伙有生力量，削弱境外制贩毒能力。

（九）构建务实性警务合作机制，推进制毒物品管控国际合作

鉴于中国与越南、老挝和缅甸三国间已经有良好的多层级会谈会晤机制的基础，双边警务合作应当进一步向务实化方向推进和发展。依托边境已有的禁毒联络官办公室、犯罪情报交换和共享平台，积极开展打击制毒物品跨境犯罪合作。

1. 整合情报交流网络，实现犯罪情报信息的交换和分享

长期以来，各国间的警务合作已经形成了双边的、多边的、正式的、非正式的情报交流渠道，构建了复杂多样的情报交流网络。整合、统筹各国国内执法机构以及在前期合作中已经建成的联合指挥部、联络点、禁毒和打拐联络办公室以及国家间互派的警务联络官等多种情报资源，建成制毒物品犯罪信息数据库，建设情报信息传输物理网络，实现各成员国对制毒物品犯罪情报信息的交换和共享。

2. 加强边境联合执法行动，有效打击跨境制毒物品犯罪

根据制毒物品走私出境犯罪问题突出的现状，双边或多边国家共同开展定期或不定期的边境联合执法行动，并将这些执法行动制度化、常态化，最大限度减少违法犯罪分子利用边境管辖权界限逃避打击的可能性，遏制突出犯罪问题的蔓延势头，有效震慑和打击跨境制毒物品犯罪。

结　语

对云南边疆地区制毒物品非法流失问题进行研究，与贯彻落实习总书记

关于禁毒工作的重要指示精神和国家禁毒委"坚持综合治理、源头管控"，"要抓住制毒物品非法流失问题突出的重点地区开展集中整治"的要求相契合，抓住禁毒研究领域的重点和热点问题，是完善全链条打击制毒犯罪的重要举措，是完善我国毒品治理体系的有益探索。

众所周知，对制毒物品的管控远比对毒品管控更加困难，但也更加重要。管住了制毒物品，就抓住了周边毒源地制毒问题的要害，就会从根本上减少境外毒品流入，是从源头遏制毒品危害的根本措施。就当前"金三角"生产制造合成毒品的规模及国内制贩毒活动的现状而言，我国制毒物品的管控工作尚有较大提升空间。

要实现遏制云南边疆地区制毒物品非法流失出境的目标，必须要从三个大方向上努力。一要综合化治理：不仅对出口环节实施管控，还要从源头上对制毒物品的生产、经营、购买、运输、仓储、使用、进口、出口的各环节都采取有效管控措施，实现制毒物品的全程闭环管理；二要科技化治理：不断融入科技力量，提升侦查能力和水平，提出现代化防范和控制对策，以应对日益智能化、有组织化和跨国性的犯罪；三是国际化治理：立足云南边疆地区的实际，加强与周边国家的禁毒合作，共担责任、共促发展，推进区域乃至全球的制毒物品管控国际合作，以应对当前走私制毒物品犯罪的新趋势。

近年来，日美等西方国家在制毒物品管控问题上大做文章，经常提及中国的制毒物品流入"金三角"地区这一尖锐的问题，上述情况充分表明，对制毒物品的管控，已不仅仅是禁毒问题，而是有着复杂政治、外交背景的国际问题。

当前，大国之间在东南亚事务的博弈，使得东南亚地区形势发生重大变化，我国必须实现国家"走出去"的战略，实现"睦邻、安邻、富邻"的外交方针。而云南作为我国唯一从陆路连接东南亚、南亚的门户，形势严峻的制毒物品非法流失出境用于制毒问题，严重损害了国家形象、影响与周边国家的关系。因此，以积极的态度治理云南边疆地区制毒物品非法流失出境问题，为非传统安全威胁的治理贡献中国智慧、中国方案，是我国政府对国际社会高度负责的具体表现，是树立国家良好形象、实现外交战略的支撑。

参考文献

秦总根：《易制毒化学品管理实务》，中国人民公安大学出版社，2012。

张洁：《易制毒化学品管制的理论与应用研究》，云南大学出版社，2015。

张洁：《云南边境地区制毒物品走私出境犯罪新动向》，《云南警官学院学报》2020年第2期。

乔子愚：《跨境毒品监管的新挑战——湄公河流域制毒物品犯罪问题分析》，《云南警官学院学报》2021年第1期。

杨平：《非法进出口易制毒化学品案件侦防对策研究——以国际核查为视角》，《犯罪研究》2018年第5期。

李莎：《云南边境地区走私制毒物品犯罪态势及原因分析》，《法治博览》2017年第16期。

张黎、刘嵩岩：《论我国易制毒化学品防控体系构建》，《江西警察学院学报》2014年第1期。

附　　录

Appendixes

B.12
2021年国际禁毒大事记

王程琪[*]

编者按： 毒品问题长期受到国际关注，进入 21 世纪以来，随着毒品新形式、新情况和新趋势的出现和蔓延，打击毒品非法买卖的工作刻不容缓。自 2020 年以来，新冠肺炎疫情不仅对全球政治经济形势产生了深远影响，也给全球禁毒工作带来了新的挑战。2021年，新冠肺炎疫情仍在全球肆虐，尽管如此，我们也能看到联合国毒品和犯罪问题办公室为解决世界毒品问题所做的努力，更看到了各国在共同合作的基础上联合打击毒品犯罪活动的决心。通过梳理国际禁毒大事记，对过往的事件进行总结，可以为我们禁毒工作提供新视角、新观点和新方法。

大事记继续秉承学术性和前沿性的理念，围绕 2021 年在禁毒实践中出现的新现象和新问题，做前瞻性和总结性的研究，同时翻译和整理了 2021 年联合国毒品和犯罪问题办公室

---

[*] 王程琪，上海大学国际禁毒政策研究中心硕士研究生。

（UNODC）、美国国务院国际麻醉品和执法事务局（BINLEA）、欧洲毒品和药物成瘾监测中心（EMCDDA）、美国国家药物滥用研究所（NIDA）、兰德公司（RAND Corporation）、中国国家禁毒委员会办公室、《中国禁毒报》等相关机构及平台的相关文献及报道，整合了欧洲、美洲、亚洲和非洲等地发生的禁毒大事件。该辑主要从国际和国家的禁毒政策、禁毒实践以及禁毒活动角度，探索各国在新情况下为维护国家安全、打击毒品犯罪所做的贡献。他山之石，可以攻玉，通过梳理 2021 年国际禁毒大事记，以期为国家和地方的禁毒活动与禁毒政策提供可资借鉴的宝贵经验，推动禁毒工作的进一步改革与创新，为全球毒品问题治理提供中国方案和经验，为维护社会稳定和谐、保障人民安居乐业做出贡献。

2021年1月

1 月 4 日 联合国毒品和犯罪问题办公室（UNODC）将继续致力于通过技术促进青年参与抵制毒品。在全球范围内，新冠肺炎疫情对教育、和平、正义和发展构成了极大威胁。尽管面临这些挑战，联合国毒品和犯罪问题办公室继续支持世界各地的青年，利用技术力量帮助他们及其家庭，同时促进和平与法治，特别是通过教育促进正义。这是联合国毒品和犯罪问题办公室执行《多哈宣言》全球方案的一部分。

1 月 8 日 国际麻醉品管制局（INCB）与联合国毒品和犯罪问题办公室东南亚及太平洋区域办事处合作，向各国政府提供全面汇编前体化学品专题的资料——《2020 年前体化学品专论》（*Precursor Chemical Monographs 2020*）。该文件表示"处理前体和其他非列管化学品的扩散问题是国际前体管制的一个优先事项，也是国际麻醉品管制局与联合国毒品和犯罪问题办公室以及各国政府合作的一个支柱。"国际麻醉品管制局与联合国毒品和犯罪

问题办公室相信这份文件将加强监管和执法当局的工作力度，促进各国对这一主题的了解，并促进他们与私营部门行业进行必要的合作。

1月12日 第17届中缅禁毒合作会议通过视频系统顺利举行，中国国家禁毒委常务副秘书长、公安部禁毒局局长梁云和缅甸中央肃毒委员会联席秘书、警察部队禁毒局局长温奈分别带领禁毒部门各方面负责人员参加。会议强调，双方以此次会议为契机，进一步增进互信、完善机制、高效合作，将中缅禁毒合作打造出国际禁毒合作典范。

1月13日 兰德公司（RAND Corporation）发布研究称大麻合法化后，随着大麻销售点的开放，这些销售点的密度与年轻人吸食大麻的次数和强度有关。

1月15日 联合国毒品和犯罪问题办公室通过"倾听优先"运动支持健康儿童和家庭，加大对以科学为基础的药物使用的支持，从而对儿童和青少年、他们的家庭和他们的社区的福利进行有效的投资。倾听儿童和青年的心声是帮助他们健康安全成长的第一步。

1月21日 中国国家禁毒委员会召开"净边2021"专项行动部署视频会议。国家禁毒委副主任、公安部副部长杜航伟在会上强调，要深入学习贯彻习近平总书记关于禁毒工作的重要指示精神，全面落实中央政法工作会议和全国公安厅局长会议精神，大力实施"清源断流"战略，深入推进"净边"专项行动，努力为建党100周年营造和谐稳定的社会环境。

1月22日 根据第20次中国欧盟领导人会晤共识，首次中欧禁毒对话通过视频方式举行。对话由中国国家禁毒委常务副秘书长、公安部禁毒局局长梁云和欧盟委员会移民与内部事务总司副总司长奥尼迪（Olivier Onidi）共同主持。对话期间，双方就禁毒政策和措施、毒情形势特别是新冠肺炎疫情影响、合成毒品和新精神活性物质管控、替代发展、国际合作等议题进行了坦诚交流、深入互动。双方强调，中欧应在全面战略伙伴关系大背景下求同存异，采取有力措施，拓展合作领域，共同应对合成毒品威胁、互联网涉毒犯罪等挑战，向全球展示中欧共同禁毒决心和携手解决毒品问题的能力。

1月22日 联合国毒品和犯罪问题办公室在乌兹别克斯坦与青少年、

青年和家庭合作预防吸毒。乌兹别克斯坦的穆扎法罗娃医生（Lilia Muzaffarova）自 2008 年以来一直积极参加联合国毒品和犯罪问题办公室的区域讲习班，其重点是预防青少年吸毒和治疗药物依赖。联合国毒品和犯罪问题办公室通过加强家庭关系来治疗青少年毒瘾的做法引起了她的共鸣，并帮助她取得了积极成果。

2021年2月

2 月 9 日　国际麻醉品管制局在维也纳举行的第 130 届会议已结束。尽管面临新冠肺炎疫情带来的挑战，国际麻醉品管制局仍继续开展常规工作，监测国际药物管制系统的运作，并支持各国履行国际药物公约规定的义务。在第三届混合会议开幕时，科内利斯·德·容谢尔（Cornelis de Joncheere）主席强调麻管局承诺确保受管制物质合法贸易国际制度的运作，并在新冠肺炎疫情的压力下支持各国为医疗和科学目的获得麻醉药品和精神药物。

2 月 10 日　联合国毒品和犯罪问题办公室支持越南戒毒人员通过在家中服用美沙酮以减少健康损害。这一举措不仅可以减少吸毒者在就医过程中的花费，也可以为同社区的吸毒者树立良好模范。

2 月 19 日　国际麻醉品管制局发布报道以纪念国际管制精神药物 50 年。半个世纪前，即 1971 年 2 月 21 日，《精神药物公约》（*Convention on psychotropic substances*）获得通过并开放供签署。在 20 世纪 50 年代和 60 年代，许多国家对普遍滥用致幻剂、巴比妥酸盐、安非他命和安定剂表示关切，随后 71 个国家的代表聚集在维也纳通过《精神药物公约》，建立了一个至今仍适用的制度。《公约》在通过时已有 34 个国家签署，目前已拥有 184 个缔约国，并被普遍遵守。

2021年3月

3 月 2 日　美国国务院国际麻醉品和执法事务局（BINLEA）发布

《2021 年国际毒品管制战略报告》（*The 2021 International Narcotics Control Strategy Report*，INCSR）该报告是美国国务院根据《对外援助法》（*the Foreign Assistance Act*）起草的年度报告。该报告描述了世界主要国家在 2020 年打击国际毒品贸易方面所做出的的努力。第一卷涵盖毒物和化学品管制活动，第二卷涉及洗钱和金融犯罪。

3 月 5 日　国际麻醉品管制局与来自 36 个国家的管制机构和工业界的 90 多名代表讨论了医用和科研用大麻的管制和报告问题。非洲联盟（AU）、欧洲联盟（EU）、美洲国家组织（OAS）以及联合国毒品和犯罪问题办事处的代表也参加了会议。

3 月 8 日　国际麻醉品管制局宣布任命马克·科尔霍恩（Mark Colhoun）先生为麻管局新秘书和麻管局秘书处主任，自 2021 年 3 月 1 日起生效。

3 月 9 日　国际麻醉品管制局主席科内利斯·德·容谢尔于京都召开的第十四届联合国犯罪大会上发表讲话，强调麻醉品管制局在支持会员国以证据为基础预防与毒品有关的犯罪和应对合成毒品流行方面所做的工作。

3 月 15 日　中国公安部在北京召开新闻发布会，通报公安机关传达学习贯彻全国两会精神主要情况，并回答记者提问。据悉，2020 年，全国共破获毒品案件 6.4 万起、抓获犯罪嫌疑人 9.2 万名、缴毒 55 吨多，同比分别下降 22.9%、18.6% 和 14.8%；查获吸毒人员 42.7 万人次，同比下降 30.8%。

3 月 17 日　联合国毒品和犯罪问题办公室民间社会组织（CSU）与维也纳非政府组织毒品问题委员会（VNGOC）共同主办了一次民间社会网络研讨会，内容涉及《药物使用障碍治疗国际标准》和《各国制定普遍获得艾滋病毒预防目标的技术指南》，以及注射吸毒者的治疗和护理。

3 月 25 日　国际麻醉品管制局推出《国际麻醉品管制局 2020 年度报告》（*INCB Annual Report* 2020）。该报告分析了 2019 年新冠肺炎疫情对医疗和科学目的受控物质供应、预防和治疗服务的提供以及对非法药物市场的影响，内容涉及区域事态发展、非法使用甲基苯丙胺的问题以及大麻的非医疗使用。突出强调了随着全世界人口老龄化加剧而带来的老年人吸毒问题。该报告还回顾了 1961 年《麻醉品单一公约》（*Single Convention on Narcotic*

Drugs）以及1971年《精神药物公约》至今为止的成就并提出了这两份公约在当今国际社会所面临的挑战。

3月29日 美国国家药物滥用研究所（NIDA）发布研究称初次尝试吸食大麻或滥用处方药的年龄越小，越容易患上药物滥用疾病。

2021年4月

4月1日 上海市地方标准《禁毒社会工作服务指南》《常见毒品胶体金法检测要求》正式实施。《禁毒社会工作服务指南》是全国禁毒社会工作领域首个地方标准。该标准将禁毒社会工作进行了定义，规范了服务原则、内容、方法及流程等。《常见毒品胶体金法检测要求》分为九章，作为地方标准要求高于现有行业标准，既对生产毒品检测仪器的企业起到参照作用，也对使用者起到指导作用。

4月7日 国际麻醉品管制局主席科内利斯·德·容谢尔在2021年世界卫生日发布致辞表示2021年世界卫生日的重点是需要建设一个更公平、更健康的世界。为了支持这一点，国际麻醉品管制局正在强调迫切需要确保用于医疗和科学目的的国际管制物质的供应。

4月12日 第64届联合国麻醉品委员会（CND）在奥地利维也纳召开。联合国麻醉品委员会主席暨波兰常驻维也纳使团大使多米尼卡·克罗斯（Dominika Cross）女士主持会议，联合国秘书长古特雷斯（Antonio Guterres）致贺信，联合国经济和社会理事会（UNECOSOC）主席阿克拉姆（Munir Akram）、毒罪办执行主任加黛·瓦利（Ghada Waly）、世卫组织总干事谭德塞（Tedros Adhanom Ghebreyesus）等出席会议开幕式并发表视频讲话。会议首先举行了联合国六一、七一公约周年纪念仪式，通过了《麻委会就新冠肺炎疫情对成员国落实解决世界毒品问题共同承诺所造成影响的声明》，随后选举了麻委会主席团成员、通过了会议议程，并有多达100余名区域及国家代表在一般性辩论环节发言。随后，会议还审议了各项国际药物管制条约执行情况、各国落实《2019年部长级宣言》后续行动及《2030年

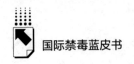

可持续发展议程》，审议表决将 8 种新精神活性物质纳入国际管制，磋商通过多项决议并举行百余场边会。

4月20日　联合国毒品和犯罪问题办公室发布报道称，联合国毒品和犯罪问题办公室及世界卫生组织庆祝十年以来通过联合方案为吸毒障碍患者提供有效和人道治疗。

4月21日　中国国家禁毒办副主任、公安部禁毒局政委张美荣率队，赴云南省楚雄、文山、曲靖公安检查站慰问"红蓝对抗2021"双向查缉比武队伍。

4月21日　联合国经济和社会理事会成员国在纽约联合国总部投票选举 2022~2027 年度国际麻醉品管制局委员，中国科学院院士、北京大学中国药物依赖性研究所所长陆林成功当选。

4月24日　中国国家禁毒办常务副主任、公安部禁毒局局长梁云一行到楚雄永仁公安检查站督导检查"红蓝对抗2021"缉毒实战大比武。

4月27日　第 18 届中泰禁毒合作会议通过视频方式成功举行。会议由国家禁毒委常务副秘书长、公安部禁毒局局长梁云主持，泰国肃毒委秘书长威差率团参加。会议指出，中泰两国在禁毒领域立场相同、措施相近，互为重要合作伙伴。会议还强调，双方要加强禁毒各领域、全方位合作。疫情结束后，双方将加强预防教育、毒品检验交流，拓宽在毒资调查、人员培训等领域的合作，联手将中泰禁毒合作打造成国际禁毒合作典范。

4月29日　中国国家禁毒委常务副秘书长、公安部禁毒局局长梁云和联合国毒品和犯罪问题办公室亚太地区办主任杰里米·道格拉斯（Jeremy Douglas）举行视频会议，就双方关心议题进行了坦诚、深入、务实对话。公安部禁毒局、国际合作局相关人员参会。

4月30日　为培育禁毒示范地区先进典型，发挥示范引领带动作用，进一步激发各地开展禁毒工作的积极性、主动性、创造性，推动新时代禁毒人民战争持续深入开展，中国国家禁毒委员会根据创建示范工作有关规定，按照从严把关、优中选优的原则，决定命名北京市朝阳区等 41 个地区为首批"全国禁毒示范城市"。

2021年5月

5月8日　中国国家禁毒办常务副主任、公安部禁毒局局长梁云同志带队，在上海视察调研禁毒工作。调研中，梁云同志提出，上海各级禁毒部门通过积极整合和充分利用各方资源，深入推进禁毒工作的社会化、标准化、精细化、智能化等一系列措施，在理念思路、设计框架、组织实施、运行机制和工作成效等方面取得了良好成效，走在了全国前列，为完善具有中国特色、符合社会主义现代化国际大都市特点的毒品问题治理体系做了积极探索和大量实践，为提升禁毒要素的规范管理、指导监督等提供了有效手段，奠定了扎实基础。

5月9日　由中国国家禁毒委员会办公室批准设立，中国国家禁毒委员会办公室、上海市禁毒委员会、上海大学合作共建的"国际禁毒政策研究中心"在沪揭牌。中国国家禁毒委员会办公室将会同上海市禁毒委员会积极支持上海大学，共同建设好发展好该中心，进一步健全制度保障体系，切实提高科研水平，努力建成具有国际影响力和知名度的禁毒政策研究高端智库，为推进国家毒品问题治理体系和治理能力现代化提供理论支撑和决策参考。国家禁毒办常务副主任、公安部禁毒局局长梁云在听取中心有关工作汇报后表示，国家禁毒办将会同上海市禁毒委积极支持中心建设，希望上海市禁毒委、上海大学能够进一步加强组织保障，健全体制机制，充分发挥好上海大学综合学科优势，努力建成覆盖全国、影响全球的禁毒政策研究和决策的高端智库和基地，以优异成绩献礼建党百年。

5月11日　中国国家禁毒委员会办公室召开新闻发布会，公安部、国家卫生健康委员会和国家药品监督管理局联合发布《关于将合成大麻素类物质和氟胺酮等18种物质列入〈非药用类麻醉药品和精神药品管制品种增补目录〉的公告》，决定正式整类列管合成大麻素类新精神活性物质，并新增列管氟胺酮等18种新精神活性物质。公告自2021年7月1日施行。

5月15日　中国国家禁毒委员会在海南省海口市召开环琼毒品查缉工

作推进会，深入贯彻落实习近平总书记关于禁毒工作和海南自贸港建设的重要指示精神，按照国务委员、中国国家禁毒委员会主任、公安部部长赵克志同志在全国禁毒工作电视电话会议上的部署要求，统筹全国资源和力量，大力强化环琼毒品查缉，全力支持海南禁毒工作，有力服务保障自由贸易港建设。中国国家禁毒委员会副主任、公安部副部长杜航伟出席会议并讲话。海南省委副书记李军致辞，副省长、公安厅厅长闫希军出席会议。

5月18日 欧洲药物和药物成瘾监测中心（EMCDDA）发布的一项研究表明"摇头丸"在废水中的最高残留量出现在比利时。西欧和南欧城市废水中的可卡因残留量最高，而大多数东欧城市废水中可卡因残留量非常低。"此研究报告还分析了城市之间的差异、工作日与非工作日之间的差异，并开发了一个基于地图的交互程序，便于研究者和爱好者查阅。

5月19日 国际麻醉品管制局与非政府组织（NGO）讨论了"通过毒品贩运实现的非法资金流动对发展和安全的影响"。民间社会代表分享了他们的观点，并与麻管局成员就解决与毒品贩运有关的非法资金流动的重要性进行了对话。

5月20日 国际麻醉品管制局第131届会议继续开展工作，支持各国政府确保用于医疗和科学目的的国际管制物质的供应，同时防止非法种植和生产、转移、贩运和滥用，包括在新冠肺炎疫情紧急情况下。

5月25日 联合国毒品和犯罪问题办公室发布报道称近十年来联合国毒品和犯罪问题办公室致力于预防吸毒和增强青年权能的青年倡议在日本预防药物滥用中心（DAPC）捐款的帮助下，支持了全球55个国家的非政府组织项目。

2021年6月

6月2日 美国和印度发表公告称两国"通过网络召开了禁毒工作组第二次会议。印度内政部麻醉品管制局局长拉凯什·阿斯塔纳（Rakesh Asthana）率领印度代表团。白宫国家毒品控制政策办公室助理主任坎普·

切斯特（Kemp Chester）、国务院负责国际毒品和执法事务的副助理国务卿约根·安德鲁斯（Jorgan Andrews）和司法部副助理司法部部长詹妮弗·霍奇（Jennifer Hodge）共同率领美国代表团。"两国代表团进行了广泛的对话，重点是加强禁毒管制和执法方面的合作。双方确定了共同行动的领域，并决心在这一重要问题上继续密切合作。

6月3日 上海、江苏、浙江、安徽等三省一市在上海举办"深化长三角地区禁毒工作合作签约暨长三角'禁毒先锋'评选活动颁奖仪式"，这是长三角三省一市禁毒、宣传部门响应党中央、国务院《长江三角洲区域一体化发展规划纲要》的具体落实，是加强长三角地区禁毒工作合作交流，提升毒品治理能力，助力打赢新时代禁毒人民战争，为长三角一体化高质量发展提供禁毒工作力量的重要举措。通过这一战略合作，将进一步发挥长三角一体化的区域优势和制度优势，在缉毒执法、禁吸戒毒、毒品预防宣传、禁毒研究等禁毒工作方面凝聚更加强大的合力，搭建方位更加全面、层次更加丰富、领域更加宽广的区域禁毒工作一体化格局，进一步推进长三角地区社会治理体系现代化。

6月5日 为深入贯彻落实习近平总书记关于防范新型毒品对青少年危害工作的重要指示精神，向全社会特别是青少年进一步宣传新型毒品滥用危害，全面普及防范知识，中国国家禁毒委印发通知，部署全国禁毒部门在6月全民禁毒宣传月、"6·26"国际禁毒日期间，围绕"防范新型毒品对青少年危害"宣传主题全面开展宣传教育活动。

6月8日 第9届中柬禁毒合作会议通过视频方式举行，中国国家禁毒委常务副秘书长、公安部禁毒局局长梁云和柬埔寨国家禁毒委秘书长密斯、柬埔寨警察副总监毛吉杜带队参加。会议同意，面对本地区毒品贩运、集散、中转形势日趋严重、毒品制造活动更加活跃的严峻形势，两国禁毒部门应加强合作、深入探讨、联手解决，全力打击毒品违法犯罪活动，并在情报交流、联合执法、毒品检验、人员培训、设备援助等领域开展密切合作，将中柬禁毒合作打造成国际禁毒合作的典范。

6月9日 欧洲毒品和毒瘾监测中心发布了《2021年欧洲药物报告：趋

势与发展》(*European Drug Report* 2021：*Trends and Developments*)，该报告表明 2021 年在欧洲大约 8300 万人成年人至少用过一次非法药物，最常用的药物是大麻，吸毒人群主要集中在年轻人中间。据估计，2020 年有 1740 万年轻人（15～34 岁）吸毒，其中男性约为女性的两倍。该报告数据来自 29 个国家，对复杂且不断变化的毒品问题提供了新的见解。

6 月 11 日 上海合作组织成员国禁毒部门领导人第 11 次会议通过视频方式举行。会议期间，各方在友好和建设性气氛中就上合组织成员国、国际和地区毒品形势，禁毒国际合作前景及加强成员国禁毒部门务实合作措施交换了意见。各方指出，合成毒品和新精神活性物质扩散、易制毒化学品流入非法渠道、未列管新精神活性物质滥用及扩散等非法贩毒领域新趋势对地区安全与稳定构成严重威胁。各方重申，愿在联合国及其他国际禁毒论坛框架下，继续推动共同禁毒立场及合作，维护和巩固现行国际禁毒体制。

6 月 21 日 中国国家禁毒委员会、公安部召开"净边 2021"专项行动视频推进会议，深入贯彻习近平总书记关于禁毒工作重要指示精神，贯彻落实赵克志同志在全国禁毒工作电视电话会议和庆祝建党 100 周年安保维稳工作动员部署会上的讲话要求，就全力做好禁毒安保工作、深入推进"净边"行动"夏季战役"做出部署。中国国家禁毒委员会副主任、公安部副部长杜航伟出席会议并讲话。

6 月 23 日 《2021 年世界毒品报告》(*The World Drug Report* 2021) 正式在维也纳国际中心发布。报告提供了大麻、阿片类药物、可卡因和安非他命类兴奋剂最新的供需分析，还涵盖了 2019 新冠肺炎疫情流行的早期评估，包括其导致的健康损害和药物供应服务如何适应新形势。根据该报告调查结果显示，去年全球约有 2.75 亿人使用毒品，3600 多万人患有药物使用障碍。

6 月 25 日 中国最高人民检察院以"防范新型毒品，呵护无悔青春"为主题举办第 40 次检察开放日活动。最高检党组书记、检察长张军要求各级检察机关协同各方力量，重视解决未成年人涉毒问题，为广大青少年健康成长筑起"保护墙"。

6月25日 联合国麻醉品委员会在禁止药物滥用和非法贩运国际日举办了以"分享毒品事实，拯救生命"为主题的讲座活动，旨在打击错误信息，促进分享毒品事实，从健康风险和解决世界毒品问题的方法，到循证预防、治疗和护理。

6月26日 美国国务院国际麻醉品和执法事务局发布研究称"对于吸毒者或患有药物使用障碍的人来说，害怕被污名化或被贴上负面特征的标签尤其强烈。"联合国毒品和犯罪问题办公室估计，全世界有超过3600万人患有药物使用障碍，而八分之七患有药物使用障碍的人仍然得不到适当的护理。国务院国际麻醉品和执法事务局（INL）致力于减少耻辱感，支持世界各地的药物使用障碍患者，并增加循证预防、减少伤害、治疗和康复工具的使用。

6月26日 联合国毒品和犯罪问题办公室在国际禁毒日宣称2021年禁止药物滥用和非法贩运国际日的主题是"分享毒品事实，拯救生命。"该主题强调以证据为基础的禁毒方法，使公众卫生的服务提供者和决策者掌握有效的工具。目前需要在健康、科学和数据方面加大投资，填补公共信息的空白。

2021年7月

7月5日 根据目前精神药物的使用情况，国际麻醉品管制委员会正在改良完善《1971年精神药物公约》的培训材料。培训材料旨在帮助各国政府更好地理解和履行《1971年精神药物公约》以及经济及社会理事会和麻醉品委员会的相关决议规定的义务，并最终为实现《1971年精神药物公约》的健康和福祉目标以及可持续发展目标做出贡献。

7月9日 为共同应对"金三角"毒品问题，中国国家禁毒委和泰国肃毒委商定，2021年7月10日至9月30日期间联合开展中泰澜湄联合扫毒行动。7月9日，行动启动仪式通过视频方式成功举行。仪式由国家禁毒委常务副秘书长、公安部禁毒局局长梁云主持，泰国肃毒委秘书长威差率团参加。双方在北京和泰国曼谷设主会场,两国参加行动的相关地区禁毒部门负责人分别在云南昆明和泰国清迈分会场参加启动仪式。

7月15日 为帮助应对合成毒品带来的挑战,联合国毒品和犯罪问题办公室与世界卫生组织、国际麻醉品管制局和万国邮政联盟合作开发了联合国合成毒品工具包,这是一个由联合国毒品和犯罪问题办公室阿片类药物战略协调的在线平台,汇集了来自联合国系统各专门机构的260多个跨领域的工具和资源。

7月16日 中国国家禁毒委员会办公室发布《2020年中国毒情形势报告》。报告指出,2020年全国共破获毒品犯罪案件6.4万起,抓获犯罪嫌疑人9.2万名,缴获毒品55.49吨;查处吸毒人员42.7万人次,处置强制隔离戒毒14.95万人次,责令社区戒毒9.9万人次。受疫情严控和严打高压双重影响,国内涉毒违法犯罪得到遏制,毒情形势持续向好态势进一步巩固拓展,呈现现有吸毒人数减少、规模化制毒活动减少、制毒物品流失减少、外流贩毒人数减少"四个减少"的积极变化。

7月20日 中老缅泰四国启动第107次湄公河联合巡逻执法行动。参与行动的3艘中方执法艇当天9时从西双版纳傣族自治州景哈码头启航,开启为期4天3夜的联合巡逻执法行动。

7月22日 国际麻醉品管制局主席贾吉特·帕瓦迪亚(Jagjit Pavadia)在纽约联合国总部举行的经济及社会理事会管理部分会议上发表讲话。帕瓦迪亚女士介绍了麻管局2020年年度报告和前体报告,以及一份补充报告,回顾了1961年《麻醉品单一公约》和《1971年精神药物公约》的成就。这些报告载有向各国政府、国际和区域组织提出的建议,可在麻管局网站上以联合国所有六种正式语言查阅。

7月23日 中国禁毒基金会第二届理事会第十四次全体理事会议在江苏省扬州市召开。会议深入贯彻习近平总书记关于禁毒工作重要指示精神,回顾总结今年以来的工作,研究下半年禁毒公益项目,部署推动禁毒社会化工作。中国禁毒基金会理事长杨凤瑞、副理事长陈存仪、秘书长李宪辉及其他理事出席会议。

2021年8月

8月19日 国际麻醉品管制局在世界人道主义日发布了关于"各国和人道主义援助组织在紧急情况下促进受控物质及时供应方面的经验教训"的情况介绍。该文件向各国政府提出建议,并呼吁各国政府改善在紧急情况下(包括大流行病和气候相关灾害)获取含有受控物质的药物的情况。

8月25日 国际麻醉品管制委员会秘书处的前身控制科于2021年8月25日与墨西哥当局举行了线上研讨会。墨西哥合成药物管制技术小组(GTCDS)的150名与会者出席了这次活动。这次会议提供了一个交流关于可用于非法制造阿片类药物和甲基苯丙胺前体化学品管制和监测机制的有效途径的机会。

8月27日 中国公安部、国家邮政局、国家禁毒办联合召开会议,深入贯彻习近平总书记重要指示精神,按照国务委员、国家禁毒委主任、公安部部长赵克志和国家禁毒委部署要求,就开展寄递渠道禁毒百日攻坚行动进行动员部署。中国国家禁毒委员会副主任、公安部副部长杜航伟,国家邮政局副局长廖进荣出席会议并讲话。

8月31日 国际麻醉品管制委员会召开第四次年度业务专家会议,通过邮递、特快专递、快递和航空货运服务,运输危险合成阿片类药物、芬太尼和相关前体。为期五天的混合会议在联合国维也纳办事处举行,与会者包括大洋洲海关组织(OCO)、万国邮政联盟(UPU)及其区域协会美洲、西班牙和葡萄牙邮政联盟(UPAEP)的国际安全合作伙伴,世界海关组织(WCO)及联合国毒品和犯罪问题办公室。

8月31日 联合国毒品和犯罪问题办公室在国际过量用药意识日强调安全停止过量用药(S-O-S)倡议,该倡议是一个交流和支持有效预防和管理过量用药的平台。

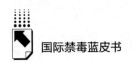

2021年9月

9月7日 上海市静安区人民检察院发布了《新型毒品犯罪典型案例白皮书》，该白皮书介绍了 2018~2020 年静安区检察院新型毒品犯罪典型案例及案件办理情况、工作机制和相关举措。

9月8日 国际麻醉品管制局、联合国毒品和犯罪问题办公室与世界卫生组织（WHO）发表需促进在人道主义紧急情况下获得受管制药物的联合声明。根据联合国的报告，在过去 20 年中，共发生了 7348 起灾害，其中约40%与气候有关。不断增长的新冠肺炎确诊数量加剧了在紧急情况下获得可控制药物的复杂局面。目前，需要采取紧急行动，改善受疫情和气候相关灾害等紧急情况影响的人获得受控药物的机会。

9月9日 国际麻醉品管制局召开了关于芬太尼相关物质和新出现的非合法用途合成阿片的第二次国际专家组会议。这次会议审查了与麻管局2018 年发布的无已知医疗或工业用途的芬太尼相关物质清单有关的自愿行动和成果，该清单一直在持续更新。

9月9日 欧洲毒品和毒瘾监测中心发布研究称合成大麻素目前在欧洲被广泛使用，这类物质药效很强，成瘾性较大。本研究报告回顾了欧洲目前关于合成大麻素的化学、药理学和毒理学的知识体系，目的是支持预警和风险评估活动，并加强对这类物质的情况认识。

9月14日 为深入推进寄递渠道禁毒百日攻坚行动，中国国家禁毒委员会召开专题座谈会，国家邮政局市场监管司、国家邮政业安全中心和中国邮政集团有限公司、中国邮政速递物流公司、中邮信息科技公司、顺丰丰图科技（深圳）有限公司、圆通速递股份有限公司代表参加座谈。国家禁毒委员会副主任、公安部副部长杜航伟出席会议并讲话。

9月17日 国新办新闻发布会宣布，目前，全国破获 3.1 万起毒品犯罪案件，抓获 4.3 万名犯罪嫌疑人，缴获 18.3 吨各类毒品。公安部禁毒局局长梁云表示，近年来，国内规模性制毒活动得到有效遏制，目前我国毒品特别是冰毒、海洛因、氯胺酮三种毒品主要来自境外，绝大多数来自"金三角"地区，国内仅有零星的制毒活动。全国公安机关从 2018 年起，连续四年开展"净边"专项行动，主要打击境外毒品渗透问题。

9 月 22 日 为切实落实中国国家禁毒委员会《关于加强新时代全民禁毒宣传教育工作的指导意见》，巩固学校毒品预防教育成果，进一步增强在校学生识毒防毒拒毒意识和能力，中国国家禁毒委员会办公室、教育部办公厅联合印发通知，部署开展 2021 年秋季开学在校学生毒品预防教育"五个一"活动。

9 月 24 日 美国国务院国际麻醉品和执法事务局发布公告称在禁毒工作组的框架内，美国和哥伦比亚代表团讨论了进一步加强双边关系的途径，重申了他们对禁毒合作的承诺，强调了在伊万·杜克（Ivan Duque Marquez）总统执政期间所取得的密切合作和进展，并同意制定新的双边禁毒战略的广泛框架。各代表团承诺在未来几个月内敲定并公布新战略的更多细节。

9 月 29 日 中国国家禁毒委员会召开落实禁毒责任防控涉毒风险视频会议，中国国家禁毒委员会副主任、公安部副部长杜航伟在会上强调，要深入学习贯彻习近平总书记关于禁毒工作重要指示精神，认清风险挑战、增强斗争精神，压紧压实责任、狠抓措施落实，强化攻坚克难、保持高压态势，进一步掀起打击禁毒整治新高潮，全力消除各类涉毒风险隐患，努力实现毒品形势持续好转。

2021年10月

10 月 1 日 国际麻醉品管制局在国际老年人日呼吁强调老年人吸毒的隐性流行。随着世界人口老龄化，老年人更容易吸毒和吸毒成瘾。过去十年中，老年人使用止痛药、镇静剂、苯二氮䓬类和镇静剂的人数有所增加。

10 月 10 日 国际麻醉品管制局在国际精神卫生日呼吁各国政府确保获得药物使用障碍的预防和治疗服务以及国际管制物质的有序供应。国际麻醉品管制局强调药物滥用障碍是一种可治疗的心理健康状况，并呼吁各国政府

确保以循证为基础的预防、治疗。为所有受吸毒影响的人群提供康复和重返社会服务。

10 月 14 日 上海市自强社会服务总社荣获 2021 年上海市"五一劳动奖状"。多年来，上海市自强社会服务总社积极适应上海城市治理现代化建设需要，科学运用社会工作专业理念和技术，有效提升了吸毒人员戒断率，充分发挥出禁毒社会组织在禁毒工作中的重要作用。

10 月 18 日 欧洲毒品和毒瘾检测中心发布新的《欧洲应对毒品问题迷你指南》（*European miniguides on responding to drug problems*）。这部指南以数字化和模块化形式发布，审查了当今药物领域的一些主要公共卫生挑战，并为设计、确定和实施有效应对措施提供了及时和实用的建议。

10 月 20 日 2021 年中越边境地区联合扫毒行动启动暨工作部署会在广西壮族自治区凭祥市召开。为遏制中越边境地区毒品违法犯罪活动蔓延，共同维护中越边境地区稳定发展，中越两国公安部决定于 2021 年 10 月 1 日至 12 月 31 日期间，共同部署开展 2021 年中越边境地区联合扫毒行动。

10 月 22 日 为深入学习贯彻习近平总书记关于禁毒工作的重要指示精神，认真落实公安部党委关于开展全警实战大练兵的决策部署，切实提升全国毒品分析技术的整体水平，推动公安队伍教育整顿工作走深走实，经报中国国家禁毒委员会副主任、公安部副部长杜航伟同意，中国国家禁毒委员会办公室 2022 年 3 月启动了首次"全国公安禁毒部门毒品分析技能大比武"活动，由公安部禁毒情报技术中心承办。

2021年11月

11 月 1 日 北京市禁毒委召开全市禁毒工作推进会，分析全市毒品形势，深入查摆问题短板，部署《北京市禁毒条例》宣传贯彻和近期全市禁毒重点工作。会议强调，要切实增强做好首都禁毒工作的责任感、紧迫感，全力消除隐患，不断巩固拓展禁毒斗争持续向好态势，为重大会议活动安保维稳打下坚实基础。要深刻认识颁布《北京市禁毒条例》的重大意义，牢牢把握贯彻实施的有利契机，全力提升首都毒品问题治理体系和治理能力现代化水平。要做好《北京市禁毒条例》学习宣传贯彻工作，压紧压实禁毒责任，深入开展执法督导，确保各项措施落地见效。

11月4日 国际麻醉品管制局第132届会议开幕，会议上，国际麻醉品管制局表示将继续努力支持成员国执行条约，并在实现可持续发展目标方面取得进展。麻管局还将进一步为成员国制定关于大麻和大麻相关物质的控制和监测要求的指南。

11月5日 美国国务院宣布，如果有消息导致在墨西哥奇瓦瓦州和锡那罗亚州活动的四名墨西哥毒贩被捕或被定罪，将向他们提供最高500万美元的奖励。

11月16日 联合国毒品和犯罪问题办公室发布报告称"在专家们齐聚维也纳打击非法贩运之际，联合国毒品和犯罪问题办公室发现，全世界10名阿片类药物使用者中有8人来自阿富汗。"

11月19日 联合国毒品和犯罪问题办公室为了应对世界各地日益严重的合成毒品问题，启动了一项新战略，以支持各国解决这一问题。新的战略将帮助各国决策者引入有效的政策方向和战略，以中断合成药物的生产和贩运，并在世界各地提供治疗。

11月20日 在国际儿童日这天，联合国毒品和犯罪问题办公室将推出"超级技能"，这是其"倾听优先"倡议的下一阶段，支持循证预防吸毒，以培养快乐、健康的儿童。

11月25日 欧洲毒品和毒瘾监测中心发布报道称"马耳他和卢森堡宣布限制大麻种植和使用的计划。"在此之前，这两个国家曾宣布全国大麻合法化，但由于2020年在欧洲出现的吸毒过量危机，两国又公布新的提案限制大麻种植和使用。拟议的法案将允许成年居民在远离公众视线的情况下每户最多种植4株大麻植物，并在家中拥有最多50克的大麻植物。在公共场合，吸食大麻仍将被处以最高235欧元的罚款，并且持有大麻将被限制在7克以内。较轻的大麻犯罪将由司法专员处理，未成年罪犯将获得护理计划。目前有持有大麻犯罪记录的人可以要求将其从他们的犯罪记录中删除。

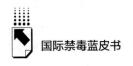

2021年12月

12月2日　国际麻醉品管制局于维也纳召开了一次专家组会议，讨论各国在与化学工业用于非法药物制造的前体和非表列化学品领域的合作相关的做法。

12月3日　国际麻醉品管制局召开关于非法药物制造设备的第三次专家组会议。讨论了防止非法药物制造所必需的设备被转用和加强《1988年公约》第13条的实际使用的选择、措施和方法。来自加拿大、中国、法国、德国、危地马拉、印度、墨西哥、荷兰、尼日利亚、泰国、美国、欧洲警察组织、世界海关组织和联合国毒品和犯罪问题办公室的专家在线上出席了会议。

12月10日　由中国国家禁毒委员会批准命名的"全国禁毒宣传教育基地"在内蒙古自治区呼和浩特市和林格尔县内蒙古禁毒主题雕塑公园揭牌。国家禁毒办副主任、公安部禁毒局二级巡视员、中国禁毒基金会秘书长李宪辉出席揭牌仪式。

12月10日　国际麻醉品管制局在世界人权日呼吁三项国际毒品管制公约的缔约国将人权置于其毒品管制政策的中心。

12月15日　美国国务院国际麻醉品和执法事务局发布公告称拜登（Joe Biden）总统正采取果断行动打击跨国犯罪组织。美国跨国有组织犯罪委员会（USCTOC）将利用国务院和其他五个关键部门和机构的资源，更有效地打击跨国有组织犯罪，以打击贩毒组织及其推动者和金融推动者。

12月15日　在中国国家禁毒委员会办公室、上海市禁毒委员会指导下，上海研究院、上海市禁毒委员会办公室、国际禁毒政策研究中心与社会科学文献出版社共同发布《国际禁毒蓝皮书：国际禁毒研究报告（2021）》。该报告主要由总报告、专题报告、区域研究和附录四个部分组成，以"毒品预防教育的模式、路径、方法与效果"为主题，关注全球新出现的各类由毒品引发的社会危机，对欧洲、美洲、亚洲等地区的国家或国际组织面临的毒品问题以及施行的禁毒政策进行考察，并解析了世界各国在毒品预防教育领域面临的风险与挑战以及积累的经验与教训。

12月27日 兰德公司发布研究称"从2008年到2018年，阿片类药物处方数量下降21%，但在不同地区、年龄组或处方类型的患者中，处方数量并不一致。"阿片类药物危机是导致普遍吸毒成瘾的最大因素，目前每年导致10万多名美国人死亡，未来需进一步规范阿片类药物在临床使用中的标准。

12月29日 第17届中老禁毒合作会议通过视频方式举行。会上，双方一致认为，在中老建交60周年和发展全面战略合作伙伴关系大背景下，两国加强禁毒合作极其重要和必要。多年来，中老两国禁毒部门长期保持密切合作，相互支持，在情报交流、执法办案、人员培训、技术设备支持、替代发展等领域合作均取得务实进展。两国在大湄公河次区域禁毒合作备忘录（MOU）框架下通力合作，为解决本地区及周边毒品问题而努力。同时，中老两国与其他大湄公河次区域国家共同开展"平安航道"联合扫毒行动，有效打击跨国毒品犯罪，维护地区安全稳定，保障人民利益，在本地区乃至国际社会产生了积极反响。

12月30日 河南省禁毒委员会举行《河南省禁毒条例》新闻发布会。该条例包括总则、禁毒宣传教育、毒品和制毒物品管制、戒毒管理和服务、禁毒工作保障等7章52条，将于2022年1月1日起施行。

12月31日 为共同应对"金三角"毒品问题，近期中国国家禁毒委员会办公室和泰国肃毒委联合开展为期三个月的首次中泰澜湄联合扫毒行动，取得良好效果，探索了非接壤国家开展联合扫毒的模式，积累了经验做法。

B.13
2021年国际禁毒机构研究报告概览

俞　冰　陈梦柯*

编者按：　　2019年暴发的新冠肺炎疫情对全球产生着持续性影响，近两年，全球毒品问题也相应发生着各种变化，毒品类型多样化，新精神活性物质使用增多，毒品供应链也受到国际局势复杂的影响，依赖互联网、"暗网"等新型毒品分销方式的进一步蔓延，都说明毒品生产者和贩卖者已逐步适应疫情影响下的新环境。特别是受全球毒情形势的影响，毒品原材料的种植和制毒活动仍旧活跃，为了规避法律管控，诸多地区对易制毒化学品前体的需求迅速增加，给毒品管控工作带来了严峻挑战，迫使各国及地区必须及时掌握易制毒化学品的发展趋势，思考应对策略，增强国际合作。

2021年国际禁毒机构研究报告概览旨在收录本年度最新出版的各类毒品问题报告与相关研究，其中囊括联合国下属各机构、世界卫生组织、国际麻醉品管制局、各国政府及相关组织机构、非政府组织、国内外高校及其研究机构、各类智库等的最新报告，共计33篇。报告范围涵盖亚洲、欧洲、美洲、大洋洲、非洲等地区，梳理汇总各国及区域间的最新毒情形势和其应对策略，并确保内容的及时性、真实性、完整性和准确性。报告概览旨在密切关注国际毒品形势走向：全球古柯、罂粟、大麻等毒品种植面积的变化情况，包括芬太尼在内的阿片类药物滥用危机、新精神活性物质使用危害加剧，新冠肺炎疫情背景下通过互联网

---

* 俞冰、陈梦柯，上海大学国际禁毒政策研究中心硕士研究生。

进行毒品分销的威胁、制造合成毒品的非列管前体和"特制前体"的大量出现等。同时也广泛关注国际政治局势新变化对毒品管控的影响，比如阿富汗日益恶化的药物管制形势，加拿大、美国、乌拉圭等一些国家在大麻非医疗用途方面的立法动态等，都对未来各国及国际组织的毒品管控工作提出严峻挑战。通过回顾相关报告，帮助广大读者从全球、区域及国家不同层面和角度了解当前国际社会毒品问题的新形势，认识到管控并遏制易制前体和毒品生产的紧迫性，持续推进宣传禁毒教育工作的重要性，不断加强国际间毒品管控合作与交流，保障公共健康和福祉。为了应对毒品问题的新挑战，中国在参考学习其他国家地区先进经验的同时，要为全球毒品问题治理提供中国方案和经验，不断推动禁毒工作高质量发展，与国际社会共同应对毒品难题。

序号	年份	报告主题	机构名称	摘要
1	2021	2021年世界毒品问题报告(World Drug Report 2021)	联合国毒品和犯罪问题办公室(UNODC)	2021年世界毒品问题报告由五个独立的小册子组成,对全球毒品市场进行了深入分析,并全面描绘了新冠肺炎疫情对世界毒品问题的影响。报告内容主要包括:研究表面大麻效力增强,但认为大麻仍为主要毒品模式。互联网销售模式改变全球毒品分销模式,但表明贩毒手段增多可能改变全球毒品分销模式,但表明贩毒手段增多可能增加40%。新冠肺炎疫情推动预防吸毒和治疗服务方面的创新。毒品市场在新冠肺炎疫情期间回弹,再次表明贩运毒者有能力迅速适应变化的环境和形势。在疫情期间,出于非医疗目的使用大麻和镇静剂的现象静者增多,同时也将带来技术上的彻底变革和社会习惯的巨大改变,这些新精神活性物质数量下降,从长远看,但这些新出现在高收入国家的新精神活性物质数量下降,从长远看,但这些新精神活性物质可能会蔓延到较贫穷的区域。全球古柯种植面积减少,但可卡因产量创历史新高,欧洲面临着可卡因市场供应链日益多样化。随着可卡因价格的下降和可卡因市场的进一步扩大的威胁。阿富汗日益体内深的毒品有可能增加剧烈;甲基苯丙胺的缉获量急剧上升,但其前体大多未被查明。较贫困国家的严重疼痛患者仍在遭受药品短缺之苦。就剂量而言,用于治疗类阿片使用障碍的医疗药品变得更容易获得,芬太尼类物质仍然是缉获量最大的药用类阿片,北美洲的缉获量占绝大部分,过量使用芬太尼类物质仍是北美类阿片危机危机的主要因素
2	2021	2021年世界毒品问题报告:毒品需求和毒品供应的全球概况(World Drug Report2021: Global Overview Drug Demand Drug Supply)	联合国毒品和犯罪问题办公室(UNODC)	本报告载有全球毒品需求和供应概况。报告提供了毒品使用的最新估计和未来趋势。所审查的问题包括毒品滥用的程度及其对健康的危害以及注射吸毒者中的艾滋病和肝炎。使用新精神活性物质的危害以及注射吸毒者中的艾滋病和肝炎。这本小册子对2030年人口增长与毒品问题的关系进行预测。关于毒品供应,它概述了全球非法作物种植的情况以及毒品生产和贩运的趋势。此外,它还审查了关于通过互联网销售毒品和其他物质的最新证据,其中一章专门讨论在透明网络上销售一些适合毒品市场的合成物质,另一章则专门讨论暗网和暗网上的新精神活性物质贩运

续表

序号	年份	报告主题	机构名称	摘要
3	2021	2021年世界毒品问题报告：毒品市场趋势：大麻阿片类药物（World Drug Report2021: Drug Market Trends: Cannabis Opioids）	联合国毒品和犯罪问题办公室（UNODC）	本报告分析了大麻在全球市场的供应、趋势和贩卖情况，以及在全球各个地区大麻种植情况；载有大麻使用的最新估计数和趋势；包括对大麻使用和风险认知随时间变化的分析；还概述了加拿大、乌拉圭和美国一些司法管辖区管制大麻非医疗使用措施的最新发展情况；从需求动态方面讨论了各种阿片类药物之间的共同性。报告还载有全球和区域两级阿片类药物使用的最新估计数和趋势，包括用于医疗消费的阿片类药物的供应，特别是芬太尼和曲马多在全球多个地区受影响最严重地区的最新情况。该报告最后审查了全球多个曲马多受影响最严重地区的贩运趋势和途径
4	2021	COVID-19和毒品：影响和前景（COVID-19 And Drugs: Impact And Outlook）	联合国毒品和犯罪问题办公室（UNODC）	这本小册子根据地区和毒品类型分析了新冠肺炎疫情如何影响毒品生产、制造和贩运，分析了毒品贩运的最新趋势和模式以及零售层面的毒品分销，包括通过"暗网"进行毒品零售的手段。还分析了新冠肺炎疫情及其控制措施如何影响吸毒和吸毒模式，对吸毒者可能造成的健康方面的不良后果，同时提出了如何在新冠肺炎疫情背景下为吸毒者提供医学治疗、康复指导正等服务的新方法。《2021年世界毒品报告》的第五部分，由于形式仍在不断发展变化，数据尚未完善，该手册试图通过评估目前新冠肺炎疫情对毒品市场的影响，提出未来可能存在的变化，以期帮助各国预测和应对此后可能会出现的毒品问题新挑战
5	2021	2021年世界毒品问题报告：由于青年低估了大麻的危险，大流行的影响增加了毒品风险（World Drug Report 2021: Pandemic Effects Ramp Up Drug Risks, As Youth Underestimate Cannabis Dangers）	联合国毒品和犯罪问题办公室（UNODC）	该报告概述了鸦片制剂，可卡因、大麻、苯丙胺类兴奋剂和新精神活性物质（NPS）的供需情况及其对健康的影响，同时考虑到了新冠肺炎可能产生的影响。报告显示2002~2019年，在欧洲，大麻中的主要精神活性成分9-THC的比例从6%左右上升到11%，在欧洲则从4%上升到16%。1995~2019年，在美国，认为大麻有害的青少年比例下降了40%，在欧洲，这个比重下降了25%。2020年全球约有2.75亿人吸毒，超过3600万人患有吸毒障碍。同时，在前两年中，大多数国家报告大流行后期间大麻的使用有所增加。该报告还强调了对吸毒风险的较低认知与现实之间的差距。教育年轻人意识到毒品的危害，从而保障公众健康

续表

序号	年份	报告主题	机构名称	摘要
6	2021	麻醉品防治（Drug Prevention and Treatment）	美国国务院/国际麻醉品和执法事务局（United States Department of State Bureau of International Narcotics and Law Enforcement Affairs）	针对全球每年有数十万人——富人、穷人、文盲、受过教育的人，男性、女性，甚至是幼儿——死于药物滥用障碍，其中许多人是吸毒暴力的受害者，除了对健康造成损害，和对社会保障资源的浪费之外，还会破坏经济发展，削弱社会治安。因此四十多年来，美国国务院/国际麻醉品和执法事务局以各类数据为基础；通过跨境对话和与外国合作伙伴的联合项目，提高治疗和护理标准；分享治疗和预防吸毒规划理念和有效的方法，加强临床技能的培训；INL 还对项目进行长期评估，作为持续改进和完善过程的一部分。于此同时，实践表明 INL 赞助的项目已促使全球许多国家树立了标准，产生了巨大影响并挽救了无数生命。支持长期康复治疗，帮助减少需求计划已在全球许多国家的犯罪防治的减少需求
7	2021	联合国秘书处有关世界药物滥用状况的报告（World Situation With Regard To Drug Abuse Report Of The Secretariat）	联合国秘书处（United Nations Secretariat）	本报告载有联合国毒品和犯罪问题办公室关于毒品使用程度及其对健康危害风险的内容。2018 年，估计有 2.69 亿人在前一年使用过非法物质；估计其中约八分之一的人患有吸毒病症。毒品和犯罪问题办公室与世界卫生组织、联合国艾滋病联合规划署和世界银行联合估计，有 1130 万人注射毒品，大约八分之一的毒品注射者感染了艾滋病毒。在全球范围内，毒品使用有特点表现为同时和先后使用儿种物质，包括常规植物类毒品、合成兴奋剂、类阿片、医疗药物和新精神活性物质（包括具有类阿片效用的此类物质）。海洛因和阿片类药物等类阿片，继续对滥用这些物质者的健康产生有害影响。尤其令人担忧的是，特别是在北美洲，使用芬太尼及其类似物造成的死亡人数，以及在亚洲和非洲部分地区非医疗使用曲马多情况的范围迅速扩大。在全球范围，有近 50 万人死于吸毒。关于大多数吸毒及其健康后果的可靠信息的缺乏，妨碍了对新兴趋势的监测以及缺乏针对病学措施的实施和评估

续表

序号	年份	报告主题	机构名称	摘要
8	2021	联合国秘书处对世界毒品贩运形势的报告（World situation with regard to drug trafficking Report of the Secretariat）	联合国秘书处（United Nations Secretariat）	本报告概述全球非法生产和贩运毒品的最新趋势。报告中提供的统计数据和分析是基于联合国毒品和犯罪问题办公室所掌握的最新信息。本报告列述了按现有数据截至2019年的毒品缉获趋势和毒品作物非法种植统计数字。与前几年情况不同,因为没有发生疾病或干旱减少当年产量,2019年主要鸦片产区报告的产量上升。阿富汗一如既往地成为全球非法罂粟种植面积占比最大的国家。2016年,2017年和2018年,全球缉获的海洛因数量大幅增加;2019年,总量约为86.6吨,低于上一年的94.4吨。古柯树种植和缉获量保持在较高水平,全球可卡因缉获量达到创纪录水平,31个国家报告缉获了有史以来最多的可卡因数量。大麻草继续在世界大多数国家和所有区域种植和缉获,而大麻的生产仍限于西南亚和北非的少数几个国家,其中最突出的是阿富汗和摩洛哥。在世界范围内,缉获最多的集中在这两个区域,其主要消费市场为欧洲。同时,缴获的苯丙胺类兴奋剂数量达到了有史以来报告的最高水平
9	2021	2021年国际麻醉品管制战略报告（2021 International Narcotics Control Strategy Report）	美国国务院国际麻醉品和执法事务局（United States Department of International Narcotics and Law Enforcement Affairs）	2021年国际麻醉品管制战略报告（INCSR）是美国国务院根据《对外援助法》向国会提交的年度报告。它描述了主要毒品贸易国家在2020年为打击国际毒品贸易的各个方面所做的努力。第一卷涵盖了毒品和化学品管制活动;甲基苯丙胺的生产、贩运和使用,在许多地区,特别是在东南亚以及非洲和北美的部分地区,都创下了新的记录。新精神活性物质（NPS）扩展到新的市场,其中最致命的形式是合成阿片类药物,使犯罪分子能够逃脱国际控制。但解决该问题仍使用使用药物的政治意愿正在增强,国际社会对必须保持高度优先地位几乎没有分歧。此外,从健康和执法的角度来看,这种毁灭性的大流行加剧了毒品威胁,很可能在2021年得到更好的控制,并允许重新分配执法和对国际和公共卫生资源以应对毒品威胁。这将需要采取协调一致的国家行动和对国际领域努力的坚定承诺

续表

序号	年份	报告主题	机构名称	摘要
10	2021	终止禁令正当时（Time to End Prohibition）	欧洲联盟药物预防和信息项目（Drug Prevention and Information Programme of the European Union）	欧洲联盟药物预防和信息项目2021年的年度报告，本报告包含委员会一年来的工作，分析和建议。委员会不含糊地指出，以1961年、1971年和1988年为基础的国际毒品公约框架本身就有问题。总的说来，世界都在期待国际法支持实现人类的基本愿望，包括人人享有人权。然而，在毒品使用问题负有很大责任，也未严和人道的方式处理毒品的合法责任。没有健全科学的评估体系，也未严格规划药品的合法界限，并强加一个普遍压制模式。国际毒品法阻碍了急需的改革。现代药品管制模式主流，它就会给改革带来挑战。本报告还倡导该改革的蓝图。全球毒品管制模式主流，它就会给改革带来挑战。本报告还倡导改革的蓝图是正的严肃。执法官员和负责任的药物管制框架。但是，委员会与卫生和社会工作者、执法官员和决策者、数百万毒品使用者以及直接和间接关切的其他社群和人群在一起，仍将致力于结束禁令和促进基于理性、证据和人权的毒品法律和政策
11	2021	防止阿片类药物过量死亡的研究显示出有希望的结果（Study to prevent deaths from opioid overdose shows promising results）	世界卫生组织（World Health Organization, WHO）	在哈萨克斯坦、吉尔吉斯斯坦、塔吉克斯坦和乌克兰进行了一项研究，研究结果显示为阿片类药物过量的人提供纳洛酮，可以减少阿片类药物过量服用的数量，也可显著减少阿片类药物范围内推广这种方式，以减少这些国家便的死亡人数。阿片类药物依赖是一种对阿片类药物使用的调节，对阿片类药物高度依赖的个体，过量服用药物会导致用者在面对死亡时有50000人死于吸毒，这些死亡中有超过70%与阿片类药物有关，其中超过30%的死亡是由过量服用引起的。根据世界卫生组织的估计，2017年约有115000人死于阿片类药物过量。如何应对并解决阿片类药物过量使用的危机是目前毒品防控问题中的重要问题

续表

序号	年份	报告主题	机构名称	摘要
12	2021	2020年国际麻醉品管制局报告(Report of the International Narcotics Control Board for 2020)	国际麻醉品管制局(International Narcotics Control Board, INCB)	国际药物管制制度是多边主义行动的一个实例:会员国承诺确保向有需要的病人提供受管制药物,通过受管制物质的进出口许可相互交流信息,并通过报告麻醉药品、精神药物和前体化学品的合法需求和数据计数和最好地应对出口或进口受管制物质方面的挑战。在疫情期间,会员国与麻管局讨论了如何最好地应对出口或进口受管制物质方面的挑战。尽管为防止COVID-19的传播而实施了国际运输限制,但会员国采取了行动,以便合法贸易能够不受阻碍地继续进行。根据过去一年的经验,麻管局已开始和其他国际组织合作,审查和更新《国际提供受管制药物用于紧急医疗护理示范准则》,并促进其实施,以便国际社会能够确保在紧急情况和危机情况下提供有受管制药物。本报告第三章分析了这一流行病如何影响了全球健康和吸毒病症患者提供和相关服务,增加了治疗COVID-19患者所必要的受管制药品的需求。在宝贵的资源已经十分紧张时候,绝不能让受吸毒和吸毒相关症影响和相关的人掉队。各国政府必须确保继续提供预防、治疗和康复服务。麻管局也在收集数据和信息,以便了解这一流行对吸毒和贩毒模式的影响。2020年11月,在麻管局第129届会议期间,麻管局与会员国举行了会议,纪念1988年《联合国禁止非法贩运麻醉药品和精神药物公约》生效三十周年,并探讨了了解决下系统前体本迅速出现的药物的可能途径。此外,该报告关注各区域和全面地解决非法药物的种植和生产、毒品贩运形势,使阿富汗政府在国际社会的支持下系统和全面地解决非法药物的种植和生产、毒品贩运等重关切问题。以促进阿富汗许可持续发展、繁荣和和平;密切关注一些国家在大麻非医疗用途方面的立法动态,并与会员国进行密切对话,以支持它们执行三项国际药物管制公约的规定,保障公共健康和福祉。报告指出,目前,甲基丙胺和合成类阿片的使用以相关的用药过量死亡仍然是一个严峻问题。麻管局致力于通过密切合作和能力建设支持各国政府执行国际药物管制公约,以期共同解决这一问题,同时他们认识到民间社会发挥的宝贵作用,特别是在改善受管制药物的供应,促进基于人权的办法以及提供预防、治疗、康复和其他相关服务方面

序号	年份	报告主题	机构名称	摘要
13	2021	欧洲毒品趋势和发展报告（European Drug Report Trends and Developments）	欧洲毒品和药物成瘾监测中心（EMCDDA）	《趋势和发展报告》介绍了2020年1月至2020年底欧洲毒品和药物成瘾监测中心对欧洲毒品形势的最新分析。该报告侧重于非法药物使用，相关危害和药物供应，包含涵盖这些主题和主要减少危害干预措施的国家数据。初步调查结果显示，欧洲的毒品供应没有受到目前新冠肺炎疫情的严重影响，这突出了参与毒品贸易的有组织犯罪集团的韧性。报告还包括欧洲毒品状况的最新数据，其中包括大麻，可卡因，安非他命，甲基苯丙胺，海洛因及其他阿片类药品，二甲基色胺，蘑菇，氯胺酮，丙种羟基丁酸盐。毒品犯罪法，注射毒品使用，与毒品有关的传染病，毒品导致的死亡率等。由于各种物质的供应和使用而面对公众健康对毒品的反应迅速演变，因此报告继续强调了欧洲对毒品和药物生产，毒品导致成瘾风险增加，针对毒品问题人群的服务也需要创新，以减轻当前危机对此造成的影响。报告提到欧盟新药物战略和行动计划（2021~2025）重申了欧盟的承诺，即基于一个平衡的和以数据为基准的平台，构建一个健全的框架，采取协调一致的行动来保护和改善公共卫生和健康并打造一个高水平的安全环境
14	2021	南亚甲基苯丙胺的发展：伊朗局势及其对欧盟及其邻国的影响（Methamphetamine developments in South Asia: the situation in Iran and the implications for the EU and its neighbours）	欧洲毒品和药物成瘾监测中心（EMCDDA）	伊朗是巴尔干和南部贩运路线沿线非法药物的关键转运点，本报告研究了伊朗可能成为阿富汗甲基苯丙胺运输转运点所带来的威胁。该研究基于对伊朗戒毒从业人员，执法人员，基层官员，库尔德斯坦和澳大利亚新闻文章的分析，以及对70多篇伊朗新闻纸文章和儿篇土耳其，库尔德斯坦和澳大利亚新闻文章的分析概述从伊朗贩运的源自阿富汗的冰毒的规模。这项探索性研究发现了近年来伊朗贩缴获的冰毒数量从2019年3月至2020年3月期间17吨的创纪录高点继续增加

续表

序号	年份	报告主题	机构名称	摘要
15	2021	2020年中国毒情形势报告	国家禁毒委员会办公室	2020年，中国禁毒部门认真贯彻习近平总书记关于禁毒工作重要指示精神和党中央、国务院决策部署，统筹推进疫情防控和禁毒工作治理，持续开展"净边""平安关爱"等专项行动，全面推进重点整治，示范创建和禁毒扶贫工作取得新的明显成效。全国共破获毒品犯罪案件6.4万起，抓获犯罪嫌疑人9.2万人次，缴获新的毒品55.49吨；查处吸毒人员42.7万人次，处置强制隔离戒毒14.95万人次，责令社区戒毒9.9万人次。受疫情严控和严打高压双重影响，国内涉毒违法犯罪得到遏制，毒情形势持续向好态势向上、外流贩毒进一步巩固拓展，呈现现有吸毒人数减少、规模化制毒活动减少、制毒物品流失病例减少四个"减少"的积极变化。但是受国际毒情新冠肺炎疫情影响，毒品滥用问题仍然复杂，出现了一些新特点新变化：吸毒人数持续下降，毒品滥用受疫情影响明显；滥用种类多样、滥用毒品替代物质增多；滥用场所更加隐蔽，利用网络平台在线购毒增多，滥用毒品的社会危害有所减轻。影响公共安全和农村毒品风险依然存在。禁毒部门将以防控新型毒品风险为重点，统筹推进禁毒重点整治和示范创建和毒品治理等工作，深化毒品检验鉴定，大数据智能化技术应用，制毒物品管理，禁毒国际合作等工作，着力加强禁毒社会化工作，不断推动禁毒工作高质量发展
16	2021	亚洲和太平洋地区的非法合成阿片类药物的消费：评估潜在爆发的风险（Illicit Synthetic Opioid Consumption in Asia and the Pacific: Assessing the Risks of a Potential Outbreak）	兰德公司（RAND Corporation）	非法制造的芬太尼等强效合成阿片类药物（IMPSO）已经导致北美和欧洲部分地区过量死亡的人数上升，亚太地区面临着同样风险。该报告集中了在澳大利亚、中国、印度和缅甸地区的阿片类药物使用情况。海洛因是四个国家使用的主要阿片类药物，但其使用量在各国呈现不同情势，中国的使用量在下降，印度在增加，而澳大利亚和缅甸较稳定。报告特别指出，如果强效合成阿片类药物在澳大利亚持续扩散，在五年内，IMPSO造成的死亡人数可能为1500~5700。该报告通过分析和说明性计算为政策制定者提供了早期指示。除澳大利亚外，该地区的许多国家未能正确记录灵过量死亡或监测当地毒品市场的变化。早期评估或监测当地毒品市场的变化可以让官员们更好地了解这些不断变化的威胁。

续表

序号	年份	报告主题	机构名称	摘要
17	2021	芬太尼时代的阿富汗：阿富汗阿片剂需求萌费的经济和政治后果（Afghanistan in the Era of Fentanyl: Considering Potential Economic and Political Impacts of a Collapse in Demand for Afghanistan's Opiates）	兰德公司（RAND Corporation）	阿富汗是世界上最大的非法罂粟生产国，是整个欧洲和亚洲海洛因市场的主要来源。几十年来，阿富汗通过销售阿片剂——吗啡和海洛因——获得的收入帮助其维持农村人口的生计，支持其经济发展，同时也助长了腐败和叛乱。该报告评估了如果对阿片类药物的需求急剧且永久性地下降，阿富汗可能会发生什么。由于芬太尼市场的发展轨迹和阿富汗的政治条件不确定，很难预测未来，阿富汗阿片剂需求的减少可能对经济和政治产生重大影响。但如果阿片剂市场迅速崩溃，可能会削减当地代理人、塔利班和其他政府团体的势力，从而帮助中央政府暂时稳定政权，但同时也会造成经济危机，人道主义危机，威胁到喀布尔政府的稳定，届时阿富汗可能需要国际社会的援助
18	2021	评估阿片类药物政策有效性的方法和建议方案（Methodological Challenges and Proposed Solutions for Evaluating Opioid Policy Effectiveness）	兰德公司（RAND Corporation）	2000～2018年，阿片类药物相关的死亡率增加了近400%。作为回应，联邦、州和地方政府颁布了一系列与阿片类药物相关的政策，以努力扭转阿片类药物危机，产生了一个既复杂又动态的政策景观。相应地，阿片类药物政策相关的评估研究也在增加，因为政策制定者和其他利益相关者都在寻求了解哪些政策是最有效的。该报告概述了阿片类药物政策研究者在观察、分析、评价时需面对的方法学挑战，以及应对这些挑战的一些潜在解决方案。主要涉及（1）如何获得高质量的阿片类药物政策数据；（2）如何选定当地阿片类药物政策；（3）获取较精确的阿片类药物结果数据；（4）解决由于政策州和非政策州之间的系统性差异造成的混淆；（5）识别跨州、不同人群间可存在的政策；（6）分离同时存在的政策效应；（7）在检测政策效应中，突破常规方式的有限统计能力
19	2021	建议：青年和青少年滥用处方兴奋剂的问题（Advisory: Prescription Stimulant Misuse Among Youth and Young Adults）	美国药物滥用和精神健康服务部（Substance Abuse and Mental Health Services Administration）	本咨询报告回顾了青年和青少年滥用处方兴奋剂的证据。报告显示在12岁至25岁的青年和青少年中，滥用处方止痛药、镇静剂和兴奋剂成为美国的一个主要公共健康问题。滥用处方兴奋剂通常是青在没有处方的情况下或以非处方式服用兴备剂，其中包括服用超过治疗剂量时，可能会产生严重的健康后果，其中包括体温上升、癫痫发作等。该报告为政策制定者、学校、家长等提供了防止滥用处方兴奋剂的行动步骤。

续表

序号	年份	报告主题	机构名称	摘要
20	2021	2020年国家毒品威胁评估（2020 National Drug Threat Assessment）	美国缉毒署（Drug Enforcement Administration）	2020年国家毒品威胁评估（NDTA）报告是对非法毒品的贩运和滥用、合法毒品的转移和滥用以及非法毒品销售所得的洗钱行为对美国构成的威胁的全面评估。它还涉及评估国内团体，包括有组织的暴力团伙，他们在国内毒品贩运中发挥的作用。报告指出墨西哥TCOs是美国最大的贩毒威胁，并与美国大部分毒品市场，建立了多种运输路线，拥有先进的通信能力，并与美国的犯罪集团和帮派有着密切联系。非法芬太尼是目前阿片类药物危机的主要原因。这种药物由为外国秘密实验室生产，并以粉末和药丸的形式贩运到美国。随着廉价、强效的芬太尼继续在全国各地贩运，可能是导致过量死亡的重要原因。美国各地的可卡因供应保持稳定，含有芬太尼成分的假药继续保持稳定，可能是由于南美洲安第斯地区的古柯种植和可卡因产量高。此外，管制处方药在美国仍是需要持续关注的问题
21	2021	治疗阿片类药物使用障碍的研究报告（Medications to Treat Opioid Use Disorder Research Report）	国家药物滥用研究所（National Institute on Drug Abuse）	2020年，美国估计有270万名12岁或以上的人在过去12个月内有阿片类药物使用障碍（OUD），包括230万名患有处方阿片类药物使用障碍和使用障碍的人。对于阿片类药物的滥用和使用障碍，存在有效的预防和治疗策略，但在美国全国范围内，这些策略的利用率很低。卫生与公众服务部（HHS）部长的一项倡议始于2015年，以解决使用阿片类药物成瘾的复杂问题，共有五项倡议：改善获得治疗和康复服务的机会；提供能够逆转过量用药的药物，如美沙酮、丁丙诺啡和纳曲酮等；通过更好的公共卫生监测，加强对过量用药的了解；为有关疼痛和成瘾的前沿研究提供支持；推进更好的疼痛管理实践。这些措施对于了解和解决美国的阿片类药物使用障碍问题和阿片类药物过量流行问题至关重要

续表

序号	年份	报告主题	机构名称	摘要
22	2021	评估五年来的毒品政策——对联大特别会议执行情况的评估(Taking stock of half a decade of drug policy – An evaluation of UNGASS implementation)	国际毒品政策研究小组(The International Drug Policy Unit)	2021年4月是2016年联合国大会毒品问题特别会议(UNGASS)召开五周年。本报告在评估联大特别会议成果文件中的行动建议的实施进展情况,并为未来十年的毒品政策和禁毒工作提供新的建议和指导。本报告借鉴和采用了联合国报告、人权、学术界、民间社会和社区的数据和分析,关注六个关键领域:公共卫生、发展、人权、民间社会参与、联合国机构协作,以及毒品政策评估。虽然不可否认目前国际社会取得了一些进展,但该报告表明,在过去的五年里,纸面上的政策承诺与实地的变化之间的差距仍在扩大。报告是建议应当充分发挥国际社会各界、非政府组织机构等的作用,要确保在国家一级完善关于毒品政策的数据收集和分析的机制,并为其提供充足的资金。不断完善各种数据,更要进一步关照和保障人类的生命健康、人权及其他权益
23	2021	危机时期的创新和复原力——民间社会对COVID-19大流行病下毒品政策改革的倡导(Innovation and resilience in times of crisis – Civil society advocacy for drug policy reform under the COVID-19 pandemic)	国际毒品政策联合会(International Drug Policy Consortium)	2020年3月,世界卫生组织(WHO)将COVID-19定性为大流行病,促使全球各国政府宣布进入紧急状态并实施各种政策和方案,以遏制疫情暴发,最大限度地降低死亡率,并维护公共安全和秩序。这些措施导致民间社会的一些公益组织或机构无法顺畅地展开禁毒宣传及教育活动。为了更好地了解和应对新出现的挑战,IDPC秘书处启动了项目,旨在记录和分析民间社会和政府行为者在COVID-19背景下,对毒品政策进行宣传,加强国际间合作等的工作经验。特别是在倡导以人权和公共健康为中心的毒品政策改革方面,该报告建议将民间合作纳入健康、公共卫生政策辩论中,为政策制定者提供更多思路和选择

续表

序号	年份	报告主题	机构名称	摘要
24	2021	2021年全球毒品政策指数——分析报告（The Global Drug Policy Index 2021 – Analytical report）	国际毒品政策联合会（International Drug Policy Consortium）	国际毒品政策联盟推出了第一版全球毒品政策指数，该指数记录、衡量并比较了各国层面的毒品政策的共同立场。全球毒品政策指数是一种独特的工具，为每个国家提供分数和排名，该指数数在多大程度上符合联合国的人权、健康在毒品政策领域提供了一个基本的问责和评估机制。它由75个指标组成，涵盖毒品政策的5个广泛维度。第一次进代表的估了覆盖世界所有地区的30个国家/地区的表现。毒品政策本质上是复杂的：一个国家在指数中的表现只能通过跨维度的方式进行全面衡量，国家政策及其在实地实施的方式之间存在巨大差异，民间社会专家对毒品政策实施的标准和期望因国家而异。总体来看，该报告提供了一个综合评估全球毒品政策的指标
25	2021	国际毒品政策联合会2020~2021年度进度报告（IDPC progress report 2020—2021）	国际毒品政策联合会（International Drug Policy Consortium）	IDPC成立的目的是将世界各地的不同团体联系起来，倡导改革有着失败和不公正的毒品法律和政策。该网络的核心组织原则之一是最大限度地发挥在国家、区域和全球各级相互关联的宣传活动的集体影响。该报告总结出15条工作经验：IDPC的成功应是由其强大的、支持性的成员团结，交叉和复杂。毒品改革对于结束大规模监禁至关重要；非罪刑化的势头在正在增长，而且不可逆转；社会正义必须成为政策改革的核心；使全球毒品政策非殖民化；毒品政策与女权主义问推动变革，即使在最困难的情况下，社区仍能保持弹性，社区的声音得到了扩大，越来越多样化，交叉和复杂。新一代的倡导者正在出现；毒品政策与健康、人权和发展保持一致；人权是毒品政策改革的首要问题；积累证据对于揭露反毒品战争的危害至关重要；IDPC在联合国的声音每年都在增强

续表

序号	年份	报告主题	机构名称	摘要
26	2021	20 世纪 20 年代的毒品加密市场：政策、实施、危害和恢复力（Drug Cryptomarkets in the 2020s: Policy, Enforcement, Harm, and Resilience）	全球毒品政策观察站（Global Drug Policy Observatory）	该报告关注了毒品网上交易市场。尽管自 2013 年以来，联合国大会及其附属机构多次提出建议，但尚未出台单一的针对网络犯罪的联合国公约，未对网上非法毒品交易作出具体规定。报告旨在向政策制定者、从业者和其他互联网研究领域，对毒品加密市场的最新发展和可能的未来方向。它汇集了几个互相补的趋势分析，详细介绍了反 DCM 行动的历史，以说明当前和历史上的执法方法，澄清了过去十年来反毒品加密市场政策和执法政策对市场发展的影响，并为未来十年的政策指导，以形成一种具有适应的弹性市场上，减缓加密毒品市场的迭代速度，提高执法效率。这些措施包括改进正式的供应商和市场上，争议的供应商市场的迭代、持续推动减毒工作的开展
27	2021	东欧和中亚地区的新精神活性物质报告（New psychoactive substances in Eastern Europe and Central Asia）	全球毒品政策观察站（Global Drug Policy Observatory）	该报告注意到欧洲药物和药物成瘾监测中心（EMCDDA）已经指出欧洲新精神活性物质（NPS）的数量、类型和供应量出现了前所未有的增长。在东欧和中亚国家尤其如此，有数据表明新精神活性物质的使用正在增加，这给各国的卫生和医药服务带来了新的挑战。该研究调查了八个欧亚国家的新精神活性物质的使用和减少介售的反应：白俄罗斯、摩尔多瓦、塞尔维亚、哈萨克斯坦、吉尔吉斯斯坦、格鲁吉亚、爱沙尼亚和立陶宛。目的是通过记录吸毒者和提供减低危害服务的人的观点和生活经验，确定每个国家当前的 NPS 使用模式和相关危害，为降低毒品危害者提供相关信息

续表

序号	年份	报告主题	机构名称	摘要
28	2021	禁止与管制之间：非洲大麻政策辩论的叙述性分析（Between Prohibition and Regulation: Narrative Analysis of Cannabis Policy Debate in Africa）	全球毒品政策观察站（Global Drug Policy Observatory）	近年来关于大麻政策讨论日益增多。关于大麻药用的科学证据与法律禁止大麻无法减少其生产，供应和使用之间存在矛盾，导致人们要求对大麻政策进行调整。在非洲，存在着要求严格管控大麻的论调。有些官员对大麻种植所采取执法对策的基础是，将非洲某些地区的冲突归咎于大麻，但没有认识到大麻生产对当地生计的贡献。对街头大麻市场的管制反映了当地政府对缉获量和逮捕量等数量层面的强调，并以此作为政策有效性的指标，而对与毒品管制有关的暴力和侵犯人权行为的忽视。大麻政策则轻描淡写。需要在叙述中强调以执法为基础的政策却没有做到这一点。要实现非洲大陆大麻政策的变革，需要自主导地位占主导的方法以执法对社会和健康产生危害，将合法监管列入非洲国家的政策议程，比如加纳关于大麻非刑事化的辩论就是一个例子，这种策略更加符合非洲国家的需求和现实。
29	2021	酒精与毒品基金会年度报告 2021~21（ADF Annual Report 2020-21）	酒精与毒品基金会（Alcohol and Drug Foundation）	2020年7月1日开始实施酒精与毒品基金会全新的五年战略计划。新的战略计划为该组织的年度业务规划周期提供了参照，提供了一个框架来跟踪机构的进展，并衡量其活动的影响。ADF 2025年的愿景是"生活不受酒精和毒品危害"。报告指出目前关于酒精和毒品问题使用的知识越来越多，应对毒品问题的解决方案和措施也在逐步增加，社区与此同的联络和互动也不断加深，地方减毒小组团队也在不断发展壮大。
30	2021	制订新的前进道路：西半球毒品政策委员会的报告（Charting a New Path Forward: Report of the Western Hemisphere Drug Policy Commission）	西半球毒品政策委员会（Western Hemisphere Drug Policy Commission）	西半球毒品政策委员会评估了美洲面临的一系列禁毒计划。COVID-19造成的经济破坏，使美国政府比以往任何时候都需要使用其禁毒预算。这一流行病造成的社会孤立。它还可能进一步威胁生产毒品或位于毒品转运路线上的拉丁美洲国家的安全，削弱司法机构对未来的努力向。该报告为美国之后的行动提供了一系列建议，包括：授权国会协调政府未来的外部供应，重新调整国家毒品政策办公室（ONDCP）的机构设置和行法药物的外国供应，加强美国财政部调查非法资金流动的能力等

序号	年份	报告主题	机构名称	摘要
31	2021	2021年澳大利亚毒品趋势:"摇头丸"和相关毒品报告系统的主要发现(Australian Drug Trends 2021: Key findings from the National Ecstasy and Related Drugs Reporting System (EDRS) interviews)	新南威尔士大学国家药物和酒精检测中心(National Drug and Alcohol Research Centre (NDARC) at University of New South Wales)	"摇头丸"及相关毒品报告系统(EDRS)是一个针对非法药物的监测系统,在澳大利亚所有州和地区搜集整理毒品使用数据,是毒品趋势分析和研究的一部分。该报告分析了"摇头丸"、可卡因、大麻等相关毒品的使用情况,这些数据旨在提供证据,表明需要进一步监测的新问题。通过分析和解释这些数据,可以更全面地了解澳大利亚非法药物使用的新趋势、市场特点和危害
32	2021	爱沙尼亚共和国新精神活性物质使用:研究结果(New psychoactive substance use in the Republic of Estonia: Research results)	斯旺西大学法学院欧亚减少危害协会(School of Law, Swansea University & Eurasian Harm Reduction Association)	本报告提供了爱沙尼亚的研究结果。该研究由欧亚减少危害协会(EHRA)和斯旺西大学法学院合作进行,并得到全球减少危害研究基金的支持。在爱沙尼亚的研究分为三个阶段:从文献中收集数据、互联网报告,以及国家政府和区域(国际)组织的文件;对收集到的所有材料进行分析,并为下一步提供建议。使用兴奋剂,如安非他明,"摇头丸"和可卡因的频率较高,并为下一步提供建议。报告显示大麻是爱沙尼亚最常使用的药物,约有24%的人尝试过大麻。使用兴奋剂,如安非他明,"摇头丸"和可卡因的频率很高,其中约有一半是HIV感染者。爱沙尼亚注射毒品者(PWID)的流行率很高,其中约有一半是HIV感染者。自1999年以来,爱沙尼亚一直提供美沙酮替代治疗(OST)。目前,全国有几个不同的机构提供美沙酮治疗。本报告还提供了爱沙尼亚使用新精神活性物质的概况,以及与其使用相关的风险和后果。此外,该报告为决策者和该领域的专家提供了如何应对新出现的新精神活性物质挑战的建议

续表

序号	年份	报告主题	机构名称	摘要
33	2021	2020年毒品形势报告（Drug Situation Report 2020）	新加坡中央毒品事务局（Central Narcotics Bureau）	新加坡的综合毒品控制战略通过预防性毒品教育、严厉的禁毒法律、严格的执法、成功的国际参与以及有效的康复和善后处理，来解决毒品供应和需求问题。2020年，新加坡中央毒品事务局（CNB）开展了密集的执法行动，在新加坡各地开展了500多次行动，包括在各个检查站拦截企图偷运毒品进入新加坡的行为。虽然2020年被捕的吸毒者人数减少了13%，但新被捕的吸毒者比例仍然很高，为38%，2020年的毒品查获量也仍然很高。CNB不断审查禁毒战略，修订了《毒品管制法》附表一，即便面对COVID-19带来的通用组别，并引入了处理麦角酰胺和二乙胺类似物的说明。CNB仍然坚定履行其保持新加坡无毒品的使命
34	2021	白日梦：从1990年代到新政权的塔利班及其毒品（Pipe dreams: The Taliban and drugs from the 1990s into its new regime）	布鲁金斯学会（The Brookings Institution）	该报告具体回顾了阿富汗的毒品问题及政策。据统计，2020年，阿富汗的罂粟种植面积约为22.4万公顷，是种植罂粟面积最大的国家之一。无论是罂粟种植还是海洛因生产，都不是阿富汗在2001年以后才出现的现象。在塔利班时代，两者都有稳步扩大。在过去的20年里，罂粟种植成为阿富汗全国大部分经济和政治生活的基础，并不可避免地与它的政治安排和权力关系交织在一起。在过去的20年中塔利班统治下，罂粟种植和鸦片制剂的生产严重减少定期发生，这主要是因为全球和当地毒品市场饱和经济治上无法持续，受到政府后，干旱等不利天气，或在阿富汗某些地区采取的临时强制措施在经济或政治上无法持续，并迅速失效。几个结构性因素以及阿富汗摆脱毒品问题决定了这一时期阿富汗的经济压力和内部内核的罂粟经济不稳定，受到政权不稳定。2021年8月推翻阿什拉夫·加尼政府后，塔利班宣布要使阿富汗维持任何形式的罂粟禁令对他们来说都将非常困难

345

B.14
国际禁毒期刊研究论文辑要

陈　曦　曹雯欣　方乾屹*

编者按： 后疫情时代，全球毒品犯罪多元化、多样化、数字化趋势加深。非法麻醉品市场中新型合成毒品占比逐步增大，与这类合成毒品相关联的死亡病例不断增加。前体化学品管控是打击当前新型合成毒品、新精神活性物质等毒品供应的有效手段。前体化学品具有合法化学品与制毒化学品双重属性，此外，利用易制毒化学品制毒的技术以及所用前体化学品更新迭代迅速，这对防止前体化学品流入非法渠道、减少全球毒品供应提出了巨大挑战。本辑国际禁毒期刊研究论文摘要侧重收录最新的前体化学品管控、新型合成毒品以及二者的交叉领域的趋向类及政策类研究论文，具体包括 2017 年以来与前体化学品管控相关的英文文献，以及 2020~2021 围绕新型合成毒品的相关英文文献，并对此进行梳理与翻译，整合微观与宏观兼具、涉及全球多地区的学术论文，共计 44 篇。本辑要从法律规范、贩运方式、管控政策、滥用情况、个体认知等方面，采用定性分析、定量分析、案例研究等方法从多个角度探析前体化学品管控的法律规范与实际效力、当前面临管控困境、前体化学品与当前合成毒品泛滥问题间关系等具体公共治理与公共健康问题，旨在帮助读者了解当前前体化学品管控的复杂形势与新型合成毒品的新趋势、新特点、新情况，对我国开展禁毒工作提供一定的经验与建议。

---

* 陈曦、曹雯欣、方乾屹，上海大学国际禁毒政策研究中心硕士研究生。

一 意大利物质使用障碍问题中新精神活性物质的认识和使用

Deborah Dal Farra 等,意大利帕多瓦大学

摘　要： 本研究旨在确定新精神活性物质（NPS）的使用率和使用频率，并在意大利诊断为物质使用障碍（SUD）的患者样本中确定与新精神活性物质使用相关的因素。通过专门调查，在威尼托地区的三个成瘾服务（Padova、Belluno、Feltre）中评估了185名物质使用障碍患者的新精神活性物质认识和使用的流行率和相关性。三分之二的样本报告这些患者知道新精神活性物质，三分之一报告使用过它们。他们认为NPS的危险性低于"常规"滥用物质。与新精神活性物质使用相关的因素是青年（OR = 4.81；p<0.001）、学生身份（OR = 4.99；p = 0.004）、随后的精神障碍诊断（OR = 2.49；p=0.027）、自杀未遂史（OR=11.67；p<0.001）、居家拘留（OR=2.30；p=0.040）、住院护理（OR=5.66；p=0.002）和多物质滥用（t=8.99 平均2.65 p<0.001）。NPS在物质使用障碍患者中的使用非常普遍，特别是在最年轻的年龄组中，并且与精神疾病并发症和预后较差有关。从事成瘾服务的精神卫生保健专业人员应接受教育和培训。

资料来源：Deborah Dal Farra, et al., "Knowledge and Use of Novel Psychoactive Substances in an Italian Sample with Substance Use Disorders," *International Journal of Environmental Research and Public Health*, Vol. 19, No. 2, 2022.

二 打击非法毒品贩运、精神药物和前体领域的国际法律和组织互动形式

Musaev Djamaliddin Kamalovich,乌兹别克斯坦共和国海关研究院

摘　要： 作者提出各国在打击非法贩运麻醉品和精神药物的国际合作问

题，并提及在不同年份签署的与该问题有关的主要公约。披露了这些公约的通过机制和实际适用形式，并对世界贩毒局势加以分析，提出通过加强国际毒品贩运管控制度来解决这一问题。对打击麻醉品和精神药物传播的法律和组织方法的国际合作进行了全面分析，作为在乌兹别克斯坦制定该问题的立法规范的科学和法律基础。本文的研究对象为国际法律行为、方案、麻醉药品和精神药物流通的管制机制。本文致力于在国际层面上对麻醉药品和精神药物贩运领域的犯罪控制体系进行比较分析；讨论了世界各国侦查和预防犯罪以及控制麻醉药品和精神药物流通的问题；分析了克服毒品使用领域现状的方法的特点，在抑制非法行为的过程中使用各种方法来抵制这种消极现象；确定并论证了共同使用方法来打击全人类的全球问题的必要性。在研究的基础上，作者建议关注全球预防犯罪的经验，并将其引入乌兹别克斯坦共和国的相关立法。

资料来源：Musaev Djamaliddin Kamalovich，"Forms of International Legal And Organizational Interaction In The Field Of Counteraction Illicit Drug Trafficking, Psychotropic Substances And Precursors," *Proacademy*, Vol. 2021, Issue 2, 2021.

三　比利时的合成毒品生产：环境危害作为附带危害？

Mafalda Pardal 等，比利时根特大学

摘　要：非法毒品的生产造成了严重的环境危害。在欧洲范围内，合成毒品的生产，特别是二亚甲基双氧安非他命（MDMA）和苯丙胺（以及最近的甲基苯丙胺）的生产，日益对环境构成挑战。欧洲荷兰是这些物质主要的生产国，比利时也有少量生产。在这篇文章中，我们关注比利时的案例，特别是在佛兰德斯——合成毒品生产更为普遍的比利时地区。我们分析的目标是：（1）记录该地区存在非法合成药物生产和倾倒化学废料的情况；（2）探索媒体对与这些活动相关的环境危害的报道；（3）确定范围报告的环境危害。我们利用比利时联邦警察的数据以及对选定佛兰德斯报纸

（2013～2020 年）上发表的 289 篇新闻文章的分析。调查结果表明，尽管比利时合成毒品生产和倾倒场所的存在呈增加趋势，但有关环境危害的性质和程度的细节通常是未知的。除了难以发现某些类型的倾倒事件外，执法机构如何进行环境危害的监测以及相关行为者之间如何共享这些方面的信息也存在重要的盲点。

资料来源：Mafalda Pardal, et al. , "Synthetic Drug Production in Belgium-Environmental Harms as Collateral Damage?" *Journal of Illicit Economies and Development*, Vol. 3, No. 1, 2021.

四 基于历史视角的非法毒品分析

Michael Collins，澳大利亚法医药物实验室国家测量研究所

摘 要：在第二次世界大战后，可卡因、海洛因和甲基苯丙胺的贩运规模相对较小。然而到 20 世纪 70 年代，海洛因的使用量增加，并成为严重的世界性问题，引起许多政府高层关注。1977 年，联合国国际药物管制规划署（United Nations International Drug Control Program）召开了一次专家特别会议，探讨对海洛因进行"剖析"或地理定位的方法，以帮助确定用于在世界各地运送毒品的贩运路线。该小组的任务是制定一个协调一致的研究计划，对海洛因进行化学分析，其明确目的是利用化学方法进行地理定位。最终，该计划的范围扩大，包含可卡因，因为可卡因在美国是一个主要问题，并且在欧洲城市出现。苯丙胺类兴奋剂，包括甲基苯丙胺、苯丙胺和二亚甲基双氧安非他命（MDMA）在内，对这几种主要药物的分析技术的研究变得普遍。今天，许多国家都有专门的毒品分析计划，雇用大量人员并使用复杂的分析技术。毒品化学分析是一个有趣的领域，只要它与执法界及其破坏药物制造和贩运的尝试有关，它就将继续具有研究价值。

资料来源：Michael Collins, "Illicit Drug Profiling: A Historical Perspective," *Drug Testing and Analysis*, special issue, 2021.

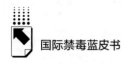

五 面向未来的毒品政策研究：事件、趋势和预测

Tim Rhodes，伦敦卫生及热带医学院、澳大利亚新南威尔士大学

Kari Lancaster，澳大利亚新南威尔士大学

摘 要：如何使研究面向未来是毒品政策领域的关切点之一。追踪可能改变毒品的未来趋势和事件是做好准备的方法。而在快速发展的毒品市场中，这一挑战变得极为复杂，它与全球范围内不断变化的社会和物质关系变得纠缠不清。本文分析认为毒品政策研究的方向应基于近期的研究和检测。这将面向未来的分析缩小到可预测的和可能的范围，而变成基于当下形势的延伸。本文呼吁采取更具预测性的方法；一种是超越近端，一种是面向可能性而不是概率的方法。借鉴科学技术和未来研究的推测思想，推测性研究有可能对药物政策进行更彻底的改变。本文认为研究方法不仅要重视揭示可能发生的事件，还要对可能发生的事情进行实验，因此追溯了投机性研究如何通过对替代政策选项（包括与当前彻底决裂的政策情景）进行审慎干预来改变现状及其产生的影响。本文特别将"大事件"和"大趋势"视为期货导向药物政策研究中推测干预的手段，详细说明了"大趋势"这一手段如何有助于追踪和推测影响毒品未来的一些不断纠缠的因素，包括气候、环境、发展、人口、毒品生产、数字化、生物技术、政策和话语等。

资料来源：Tim Rhodes, Kari Lancaster, "Futures–oriented drugs policy research: Events, trends, and speculating on what might become," *International Journal of Drug Policy*, Vol. 94, 2021.

六 医用阿片类药物分配的变化与芬太尼引起的阿片类物质过量致死之间的相关性：加拿大的探索性分析

Wayne Jones 等，加拿大西蒙弗雷泽大学

摘 要：加拿大阿片类药物相关死亡病例迅速蔓延，非法/合成（如芬

太尼）阿片类药物导致的死亡模式多样化，但死亡率不同。本研究考察在限制性法规出台之后（2010 年后）各省医疗阿片类药物分配的差异性减少是否与芬太尼对阿片类药物死亡率的不同贡献有关。年度省级阿片类药物分配总量（按规定的每日剂量/1000 人/天），以及（1）2011~2018 年和（2）"高峰年"至 2018 年 10 个省的阿片类药物分配变化率。对芬太尼对阿片类药物相关死亡率（2016~2019 年）的省贡献率进行平均。相关值（Pearson's R）计算了两种情况下阿片类药物分配的省级变化与芬太尼对死亡率的相对贡献之间的关系。基于省份的阿片类药物分配变化（2011~2018 年）与芬太尼对阿片类药物总死亡人数（2016~2019 年）的相对贡献之间的相关性为−0.70（t = 2.75；df = 8；p = 0.03），阿片类药物分配变化（"高峰年"至 2018 年）的相应相关性为 −0.59（t = −2.06；df = 8；p = 0.07）。省级医疗阿片类药物分配的减少表明芬太尼对阿片类药物相关死亡总数的贡献率（接近）显著相关。阿片类药物可用性的差异减少可能造成非医疗用途的供应空白，用合成/有毒（例如芬太尼）阿片类药物代替，会导致阿片类药物死亡率加速。公共卫生政策应关注其中可能发生的意外及不利影响。

资料来源：Wayne Jones, et al. , "Correlations between Changes in Medical Opioid Dispensing and Contributions of Fentanyl to Opioid - Related Overdose Fatalities: Exploratory Analyses from Canada," *International Journal of Environmental Research and Public Health*, Vol. 18, No. 14, 2021.

七　大众文化对精神药物使用的表述及其对受众的影响

Marek A Motyka, 波兰热舒夫大学

Ahmed Al-Imam, 伊拉克巴格达大学医学院

摘　要：近几十年来，世界毒品使用量持续增加。除了在许多研究中确定的吸毒决定因素外，作者还希望提请注意其他同样重要的因素。本文旨在引起人们对大众文化内容的关注，尤其是大众媒体对吸毒的表述，这可能会

影响对毒品及其使用的态度的自由化。讨论了大众文化的作用及其对观众的影响。本文概述了大众文化领域（例如在电影、音乐、文学）中的毒品表述，以及日常产品（例如食品、衣服和化妆品）中出现的毒品相关陈述。提请注意名人的自由态度和他们对毒品使用的认可，他们展现出的立场对受众，特别是年轻人态度的影响，因为年轻人往往将音乐家、演员和名人视为权威，还提出预防措施的建议。提请注意由于新冠肺炎疫情，许多人居家（由于封锁或隔离）有可能更频繁地接触大众文化内容，其中有对毒品形象的曲解，因此需要采取适当的行动。

资料来源：Marek A Motyka, Ahmed Al-Imam, "Representations of Psychoactive Drugs' Use in Mass Culture and Their Impact on Audiences," *International Journal of Environmental Research and Public Health*, Vol. 18, No. 11, 2021.

八 基于废水流行病学评估多个欧洲多个地区的新精神活性物质

Sara Castiglioni 等，意大利马里奥·内格里药理研究所

摘 要： 基于废水的流行病学（WBE）是应对监测新精神活性物质（NPS）使用这一现有挑战的有效工具，因为它可以提供事实情况、更新信息。这项欧洲范围的研究旨在验证 WBE 是否适用于调查新精神活性物质的使用。通过高效液相色谱—串联质谱（HPLC/MS-MS）在城市废水中监测选择的新精神活性物质。在同一样本中监测传统非法药物含量，并与其中新精神活性物质含量比较。根据最佳实践抽样方案，2016 年和 2017 年在 14 个欧洲国家（22 个城市）收集了原始复合废水样本。甲卡西酮最为常见（>65%），其次是甲氧麻黄酮（>25%），两年仅发现甲氧麻黄酮、甲卡西酮和甲基酮。这项研究描述了欧洲新精神活性物质使用情况，证实它远低于传统药物的使用。WBE 被证实能够评估新精神活性物质使用的定性和定量空间和时间分布。分析结果显示了新精神活性物质市场的变化性质以及对选定的重点 NPS 进行大规模 WBE 监测的重要性。WBE 对于补充流行病学研究

以跟踪快速变化的药物使用情况非常有价值。

资料来源：Sara Castiglioni, et al., "New psychoactive substances in several European populations assessed by wastewater - based epidemiology," *Water Research*, Vol. 195, 2021.

九 科威特麻醉品和精神活性物质快照：
2015~2018年科威特非法药物
使用情况分析

Abdullah Al-Matrouk 等，科威特内政部刑事证据总局麻醉品和
精神药物实验室

摘 要：滥用非法药物与发病率和死亡率增加有关，因此，药物滥用是全球健康问题。阿拉伯海湾地区被认为是非法药物的过境国及消费国。然而，缺乏实验室研究限制了阿拉伯海湾地区药物滥用的科学评估。因此，有必要对药物情况进行最新的分析。笔者调查了 2015~2018 年被扣留的麻醉品和精神药物的类型和数量。除滥用者人数和滥用者死亡率外，调查的总人数约为 400 万。大麻是缉获最多的物质，其次是海洛因，鸦片和可卡因。以粉末或丸剂形式的安非他命，包括甲基苯丙胺，被检获的量大于其他精神活性物质。消耗最多的物质依次是安非他命（包括甲基苯丙胺）、苯二氮卓类、大麻和海洛因。我们根据性别，从疑似与药物有关的死亡中确定死后标本中的常见药物。确定的最常见的单一药物是海洛因、苯二氮卓类药物和甲基苯丙胺。同样，经常检测到海洛因—苯二氮卓类、大麻—苯二氮卓类和大麻—苯丙胺的多种药物混合物。结论数据显示，大麻是缉获的非法药物的主要类型。苯二氮卓类药物和海洛因滥用导致的死亡人数在单一药物类别中最高，而海洛因—苯二氮卓类药物组合死亡人数在多种药物类别中最高。甲基苯丙胺是科威特滥用最多的非法药物。这些调查结果显示，科威特在一个非法药物信息匮乏的地区存在非法药物滥用情况，因此，为执法、法医分析师、国家和国际卫生工作者提供有价值的信息。

资料来源：Abdullah Al-Matrouk, et al., "Snapshot of narcotic drugs and psychoactive substances in Kuwait: analysis of illicit drugs use in Kuwait from 2015 to 2018," *BMC Public Health*, Vol. 21, 2021.

十 "毒品是禁忌"：关于教育和减害对18岁以下群体使用精神活性物质情况的影响的定性和回顾性研究

Gabriela Almeida Pinto da Silva 等,葡萄牙波尔图大学

摘　要：精神活性物质的使用通常始于成年前。从年轻人的角度出发，这项回顾性研究试图在以下方面发挥作用：明确年轻人毒品使用需求以及针对这一问题的干预措施；明确获得健康及减害服务的障碍；明确需要做出那些改变以更有效应对未满18岁群体精神活性物质使用。这项研究分为两部分，都以定性为重点。在研究的第一部分，向所有减少伤害团队发送了一份在线问卷，并将八名减少伤害专业人员和六名使用（或曾经使用）药物的人分成了两个焦点小组。第二部分使用了一份在线问卷，对143名年龄在18岁至25岁之间的参与者进行了调查，并辅以两次半结构式访谈。结果显示青年最常提到的问题包括在教育背景下关于精神活性物质的教育需求、对可获取的服务信息的缺乏、保密的需求。此外，非正式网络在参与者与精神活性物质的关系中发挥了重要作用。缺乏信息是最突出的障碍。此外，诸如未满18岁、吸食毒品以及其所处的不同社会环境等脆弱性交织在一起。为了改善有关年轻人吸毒的政策和做法，必须扩大减少伤害干预措施的规模，并有意识地推动这些干预措施，以增强年轻人应对毒品的能力。参与者选择学校环境作为实施减少伤害服务的选定环境之一。

资料来源：Gabriela Almeida Pinto da Silva, et al., "'Drugs are a taboo': a qualitative and retrospective study on the role of education and harm reduction strategies associated with the use of psychoactive substances under the age of 18," *Harm Reduct Journal*, Vol. 18, No. 34, 2021.

十一 新冠肺炎疫情期间识别新兴的新精神活性物质：基于网络的方法

Valeria Catalani 等，英国赫特福德大学

摘 要：新冠肺炎造成的人员和货物流通中断可能会影响毒品市场，尤其是新精神活性物质（NPS）。药物短缺可能会导致可用的新精神活性物质发生变化，并引入新的、未知的物质。当前研究的目的是使用网络爬虫NPSfinder©来识别和分类大流行期间在一系列药物爱好者、精神病学家的网站、论坛中讨论的新出现的新精神活性物质；还筛选这些相关新精神活性物质的社交媒体。NPSfinder©用于自动扫描24/7的心理学家网站列表和新精神活性物质在线资源列表。在欧洲毒品和毒瘾监测中心（EMCDDA）、联合国毒品和犯罪问题办公室（UNODC）数据库和社交媒体（Facebook、Twitter、Instagram Pinterest 和 YouTube）中搜索了 2020 年 1 月至 8 月期间确定的新精神活性物质以及在 reddit. com 上进行了内容定性分析。在疫情期间讨论的 229 种新精神活性物质中，约 18 种首次被 NPSfinder©确定。其中包括六种卡西酮类、六种阿片类药物、两种合成大麻素受体激动剂（SCRA）、两种苯环己基哌啶（PCP）类分子和两种迷幻剂。在上述新精神活性物质中，有 10 种被发现以前未向联合国毒品和犯罪问题办公室或欧洲毒品和毒瘾监测中心报告。且其中阿片类药物和卡西酮是社交媒体/reddit 上讨论最多的，相关话题最多。目前的研究结果可能支持使用自动网络爬虫和社交聆听方法来识别新兴新精神活性物质；与大流行相关的限制可能会以某种方式影响对特定新精神活性物质类别的需求。

资料来源：Valeria Catalani, et al. , "Identifying New/Emerging Psychoactive Substances at the Time of COVID-19; A Web-Based Approach," *Frontiers in Psychiatry*, Vol. 11, 2021.

十二　想象芬太尼的未来：合成阿片类药物替代海洛因的一些后果

Peter Reuter 等，美国马里兰大学

　　摘　要：近百年来，海洛因一直是非法阿片类药物贸易中的主角。据估计，全球海洛因供应每年可产生数百亿美元的收入，其非法使用长期以来一直是许多社会危害的根源。廉价和大规模生产的合成阿片类药物（如芬太尼）进入北美和欧洲的部分地区，这可能预示着海洛因主导地位的终结。多地数据表明，芬太尼和其他合成阿片类药物可迅速取代海洛因。以芬太尼完全取代海洛因这一极端情况为例，本文计算了目前海洛因的估计批发收入，并将其与芬太尼在美国和世界其他地区的前景进行对比。美国的海洛因贩运者创造了大约 25 亿美元的收入；芬太尼在替代海洛因后的总进口价值可能不到 1 亿美元。我们预计，世界其他地区将从 67 亿美元减少到不到 3 亿美元。另外，零售商的收入可能会增加，因为芬太尼的作用时间较短，个人可能会更频繁地消费，而且消费强度更大，到目前为止，还没有迹象表明零售价格有显著下降。海洛因不太可能完全消失，但全球海洛因占非法阿片类药物的份额可能会下降。暴力和腐败可能会减少，但与阿片类药物相关的死亡率和发病率以及财产犯罪可能会上升。政策制定者将面临严峻挑战。

　　资料来源：Peter Reuter, et al., "Imagining a fentanyl future：Some consequences of synthetic opioids replacing heroin," *International Journal of Drug Policy*, Vol. 94, 2021.

十三　暗网市场上的新精神活性物质：从交易招标到购买物质的法医分析

Bronislav Jurásek 等，捷克布拉格化学与技术大学

　　摘　要：暗网市场引起执法机构和研究人员的注意。迄今大部分关于暗

网的已发表作品都是基于被动观察获得的数据。为了获得更具语境化的观点，我们进行了一项研究，在"梦想市场"暗网市场上选择了三家供应商，随后从中订购了几种新精神活性物质（NPS），并记录了从最初的药物交易请求到所有收到的样品的最终定性分析的所有交易。从选定的供应商中，总共获得9个NPS样品，我们通过NMR、HRMS、LC-UV分析了所有样品，并且还通过X射线分析了两个样品。根据我们的分析，在已知的NPS名称下提供的五种物质中有四种含有不同的NPS。因此，选定的供应商要么不知道他们的产品，要么故意欺骗买家。此外，三个据称是NPS的样品中的两个被确定为已经记录的以不同名称销售的物质。然而，作为"MPF-47700"出售的第三种特征物质是一种新颖但未表征的NPS。最后，我们收到了一种未申报的物质，后来被确定为5F-ADB。除了对9个获得的NPS样品进行化学分析外，所使用的方法还提供了有关暗网上新精神活性物质可访问性的上下文信息、相关的购买过程以及三家NPS供应商的工作方式。直接接触暗网市场为法医研究提供了额外的信息。

资料来源：Bronislav Jurásek, et al. ，"New psychoactive substances on dark web markets: from deal solicitation to forensic analysis of purchased substances," *Drug Testing and Analysis*, Vol. 13, No. 1, 2021.

十四　新精神活性物质的回顾与更新

Alex J. Berry 等, 英国伦敦大学

摘　要： 新精神活性物质（NPS）与个人和社会层面的许多健康和社会危害有关。NPS毒性和依赖综合征在初级保健、急诊科、精神病住院和社区护理机构中得到认可。一个实用的分类系统是将NPS分为四组：合成兴奋剂、合成大麻素、合成致幻剂和合成抑制剂（包括合成阿片类药物和苯二氮卓类药物）。我们回顾了这四类NPS，包括它们的化学结构、作用机制、使用方式、预期的毒性作用及其相关的身心健康危害。在目前可用的各种NPS的生产和出现率，不同的配方以及采集和分配方法的背景下，还探

讨了 NPS 实验室测试面临的当前挑战。

资料来源：Alex J. Berry, et al. , "New psychoactive substances: a review and updates," *Therapeutic Advances in Psychopharmacology 2020*, Vol. 10, 2020.

十五　以贩卖为目的进出口麻醉品、精神药物及前体罪的比较研究

Noor Gouda Jeaib Farhood Al-Rubaie, Nafea Taklif,

伊拉克巴比伦大学法律学院

摘　要：毒品、精神药物和前体化学品的流行是社会面临的最严重的犯罪之一，无论是在健康、经济还是社会层面。包括进口和出口麻醉品、精神药物和前体化学品在内的罪行在《麻醉品和精神药物法》（第 50 号）被立法者列为最严重的罪行，可判处死刑或终身监禁。这一过程已经从以医疗保健为目的的合法贸易范围，演变为国际犯罪团伙所采用的非法国际贸易，以年轻人的精力为目标，目的是攫取巨额利润或摧毁社区。基于伊拉克从战争和危机中所经历的情况，其有机会提出这些建议。事实加剧了这一情形，伊拉克需要加强国家和国际关切，并共同努力打击这一祸害。因此，这项研究揭示了毒品、精神药物和前体化学品的严重危害，更重要的是，它们被引入、出境和进入伊拉克共和国的风险，并通过研究该罪行的程序性和实质性影响，强调了麻醉品和精神药物法规定的对该罪行产生影响的立法对抗。

资料来源：Noor Gouda Jeaib Farhood Al-Rubaie, Nafea Taklif, "The crime of importing and exporting narcotic drugs, psychotropic substances and precursors for the purpose of trafficking (comparative study)," *Basic Education College Magazine For Educational and Humanities Sciences*, Vol. 2020, Issue47, 2020.

十六 欧亚大陆的新精神活性物质：对六国吸毒和使用减少伤害服务人群的定性研究

Eliza Kurcevič，欧亚减害协会

Rick Lines，英国斯旺西大学

摘 要：本研究考察了六个欧亚国家（白俄罗斯、摩尔多瓦、塞尔维亚、哈萨克斯坦、吉尔吉斯斯坦和格鲁吉亚）的新精神活性物质（NPS）的使用和减少危害的应对措施。其目的是通过记录吸毒者和提供减少危害服务的人的观点和生活经验来确定每个国家当前的新精神活性物质使用模式和相关危害，以便为减少危害响应提供信息。该研究涉及基于案头的研究和半结构化访谈/焦点小组，共有六个国家的 124 名吸毒者和 55 名健康和减少危害服务提供者。访谈结果表明所有国家的吸毒者都知道新精神活性物质，主要是合成卡西酮和合成大麻素。新精神活性物质使用者通常分为两个群体：既往没有非法药物使用史的人（通常是年轻人），以及由于缺乏首选药物（主要是鸦片剂）而偶尔或定期使用新精神活性物质的人。在许多情况下，这些受访者报告说，如果有传统的鸦片剂，他们不会使用新精神活性物质。选择新精神活性物质的常见因素包括成本和易得性。大多数国家的受访者描述了使用暗网和社交媒体进行交流、秘密支付的方式和隐藏收集点的新精神活性物质市场。一个反复出现的主题是惩罚性药物政策在推动新精神活性物质使用和相关危害方面的作用。该研究确定了其使用模式和驱动因素、风险行为和与毒品有关的危害。它确定了目前减低伤害对策中的差距，特别是非注射者的需求和过量反应，以及惩罚性毒品政策的有害影响。这些发现可以为当前的减低伤害服务提供参考并加以改进，以满足使用者的需求。

资料来源：Eliza Kurcevič, Rick Lines, "New psychoactive substances in Eurasia: a qualitative study of people who use drugs and harm reduction services in six countries," *Harm Reduction Journal*, Vol. 17, No. 1, 2020.

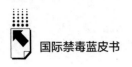

十七 国际甲基苯丙胺"厨师"样本中 甲基苯丙胺生产模式

Cheneal Puljević等,澳大利亚昆士兰大学

摘 要：在秘密实验室非法制造甲基苯丙胺会给社区和环境带来重大风险。目前对秘密实验室或操作它们的个人"厨师"知之甚少；目前与厨师直接接触的研究仅限于三项定性研究，其中涉及美国厨师的小样本（n<24）。这份描述性的简短报告开始通过探索自我认定的甲基苯丙胺厨师国际样本的特征来解决这一知识差距。本文利用2017年和2018年全球毒品调查的数据，确定了来自24个国家的125名过去制造甲基苯丙胺的人。我们使用描述性统计数据探索了受访者的社会人口特征和甲基苯丙胺生产模式。调查结果显示大多数甲基苯丙胺厨师是男性（82%）和高加索人（70%），与以前的研究相反，43%的人有工作，51%的人至少有高中证书。厨师最常从药房采购前体（50%），其次是朋友（24%）。几乎一半的厨师（47%）专门生产甲基苯丙胺供自用。本文结论为样品的异质性和不同的前体来源反映了旨在限制甲基苯丙胺生产的现有法规的局限性。这些调查结果表明需要进行创新和多方面的努力，以减少和预防与甲基苯丙胺制造相关的危害。

资料来源：Puljević, Cheneal, et al. "Patterns of Methamphetamine Production among an International Sample of Methamphetamine 'Cooks'," *Drug and Alcohol Review*, Vol. 40, No. 7, 2021.

十八 前体法规对捷克共和国甲基苯丙胺市场和公共卫生 指标影响的鉴定：时间序列结构度断裂分析

Benjamin Petruželka,Miroslav Barták,捷克布拉格查理大学

摘 要：本研究深入了解了甲基苯丙胺前体监管的影响。前体监管是减

少供应的最重要手段，也是具有潜在公共卫生影响的手段。本研究基于纵向和准实验设计，考察捷克共和国甲基苯丙胺前体管制变化，作为自然实验处理。统计分析使用广义波动测试框架和 F 测试框架的特征来估计甲基苯丙胺相关逮捕和非致命性中毒时间序列的结构变化。通过实验，分析确定了与监管收紧相关的时期内，与甲基苯丙胺药物市场相关的大部分时间序列的结构性中断。这项研究的结果表明，甲基苯丙胺前体管制与国际和有组织犯罪集团的扩散有关，而逮捕和非致命性中毒的总数没有变化。本研究结论为在其他条件不变的情况下，前体法规可能导致毒品供应向更有组织的群体转变，并导致外国国民越来越多地参与毒品市场，但对抑制甲基苯丙胺市场和减少非致命性甲基苯丙胺中毒这一公共卫生指标方面没有效果。

资料来源：Benjamin Petruželka, and Miroslav Barták,"The Identification of Precursor Regulation Impact on the Methamphetamine Market and Public Health Indicators in the Czech Republic：Time Series Structural Break Analysis,"*International Journal of Environmental Research and Public Health*, Vol. 17, No. 21, 2020.

十九　新冠肺炎封锁政策对成瘾物质和新精神活性物质滥用和销售的影响

Annagiulia Di Trana 等,意大利安科纳马尔凯理工大学

　　摘　要：2019 年 12 月起 SARS-CoV-2 病毒感染已迅速蔓延到世界各地。这种新病毒引发了许多新冠肺炎病例。这是一种潜在的致命的呼吸道综合征。由于它的全球扩散，世界卫生组织迅速向国际发出了警告，并在 2020 年 3 月宣布新冠肺炎疫情构成世界大流行。目前，大多数国家爆发了新冠肺炎疫情，每天都有新的感染者和死亡者，而且遍布世界各地。由于病毒通过飞沫或直接接触传播的方式，各国政府不得不采取限制性策略，以遏制大流行并保护公众健康。这些干预措施包括限制国际流动，暂时关闭非必要的企业，以及更严格的措施，如社会疏远或长期完全隔离。因此，这场前

所未有的危机已经严重影响了全球经济和人们的日常生活。成瘾物质的市场从生产到销售都受到了影响，消费模式发生改变。据报道，由于大流行和相关限制造成的普遍压力，大麻产品和苯二氮卓类药物的消费有所增加，而由于无法进入通常的娱乐场所，对兴奋剂的需求有所下降。此外，药物滥用可能已经转向替代物质和自制的新精神活性物质（NPS），这些物质由分子组成，如药物类似物、研究用化学品和处方药，引起普通非法成瘾药物或处方药的精神作用。由于不同国家适用的政策和所涉及的药物的异质性，目前的情况很复杂。在这种情况下，国际机构不断监测毒品市场，如联合国毒品和犯罪问题办公室（UNODC）、欧洲毒品和毒瘾监测中心（EMCDDA）以及欧洲刑警组织，它们合作形成网络，以防止出现新的危险趋势。本文批判性地讨论了新冠肺炎疫情对非法贩运药物的影响的最新数据，以及在不久的将来新精神活性物质趋势可能的发展。本文还提醒在全球危机时期须注意国际网络在打击药物滥用方面的重要作用。

资料来源：Annagiulia Di Trana, et al. , "Consequences of COVID - 19 Lockdown on the Misuse and Marketing of Addictive Substances and New Psychoactive Substances," *Frontiers in Psychiatry*, Vol. 11, 2020.

二十 比利时新精神活性物质使用者的
意识和使用的动机

Sarah Simonis 等,比利时联邦研究中心

摘 要：关于新精神活性物质（NPS）使用动机的数据很少。然而，新精神活性物质的成本、法律地位以及易通过互联网等渠道获得推动其普及。本文的目的是首先深入了解比利时关于新精神活性物质的文化，其次是确定用户对其消费新精神活性物质内容的认识。通过与45名使用者深度访谈，探讨了使用者的个人经历及其在连续护理中所需支持，同时受试者有机会将新精神活性物质样本存放在公认的实验室进行法医分析。在使用者中发现了多种情况，但消费NPS的动机也有很大差异：个人原因，如快乐，心灵探

索、与他人联系或出于好奇心，还有外部原因，如价格，易得性或某些新精神活性物质具体的效果。结果显示，大多数使用者似乎知道他们正在使用的物质。了解使用动机对于确定不同情况的使用者更适用哪种类型的新精神活性物质目标干预措施非常重要。

资料来源：Sarah Simonis, et al.，"Awareness of users and motivational factors for using new psychoactive substances in Belgium," *Harm Reduct Journal*, Vol. 17, No. 52, 2020.

二十一　新精神活性物质的全球战略更新

Balasingam Vicknasingam 等,马来西亚理科大学

摘　要：本研究的目的是提供新精神活性物质（NPS）近期趋势和管理策略的最新情况。新精神活性物质的数量已经从 2009 年的 166 种增加到 2018 年的 892 种，其中约 36% 具有兴奋作用。这种趋势揭示了一些前所未有的模式。在北美和欧洲，新合成大麻素出现的下降与芬太尼和非芬太尼化合物过量造成的死亡人数上升相吻合。自 2015 年以来，新的刺激性新精神活性物质的检测已趋于稳定。尽管自那时以来，甲氧麻黄酮的缉获水平有所上升，但仍低于国际管制前报告的水平。卡通叶的法律地位仍然不明确，而对其益处进行研究的呼吁仍在继续。在非洲和中东，曲马多的非医疗使用是一个越来越令人担忧的问题。尽管非处方药的兴起令人担忧，但有证据表明，面对这一挑战的策略应包括更新国际数据收集系统，整合基于科学的药物使用干预措施，加强国家监测，并提高合作研究和法医能力。法律、监管框架和临床指南应保持动态，缉获毒品很少能捣毁毒品市场，因此执法机构应通过摧毁毒品网络来衡量成功。

资料来源：Balasingam Vicknasingam, et al.，"Global strategy for New Psychoactive Substances: an update," *Current Opinion in Psychiatry*, Vol. 33, No. 4, 2020.

二十二　人们为什么使用新精神活性物质？
欧洲六国开发全新测量工具

Annemieke Benschop 等,荷兰阿姆斯特丹大学

　　摘　要：新精神活性物质（NPS）对公众健康构成威胁。许多研究试图找出该物质使用的原因；但是，到目前为止，他们都没有使用任何标准化措施。本研究旨在（ i ）开发和跨文化验证新精神活性物质使用动机测量（NPSMM）和（ ii ）比较各国和用户类型使用新精神活性物质的动机。从六个欧盟成员国招募使用者（N=3023）的三个小组（社会边缘化用户、夜间参与者和在线社区成员）。评估所使用的新精神活性物质的人口统计学，动机和类型。使用动机是通过调整大麻动机测量的扩展六因素版本来衡量的。探索性和验证性因素分析在大多数国家产生了类似的五个因素解决方案：应对、增强、社会化、整合和扩展动机。边缘化用户在应对和整合动机方面得分较高，夜间群体对社交动机的认可度较高，而在线社区用户在扩展动机方面得分较高。各种类型的新精神活性物质也与不同的动机相关联。所以，使用动机可能与用户组和正在消耗的新精神活性物质的特定类型相关。扩展（迷幻药）和增强（兴奋剂）动机似乎与所选择的新精神活性物质产品类型相关，而应对、社会和整合动机与用户群体相关。NPSMM 被发现是衡量使用动机的有效工具。

　　资料来源：Annemieke Benschop, et al., "Why Do People Use New Psychoactive Substances? Development of a New Measurement Tool in Six European Countries," *Journal of Psychopharmacology*, Vol. 34, No. 6, 2020.

二十三　2010～2016年瑞典与新精神活性物质（NPS）相关的药物趋势和危害：来自 STRIDA 项目的经验

Anders Helander,瑞典卡罗林斯卡研究院

　　摘　要：在过去十年中，已经引入了数百种新精神活性物质（NPS）

作为非法药物的未分类替代品。新精神活性物质通过引起不良反应和死亡而代表日益增长的健康问题，但通常无法通过常规药物测试检测到。本报告总结了 2010~2016 年瑞典关于新精神活性物质的 STRIDA 项目登记的急诊科（ED）和重症监护病房（ICU）分析确认的药物相关急性中毒的结果和经验。STRIDA 项目对瑞典目前的药物状况进行了一个很好的概述，并展示了许多不同精神活性物质的广泛使用和快速更新。该项目的完成可归因于几个关键因素（PIC 和实验室之间的密切合作，以确定疑似中毒，自由分析，不断更新分析方法，评估不良反应和共享信息），这些因素对未来解决新精神活性物质问题的活动很有用。结果还说明了药物法规如何推动新精神活性物质市场。

资料来源：Helander, Anders, et al., "Drug trends and harm related to new psychoactive substances（NPS）in Sweden from 2010 to 2016：Experiences from the STRIDA project," *PLoS ONE*, Vol. 15, No. 4, 2020.

二十四　新精神活性物质的兴起及精神影响：需要影响深远的共同立法战略应对这一广泛、多方面的挑战

Raffaella Rinaldi 等,意大利罗马第一大学

摘　要：越来越多的新精神活性物质（NPS）在全球范围内出现，引发药物滥用趋势的相关变化，无疑对精神病学构成了多方面的挑战。这些物质的摄入和滥用与精神病理学紊乱的风险有关，精神病理学紊乱源于一系列神经递质途径和受体的不平衡。通过对相关研究文章和评论的分析（特别是那些概述新精神活性物质的神经和大脑作用机制以及滥用引起的精神病理学后果，排除了更关注化学/药理学方面的研究论文），通过对 Pubmed、Medline、PsycLIT 和 EMBASE 文献以及卫生保健机构和禁毒执法机构发布的数据的系统分析（其中包括世界卫生组织、联合国毒品和犯罪问题办事处、欧洲毒品和毒品成瘾监测中心、欧洲刑事司法组织、英国新精神治疗网络、欧盟法院），作者旨在详细阐述与新精神活性物质相关的

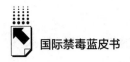

精神影响，重点关注新精神活性物质固有的概念和定义，临床管理和使用动机；此外，还努力突出可能采取的措施，以应对这种难以捉摸和潜在有害物质的不断增长。

资料来源：Raffaella Rinaldi, et al. , "The rise of new psychoactive substances and psychiatric implications：A wide-ranging, multifaceted challenge that needs far-reaching common legislative strategies," *Human Psychopharmacology*：*Clinical and Experimental*, 2020, Vol. 35, Issue 3, 2020.

二十五　捷克和邻国对含有伪麻黄碱的合法药物的监管与非法甲基苯丙胺市场之间的关系

Benjamin Petruzelka,捷克布拉格查理大学

摘　要：本文的目的是提高对用于制造非法毒品的特定地区法规与非法毒品市场之间关系的理解。本文是 2006~2018 年捷克及其邻国对含有伪麻黄碱的药物的监管与捷克甲基苯丙胺非法药物市场之间关系的案例研究。本案例的描述基于文献回顾和公开数据来源的回顾。捷克共和国对含有伪麻黄碱的药物的监管收紧，减少了伪麻黄碱的药物的销售数量，同时导致此类药物从监管不严格的邻国非法进口。与此同时可以观察到毒品市场的变化：曾经主要国内供应链的国际化趋向，越南有组织犯罪集团参与的增加，大型甲基苯丙胺实验室的出现以及生产转移到监管不严的国家法规。随后在邻国实施更严格的控制，伴随着供应链的进一步转变和来自非欧洲国家的进口增加。在单个国家或地区内收紧药品监管可能会导致毒品市场和供应链发生重大且不良的变化。本文提供了一个新颖的案例研究，探讨了特定地区药物法规的发展及其对捷克共和国和欧洲非法毒品市场和供应链的影响

资料来源：Benjamin Petruzelka, "The Relationship between the Regulation of Licit Medications Containing Pseudoephedrine and the Illicit Methamphetamine Market in Czechia and Neighbouring Countries," *Drugs and Alcohol Today*, Vol. 20, No. 1, 2020.

二十六 英国《2016年精神活性物质法案》对国家毒物 信息服务报告的新精神活性物质相关毒性 事件的影响：时间序列分析

I Al-Banaa 等，英国纽卡斯尔大学

摘 要：最近与急性健康危害相关的新精神活性物质（NPS）的使用有所增加，包括由于毒性和死亡人数增加而导致的医院介绍。作为回应，英国政府于 2016 年 5 月 26 日颁布了通用立法（《精神活性物质法》），将生产、意图供应、供应、进口或出口，或在羁押场所内拥有精神活性物质的行为定为犯罪。我们研究了该法案对卫生专业人员每月向英国国家毒物信息服务（NPIS）询问 NPS 的影响。我们还研究了 2009 年 1 月之前控制的五种常用"常规"滥用药物。结论表明近期与新精神活性物质有关的英国国家毒物信息服务调查活动大幅减少；虽然这些在 2016 年 5 月颁布《精神活性物质法》之前就已经开始。

资料来源：I Al-Banaa, et al. , "Effect of the UK Psychoactive Substances Act 2016 on episodes of toxicity related to new psychoactive substances as reported to the National Poisons Information Service. A time series analysis," *International Journal of Drug Policy*, Vol. 77, Article 102672, 2020.

二十七 新精神活性物质：影响英国实践、政策和 法律的药理学

David Nutt，英国伦敦帝国理工学院

摘 要：本综述涵盖了最近二十年英国药物管制政策："精神活性物质法"。它探讨了与二亚甲基双氧安非他命和甲氧麻黄酮有关的政策决策，这不但与整体药物危害增加有关，而且对英国的研究基础也非常不利。英国关于合成大麻素和其他新精神活性物质的新立法可能会采取同样措施，这表明

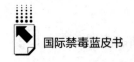

从过去的决定中还有很多东西需要学习。未来来自 BPS 等学术团体的投入可能有助于改进政策评估和政策制定，有助于避免将来出现此类问题。

资料来源：David Nutt, "New psychoactive substances: Pharmacology influencing UK practice, policy and the law," *British Journal of Clinical Pharmacology*, Vol. 86, No. 3, 2020.

二十八 边缘化的新精神活性物质使用者的歧视性特征：一项跨国研究

Katalin Felvinczi，匈牙利埃特沃斯·洛朗德大学

摘 要：新精神活性物质（NPS）在许多欧洲国家仍然被视为主要的公共卫生问题。该研究是在六个欧洲国家（德国、匈牙利、爱尔兰、荷兰、波兰、葡萄牙）的跨国项目框架内实施的。我们的目标是报告边缘化新精神活性物质用户的独特和差异化特征。对 3023 名成年新精神活性物质用户（社会边缘化、夜间生活、在线社区）的三个亚组进行了社会人口学特征，新精神活性物质使用的外部动机的考察。波兰和匈牙利报告称，与传统管制毒品相比，新精神活性物质的使用率更高。外部/背景动机在新精神活性物质使用的背景下没有发挥核心作用，最不重要的动机是所谓的这些物质的合法性和不可检测性。边缘化（定义为获得低阈值减害服务的那些）用户的药物使用模式在显示更强烈和更高风险的药物使用方面与其他两组不同。被归类为边缘化新精神活性物质用户的最重要变量是低水平教育、年龄较大、劳动力市场地位不利以及静脉注射药物。当控制药物使用模式时，情境动机在被归类为边缘化用户时没有起决定性作用。这些确定的边缘化吸毒者的歧视特征应告知决策者制定和实施针对该用户群体的量身定制的干预措施，以成功解决与新精神活性物质使用相关的公共卫生问题。

资料来源：Katalin Felvinczi, et al., "Discriminative Characteristics of Marginalised Novel Psychoactive Users: A Transnational Study," *International Journal of Mental Health and Addiction*, Vol. 18, 2019.

二十九　精神活性物质成瘾挑战公共卫生

Amy Peacock 等,澳大利亚新南威尔士大学

　　摘　要: 2000 年以来,大量不同种类的物质迅速出现,这些物质最初被设计为更成熟的非法药物的合法替代品(实用集群并称为新精神活性物质),这对药物监测、监督、控制和公共卫生应对措施的传统方法提出了挑战。首先,本文探讨新精神活性物质一词的定义具有复杂性。其次,本文论述了新精神活性物质的起源和驱动因素,包括使用动机。再次,本文总结了有关新精神活性物质可用性、使用和相关危害的证据。最后,本文以新精神活性物质为例来探索未来药物监测、控制和公共卫生应对措施的挑战和机遇。本文认为,在一个可以迅速发明新物质的世界里,在一个使用毒品的人可以根据市场供应情况改变偏好的世界里,目前应对新兴物质的手段可能不再适应当前变化。

　　资料来源: Amy Peacock, et al. , "New psychoactive substances: challenges for drug surveillance, control, and public health responses," *Lancet*, Vol. 394, 2019.

三十　印度的毒品滥用:我们的现状和未来的发展方向?

Ajit Avasthi, Abhishek Ghosh,印度医学教育与研究研究生院

　　摘　要: 联合国大会将 1987 年 6 月 26 日确定为第一个国际禁止毒品滥用和非法贩运日。从那时起,每年的这一天都标志着为实现无毒品社会的目标而进行一贯的全球合作。迄今为止,联合国已于 1961 年、1971 年和 1988 年达成三项国际公约。1961 年会议旨在消除阿片类药物、大麻和可卡因的非法生产和非医疗使用。1971 年召开的会议将范围扩大到精神药物或合成药物(例如苯丙胺、巴比妥类药物等)。1988 年会议旨在打击非法全球市

场，并将限制范围扩大到易制毒化学品。在过去的五十年里，联合国还于 1998 年和 2016 年召开了两次特别会议讨论世界毒品问题。在第一次会议上，联合国设想到 2008 年减少对麻醉品和合成毒品的非法供需。然而《世界毒品报告》却显示非法药物的使用有所增加。全球各国在获得麻醉药品（尤其是用于治疗疼痛的阿片类镇痛剂）方面的巨大差异也变得明显。联合国注意到遏制滥用及确保医疗和科学目的的获取这两个方面的失败，于 2016 年召开了第二届特别会议。报告承认可持续发展目标（SDG）与联合国对遏制世界毒品问题的承诺是"互补和相辅相成的"。此外，可持续发展目标还强调了治疗药物的使用以结束艾滋病毒和肝炎流行的重要性。成果文件的决议可能会在今年进行审查。

资料来源：Ajit Avasthi, and Abhishek Ghosh, "Drug Misuse in India: Where Do We Stand & Where to Go from Here?" *Indian Journal of Medical Research*, Vol. 149, No. 6, 2019.

三十一　通过废水监测非法毒品消费：发展、挑战和未来

Selda Mercan 等, 土耳其伊斯坦布尔大学

摘　要：基于废水的流行病学（Wastewater-based Epidemiology）已经发展成为一种强大、可靠和可持续的工具，它从多学科合作中汲取了力量。在过去十年中，废水监测是针对非法药物消费监测的有效方法，可填补传统技术的空白。可卡因、大麻、海洛因、苯丙胺、甲基苯丙胺和二亚甲基双氧安非他命等毒品已能通过废水检测得出结果，而合成大麻素、卡西酮、哌嗪和苯乙胺等新精神活性物质则是近期焦点。本文总结了非法毒品消费监测的建立和发展，并根据目前的文献解释了选择适当的生物标志物和验算的一般观点。此外，还讨论了该技术可能的不确定性来源、挑战和局限性，推荐了今后的研究课题。

资料来源：Selda Mercan, et al., "Monitoring of Illicit Drug Consumption via Wastewater: Development, Challenges, and Future Aspects," *Current Opinion in Environmental Science & Health*, Vol. 9, 2019.

三十二　印度尼西亚执行联合国禁止非法贩运麻醉品和精神药物公约的批准情况

Faissal Malik，印度尼西亚海伦大学

　　摘　要：印度尼西亚是麻醉品和其他成瘾物质的潜在市场。此外，多方表示印度尼西亚是毒品非法流通黑市，主要由当地和国际麻醉毒品集团网络经营。麻醉品进入印度尼西亚的途径多样，无论是陆路、海路还是空运。由于雇佣人员寻找麻醉品非常容易且价格低廉，因此印度尼西亚有很多吸毒者和成瘾者。毒品在社区的非法生产和流通造成经济损失和社会损失，这一巨大影响使人们意识到必须向麻醉毒品等非法毒品宣战。政府必须认真应对这种情况，以免造成社会影响。审查立法是应对大规模的麻醉毒品贩运和滥用的形式，这能使其适应国家和国际层面非法贩运和麻醉品滥用的普遍性和系统性本质。

　　资料来源：Faissal Malik，et al.，"Implementation of the ratification of united nation convention against illicit traffic in narcotic drugs and psychotropic substance for Indonesia," *International Journal of Business，Economics and Law*，Vol. 18，Issue 4，2019.

三十三　遏制芬太尼和其他合成阿片类药物全球生产和贩运的国际管控努力

Katherine Smith Fornili，美国马里兰大学

　　摘　要：本文简述了与合成阿片类药物非法生产和贩运相关的全球问题，以及遏制上述问题的国际努力和政策方法。由于现有的信息量巨大，本文着重聚焦全球合作管控的成效，而不是仅仅局限于单一国家。有关生产方法、秘密实验室、国际贩运方法和暗网在线销售的大量信息已被省略。了解有关非法种植和分销从罂粟（海洛因、鸦片、吗啡、可待因）或其他药物

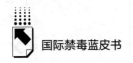

（可卡因、甲基苯丙胺等）中发现的天然化合物提取的植物性阿片类药物的关键问题非常重要，但本文的讨论范围仅限于探究合成阿片类药物，包括芬太尼、芬太尼类似物和芬太尼前体化学品，并就有关护士和其他成瘾专业人士的人权和道德问题展开论述。

资料来源：Katherine Smith Fornili，"International Control Efforts to Curb the Global Production and Trafficking of Fentanyl and Other Synthetic Opioids," *Journal of Addictions Nursing*，Vol. 30，No. 1，2019.

三十四　震动与继续：通过网络甲基苯丙胺配方探寻毒品生产商对法律限制的适应性

Sabrina Vidal，David Décary-Hétu，加拿大蒙特利尔大学

摘　要：尽管有许多管制，甲基苯丙胺的消费仍然存在；且在美国，甲基苯丙胺更易获取。甲基苯丙胺可以在小型实验室或者超级实验室生产，二者区别在于产品产量以及嵌入贩运网络的方式。关于甲基苯丙胺消费和实验室缉获量的统计数据停滞不前表明法律的无效性，生产商的适应性是导致这一现象的部分原因。本文通过定性方法分析所收集的网络甲基苯丙胺配方，据此进一步理解生产商的适应性。同时，重点阐释了美国立法对合成药物生产的影响，描述了甲基苯丙胺生产商是如何通过调整来规避法规的。研究发现，生产者通过从加工产品中提取受管制的前体物质来合成这些物质。同时，为了遵守法律规定的配额，生产商限制其使用的数量。本文建议生产者应及时了解立法情况并相应地完善配方。

资料来源：Sabrina Vidal, and David Décary-Hétu, "Shake and Bake: Exploring Drug Producers' Adaptability to Legal Restrictions Through Online Methamphetamine Recipes," *Journal of Drug Issues*，Vol. 48，No. 2，2018.

三十五　全球甲基苯丙胺趋势：一个不断发展的问题

Danielle M Stoneberg 等,美国中央俄克拉荷马大学

　　摘　要：世界各地的甲基苯丙胺（冰毒）问题正在加剧。甲基苯丙胺是制造最广泛的苯丙胺类兴奋剂，是使用量位列全球第二的非法毒品。除政府外，很少有研究对国际冰毒的模式和趋势进行研究。本文对包括政府和媒体报道在内的二手资料进行分析，并据此研究国际最新变化趋势。冰毒，作为一个全球问题，不断发展变化。最新统计数据，如缉获数据表明，冰毒问题变得更加复杂和涉及范围广泛。制造和贩运活动出现在新的地区，毒品的相关活动在世界各国内部和国家之间都发生变化。本文描述了自 2010 年以来国际上该问题的全球趋势和变化，也讨论了可用信息来源的局限性。

　　资料来源：Danielle M Stoneberg, et al. "Global Methamphetamine Trends," *International Criminal Justice Review*, Vol. 28, No. 2, 2017.

三十六　家庭自制毒品：对毒品化学论坛的在线调查和毒理学检验

Evelyn Hearne 等,英国利物浦约翰摩尔大学

　　摘　要：毒品市场最新趋势动态和新精神活性物质的使用是公共健康问题，也是复杂的管控问题。对自制阿片类药物、苯丙胺类药物和解离剂的可得性，以及在利益的潜在驱动下通过互联网家庭秘密制造毒品的调查是一个新的领域。本文将证实，毒品在线论坛中自制毒品的社区民间药理学，如何为家庭自制毒品提供信息，或降低制造过程中的危险。关于提升毒品提纯和制造安全性的在线信息与在真正的实验室中物质合成之间存在差异。审查和关闭合成毒品在线查询、论坛，是基于毒品网站通过促进提纯自制毒品讨论、遵循减害原则的操作。毒品论坛应该考虑重新评估他们的化学讨论政策，以便向那些不能或不愿意避免自制毒品的人提供可信的信息，这有助于

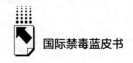
减少这种做法带来的危害。

资料来源：Evelyn Hearne, et al., "Home Manufacture of Drugs：An Online Investigation and a Toxicological Reality Check of Online Discussions on Drug Chemistry," *Journal of Psychoactive Drugs*, Vol. 49, No. 4, 2017.

三十七　伪麻黄碱的药品销售：追踪系统对甲基苯丙胺犯罪的影响

Lorraine Mazerolle 等，澳大利亚昆士兰大学

摘　要：美国和澳大利亚的药店大面积使用追踪系统（Electronic Tracking Systems），以控制伪麻黄碱的销售。本文旨在衡量追踪系统（Project STOP）对减少甲基苯丙胺生产、供应和持有治安能力的影响。本文使用了1996年1月至2011年12月期间生产、供应和拥有事件的警方数据（n=16年中的192个数据点/月），以及准实验的时间序列方法。本文考察了追踪系统对甲基苯丙胺生产（n=5938起事件）、毒品供应和贩运（n=20094起事件）以及持有或使用毒品（n=118926起）的影响。研究结果表明，2005年11月引入追踪系统与甲基苯丙胺产量的显著下降（P=0.15）相关，与供应显著增加相关（P=0.0001），对持有率的影响无统计学意义（P=0.59）。显见，追踪系统可以降低人们在国内生产甲基苯丙胺的能力，但似乎不太可能影响甲基苯丙胺问题的其他方面，例如持有、分销和进口。

资料来源：Lorraine Mazerolle, et al., "Pharmaceutical Sales of Pseudoephedrine：The Impact of Electronic Tracking Systems on Methamphetamine Crime Incidents," *Addiction*, Vol. 112, No. 3, 2017.

三十八　打击非法甲基苯丙胺实验室：前体管控是答案吗？

John J. Coleman，美国国际毒品监测公司

摘　要：打击非法甲基苯丙胺（冰毒）实验室面临独特挑战。30多年

来，政府的战略一直依赖于控制业余化学家（称为"厨师"）用于制造冰毒的某些化学品和易制毒化学品前体。部分州已经采取了额外的控制措施，例如，对能用于制作冰毒的流通药品，要求购买者提供处方。本文综述了政府打击冰毒的战略，并评估了其有效性。研究结果表明，从历史上看，易制毒化学品管制对打击冰毒生产影响有限，因为制毒者能迅速调整并使用替代方法来制造冰毒。同时，通过数据审查我们发现国家数据库的局限性。十多年来联邦和州政府机构用这一数据库追踪冰毒生产和制定打击冰毒战略。本文认为继续使用这些数据造成了联邦开支的浪费，这将歪曲国内冰毒实验室问题的范围和性质。

资料来源：John J Coleman，"Reducing Illicit Methamphetamine Labs：Is Precursor Control the Answer？" *Journal of Drug Policy Analysis*，Vol. 9，No. 1，2016.

三十九　基本/前体化学品和药物消费：美国高锰酸钠和墨西哥伪麻黄碱管制对美国可卡因和甲基苯丙胺使用者数量的影响

James K Cunningham 等,美国亚利桑那州大学

摘　要：2006 年 12 月，美国对高锰酸钠（可卡因必需化学品）进行监管。2007 年 3 月，美国甲基苯丙胺的主要来源地墨西哥关闭了一家被指控非法进口 60 余吨伪麻黄碱（甲基苯丙胺前体化学品）的化学公司。随后，美国可卡因供应量和甲基苯丙胺供应量均下降。本文探讨了管控措施是否对美国可卡因使用者和甲基苯丙胺使用者的数量产生影响。研究结果表明，可卡因使用者的数量下降趋势始于可卡因法规出台之前。甲基苯丙胺使用者数量下降趋势始于化学公司关闭。本文认为美国（2006 年）和墨西哥（2007 年）的基本/前体化学品控制与美国可卡因使用者和甲基苯丙胺使用者的大量、长期（7 年以上）减少有关。

资料来源：Cunningham JK, Liu LM, Callaghan RC，"Essential/Precursor

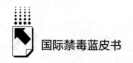

国际禁毒蓝皮书

Chemicals and Drug Consumption: Impacts of US Sodium Permanganate and Mexico Pseudoephedrine Controls on the Numbers of US Cocaine and Methamphetamine Users," *Addiction*, Vol. 111, No. 11, 2016.

四十　西澳大利亚州强制记录要求前后伪麻黄碱药房销售评估：案例研究

Hendrika Laetitia Hattingh 等,澳大利亚科廷大学药学院

　　摘　要：社区药房实时电子记录计划 Project STOP 使澳大利亚社区药剂师能够验证伪麻黄碱的请求。在西澳大利亚州，该计划从 2007 年 4 月开始供自愿使用，并于 2010 年 11 月成为强制性计划。本案例研究通过分析 2007 年 12 月 1 日至 2014 年 2 月 28 日期间西澳大利亚药店的 Project STOP 数据记录，审查强制实施前后伪麻黄碱产品的总请求以及被归类为"拒绝销售"的请求比例以及季节性和年度趋势，以此评估该计划的有效性。研究结果表明，自强制实施开始，每 10 万人口（每家药店）每月对伪麻黄碱的请求总数有小幅但稳定的下降；每月每 10 万人口的伪麻黄碱申请总量稳步下降。与强制实施前被拒绝的销售数量稳定增长相比，强制实施后随着时间的推移其出现了明显的下降。正如预期的那样，总销售额受季节影响很大（冬季最高，夏季最低）。销售请求拒绝量的季节性模式不太明显，冬季最高，其他季节类似。随着时间的推移，安全销售的模式与拒绝销售的模式相似，在强制报告前后出现了明显的变化。本文认为西澳大利亚州社区药房的伪麻黄碱产品申请有所减少，Project STOP 在处理可疑的销售和潜在的转移方面是成功的，但建议进行持续的数据审查。

　　资料来源：Hattingh, Hendrika Laetitia, et al., "Evaluation of Pseudoephedrine Pharmacy Sales before and after Mandatory Recording Requirements in Western Australia: a Case Study," *Substance Abuse Treatment, Prevention and Policy*, Vol. 11, No. 30, 2016.

四十一　自制海洛因和苯丙胺类兴奋剂替代品的范围性综述：对预防、治疗和政策的影响

Evelyn Hearne，爱尔兰沃特福德理工学院

Jean-Paul Cornelius Grund，荷兰乌特勒支大学

Marie Claire Van Hout，爱尔兰沃特福德理工学院

Jim McVeigh，英国利物浦约翰摩尔斯大学公共卫生中心

摘　要： 许多东欧国家普遍流行几种自制物质，如二氢去氧吗啡（Krokodil）和苯丙胺类兴奋剂（Boltushka）。此类毒品的使用在德国和挪威也非常流行，不过这并没有被证实。媒体也报道过此类物质在美国的使用情况，尽管只有一份关于其使用的准确报道。自制毒品与诸如血源性病毒的传播、坏疽和内部器官损伤等复杂健康问题高发病率相关联。在注射自制毒品的人中，艾滋病高发是一个公共健康问题。与黑市售卖的海洛因或苯丙胺相比，注射自制毒品对身体健康损害更加严重。基于这一事实以及自制毒品致死率上升，预防、治疗和政策制定领域的专业人员需要认识到全球范围内与自制毒品物质相关的表现、危害和风险。本文旨在回顾有关自制海洛因和苯丙胺类兴奋剂替代品主题的现有文献，讨论此类研究在政策和实践领域产生的诸多影响。数据是通过使用定性二级资源收集而来，例如，期刊文章、报告、评论、案例研究和媒体报道。这些自制毒品使用易制毒化学品生产，例如效力较低的兴奋剂、安定剂、止痛剂和镇静剂或天然植物成分。而互联网为这种做法提供了便利，如配方、移动的药品销售都可通过互联网获得，并且目前全球范围内都可以轻松访问互联网。本文强调了与自制毒品相关的预防、教育和减害的必要性，并建议对在线药物论坛、在线药物市场和不受监管的药店进行持续监控。

资料来源：Hearne, Evelyn, et al., "A Scoping Review of Home-Produced Heroin and Amphetamine-Type Stimulant Substitutes: Implications for Prevention, Treatment, and Policy," *Harm Reduction Journal*, Vol. 13, No. 1, 2016.

四十二　美国联邦可卡因必需（"前体"）化学法规对美国可卡因供应的影响：带有时间复制性的干预性时间序列分析

James K Cunningham 等,美国亚利桑那州大学

摘　要：本研究表明，基本/前体化学控制对美国甲基苯丙胺和海洛因的供应产生了重大影响。本研究调查了美国联邦基本化学法规是否影响了美国可卡因的缉获量、价格和可卡因供应的纯度指标。通过自回归综合移动平均（ARIMA）干预时间序列分析来评估针对可卡因制造化学品的四项美国法规的影响：高锰酸钾/选定溶剂，1989 年 10 月实施；硫酸/盐酸，1992 年 10 月实施；甲基异丁基酮，1995 年 5 月实施；和高锰酸钠，于 2006 年 12 月实施。在这些化学品中，高锰酸钾和高锰酸钠对可卡因生产最为关键。具体测量及每月时间序列为纯度调整的可卡因缉获量（总缉获量〈6000 克）、纯度调整的价格（所有可用的缉获量）和纯度（所有可用的缉获量）。调查结果表明 1989 年高锰酸钾/溶剂法规与缉获量减少（系列水平变化）28%（$P<0.05$）、价格上涨 36%（$P<0.05$）和纯度下降 4%相关（$P<0.05$）。可用性在 1~2 年内恢复。2006 年高锰酸钾法规与缉获量减少 22%（$P<0.05$）、价格上涨 100%（$P<0.05$）和纯度下降 35%（$P<0.05$）有关。继 2006 年法规之后，至 2011 年 4 月基本上没有恢复。另外两个化学品法规与统计上显著的相关，但指示的可用性下降幅度较小。本研究认为在美国，1989~2006 年的基本化学控制与可卡因供应量的显著下降有关。

资料来源：James K Cunningham, et al., "US Federal Cocaine Essential ('Precursor') Chemical Regulation Impacts on US Cocaine Availability: An Intervention Time-Series Analysis with Temporal Replication," *Addiction*, Vol. 110, No. 5, 2015.

Abstract

Under the guidance of China National Narcotics Control Commission and Shanghai Narcotics Control Commission, *Blue Book of International Drug Control* is jointly published by Shanghai Narcotics Control Committee office, Shanghai Academy and Shanghai University, and edited by International Center for Drug Policy Studies. It is the only annual research report in China that not only tackles issues concerning global drug-related problems and the new trends of anti-drug initiatives, but also provides policy recommendations for the national anti-drug campaigns.

At present, the international drug situation is getting increasingly complicated. The mode of drug production, synthetic drugs and new psychoactive substances are constantly changing, and posing a major threat to the global drug situation. In order to effectively curb global drug crimes, it is of utmost urgency to effectively control precursor chemicals and cut off the supply of drug raw materials on the supply side. It is also a key issue faced by all countries in drug control decision-making. *Annual Report on International Drug Control* 2022 includes the following five sections: General Report, New Trend of International Drug Control, Regional Reports, Topic Reports and Appendixes. The central focus of the book is the international control of precursor chemicals. It is our hope that the findings presented here may offer some useful lessons for managing new social crises.

The first section features a general report titled *The " Heterization" of Chemicals and the Global Scheduling and Monitoring of Precursor Chemicals*. It points out that as the global focal point for the control of precursor chemicals, the International Narcotics Control Board (INCB) has carried out work as mandated by the Convention and thus established an effective and well-functioning global control system of precursor chemicals through continuously expanding the scope of scheduling, strengthening process control and implementing a series of specialized operations and projects, addressing the problems of diversion, illicit manufacture, trafficking and abuse of precursor chemicals as the scheduled or non-scheduled substances in the International Special Surveillance List. This global control system strikes a balance between the need to prevent diversion for illicit purposes of drug manufacture and free trade and circulation for licit purposes through scheduling and monitoring the international trade of precursor chemicals, thus becoming a basic component of the global strategy against drug abuse and trafficking. Because of the regional imbalance in the control of precursor chemicals, it urged the international community to take a problem-orientated approach, optimize the global control system of precursor chemicals, and promote the global, regional and national linkage mechanism.

The present annual report aims to explore the current new trend of international drug control, interpret the origin of policies and reasons for the international drug situation. The second section contains a report titled *An Analysis of Ten Big News Stories of International Drug Control in* 2021. This report tracks the risks and challenges faced by the international anti-drug work, and provides a theoretical framework which could help us to better appreciate the experience of the advanced international anti-drug practices. Both, as we see it, are important for the purpose of promoting the professionalization, specialization and standardization of the decision-making process of the anti-drug practices in China.

The third section features five individual case studies: *The Evolution and Construction of the Rule of Law System for the Control of China's Precursor Chemicals*, *The Regulation of Precursor Chemicals in United States: Challenges and Responses*, *Challenges and Solutions of Russia's Precursor Control*, *Drug Situation and Drug Control Practice in Iran*, *Crises and Responses of Estonia's Fentanyl*. The authors of these five articles deal with the control of precursor chemicals in different countries in North America, Europe and Asia. Jointly, they evaluate the achievements and future prospects of the relevant anti-drug policies implemented by the governments of different countries in these regions, and discuss the potential implications of the worldwide drug-related issues and the changes of anti-drug policies upon the spread of illicit drugs in China and China's anti-drug strategy. It can be observed that the data analyses and empirical findings presented in these studies may provide important scientific and theoretical support to the construction of the drug-related early warning, decision-making, and performance appraisal systems in China.

The fourth section includes four pioneer studies done by Chinese scholars. Based on theoretical analysis and field investigation, the development trend, policy trend and management and control experience of precursor chemicals around the world were discussed in depth. *International Experience and China's Path of the Regulation of Precursor Chemicals* suggests that China's system of control of precursor chemical should be based on China's existing control system, with appropriate reference to overseas experience and reasonable solutions, with a view to seeking a balance between "rational use and prevention of proliferation" in favor of the former for the control of precursor chemical without drastically changing the existing control system and measures of precursor chemical. *The Current status and control of the Precursor Chemicals in the EU* points out that the effective implementation of EU drug precursor legislation has promoted the innovation of global trade control of precursor chemicals. The international control cooperation initiated and participated in by the EU goes beyond the internal concern about the import of external drug precursors into the EU, as it also pays great attention to the export of precursor chemicals within the EU. This perspective of comprehensive control based on the global market of precursor chemicals undoubtedly shows a new shift of EU drug precursor legislation from internal governance decision-making to global development, and provides an effective example for the international community to cooperate in the management and control of precursor chemicals. *Drug situation in "Golden Triangle" and Relevant Responses in the context of Pandemic* suggests that the drug situation in "Golden Triangle" region was only slightly affected by the pandemic: drug production is increasing continuously, precursor chemical illegally flowing into the region is also increasing. Facing the challenges brought by cross-border drugs, countries in "Golden Triangle" region shall cooperate with each other, enhance intelligence exchange, intensify international cooperation, build a community of shared future, respond to drug issues collectively. The damage caused by drugs to the world can be reduced only

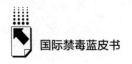

when the measures mentioned above is taken. *Modernized Prevention and Control Countermeasures to Illegal Mobility of Materials Used in Narcotics-making in the Frontier Areas of Yunnan Province* claims that the increasing narcotics-making in the "Golden Triangle" area demands continuously supplies of materials used in narcotics-making, therefore a large number of materials used in narcotics-making have been illegally mobilized from Yunnan to aboard, which has brought severe challenges to the control of materials used in narcotics-making in the frontier areas of Yunnan province. It must be prevented and contained through a comprehensive, scientific and international governance model. The above insights provide a feasible path for China to effectively carry out the control of precursor chemicals.

The fifth section includes three individual reports: *International Anti – Drug Events in 2021*, *Overview of International Anti – Drug Reports in 2021*, *Abstracts of Research Papers in International Anti – Drug Journals*. These three reports offer a systematic overview of the trends of the international anti-drug initiatives in 2021, the main contents of various international anti-drug reports published in the same year, and the abstracts of the research papers published in the main international anti-drug journals about precursor chemicals. It is anticipated that the reports included in this section could provide richer scholarly sources and more pragmatic theoretical inspirations for the international anti-drug research in China.

Keywords: International Drug Control; Precursor Chemicals; Drug Situation

Contents

I General Report

B.1   The "Heterization" of Chemicals and the Global Scheduling

and Monitoring of Precursor Chemicals   *Zhang Yong-an* / 001

Abstract: The illicit diversion of precursor chemicals has posed a major
threat to the global drug situation. The implementation of the United Nations
Convention against Illicit Trafficking in Narcotic Drugs and Psychotropic
Substances of 1988, especially Article 12, provides the international community
with the principles and mechanisms for the international cooperation and control of
precursor chemicals frequently used in the illicit manufacture of narcotic drugs and
psychotropic substances. As the global focal point for the control of precursor
chemicals, the International Narcotics Control Board (INCB) has carried out
work as mandated by the Convention and thus established an effective and well-
functioning global control system of precursor chemicals through continuously
expanding the scope of scheduling, strengthening process control and implementing
a series of specialized operations and projects, addressing the problems of diversion,
illicit manufacture, trafficking and abuse of precursor chemicals as the scheduled or
non-scheduled substances in the International Special Surveillance List. This global
control system strikes a balance between the need to prevent diversion for illicit
purposes of drug manufacture and free trade and circulation for licit purposes through
scheduling and monitoring the international trade of precursor chemicals, thus

becoming a basic component of the global strategy against drug abuse and trafficking. At the same time, it is undeniable that the continuous large-scale emergence of designer precursors, pre-precursors, intermediates and non-scheduled substances, the domestic diversion of precursor chemicals, the regional imbalance in the control of precursor chemicals are posing increasingly serious threats and challenges to the global control of precursor chemicals. The international community must address this problem, optimize the global control system of precursor chemicals, and promote the global, regional and national linkage mechanism.

Keywords: Precursor Chemicals; International Narcotics Control Board; The Global Control System of Precursor Chemicals; 1988 United Nations Convention against Illicit Trafficking in Narcotic Drugs and Psychotropic Substances

II   New Trend of International Drug Control

B.2   New Pandemic, New Drug Situation, and New International Drug Control Cooperation: An Analysis of Ten Big News Stories of International Drug Control in 2021

International Center for Drug Policy Studies / 060

Abstract: The Covid-19 pandemic continued its global spread and showed new patterns in 2021. New variants of the virus came out one after another and their infectivity enhanced during the spread. Under the influence of the pandemic and the changing political and economic situation, the global drug situation showed new trends in 2021. Misuse of new psychoactive substances especially fentanyl and its analogues was increasing and gradually appeared among the disadvantaged groups. The market of amphetamine-type stimulants was also on the rise. Meanwhile, some low-income countries were facing the shortage of opioids painkillers. In order to tackle the challenges of the new drug situation, countries around the world initiated a series of international cooperation programme under the auspices of the International Narcotics Control Board (INCB) and the United

Nations Office on Drugs and Crime (UNODC) . All these endeavours provide certain institutional guarantee to relieve the severe global drug situation.

Keywords: Covid-19; Opioids Substances; INCB; UNODC; International Drug Control

Ⅲ Regional Reports

B . 3 The Evolution and Construction of the Rule of Law System for the Control of China's Precursor Chemicals

Chu Chenge, An Dong / 078

Abstract: The rule of law for the control of China's precursor chemicals originated before the enactment of the United Nations Convention against illegal Traffic in Narcotic Drugs and Psychotropic Substances. Its criminal legal norms went through the process from the "Decision on Drug Control" to the 97 "Criminal Law" and were initially finalized. Administrative legal norms are based on departmental regulations, local regulations, and local government regulations, pay attention to the import and export links, and strengthen the control of ephedrine. From 1999 to 2013, key remediation was carried out through special actions, a mechanism for multi-departmental and cross-regional collaboration was established, a national information management system for precursor chemicals was built, and unified international actions were taken to fulfill international obligations. With the *Drug Control Law* and *Criminal Law* as the basis, the *Regulations on the Management of precursor Chemicals* as the core, departmental regulations and other normative documents as the main body, the judicial interpretation of the Supreme People's Court and the Supreme People's Procuratorate and judicial policies, local normative documents and international treaties as a supplement, the legal normative system has basically been formed, and at the same time, it has also shaped the conceptual system of "precursor chemicals" and "drug-making substances" . Since 2014, with "full-element supervision of

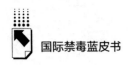

drug-making substances" as the core, the "4 · 14" anti-drug-making project working mechanism and the unified judicial application standards of the people's courts have been established to make up for related work loopholes. China has continuously revised its legislation: new crimes, additional types, and new systems have been added. In the future, in the context of promoting the rule of law in society and the modernization of municipal social governance, "autonomy" and "wisdom governance" should be strengthened to improve the effectiveness of the control of precursor chemicals.

Keywords: China; precursor chemicals; drug-making substances; rule of law system

B. 4   The Regulation of Precursor Chemicals in United States:
Challenges and Responses   *Han Jingzi*, *Gao Xinyi* / 113

Abstract: Precursor chemicals in United States were not the focus of law enforcement for a long time. With the pandemic and abuse of methamphetamine from the 1950s to the 1980s, the regulation of methamphetamine precursors was put on the agenda. The dispute over the regulation of methamphetamine precursors has gradually brought US's disposal of precursor chemicals into a balance between law enforcement and regulation. This report takes the regulation of methamphetamine precursors as an entry point. Based on the analysis of the legislation, scope, technology, and international cooperation of US's precursor chemicals regulation, particularly in terms of the responses to the challenges of the interactions of COVID−19 epidemic and fentanyl crisis, this report researches how to regulate the production, marketing, consumption, storage, import and export of precursor chemicals by strengthening international cooperation, scientific research, technology improvement, legislation and law enforcement. By taking these measures, US is trying to regulate precursors and control the spread of the drug problems around the world.

Keywords: United States Methamphetamine; Precursor Chemicals

B . 5   Challenges and Solutions of Russia's Precursor Control

Li Xinwei / 142

Abstract: At present, China's control of precursor chemicals is facing a severe situation with the growing international drug production and abuse. China's control system and measures relatively lag behind the actual situation of drug production and abuse to a certain extent. Russia is the world's largest producer of chemical products, while it faces a serious drug situation. The general idea of Russia's drug prohibition and its precursor control system are similar to that of China. However, there are also differences due to Russia's national conditions. The main reason is that Russia does not list precursor chemicals separately but uses precursors for a unified control. Therefore, there is room for cooperation between China and Russia in this field. This article introduced Russia's precursor control system and analyzed experience and problems in precursor control, which will provide some referential experience for China to improve the control system of precursor chemicals and carry out relevant cooperation with Russia.

Keywords: Russia; precursors; drug prohibition

B . 6   Drug Situation and Drug Control Practice in Iran

Liu Sai, Li Fuquan / 157

Abstract: Iran is one of the countries with the most serious drug abuse problem in the world. The historical reason is an important internal factor that causes the current Iranian drug problem to be "forbidden and endless, suppressed but not destroyed, accumulated and difficult to return", and the geographical environment adjacent to Afghanistan, a major drug producing country, is the key external factor causing this situation. The two together constitute the internal and external practical difficulties that the Iranian government will have to face in the field of drug control in the future. After the Islamic revolution in 1979, the Iranian

government implemented strict anti-drug measures, promulgated anti-drug laws, established anti-drug institutions and strengthened international anti-drug exchanges and cooperation. As a result, Iran has changed from a traditional drug producing country to a drug importing country and from a traditional drug exporting country to an important "drug channel". However, judging from the quantity of various precursor chemicals seized in Iran in recent years, it cannot be ruled out that there are still potential risks and hidden dangers of large-scale drug manufacturing in Iran. The drug problem in Iran not only brings heavy burden to the judicial system, but also causes a large number of deaths and the spread of AIDS, thus continuing to test the ruling ability and governance level of the Iran government.

Keywords: Iran; drug situation; drug control practice; Afghanistan

B.7   Crises and Responses of Estonia's Fentanyl   *Han Fei* / 192

Abstract: The epidemic of illicit fentanyl-related substances is causing or has historically contributed to a substantial increase in drug overdose deaths in the United States, Canada, and Estonia. In Estonia, the fentanyl crisis has been successfully contained in Estonia through a crackdown on supply and the spread of harm reduction measures. However, new crises and challenges have emerged. Our research attempt to explore what useful lessons the Estonian experience can teach drug policy makers by delving into Estonia's history of drug control over the past two decades.

Keywords: fentanyl; Estonia; drug overdose; drugs policy

IV   Topic Reports

B.8   International Experience and China's Path of the Regulation
　　　of Precursor Chemicals   *Bao Han* / 208

Abstract: As precursors, raw materials and chemical additives for the manufacture of narcotic drugs and psychotropic substances, effective control over precursor chemical is the "bull's eye" for solving the drug problem, and it's role in anti-drug work is becoming increasingly important. The dual nature of precursor chemical is that on the one hand they can meet the normal and legitimate needs of pharmaceutical, health, chemical and other related industrial sectors, and on the other hand they can be easily used to manufacture drugs. How to ensure the legal production, operation, purchase, use and transportation of precursor chemical, and at the same time avoid the flow of chemicals into the wrong hands for drug production and rapid response to "non-listed chemicals" is an urgent and difficult problem to be solved. In order to solve such problems, extraterritorial countries attempt to respond legislatively or improve regulatory measures and have achieved some success. China's system of control of precursor chemical should be based on China's existing control system, with appropriate reference to overseas experience and reasonable solutions, with a view to seeking a balance between "rational use and prevention of proliferation" in favor of the former for the control of precursor chemical without drastically changing the existing control system and measures of precursor chemical.

Keywords: precursor chemical; non-listed chemicals; one-line legislative model; analogue control model; interim listing measures

B . 9   The Current status and control of the Precursor Chemicals in the EU   *Xu Zhikai* / 224

Abstract: In Europe, Precursor chemicals, or so-called "Drug precursors" are widely, though imprecisely, used for a range of substances which, besides applications in the chemicals industry, are also components of illicit drugs. Traffickers use various means to divert these substances from licit trade, including setting up "front" companies and colluding with precursor producers or traders. These chemicals may also have legitimate uses, necessitating a regime of regulation at the global level to prevent their diversion for illicit use and thereby limiting the supply of illicit drugs. Given the primary purpose of drug precursors, the EU legislator's response needs to strike a balance between preventing their illicit use and the commercial needs of legitimate operators. In order to avoid regulatory regimes, producers of illicit synthetic drugs have introduced alternative chemicals that are not listed in the precursor regulations. These chemicals, which are normally imported, are converted into drug precursors that are then used for synthetic drug production. Because alternative chemicals are not controlled, they are cheaper than drug precursors and can be traded with little risk of interdiction or heavy penalties. The emergence of these new substances is a serious challenge to the international precursor control system. MDMA, amphetamine and methamphetamine are produced in the European Union in illicit laboratories to satisfy the demands of European consumers, and increasingly to supply consumers in other regions of the world. To produce these illicit drugs, chemical starting materials called drug precursors are needed. BMK, ephedrine and pseudo-ephedrine (used for amphetamine and methamphetamine) and PMK (ecstasy) are among the most sought-after substances of this kind. A set of EU regulations provide an implementing framework for precursor trade within the European Union and between the European Union and the rest of the world.

Keywords: EU; Precursor chemicals; Drug precursors; illicit laboratory

B.10 Drug Situation in "Golden Triangle" and Relevant Responses in the Context of Pandemic *Niu Helan* / 248

Abstract: The pandemic of Covid − 19 has some impacts on world drug situation, when all countries are implementing control measures over the pandemic. The flow of population and goods are being constrained, meanwhile some changes are happening in drug production and sale. Generally speaking, less impacts of the pandemic are imposed on the drug situation in "Golden Triangle" region: drug production is increasing continuously; precursor chemical illegally flowing into the region is also increasing. The serious situation is posing great challenge to drug control around the world. In recent years, drug production and trafficking is becoming more serious. In 2021, Meth Seizure in Southeast Asia reached a new high, 85% of which were seized in Mekong Subregion; Heroin seizure increased dramatically in this region, though opium poopy cultivation decreased; Drug syndicates not only used Laos and Cambodia as transit points, but also drug production centers. With post-pandemic era coming, countries in "Golden Triangle" region shall cooperate with each other, enhance intelligence exchange, intensify international cooperation, build a community of shared future, jointly respond to drug issues, then harm bought about by drugs to the world will be reduced.

Keywords: Golden Triangle; Precursor Chemicals; Drug Situation and Responses

B.11 Modernized Prevention and Control Countermeasures to Illegal Mobility of Materials Used in Narcotics-making in the Frontier Areas of Yunnan Province   *Zhang Jie* / 281

Abstract: The increasing narcotics-making in the "Golden Triangle" area demands continuously supplies of materials used in narcotics-making, therefore a large number of materials used in narcotics-making have been illegally mobilized from Yunnan to aboard, which has brought severe challenges to the control of materials used in narcotics-making in the frontier areas of Yunnan province. With the implementation of "one belt, one road" initiative, the southwest border areas have gradually become the radiation center for South Asia and Southeast Asia. The opening of the southwest corridor has brought the smooth flow of import and export trade. As a large chemical country, how to better strengthen the control of chemicals to ensure the legal purpose of usage of chemicals, so as to make it to serve economic construction on one hand and prevent illegal mobility of it on another hand, which has been being an important issue to China. In order to fully

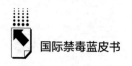
implement the central government's decision and deployment on drug control, adhere to the new development concept, and combine special treatment with systematic, comprehensive, law-based treatments and treatment at the source, this paper focuses on solving the obstacles and disadvantages existing in the fight against the crime of smuggling drugs on the factual situation in the border areas of Yunnan, and puts forward modernized prevention and control countermeasures to illegal mobility of materials used in narcotics-making, and a beneficial exploration for the construction of the supervision system of all factors in narcotics-making in China.

Keywords: Yunnan frontier areas; Materials used in narcotics-making; Modernized prevention and control countermeasures

V   Appendixes

B.12   International Anti-Drug Events in 2021   *Wang Chengqi* / 308

B.13   Overview of International Anti-Drug Reports in 2021

Yu Bing, *Chen Mengke* / 328

B.14   Abstracts of Research Papers in International Anti-Drug

Journals   *Chen Xi*, *Cao Wenxin and Fang Qianyi* / 346

权威报告·连续出版·独家资源

皮书数据库
ANNUAL REPORT(YEARBOOK)
DATABASE

分析解读当下中国发展变迁的高端智库平台

所获荣誉

● 2020年，入选全国新闻出版深度融合发展创新案例

● 2019年，入选国家新闻出版署数字出版精品遴选推荐计划

● 2016年，入选"十三五"国家重点电子出版物出版规划骨干工程

● 2013年，荣获"中国出版政府奖·网络出版物奖"提名奖

● 连续多年荣获中国数字出版博览会"数字出版·优秀品牌"奖

皮书数据库

"社科数托邦"
微信公众号

成为用户

登录网址www.pishu.com.cn访问皮书数据库网站或下载皮书数据库APP，通过手机号码验证或邮箱验证即可成为皮书数据库用户。

用户福利

● 已注册用户购书后可免费获赠100元皮书数据库充值卡。刮开充值卡涂层获取充值密码，登录并进入"会员中心"—"在线充值"—"充值卡充值"，充值成功即可购买和查看数据库内容。

● 用户福利最终解释权归社会科学文献出版社所有。

数据库服务热线：400-008-6695

数据库服务QQ：2475522410

数据库服务邮箱：database@ssap.cn

图书销售热线：010-59367070/7028

图书服务QQ：1265056568

图书服务邮箱：duzhe@ssap.cn

社会科学文献出版社 皮书系列
SOCIAL SCIENCES ACADEMIC PRESS (CHINA)

卡号：474559221144

密码：

S 基本子库
UB DATABASE

中国社会发展数据库（下设 12 个专题子库）

紧扣人口、政治、外交、法律、教育、医疗卫生、资源环境等 12 个社会发展领域的前沿和热点，全面整合专业著作、智库报告、学术资讯、调研数据等类型资源，帮助用户追踪中国社会发展动态、研究社会发展战略与政策、了解社会热点问题、分析社会发展趋势。

中国经济发展数据库（下设 12 专题子库）

内容涵盖宏观经济、产业经济、工业经济、农业经济、财政金融、房地产经济、城市经济、商业贸易等 12 个重点经济领域，为把握经济运行态势、洞察经济发展规律、研判经济发展趋势、进行经济调控决策提供参考和依据。

中国行业发展数据库（下设 17 个专题子库）

以中国国民经济行业分类为依据，覆盖金融业、旅游业、交通运输业、能源矿产业、制造业等 100 多个行业，跟踪分析国民经济相关行业市场运行状况和政策导向，汇集行业发展前沿资讯，为投资、从业及各种经济决策提供理论支撑和实践指导。

中国区域发展数据库（下设 4 个专题子库）

对中国特定区域内的经济、社会、文化等领域现状与发展情况进行深度分析和预测，涉及省级行政区、城市群、城市、农村等不同维度，研究层级至县及县以下行政区，为学者研究地方经济社会宏观态势、经验模式、发展案例提供支撑，为地方政府决策提供参考。

中国文化传媒数据库（下设 18 个专题子库）

内容覆盖文化产业、新闻传播、电影娱乐、文学艺术、群众文化、图书情报等 18 个重点研究领域，聚焦文化传媒领域发展前沿、热点话题、行业实践，服务用户的教学科研、文化投资、企业规划等需要。

世界经济与国际关系数据库（下设 6 个专题子库）

整合世界经济、国际政治、世界文化与科技、全球性问题、国际组织与国际法、区域研究 6 大领域研究成果，对世界经济形势、国际形势进行连续性深度分析，对年度热点问题进行专题解读，为研判全球发展趋势提供事实和数据支持。

法律声明

　　"皮书系列"（含蓝皮书、绿皮书、黄皮书）之品牌由社会科学文献出版社最早使用并持续至今，现已被中国图书行业所熟知。"皮书系列"的相关商标已在国家商标管理部门商标局注册，包括但不限于LOGO（ ⬛ ）、皮书、Pishu、经济蓝皮书、社会蓝皮书等。"皮书系列"图书的注册商标专用权及封面设计、版式设计的著作权均为社会科学文献出版社所有。未经社会科学文献出版社书面授权许可，任何使用与"皮书系列"图书注册商标、封面设计、版式设计相同或者近似的文字、图形或其组合的行为均系侵权行为。

　　经作者授权，本书的专有出版权及信息网络传播权等为社会科学文献出版社享有。未经社会科学文献出版社书面授权许可，任何就本书内容的复制、发行或以数字形式进行网络传播的行为均系侵权行为。

　　社会科学文献出版社将通过法律途径追究上述侵权行为的法律责任，维护自身合法权益。

　　欢迎社会各界人士对侵犯社会科学文献出版社上述权利的侵权行为进行举报。电话：010-59367121，电子邮箱：fawubu@ssap.cn。

社会科学文献出版社